会馆与地域文化

2013 中国会馆保护与发展（宁波）论坛论文集

黄浙苏　主编

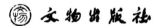

文物出版社

责任编辑：张晓曦
装帧设计：周小玮
责任印制：张道奇

图书在版编目（CIP）数据

会馆与地域文化：2013中国会馆保护与发展（宁波）论坛论文集／黄浙苏主编．—北京：文物出版社，2014.10
ISBN 978－7－5010－4056－8

Ⅰ．①会…　Ⅱ．①黄…　Ⅲ．①会馆公所－文化史－宁波市－文集　Ⅳ．①K928.71－53

中国版本图书馆 CIP 数据核字（2014）第 162937 号

会馆与地域文化

2013 中国会馆保护与发展（宁波）论坛论文集

黄浙苏　主编

*

文 物 出 版 社 出 版 发 行

北京市东直门内北小街 2 号楼

http：//www.wenwu.com

E-mail：web@ wenwu.com

北京宝蕾元科技发展有限责任公司制版

北京京都六环印刷厂印刷

新 华 书 店 经 销

787×1092　1/16　印张：22.5

2014 年 10 月第 1 版　2014 年 10 月第 1 次印刷

ISBN 978－7－5010－4056－8　定价：90.00 元

会馆与地域文化
2013 中国会馆保护与发展（宁波）论坛论文集
编辑委员会

代 序*

单霁翔

同仁们、朋友们:

今天,我们相聚宁波,迎来庆安会馆建馆 160 周年暨 2013' 中国会馆保护与发展(宁波)研讨会的召开。我谨代表中国文物学会向研讨会的召开、向庆安会馆的生日表示热烈的祝贺!

会馆是珍贵的文化遗产,是历史发展的记忆,它保存着经济、社会发展的真实信息。在中国明清时期,会馆作为旧时的同业或同籍工商行帮机构和同乡居停聚会场所,促进了地方经济的发展及外乡移民与当地社会的融合,对于保护工商业者的自身利益也起到了一定的作用。例如北京作为明清时期政治经济文化中心,在经济鼎盛发展时期,拥有各地会馆 400 余所。在清代,由于"内城禁喧嚣",因此大量会馆都集中在前门、宣武门、崇文门之外,即后来的宣武和崇文两区的北部。在辛亥革命前后,会馆对于全国政治、经济、文化都起到了突出作用,很多事件的策划地甚至发生地就在这些会馆内,它们的历史作用远不止其本体建筑所呈现出的这些。例如北京湖广会馆,孙中山曾在那里五次参加活动,召开国民党第一次代表大会,宣布了国民党的成立。鲁迅在 1912 年 5 月住进了南半截胡同的绍兴会馆,一住就是八年,我们大家所熟知的《狂人日记》、《孔乙己》、《药》等名篇名作都是在会馆里写的。又如北京宣武区烂漫胡同有一个湖南会馆,现在是一个幼儿园,1920 年毛泽东曾在里面居住过,并且在此写出了他早期的一些著作。这些就是会馆的缩影,全国各地很多会馆也都曾经起到过类似的作用。

几年前我去过湖南洪江,那里也有大量的会馆建筑,当年桐油、木材等顺

---

* 本序为中国文物学会会长、故宫博物院院长单霁翔在庆安会馆建馆 160 周年系列活动暨 2013' 中国会馆保护与发展(宁波)研讨会开幕式上的致辞。

江而下，在洪江区域集结，因此当地汇集了南方、北方包括关陕地区、两湖地区的不少会馆，形成了对当地政治、经济、文化具有非常重要影响的历史建筑。现在许多会馆建筑已经被陆续公布为各个级别的文物保护单位，有的得到了保护和修缮，也有的目前保护状况不好，期待早日修缮保护。十年前，我曾到过重庆的湖广会馆，居江而立的历史建筑很有气势，但是使用状况真是令人堪忧，会馆建筑里堆着很多纸盒子，火灾隐患极大。后来经过大家呼吁，会馆建筑得到修缮，并对公众开放，非常成功。昔日城市中的会馆往往是外籍人士的居住场所，身份多样，有做生意的工商业者、有赶考的学子、有寄居的画家和诗人，带来了各种文化的碰撞和与当地文化的融合，成为一座城市极具特色的文化空间。一些城市最早的开放理念，往往就是产生于会馆的文化氛围。再有，会馆文化也最具民间文化气息，不论是院内的戏台，或是室内的茶室，都记载着早期文化的传播。因此，会馆的保护有其自身的特点，有着更多文化传承的故事，与城市文化发展联系更为紧密。

拥有着 160 年的历史文化积淀，对外开放 12 年的宁波庆安会馆，依托其所承载的妈祖文化、会馆文化、海洋文化和地域文化，通过陈列开放、学术研究、惠民活动三位一体的宣传展示，今天已成为"海上丝绸之路"、"大运河文化遗产"的重要标志。庆安会馆的保护与开放，使宁波市民能够零距离感受文化遗产的魅力与精彩，形成尊重历史、尊重文化遗产的情怀，促进会馆融入城市文化建设，融入市民的文化生活。

中国文物学会在 1995 年 10 月成立了会馆专业委员会，支持和团结各地会馆单位及会馆研究的学者专家，积极开展工作，努力挖掘会馆文化，研究会馆历史遗产，探讨会馆在新时期的功能利用。2008 年，由国内著名会馆单位发起成立中国会馆保护与发展论坛和会馆联谊会，每年召开一次会议，搭建起了会馆之间相互交流的平台。今天，庆安会馆建馆 160 周年和 2013' 中国会馆保护与发展（宁波）研讨会又以"会馆与地域文化"为主题在庆安会馆召开，展示、交流近年来会馆研究成果，同时将论坛与会馆专业委员会在组织上融为一体，必将拓展会馆文化的社会影响力和文化辐射力。

当前，会馆文化遗产的发展和传播迎来了一个很好的机遇，一是各地方政府加大了对文化遗产的保护力度，会馆也纳入了保护规划，采取了相应的保护和修缮的措施。二是广大民众对文化的需求比以往更加强烈，因此对地域文化、乡土文化以及各类文化建筑给予了更多关注。我们的会馆在当地都应该成为拥有尊严的文化载体，都应成为传承文化、支撑城市文化发展的积极力量，同时也应成为市民文化生活的一片绿洲、一片园地，这样会馆才能发挥"活"的作用，发挥当代的作用。同时，通过我们的研究将历史更加鲜活、绵长地传播开去。

昨天，中国文物学会会馆专业委员会进行了换届改选，会馆论坛的主要成员已成为会馆专业委员会的骨干力量，这是一个新的起点。希望会馆专业委员会承前启后，充分发挥人才优势和智力资源，开展好各项工作。首先要遵守文物工作方针，在座各位都是经验丰富的文物工作者，要带头在会馆文物的保护、合理利用、文化传承方面作出表率。此外，会馆还属于民间文化遗产类型，现在除了宫殿、寺庙、纪念性建筑以外，这种扎根于民间的，例如传统民居、老字号、工业遗产、会馆都属于民间文化遗产，也更应融入到现实社会生活之中。在历史街区中，文物建筑本体保护和周围环境保护同等重要，这是 2005 年国际古迹遗址理事会西安会议的重要成果，即不能把文物建筑孤立于历史环境之外，孤立于人们的生活之外。因此，我们要更加强调会馆在这方面的作用。二是要保持学会的学术特色。作为中国文物学会，我们不是协会，在学术研究上要更为着力，会馆专业委员会要团结全国的相关专家学者，认真研究如何保护和传承会馆文化，探索一些相关课题和项目，为会馆保护建言献策、咨询论证、技术支持和培育人才，在理论方面有所建树。三要加强专业委员会自身的建设。本次换届选举产生了会馆专业委员会新的领导班子。经学会常务理事会研究，特别请中国文物学会副会长吴加安先生兼任会馆专业委员会的会长。专业委员会的领导班子成员，各位理事、各位会员，也都长期从事会馆保护利用工作，具有丰富的实践经验和理论素养，希望大家相互合作，共同遵守学会章程和专业委员会的工作规则，践行学会的宗旨和责任，健全完善工作制度，积极开展活动，共同维护学会的形象和声誉。

最后，让我们大家携起手来，为会馆保护抢救、会馆文化研究、会馆合理利用，开展更多卓有成效的工作。

2013 年 12 月 8 日

目 录

上篇　国内会馆文化研究

中国移民会馆文化史研究 ……………………… 陈 蔚　胡 斌　3

从台北故宫所藏几份奏折看清中后期政府对会馆监管的加强 …… 王日根　24

试论明清会馆文化及在现代条件下的传承与弘扬 ……………… 张德安　33

"湖广填四川"与"湖广会馆" ………………… 赵 逵　詹 洁　44

张掖山西会馆概述 ……………………………… 郑 琨　张多金　51

重庆地区天后宫及其信仰研究 ………………………… 傅 裕　57

川渝两地的"天后妈祖文化"和会馆的保护与利用 …………… 孙晓芬　63

会泽会馆文化初探 …………………………………… 雷杰麟　75

山陕会馆碑记所载商号探索 …………………… 宋 茜　陈昆麟　80

自贡盐运与王爷庙 …………………………………… 黄 健　93

广东兴宁潮州(两海)会馆的历史文化和对会馆文化的传承 …… 林汉忠　99

"上海三山会馆的保护与利用"续 …………………… 王树明　103

试论清朝、民国时期徽州会馆征信录的史料价值 …………… 王振忠　111

潞泽会馆与洛阳民俗文化 …………………………… 王支援　141

比较视野下的浙商特色分析 ………………………… 游海华　148

下篇　宁波会馆文化研究

宁波的会馆分类和形成原因及庆安会馆
　　在申报世遗中的价值分析 …………………… 黄定福　157

会馆文化与大运河文化研究

　　——流徙与汇聚中的点、线、面 ……………………… 曹　琼　168

宁波北帮船商参与的清代首次漕粮海运 ……………………… 潘君祥　174

"乡人保姆"

　　——近代宁波旅沪同乡团体慈善事业研究 ………………… 宋珍珍　186

近代宁波的航运与金融业

　　——兼论与福建的历史联系 ……………………………… 陈铨亚　201

清代宁波会馆对产业的保护意识 ……………………………… 刘正刚　210

同乡会馆（公所）与近代宁波帮的崛起

　　——以上海四明公所为中心的考察 ……………………… 孙善根　217

试析近代上海商船会馆与宁波帮的关系 ……………………… 王昌范　224

"宁波帮"商人传承妈祖文化内涵 …………………………… 黄浙苏　232

保护开发与传承：宁波帮三大产业会馆建筑遗存探析 ……… 方煜东　245

宁波庆安会馆蝙蝠纹饰初探 ………………………………… 丁洁雯　252

宁波地区会馆遗存 …………………………………………… 林　浩　258

宁波会馆史略 ………………………………………………… 林士民　270

上海四明公所史事述要 ……………………………………… 何　品　282

会馆的保护利用与博物馆建设 ……………………………… 王　进　293

宁波钱业会馆的特色及保护利用初探 ……………………… 任力刚　300

宁波会馆石刻碑记研究 ……………………………………… 林　瑛　308

宁波庆安会馆雕刻特色研究 ………………………………… 黄浙苏　319

会馆二题 ……………………………………………………… 俞信芳　327

后　记 ………………………………………………………………… 345

上篇 国内会馆文化研究

中国移民会馆文化史研究

陈　蔚　　胡　斌[*]

摘　要： 移民会馆是中国明清时期各地城镇大量存在并发挥过积极作用的社会组织与机构形式之一。本文综合大量史料就我国会馆的起源与明清发展演变历史，会馆在各地各时期的类型特征以及会馆背后所蕴含的神灵文化、宗族文化和儒商文化等进行深入探讨。提出会馆的演变和繁荣昌盛与中国封建社会后期人口的杂居化分布，传统社会结构的解体和四民群体的变迁，以及更广泛土地的开发利用、商贸的发展等都有十分密切的关系。它从单纯的同乡互助性质的义举逐渐演进成一种较具适应性的社会管理组织。它的发展演进历史侧面地反映出中国封建社会中晚期传统基层社会的管理体制对社会形势变迁的不断适应过程与特征。

关键词： 会馆　历史　文化　类型　社会组织

会馆，《辞海》中的解释是"同籍贯或同行业的人在京城及各大城市所设立的机构，建有馆所，供同乡同行集会、寄寓之用"。近年来，学界就会馆的准确定义进行持续争论，却也没有形成完整统一的概括性定义。综合来讲，会馆是中国封建社会中晚期城镇大量存在过，曾经发挥过积极作用的社会组织与机构形式之一。

会馆的出现究竟始于何时？《辞海》中的会馆条目引用了明人刘侗、于奕正所著《帝京景物略》的观点："……尝考会馆之设于都中，古未有也，始嘉隆间。"此书也是目前学界认可的提及会馆较早的史料。因此学界普遍认为，我国会馆的出现大约始于明代嘉靖、隆庆年间，但具体日期已不可考。究其兴起之根源，说法众多，王日根先生在其著作《中国会馆史》提出，

---

* 陈蔚，重庆大学建筑历史研究所副所长、副教授；胡斌，重庆大学建筑城规学院讲师。

"会馆的出现首先是作为流寓士大夫的乡聚组织，后渐渐服务于科举，服务于工商"①。此观点基本涉及会馆起源之主要因素和组织方式的基本特征，史料依据主要是对北京会馆起源之考证，代表了目前学界会馆源自京城试馆这一主要观念。但是，这种说法在解释为何会馆这种社会组织和建筑形式在明清短短几百年时间在中国各地城镇如此普及，又伴随我国封建时代的结束在民国中期以后迅速退出了历史舞台，其背后更为广大的政治、经济和文化根源层面还略显不足，尤其是更为隐秘的民间社会复杂混乱的祀神文化、商人文化、帮会文化对于会馆起源的影响几未涉及。在综合目前最新研究成果和大量有关地方性会馆起源的史料基础上，结合词源学角度的理解，中国会馆之缘起有必要从以下层面予以分析。

一　会馆的缘起

（一）会馆与馆

"馆"字，在许慎的《说文解字》中注云：客舍也，从食官声；"接待宾客、寓居的房舍"②。"馆、驿、舍和店"四大类，是中国古代在不同时期，不同类型的提供饮食旅居建筑的称谓。馆在中国出现最早多为官办。《周礼》记载："国野之间，每隔十里设芦，可供饮食；每隔三十里设宿，提供住处，名为路室；每隔五十里设市，市中设置候馆，专门侍候朝骋之官。"由此可见，早在周代，便有了专供朝聘之官旅途食宿的驿馆了。

除以上官办渠道的馆舍外，汉文帝以后，民间因商贸或者集会议事等所需，在一些商业发达、商人较为集中的城市，以商人为主体也逐渐兴起一种被称为"郡邸"③的建筑类型，与会馆的某些功能颇有相似之处。但是这种情况并不普及，随着封建政权继续推行重农抑商的政策也逐渐势微。南北朝之后，由于各地交流往来的增多，民间开办的旅馆成为街市上为普通来往旅者提供食宿服务

---

① 　王日根《中国会馆史》，中国出版集团东方出版中心2007年，第289页。
② 　《辞海》"馆"条，上海辞书出版社1988年，第741页。
③ 　"汉诸郡及诸侯国在京师设立的府邸，供郡国至京师朝见办事者住宿。初受少府管辖，继属中尉，后属大鸿胪，有郡邸长及丞主其事"。参见百度百科"郡邸"词条。

的地方，它们一般被称为邸店、客店、食店、旅店等。宋孟元老所著的《东京梦华录》中这样描述"北宋都城汴梁城内，州桥东街巷迄东，沿城皆客店，南方官员商贾兵役，皆于此安泊……"。此时还出现了服务专门类型客人的客店。宋《为政大要》中载："茶坊、酒肆、妓馆、食店、柜坊、马牙、解库、银铺、旅店，各立行老……"；《居家必用事类全集》辛集中也有关于旅店的记载："司县到任，体察奸细、盗贼、阴私、谋害、不明公事，旅店各立行老。"可以看出已经是兼具堆货和商店、客舍性质的市肆。但即使如此民间却少于对馆的直接使用。

由此可见，馆固与店、舍同类，但是在使用上有差异，馆一般是作为官方开办的高级专门性接待及管理场所而存在。如"馆驿"①、"馆第（府第）"② 以及夷馆等。它的规模等级较高、功能更加综合多样并且有固定房舍建置。主要功能包括"接待、食宿、娱乐外以及办公、议事甚至学校等"③，后者最著名的就是明朝的四夷馆。

明清时期，会馆的出现是馆在类型上的发展。这一点，上个世纪刘致平先生在其著作《中国建筑类型及结构》中就曾概括性地提出："在早间很多的馆是用作招待宾客的地方，像诸侯外宾朝贡，各地行旅宿食的全设有馆，如四方馆、宾馆等。明清以来各地的会馆是馆的较大形式"④。之所以进一步得出这样的结论，原因在于：第一，从会馆的基本使用功能分析，它作为异地同乡停留寓居之所，所提供的接待留宿，议事宴饮等服务与馆驿无异。这一点，在目前留存下来的某些会馆建筑布局中还可窥一斑。第二，从大量史料看出，会馆虽由民建，却是地区势力的代表，更加上其中官宦势力的存在和影响，使它具备半官方的底气。

但是会馆与驿馆、夷馆等在设立之初也有明显的区别，最核心在于对服务对象的选择和要求。店对所有旅客开放，基本无论身份；驿馆、夷馆主要

<del>---</del>

① 《馆驿使壁记》："故馆驿之制，于千里之内尤重。"《辞源》，第741页。
② 《后汉书·何敞传》："而猥复为卫尉笃，奉车都尉景缮修馆第，弥街绝里。"《辞源》，第741页。
③ 张秀燕《中国历史上最早的翻译学校》，引自《内蒙古农业大学学报》（社会科学版）2008年第6期。
④ 刘致平《中国建筑类型及结构》，中国建筑工业出版社2000年，第37页。

为官方的公务人员及其亲属服务；会馆则仅供同乡、同籍、同业者联络聚会或寄寓；地缘和业缘是建立之基础，使用范围有限制，会馆管理也较为严格。明人刘侗于奕正所著《帝京景物略》卷之四中有《嵩山会馆唐大士像》一文中就说："……盖都中流寓十土著，游闲厮士绅……用建会馆，士绅是主，凡入出都门者，籍有稽，游有业，困有归也。"也就是说，入住会馆，需要查清籍贯，是否属于同乡，流动有否正当的行业。从这个角度可以看出，会馆自开始就具有一定的组织性，它的非盈利使它已经迥异于普通意义上的旅馆客店。最初的会馆可能存在于商旅往来颇多的京城和各地主要城镇，以提供同乡商贾之间的互助联络为主，规模影响都比较小，也并不普遍。到了明代中叶以后正式命名的会馆和会馆建筑作为独立的基层社会组织形式和建筑类型出现了。

（二）会馆与会

如果说，会馆与馆的关系主要从使用功能考证其联系，那么会馆中作为定语的会进一步明确了会馆是"为一定目的而成立的团体或组织"①。它是会馆产生之真正的思想和精神根源。京城和大中城市中的会馆源于社会中上阶层互利互惠的积极愿望，其目的指向性明确，而地方城镇乡村的会馆，它们在组织建设过程中，行为仪式的安排上与地方名目繁多的会就有千丝万缕的联系。可以推论这些会馆在建立之初是直接借鉴了民间结社集会的基本形式，会馆中独特而固定的神灵崇拜也是源于中国地方社会广泛流传，延绵不绝的浓厚的民间宗教和信仰传统。这一体系代表了以普通中下层民众为主体阶层的所喜所惧，所依所持，有自己喜闻乐见的形式和内容，进而影响着各个地区的民风民俗，生活行为习惯。

在中国供奉神灵、纪念先祖、祭祀先贤有着久远的传统。从会馆供奉的神灵类型可以看出，它既包括宗教神系和政统神系中的典型性人物，例如道教许真君、佛教南华老祖、先贤关羽大禹等，也涵括了民俗神系中的行业神和地方先贤神。从这个角度中国会馆的文化精神根基要远早于明清，应该与历史悠久的民间行业神崇拜和地方先贤崇拜有直接的关系。如果以此为思路，我们可以

---

① 《辞源》"会"条，第252页。

更好地理解庙馆合一和宫馆合一的现象。进而推断出行业会馆与唐、宋时期即出现的行业祠庙，如药王庙、蚕业祠的关系，以及移民同乡会馆和会党地方性集体圣贤崇拜之间的关系。那么湖广会馆禹王宫可能脱胎于历史更为悠长的禹庙，江西会馆万寿宫可能脱胎于明代兴起的万寿寺，四川会馆川主庙脱胎于秦代以来即兴建于四川各地的二王庙等。

因此，大量散布各地的会馆其起点决非单纯从京城传入各地，而是在明末清初，中国民间市民社会发育前期，新兴的社会阶层对于社会公共生活的一种自下而上的自发性的组织行为。它以地方小众神灵信仰和会为基础。这通过研究会馆祭祀功能的形成和祭祀模式和地方神灵崇拜之间的同源关系可以得出更加详尽的结论。而这种起源说也可以佐证为什么在某些地区，如四川地区会馆多数不叫会馆，而多称宫、庙。也或可以解释为什么明清时期会馆在中国地方社会分布如此之广、会馆的兴建如此之盛。

二　会馆发展演变与类型

总体来看，会馆在全国范围内的逐渐兴起应始于明后期，至清代康乾、咸同年间会馆发展达到顶峰。从地域分布上逐渐遍布全国，北至东北、内蒙古等地，南至闽、桂、越、台直到海外，东至沿海，西至甘肃、新疆都有会馆存在。与此同时，各地会馆数量更是惊人。据统计，政治中心北京曾有会馆共计567处[1]，比较集中的前门地区就有86所[2]；明清江南商业中心苏州城"为东南一人都会，五方商贾，辐转云集，百货充盈，交易所得，故各省郡邑贸易于斯者，莫不建立分馆"，共有会馆公所48处[3]；各省省会及中心城市也大量兴修会馆，每城会馆数量多达几十所。如此分布广泛、数量众多的会馆，在不同时期和不同地区，因为社会政治经济文化环境的不同，会馆设会目的的不同，服务人群的差异，使会馆具有不同的类型。

---

[1] 该数据来源于胡春焕、白鹤群《北京的会馆》，中国经济出版社1994年。
[2] 该数据来源于《顺天府志》、《京师坊巷志坊》、《都门纪略》等书的记载，转引自《前门地区的会馆建筑》。
[3] 该数据来源于江苏省博物馆《江苏省明清以来碑刻资料选集》，三联书店1959年，第351页。

（一）会馆的分类

第一类，试馆型会馆。

此类会馆的发展以北京城为中心，最初是在京官吏为家乡来京赶考的举子节省开支，便于准备应试而设的免费同乡驿馆。据清初汪田敦在《松泉诗文集》中说："京师为万方辐辏之地……遇会试期，则鼓箧桥门，计谐南省，恒数千计。而投牒选部，需次待除者，月乘岁积。于是，寄庑僦舍，迁徙靡常，炊珠薪桂之叹，盖伊昔已然矣。时则有口室宇以招徕其乡人者，大或合省，小或郡邑，区之曰会馆。"① 清代闽县陈宗蕃也说："会馆之设，始自明代，或曰试馆。盖平时则以聚乡谊，大比之岁，则为乡中试子来京假馆之所，恤寒畯而启后进也。"② 后来不仅应试的举子可免费居住，而且在试期之后还免费供本乡单身官吏或者那些等待派遣的待任官吏居住，并成为同乡官吏、士绅聚会议事、宴客娱乐的场所，逐渐与朝廷里地区政治势力的分化以及官场裙带关系网建立了密不可分的关系，在其间演变出历代朝廷中一股股政治上的地方势力。目前所知的我国最早会馆"安徽芜湖籍官吏俞谟在北京设置的芜湖会馆"③ 就属于这种性质，建馆时间大致在明永乐年间。

第二类，移民同乡会馆。

我国幅员辽阔，人口分布多有稠稀。自唐代以来由于政府强令、经济发展的不平衡以及战争饥荒等的影响，人口迁徙多次出现高潮。以历史上的四川地区为例，截止清代先后经历了五次大的人口迁徙。据《晋永嘉丧乱之民族迁徙》所作统计分析，指出"中原人民南下者集中在荆、扬、梁、益（成都）诸州"。其中"今四川成都东北沿川陕通途及陕西之汉中，其移民以今甘肃及陕北移民为主"④；至明清时期著名的湖广填川移民，在前后百年间移民近六百万。持续的人口迁徙活动使人口构成分布呈杂居状态。移民的性质既有屯军移民、垦殖移民还有产业移民等。尤其明清以后国内地区间贸易交往兴盛，游走

---

① 刘文峰《山陕商人与梆子戏》，文化艺术出版社 1996 年，第 215 页。

② 李景铭《闽中会馆志》卷首《陈宗蕃传》，1943 年。

③ 《芜湖县志》卷十三《建置》中记载：京师芜湖会馆在前门外长巷上三条胡同。明永乐间邑人俞谟捐资购屋数椽并基地一块创建。

④ 《燕京学报》，第 15 期，1934 年。

南北逐利而居的商人移民逐渐增多，这一群体因其经济上的优势和社会适应力成为移民群体中的代表性力量。

新移民由于对新环境的陌生，往往同宗同乡建立与外省居民相隔离的社区，保持着自己本土原有的制度习俗。最为典型的就是历史上客家人及客家人聚居土楼的形成。而对于那些无法再保持原来社会结构的群体，也开始建立各自的同乡会馆以联络乡谊和维护同乡人的利益。此类会馆普遍为同乡移民共同集资修建。其中商人移民因其雄厚的经济实力、尝试建立自身社会地位的愿望以及他们对外部社会环境的敏感性在对待主客关系上尤其反映强烈，激发了参与建立同籍合作互助社会组织的要求，所以地方绅商群体往往成为会馆修建和管理的主体。

据统计，会馆兴盛之际各省地区均在异地存有会馆。如国内分布较广的山陕会馆、福建会馆、广东会馆等。但是也有几省移民共同出资修建，或者一省会馆逐步吸纳它省成员共同扩建而成的。如湖广会馆、山陕会馆及山陕甘会馆等。它们或产生于一省会馆依附他省，有主有次；或联合多省，分担权益。前者如河南山陕甘会馆，原为山陕会馆后来甘肃商人加入；后者如云南昆明市总共 11 所会馆公所，在其中 7 所同乡会馆中，除贵州、四川会馆外都是几省合办。

第三类，工商行业会馆。

在以上会馆类型的基础上，随着清代后期中国民族商品经济的迅速发育，各地之间商业贸易往来不断增多，商贸性移民在移民中所占比重不断加大。再加上商人作为一只新兴的社会活跃力量，他们沟通商情的需要，对于与社会各方势力交往的兴趣和需要，他们雄厚的经济实力以及迫切的获得社会主流社会地位的意识，都使得明清以后会馆内部产生出更商业化的趋向。《小万壶斋舆地丛钞·吴越风土录》中明确写到，"建设会馆，所以便往还而同贸易，或货存于斯，或客栖于斯，诚为集商经商交易时不可缺少之所。"所以，不少会馆在言及建馆宗旨时指出，"吾郡通商之事，咸于会馆中是议"。在移民中商贾阶层的作用下，逐渐使会馆分化，产生了以下类型。

其一，同乡兼同行业会馆。

作为与纯粹的移民同乡会馆关系最密切会馆类型，它有两种产生途径。

同乡（商帮）行业会馆。商帮在形成过程中，在商业竞争中，商帮都离不开宗族、乡人的支持；对本域的认同和对外域的排斥，对所开辟的商业领域的极力垄断，"均表明商帮具有浓厚的狭隘地域性和封建宗族性"①，此类会馆中的会员也就兼具同乡和同业者两种身份。

同乡（移民）行业会馆。除了大型商帮有目的性的商业迁徙，另外在最初的迁徙移民中，因少数经营某个行业成功者，为了肥水不流外人田或为了保有竞争的优势，他们逐渐介绍同族、同乡参与进来，随着商业竞争的加强，成功者在一定范围内会对某个行业产生类似垄断经营的状况。如此优势积累，各个行业逐渐被来自不同省份的商人瓜分。例如，在"嘉庆年间重庆的各大行业被瓜分殆尽，各省各行不得随意逾越"②；"汉民到江省贸易，以山西为最早，市肆有逾百余年者，本巨而利亦厚，其肆中执事，不杂一外籍人"③；相较于商帮行业会馆，行业内宗族意识较弱，而以商业利益关系结盟。

在这种状况下，会馆逐渐成为同省商人所代表的那些垄断行业贸易之所。例如，四川洛带广会馆《咸丰十年碑记》载："孟兰会十三楚会、观音会、鲁班会、禹王会□□总捐钱□□支持以碑记"；重庆《浙江会馆碑文》记载，"会馆由磁帮众商会建"，可见各行业与同乡会馆已是水乳交融的关系（表一）。

表一　清嘉庆年间重庆商行籍贯颁布表

类别＼省别	江西	湖广	福建	江南	陕西	广东	保宁府	合计
铜铅	1							1
药材	11							11
布行	2	2			1			5
出货	22	7	7		1	1		38
油行	1				1			2
麻行	1	2						3

---

① 广西壮族自治区通志馆《太平天国革命在广西调查资料汇编》，广西人民出版社1962年。

② 隗瀛涛《近代重庆城市史》，四川大学出版社1991年，第409页。

③ 徐宗亮《黑龙江略述》，转载于《明清商人文化研究》，西南师范大学出版社1998年，第69页。

类别 \ 省别	江西	湖广	福建	江南	陕西	广东	保宁府	合计
锅铁	2	3						5
棉花		12						12
靛行		8						8
磁器		1		1				2
杂粮		1						1
花板		2						2
猪行		2						2
酒行		3						3
烟行			4					4
纸行				1				1
糖行					3			3
毛货					3			3
纱缎						1		1
丝行						2	2	2
合计	40	43	11	5	6	2	2	109

资料来源:《巴县档案·嘉庆财政卷二》,卷号 5-3-6。

其二,行业商人会馆。

我国自唐、宋以来就出现了城市手工业者自发组织的同业行会,它不以是否同籍作为入会标准,而纯粹以职业异同作为划分,在唐代即有盐商、茶商、米商等多负盛名。这些商贾势力为规范行内价格和货品等级等,也为了与其他行业展开市场争夺,故设立行会。它也具有共同的宗教活动,供奉共同的祖师爷,产生了一些共同议定的行规。至明万历年间进入鼎盛时期,不仅有自己的组织,而且有了固定的议事场所,其中一部分就是借靠同乡同行会馆。

清朝的乾嘉年间,以强烈的地域观念和封建宗法制度结合起来的同乡会馆,限制了同行业间的自由竞争,不能适应需要更大市场的商品贸易的要求,终于有少数同业性会馆从地域性会馆中脱颖而出,如"原属江苏各府木商所建的地域性行馆大兴(木商)会馆,道光以后,改弦易辙,允许他省在苏州的木商加入，成为木商行共同会馆"①。这部分会馆成为更加纯粹的商人组织，故人们称之为行馆。它成为后来同业公所和商会的前身。但是这类会馆仍贯有同乡会馆的称谓，或以其膜拜行业神的名义命名。据《传统与近代的二重变奏——晚清苏州商会个案研究》载，"此时苏州的钱江会馆即绸商会馆，仙商会馆即纸商会馆，东越会馆即烛商会馆，大兴会馆即木商会馆，武安会馆即纸商会馆，毗陵会馆即猪行会馆等"。

当然也存在于建立之初就没有依托地缘关系的纯粹同业会馆。例如，乾隆六年（1741）的北京颜料会馆的碑记上就记载，"我行先辈，立业都崇祀梅、葛二仙翁，香火箴长，字（自）明代以来至国朝百余年矣。……每岁九月恭遇仙翁圣诞，献戏设供，敬备金钱云马香楮等仪，瞻礼庆贺"。而行业不同，崇奉的神祇也各异。到清代中后期，随着城镇商品经济的发展，同行会馆在各地城市和商贸重镇的兴建成为会馆的主流。例如江苏商业重镇如城（如皋）城内建同行会馆多达 16 所，涉及城镇生活各行各业，可见这一时期行业会馆公所在维护行业利益，平衡市场，合理化竞争等方面已经获得了各行业从业人员的普遍认可。

其三，行业工人会馆。

同时属于一个行业，作为商人的行业会馆和工人自发组织的工会性行业会馆逐步分离。这种情况主要是近代民族资本主义发展到一定规模程度之后的表现。王日根先生在《明清会馆与社会整合》中就提到："在北京也有学徒或手工业者单独建立的会馆……这种工人会馆，成为维护工人利益并与工商业主和封建把头进行交涉的有效工具。"这种情况在一些工商业发达的城镇表现突出。

另外，会馆类型的分布也存在地区差异性。北京作为全国政治经济文化中心，会馆的类型最完整，既是以政治利益、同乡同籍裙带关系为主要纽带的试馆主要所在地，也拥有全国几乎所有省份包括州府县来京移民所建的各级同乡会馆以及大量行业会馆。商品经济较为发达的江南地区以及国内重要的大中城市、商贸型集镇的会馆以工商行业会馆为主体。比如苏州的 48 所会馆中有 27 所为商人出资兴建，其他 21 所为官商合建。另据《夏口县志》载，汉口有来自湖北和全国各地商人所组成的会馆公所，有明确成立时间的共有 123 所会馆、

---

① 　江苏省博物馆《江苏省明清以来碑刻资料选集》，三联书店 1959 年，第 16 页。

公所，其中建于道光以前的37所，建于宣统之前的有70所。而在移民数量大，但是商品经济发育程度略为滞后的一般城镇，移民同乡会馆数量就远大于行业会馆数量。

（二）会馆的发展演变与衰落

清咸同以后会馆的发展进入蜕变时期。一方面随着国内商品经济的发展，商会组织逐渐产生；另一方面科举制度的取消，直接使会馆的发展陷入停滞。到民国时期，即使在东部沿海通商口岸因为对外贸易的增长带来商贸行业会馆的短期兴盛①，但是从全国范围看来，各地会馆不再大量兴建。究其原因，集中于原有物质和精神功能的丧失和转移，会馆背后支撑力量的衰落，以及社会管理机制现代化进程对传统基层社会组织模式的瓦解等。

首先，会馆功能被其他机构或者组织分解取代。从商业组织角度，会馆所具有的平衡行业纠纷、争取行业利益和协调管理市场等作用逐步被同业公会和商会取代。带有封建宗族意识和组织方式的同乡行业会馆，逐渐向更加纯粹的，符合资本主义商品经济发展要求的，突破地域界限按行业组成的工商组织同业公会演变，并逐步为后来由政府规定建立起来的商会组织所取代。

城市戏场和其他纯粹商业娱乐场所的出现。会馆之演剧观戏功能，在会馆后期表现得愈发突出，但是碍于会馆区分身份，祭祀和办公功能与娱乐贸易功能总有相左。城市中逐渐兴起的完全开放式的茶园戏院以及劝业场一类集中贸易地逐渐将会馆演剧和会馆贸易功能代替。据《成都通览》记载，"清末提倡实业，光绪三十四年（1908）成都劝业道周善培倡议，由商人集股为建场资金，购买总府街以北华兴街以南原普准堂之一部及部分民房，作为基址，兴建新式商场，初名劝业场，后来更名商业场。场内设有百货、餐馆、川剧院等"，成为成都第一个以商业为主，兼有文化娱乐服务功能的综合性商场，从前去庙观观戏的人多被吸引。

原来的同乡联谊方式被同乡会取代。民国初年，政府颁布了《临时约法》，规定人民有集会结社的权利。这就为新的团体的产生提供了法律依据。1931

① 民国版《上海指南》记载，1910、1914、1916、1922、1930年上海的会馆数分别为26、34、44、53、62，一直呈上升的发展趋势。

年，国民政府又公布了《人民团体组织方案》及其修正案，并积极开展社会团体的组建和登记工作。这样，一种新的社会团体同乡会便产生和发展起来。民国初年至抗战以前的 20 余年间，是同乡会组织在全国各地蓬勃兴起的时期。据国民党中央民众运动指导委员会 1934 年 10 月编印的《全国民众运动概况》记载，当时经调查登记的同乡会，南京有 54 个，上海有 65 个，汉口有 23 个，江苏有 73 个，湖北有 38 个，云南有 24 个，广西有 20 个，安徽有 16 个，于此可见全国之一斑了。同乡会的产生，也就部分地代替了会馆的社会功能，于是不少会馆随形势之需转化为同乡会了。功能的丧失，直接性摧毁了会馆存在的社会基础。

其次，缺乏支持力量到后来自然衰败破落。清末以来中国民族商人阶层的整体实力倒退，民族手工业和商业在外国产品和外国不平等条约及武装力量的冲击下陷入发展困顿，自顾不暇，也就无法保证捐助会馆。会馆实际功能，尤其是扶助同乡同行功能的丧失，直接导致会众人心涣散，丧失了对会馆的兴趣。如此日久，会馆经费不足，无力维持会馆的经营和建筑的修缮，导致会馆馆舍的衰坏。

再次，民国后逐渐推进的现代社会管理模式，使会馆一类民间自发性基层管理机构参拯议政的作用被遏制。会馆参与社会管理的方式逐步向慈善公益性发展。会馆原本功能逐渐失去，商人逐渐减少了对会馆的经济支持，由于经济的难以为继会馆逐渐衰落。新兴的社会管理机构也大量征用或者侵占会馆产业作为办公场所，这也是会馆凋零的历史原因之一。据史料记载，在 20 世纪三四十年代西京建设时期，西安不少会馆就被军队、市场和住宅占用，如军方征用了四川会馆、周至会馆、邻阳会馆等，解放路的关南会馆被国民市场占用，而山东会馆被利用为民宅；另据《民国金堂县续志》（卷二）"建置"部分记载，"……民国以后，大量祠庙会馆被新设的局所占用，原功能逐渐丧失。金堂征收局（城隍庙后殿）、怀口镇统捐分局（川主庙）、邑内烟酒公卖分栈（川主庙）"。

综合而论，会馆这种传统的带有强烈中国文化特色的基层社会组织形式属于一种资本主义商业关系初期发育阶段的过渡性形式。因其阶段性过渡性特点，导致它在经历了中国封建社会中后期民族资本主义自由萌芽阶段的快速成长后，在共和国社会政治结构和经济模式变化中被其他形态所取代，而最终逐渐淹没于历史长河。

三 会馆的功能与文化内涵

（一）会馆的核心功能：答神庥、联嘉会、笃乡情

会馆内联乡谊的重要行为和途径之一就是"答神庥"①。所有会馆内都供奉着他们共同信仰的神灵乡贤，奉祀这些神祇，既祈求保佑平安吉利，又借以树立各地域特有的形象，因此定期祭祀是会馆的重要活动内容之一。在逢年过节（端阳、中秋、春节）以及祀主的生辰、祀主原籍的地方节庆日，各个会馆都要聚集会众办会酒共同祭祀。在祭祀仪式后还举行演戏酬神和宴会。通过燕饮谈论，敦乡情，崇信行。

到会馆活动鼎盛时期，会馆里除了本省、本行的会期祭祀酬神演戏之外，因为商业需要或者联络各方关系举行的越来越频繁的宴庆和表演活动。比如庆祝开市大吉和完成工程后酬谢神佑而演戏；行会成立或新开设店请同行看戏；违反行规罚其破财献戏或给工匠加薪演戏庆贺等。各种重大活动，会首都要办平台（请戏班子唱戏），为了炫耀自己的本身实力，常常是持续十数日。虽然都带有浓厚的封建地方势力色彩，但却有很强的公共活动性能，给城镇居民封闭、单调的生活增加了丰富多彩的文化娱乐内容。杨恩寿所著《坦园日记》虽则在乾隆之后，但也可以聊供参考，其中明确记有在各地会馆看戏的日期近30余处，这些观剧的时间月朔月望年初年终皆有，所记会馆分属各省地所建，凡是"晴、公宴、酒阑、哺后"皆观剧，可知会馆戏台上戏曲演出之盛，以致清晚期会馆演出场所已同戏庄戏园类营利性商业剧场相提并论了。杨懋建《梦华琐簿》称："有戏庄、有戏园、有酒庄、有酒馆。戏庄曰某堂，曰某会馆，为衣冠揖逊上寿娱宾之所，清歌妙舞，丝竹迭奏，戏庄演剧必徽班。戏园之大者，亦必以徽班为主。下时徽班、小班、西班相杂适均矣。"

由于共同的语言风俗，趋近的心理文化，"同乡偕来于斯馆也，联乡语，叙乡情，畅然荡然。不独逆旅之况赖以消释，抑且相任相恤"。由此可见，会馆最初是因同乡同业联络感情、互通信息、缓解思乡之情而创立，人们将对原籍家族的依附转向对乡亲的依附，而乡音、乡俗、乡土神灵都成为乡人集合的纽带，

---

① 李华《明清以来北京工商会馆碑刻选编》，文物出版社1980年，第14～19页。

会馆作为乡情亲情的表征，因而会馆功能及其会馆文化显示出较强烈的地域内倾性①。会众极容易在乡土的旗帜下结成一种自发而松散的联合，这一个个的联合便构成了一个个"亚文化群体"。依靠群体的力量，人们在政府没有能力妥善安排他们命运的时候，自发地"互以乡谊联名建庙，祀其故地名神"②。

（二）会馆的社会管理功能

在基本功能之外，会馆作为客籍移民共同认可的公益性权威组织，对内协调本籍人士之间的矛盾和纠纷，对外协调主客籍关系，维护本籍利益，参与社会公共事务管理。一方面反映出明清以来，中国传统社会从血缘到地缘到志缘为纽带的群体关系组织方式的变迁，另一方面反映出在人口迁徙和商品贸易加剧的清中后期，民间社会自组织结构和方式的逐步成熟，成为封建社会管理体制的有效补充。

第一，对内的自我管理和协调平衡功能。

首先是襄义举的活动。会馆公所要有持续有效的感召力，要使异地异业的众多同籍之人对会馆公所长久保持向心力，光凭联乡谊与祀神祇是远远不够的，因而大多公开声明将力行善举也即社会救济放在重要地位。

另外，加入会馆公所的会众仕商，共同集资为会馆积累资金。有些会馆如江西会馆还规定按经营所得抽取一定比例的资金，会馆公所通常还置有房屋田产作为会产以收取租息，这些收益主要用途包括：会馆维修；维持会馆日常运作以及资助救济同乡中贫病无依、失业及在异地死亡者。在这方面，徽州商人、潮州商人、宁绍商人等是较为突出的。其中一项内容非常重要，就是行善举、葬同人。中国人自古有厚葬、落叶归根等观念，外乡漂泊的游子最挂牵的就是身后无法魂归故里。会馆往往为客死异地的会员寄放灵柩，代为运回本籍安葬。另外，对于无法回到原籍者，会馆大都购有墓地，承办病故同乡的殡葬事宜，如北京正乙祠，在康熙庚寅创建之初，既购地六十余亩，建土地祠义园。雍正年间，又于土地祠旁建二郎庙、回香亭，收葬死于北京的浙江银号商人。并于每年孟秋"祭之以楮皮及食，使无鬼馁"③。在鬼神信仰浓厚的时代，集体能承

① 王日根《中国会馆史》，中国出版集团东方出版中心 2007 年，第 247 页。
② 《南充县志》卷五《风俗》。
③ 《重修正乙祠整饬义园记》，引自《明清以来北京工商会馆碑刻资料选编》。

诺和保证个人的入土为安，是异地开拓过程中维护社会稳定与维续生产力的重要因素。有的会馆还设有义学，让本地域的贫寒子弟也能有读书识字的机会。

会馆既是同籍人士联络感情，抒发思乡之情之所，也是大家沟通信息、争取合作，共谋发展的重要途径，同时还是彼此矛盾得到有效裁判和调解的场所。在生存竞争中，即使是同籍同行也难免矛盾和冲突，这时起到化解内部矛盾，维护社会秩序稳定作用的机构和组织就是会馆，乡民"遇公事群集于此"①。据民国《四川犍为县志》记载，"同籍团体以会馆为集中地。客籍领以客长，土著领以乡约，均为当时不可少之首人。他如争议事项，必须先报约、客，上庙评理。如遇诉讼，亦经官厅饬议而始受理也。故约客地位实为官民上下间之枢纽，非公正素著之人，不能膺斯选也"。如长乐钟氏入川三世，钟昌贤在担任客长期间，"数十年为诸客长之冠，其排难解纷之处，人多不及"②。会馆都立有章程，推举有财力权势的头面人物充当首事主持，每当同籍集会时，要对全年的同籍政务作一通总结，对此民国《犍为县志·居民志》记载较具体："每年庆神演戏并查全年会内之事务。"除公共事务外还进行经济和社会活动。

而会馆对商业活动的参与最直接的就是会馆内设市（场）。会馆的商业活动是与会馆形成历史渊源很深，前面已有详述。据《山志临襄会馆为油市成立始末缘由专事记载碑记》载："油市之设，创自前明。后于清康熙年间，移至临襄会馆迄今已数百年。该馆极宽敞，可容数百人，最宜建为商市。然实因管理得人，苦心筹划，力为布置，用多数之金钱，成宽阔之地基，使同行无不称便，实为吾油市之幸。"

第二，对外争取自身利益并且参与城镇社会管理活动。

除了协调内部矛盾，处理本籍事务，作为移民社会生活的代言人，会馆成为移民和其他团体商议集会的重要场所。主要是为了维护同籍移民群体权益，免受地方不良势力欺凌，并争取集团在社会政治经济生活中的利益最大化，协调在市场竞争和客地社会的各方关系。由于实力的增强，以会馆为代表的地方民间势力往往可以一定程度左右地方政府的管理决策。顾德曼在著作《家乡、城市和国家——上海的地缘网络与认同，1853－1937》中指出，"国家对会馆的

---

① 同治《毕节县志稿》卷一《秩祀》。
② 四川省图书馆藏民国《钟氏族谱》，转引自蓝勇《清代西南移民会馆名实与职能研究》。

依赖、上海的同乡官员频繁出席会馆会议、会馆经常担任官方机构维持秩序的职能，使同乡组织日益进入全市性的官僚网络之中"①。

这种模式到了清代中后期更加普遍。道光年间，有人明确提出在江南利用会馆管理都市人口的构想，"省垣五方杂处，易成朋党，易起衅端。此中查访难周，最难安放。窃意各省有各省会馆，各行有卫，而终不若出于会馆，事从公论，众有同心，临以神明，盟之息壤，稗消衅隙，用济艰难，保全实多，关系殊重。推之拯乏给贫，散财发粟，寻常善举，均可余力及之，无烦类数。此会馆之建，所不容缓也"。为了平衡各省移民的利益和要求，地方官员在决策城镇重大公共事务，如修路、建桥，参与征税事项以及消防和救济，处理民众纠纷等，往往需要多个会馆和地方政府官员共同商议。清乾隆以后的重庆八省会馆对于城市的管理权就相当大，参与的地方事务很多，涉及警卫、慈善救济、商务、征收、生产五大类。四川犍为县"道咸时，各场承办地方公务，有五省客长之目"②；四川大竹县在清末光绪年间由原来的五省会馆，"议立五省公所，办理地方公务"③。

会馆广泛地参与地方事务，有助于提高移民在城镇中的社会地位，反过来，也使得会长的权力变得更加重要，以至于地方官员有时亦多按其意图处理有关事务，如在重庆地区，行帮所提建议需经八省会长的同意才能生效。乾隆五十六年（1791）重庆布行提出使用三联照票，因客长们认为客不愿用而废之。清道光二十六年（1846）机房工匠间为工资银钱折算发生争执，县衙则"批仰八省客长妥议章程"④。由此可见，会馆已经成为地方政府加强治安管理、处理社会公共事务，特别是对外来人口管理的重要辅助力量。

四　会馆的文化内涵

（一）神灵文化

会馆无论省籍和类型必供奉神祇。神灵崇拜和祭神活动为会馆树立了集体

---

① 顾德曼《家乡、城市和国家——上海的地缘网络与认同，1853－1937》，上海古籍出版社 2004 年，第 98 页。
② 民国《犍为县志·居民志》。
③ 民国《大竹县志》卷二。
④ 转引冉光荣《清前期重庆地区的帮会》（未刊稿）。

象征和精神纽带。所谓"神祇"，在裴胭著《史一记集解》书中引马融语曰：天曰神，地曰祇。在会馆设置的最初阶段，各省对神祇的筛选和认定就具有不同其他传统建筑类型的特征。

其一，会馆的神灵设置不避人物的真实与虚构、宗教派别，仅以本籍代表人物或者对本土有重大贡献者或者行业保护神为准。如福建人供奉林默娘为天后圣母，山西人奉关羽为关圣大帝，江南人祀准提，浙江人奉伍员、钱锣为列圣，云贵人奉南雾云为黑神，广东人奉慧能为南华六祖，四川人奉李冰父子为川主等。

其二，奉祀的神灵皆为传统文化美德的化身，因而能发挥规范人心的作用。如忠、义、勇、智等。

其三，会馆神灵崇拜经历了从单一神（多为乡土神）崇拜到乡土神为主的众神兼祀的发展演变。前者仅仅作为整合的精神纽带，后者附祀的增加则包含了其追求全面或多方面发展的性质。徽州商人所建会馆大多最初只奉祀乡土神朱熹，如湖北汉口市镇旧有新安商人建的新安会馆，专祀徽国文公。而设在吴江盛泽镇的徽宁会馆则亦把拜祭烈王汪公大帝（即汪华，当隋季保有歙、宣、杭、睦、婺、饶六州，称吴王，封越国公），张公神（即张巡，唐代的忠臣良士）也放到同等重要的地位。

其四，即使同省移民会馆，供奉对象起初可能各不相同后来在一定地区内逐渐统一，但是全国范围内每省供奉的对象并不一定相同。以四川人本地土著的川主庙为例，县志中记载，"荣昌土主庙，祀宋将杨明；铜梁土主庙，祀唐刺史赵延之"[1]；"金堂县川主庙，并祀药王孙思邈、秦守李冰及子二郎和望帝杜宇"[2]；"成都忠利白马土主庙，祀汉将庞统"[3]；"重庆川主庙，祀唐刺史赵延之"[4]，此类现象在会馆发展的后期逐步由政府出面统一。据记载，"川中各县皆庙祀李冰曰川主，清雍正五年礼部题请四川巡按德疏称灌县都江堰祀李二郎未有封号应请敕赐，是年九月初六日奉旨封李冰为敷泽与济通佑王，而郎为承绩广顯英王"[5]。

---

[1] 《道光重庆府志》卷二《祠祀志》，见于《中国地方志集成·四川府县志辑》。
[2] 《嘉庆金堂县志》卷一《建置·会馆》，见于《中国地方志集成·四川府县志辑》。
[3] 《天启新修成都府志》卷三《祠庙》，见于《中国地方志集成·四川府县志辑》。
[4] 《民国巴县志》卷二《建置下·庙宇》，见于《中国地方志集成·四川府县志辑》。
[5] 《民国巴县志》卷五《礼俗》，见于《中国地方志集成·四川府县志辑》。

就广东会馆而言，四川地区供奉南华老祖，北京地区则供奉明代忠臣袁崇焕；江西会馆，四川地区供奉许逊（许真君），北京地区则供奉宋代忠臣谢杨得；四川会馆，四川地区供奉李冰父子，北京地区则供奉明代四川名将秦良玉，云南昆明供奉的又是三国刘备和蜀相诸葛亮；山西会馆，四川地区供奉关羽，或者刘关张，北京地区还有供奉明朝忠臣张铨、高邦佑、何廷槐的，如此种种，各地不尽相同。也从一个侧面反映出会馆这种社会组织形式虽然依托于民众对神灵的信仰但是并没有形成全国一致的神灵系统也不具有像宗教寺观建筑一样的文化和管理层面的规范性（表二）。

表二　中国古代行业供奉神祇表

行业	供奉的神祇	行业	供奉的神祇
纸行	蔡伦	洗皮行	河神、孙膑
屠宰行	张飞	牲畜行	马王
修鞋行	孙膑	医药行	药王、孙思邈
裱糊行	吴道子	颜料行	梅葛仙翁
酒行	李白、杜康、吕祖	钱行	财神
泥、木、石业	鲁班	铜铁冶金业（金银器）	太上老君（吕祖）
机织业	机仙	豆腐行	淮南王
织履业	刘备	缝衣业	轩辕
理发业	罗祖	厨业	詹王
演剧业	唐明皇	胥吏	萧曹
船行	镇江王爷	盐业	管仲

（二）宗族文化和寻根文化

会馆中封建宗族文化意识的形成基于两个方面的原因。一是宗族意识是移民所熟悉习惯的情感归依和社会身份确认的方式；二是保持对宗族文化的热爱是异地拼搏移民在现实生存中的选择。因形成原因的不同，会馆宗族文化是对封建社会严格意义上宗族文化的拓展和演变。

宗族文化的直接来源是血亲文化，其核心在于以严格的血缘关系界定亲与疏。但同时宗族概念更意味着一定的组织方式与活动。著名历史学家冯尔康先生对宗族的内涵做出了清楚的说明："宗族，就是有男系血缘关系的人的组织，是一种社会群体。它不只是血缘关系的简单结合，而是人们有意识的组织，血缘关系是它形成的先决条件，人们的组织活动，才是宗族形成的决定性因素。"① 中国传统社会以宗族为基础建立，在整个农业经济占主体的封建时期，宗族的规模维系在"九代"② 和"亲族聚居地"③。后者是中国乡村社会居民居住和活动的基本单元。明清以后伴随传统农耕社会的解体宗族社会也发生变异。表现为成员的不断迁出，原籍宗族社会解体和原籍宗族支持成员外出发展，并且继续依靠原来的宗族关系在竞争中获利。

会馆中封建宗族文化的是如何体现的呢？明清以来，宗族势力和宗族文化发达，他们往往利用宗祠、族规对族人进行管理。族规是宗族内族人均要遵守的行为规范和准则。与之类似会馆里也是利用会馆章程、简章履行类似的管理职能④。这些规范在实践中起到了与族规类似的作用是会馆封建宗族文化重要体现。

宗族文化的另一种表现方式就是寻根文化。寻根就是对于故土的怀念，它引申出地缘意识和乡土意识，会馆是这种文化的最直接产物。民国《四川达县志》称，会馆是"他省人赛会娱乐之所，亦表示不忘故土之意也"⑤。与传统的宗族文化不同，寻根文化实际上依托的更加虚幻的精神纽带，它的基础相较于

---

① 冯尔康《宗族制度、谱牒学和家谱的学术价值》，引自国家档案局二处、南开大学历史系、中国社会科学院历史研究所图书馆《中国家谱综合目录·代序》，中国书局 1997 年，第 2～3 页。

② 《礼记·丧服小记》："亲亲，以三为五，以五为九。上杀、下杀、旁杀，而亲毕矣。"

③ 钱杭《中国宗族史研究入门》，复旦大学出版社 2009 年，第 66 页。

④ 管理职能主要内容包括：（一）对经营范围的明确，维护同乡共业利益、限制同乡共业竞争、保持传统生产习惯、原料产品价格和规格、帮工待遇、劳动条件、学徒制度、违章争议裁定和公共福利的规定。例如，光绪年间《上海茶业会馆条规》"年来生意艰难，人心小占，成规日坏，弊窦滋多"而出台，全文共计三十款，近三千字，对当地茶商与洋商交易的程序、价格等作了严密的规定。声明"有意违规、贪做生意，罚银一千两"。（二）各地会馆一般都提倡良好的商业道德，主张经商者自律，诸如重信义、除虚伪、敦品行、贵忠诚、鄙利己、奉博爱、薄嫉恨、喜辛苦、戒奢华等内容往往被列入行业条规中。（三）对会馆祭祀神贤等重大活动的规定。

⑤ 民国《四川达县志》卷九《礼俗·风俗》。

宗族的族规和家庭血亲的约束而言，本身的约束力更加薄弱。但是会馆这种传统社会组织方式的长期存在就不能不让人思考寻根文化背后国人的心理结构特点。其中文化传统保持的自觉意识就成为会馆文化很重要的表征。

（三）儒商文化

在传统的农业社会中，士农工商的四民格局被视为圭臬。可是到了明中期以后，随着市场行为的发育，人口的激增导致可耕土地的不足，使社会各阶层既感受到商品经济的影响逐利而弃本业从商，也有的不得不考虑离开土地到外面寻找发展空间，由此以至于农、儒、童、妇亦皆能贾。其中尤以山西、安徽及珠江三角洲等地区为主流①。所谓安徽休、歙"贾人几遍天下，良贾近市利数倍，次倍之，最下无能者逐什之一利"②。

而商人凭借手中的财富雄踞于社会经济生活的上层，也要求提高其社会地位。其中反映在观念上首先就是明清社会四民观念的模糊化和以"四民异业而同道"③为核心的新四民论的出现。人们在择业问题上将对利的追求作为自己的主动追求加以选择，从心理上突破了士农工商的传统社会等级观。其次，商人阶层开始要求更多的话语权和场合，表达他们的思想理念和价值诉求。一方面他们通过结交官宦，以钱权交易的形式借助官僚的力量间接的申述自己的价值取向以获得社会认可。另一方面在民间通过积极组织商人会馆公所等民间组织，在会馆的组织建设、管理使用过程中通过大笔捐资、慷慨解囊的方式获得对会馆管理和使用上较强的支配权，表达商人集团自己的人生追求和目标。因此，会馆等作为商人的社会组织是明清商人在认识明清社会的基础上，建立的一种适合自己生存、发展的社会组织，凝集了商人阶层在精神层面的商业道德观、伦理心态、经营哲学及文化素养等知识体系和价值体系。

明清商人文化的核心内涵首先是以诚信为主体的儒家道德规范影响下的商业价值观。诚信是儒家重要的道德规范和社会交往的基本准则。其中诚实作为仁义礼智信五常的根本，孝悌忠顺等行为规范的本源是几千年中国人精神生活中很重要的部分，也符合前法律时代商业交往彼此约束的基本准则要求，因此

---

① （明）王文禄《策枢》卷四，商务印书馆 1936 年。

② 嘉靖《徽州府志》卷二《风俗》。

③ 余英时《中国近世宗教伦理与商人精神》，安徽教育出版社 2001 年。

这些基本原则逐渐被商人阶层作为经商之根本予以遵守。会馆作为绅商阶层精神世界的物质代言也体现了这一新兴群体的精神追求和价值准则。

五　结论

会馆是在中国封建社会的中晚期形成发展的，分布广泛、数量众多，并且曾经发挥过重要作用的社会组织形式之一。它是馆的一种形式，兴起在明代，盛行于清代，至民国后逐渐退出历史舞台。

会馆的演变和很长时期的繁荣昌盛与中国封建社会后期人口的杂居化分布，传统社会结构的解体和四民群体的时代变迁，以及更广泛土地的开发利用，产业结构的调整，商贸的发展和物资的大范围流通，社会经济主导力量的变化，商人阶层的崛起都有十分密切的关系。它从单纯的同乡互助性质的义举，在更加广泛的社会历史背景"逐渐演进成一种较具适应性的社会管理组织。它的发展演进历史反映了中国传统社会的管理体制——基层的自治与中央集权的间接控制相结合的管理体制——对社会形势变迁的不断适应"①。在不同时期不同地区的城市与集镇，因为社会政治经济文化环境的不同，会馆设会目的的不同，服务人群的差异，也表现出会馆类型极大的差异性。

---

① 王日根《中国会馆史》，中国出版集团东方出版中心 2007 年，第 289 页。

从台北故宫所藏几份奏折看清中后期政府对会馆监管的加强

王日根*

摘　要： 在台北故宫档案馆有关政府对会馆监管的七件档案中，记录了从乾隆到咸丰年间中央与地方政府对会馆进行监管的事实。透过这些奏折，我们可以看到过去不大为政府所关注的会馆组织，逐渐进入统治者的视野。对于以会馆聚集起来的团体起事，政府需要加以纾解；对于会馆内可能存在的藏匿奸宄，或会馆是否参与囤贮私盐等的查禁也逐渐加严；当政府面临战事，而国家财政又相对较紧时，或向会馆赊借，或直接动员会馆捐输，成为补充军需不足的重要途径。由以上三个方面看，会馆在乾隆至咸丰年间，随着商品经济的进一步繁荣，呈现出更加兴盛的局面，且实力获得了加强。会馆的主体面仍是积极的，在社会秩序的稳定方面发挥了作用。

关键词： 清中后期　政府　监管　会馆

一　会馆内部纠纷引起政府的干预

乾隆二十年三月初八日，四川提督岳锺璜、四川副都统富僧阿上奏说：三月初六，成、华两县在湖广会馆内改拆后楼，有楚省民人竟聚集数百人在彼撞钟击鼓，拥挤喧阻，并闻将成都县轿子损坏，衙役亦有被踢伤者。这是叙述了发生在会馆内的一件纠纷，会众与会首之间发生了利益冲突。四川提督与四川副都统带领官兵到现场察看，认为不能容忍"若辈肆横无忌"，将聚集哄闹的喻文焕、丁松山等七十余人即当讯问，他们说：他们都是楚民，听说馆中会首

---

* 王日根，厦门大学历史文化学院教授。

们领了府县银两，要将会楼拆改，他们认为这是楚民们共有的财产，必须征得他们的同意方可操作。审判官说：他们将成都县的轿子打坏，衙役也受伤了，这当属于抗拒官长。但会众们认为：轿子坏了，可能只是因为人多拥挤而被无意挤坏的。据说当时城外也有部分会众表示不给城里提供柴炭。提督官员又派人到城外拿获了三十余人，他们了解到："成都地方，俱系五方杂处，惟楚民最多而最横，乃于省会之所，辄敢集众喧闹，目无官长，若不严加惩治，恐将来刁风日炽，所闻甚巨。臣等随将先后拿获之一百余人，一面发交府县收禁，一面札商督臣速行回省，审拟查办外，合先据实奏闻伏祈皇上睿鉴。"

楚民移居四川成都的人数和规模均较大，他们将楚省喜聚集、尚喧闹的习气带到四川，引起大规模的哄闹事件，令四川提督、副都统感到事态严重，缉拿了部分闹事者，对他们进行了审问和处置，且上奏乾隆皇帝，皇帝的批复是"知道了"①，显然对他们的应对措施表示了认可。

乾隆二十年三月十二日，吏部尚书仍管四川总督黄廷桂上奏言：臣往川北保宁，由顺庆潼绵各营一路查阅弁兵，前赴松潘，于本年三月初七日行抵绵州接准副都统，臣富僧阿提臣岳锺璜札称：本年三月初六日，据查街官兵禀称：成华两县在湖广会馆内改拆后楼，有楚省民人聚集数百撞钟击鼓，拥挤喧阻，将成都县轿子损坏，衙役亦有被伤者，随带领官兵前往查拿，甫至会馆门前，聚集楚人四散奔逃，当获喻文焕丁松山等七十余人，立即讯问，据供听得馆中会首们领了府县银两，要将会楼拆改。这会馆原是众人造的，会首们如何不通知我们得银私卖，所以众人不服，约齐要与会首讲话，并不敢抗拒官长等语。又据查街官兵禀报，东门外大桥瓦子滩一带尚有楚民聚集，声言城中缉拿我等，如今我们不许柴炭进城，复又选差文武，带领满汉兵役驰赴东门外，续拿三十余人，供交府县受禁，除专员具奏外，应否速行回省审拟查办相应札商等因。又据布政司明德驿盐道善宁松茂道张之浚禀报：本年三月初六日，成华两县在湖广会馆内看拆后楼，忽有楚民聚集数百余人在彼鸣钟击鼓，拥挤喧哗，将成都县轿子损坏，衙役亦有被伤者，两县现在查拿，本司道闻信立即亲身前往督同成都府知府许国栋署成都县知县王训华阳县知县靳光祚当场拿获首丁达忠向若俊二名，并附和楚民谭良玉杨廷文鲁荣贵陈才实等肆名，适提督副都统亦带

---

① 《清代宫中档奏折及军机处档折件》，编号 403008877。

领官兵往拿，聚集之人四散奔逃，又即拿获喻文焕丁松山等七十余人，正在究讯间，又闻东门外华阳县地方大桥瓦子滩一带尚有楚民聚集声言不许柴炭进城，复商同提督副都统会委营员并华阳县知县带领兵役前往拿获丁纯忠向明贤等三十余人，余俱畏法安贴等情。黄桂认为：省会重地，岂容狂逞，既经获犯多人，自应迅速审办，臣未便复往松潘，且绵州距省尚近，随兼程于初九日回至省城，细加询访，并将现获各犯讯取供情大概，俱与该司道所禀暨都统提臣札寄情节相符，盖缘布政司衙门右首西南有楚省民人建造会馆一所，后楼七间，过于高耸，下瞰民房内室，周围居民时有争执，且地当离位，峻楼突出。成都素堕草房竹笆，恐致易犯火灾，又以司署钱粮重地，右首象临白虎，虎头高起，亦非地方宁谧所宜，舆论啧啧，咸称不便，布政司明德到任之后，臣偶与言及湖广会馆原非住宅可比，何用过高之楼，以致种种不协，可遇便传唤会首人等量给工作之费，晓令拆低数尺，既与伊等会馆无碍，又与本处居民各便，并可帖息群议，及臣巡阅公出藩司明德委令成华两县王训靳光祚将会楼太高不便之处传示会首之人等，商令改拆二三尺，当即应允，随给修费银百两，于三月初六日改拆，突于午间有楚民丁达忠向若俊等以会首未曾通知，逞忿不服，辄敢纠约乡众，藐视官长，肆意闹阻，及擒捕解散，又有丁纯忠向明贤等在于东门之外拦截贸易柴炭，不许入城，情更可恶。会城法纪所在，刁风万不可长，似此凶顽，必须尽法惩处，方足昭示炯戒。但查现获各犯，内有黔陕各处民人在彼观看，一时误拿者，亦有实系刁恶尚在逃匿未获者，臣一面分别查明，将他省无辜之人立行开释，一面多拨弁兵将出头有名刁棍速捕，务得一并亲讯确情，照例严行定拟，以彰国典而杜效尤之渐。所有臣准札回省及现在查办缘由合即恭折奏闻。

对于这样的处理结果，乾隆皇帝作了这样的批复："知道了，刁风固不可长，然因浮言而轻举妄动，以致酿成事端，尔等亦属疏失，至此事已成，反不可不拆毁矣。所获要犯杖毙，致人亦警之矣。不比具题。"[①] 乾隆皇帝认为此事处理显得有些躁进，但从增强官方权威角度看，还是认可了。这表明，对于会馆凝聚而成的乡土情绪，倘若危害到政府的政治权威或带来社会的不安定，官府就会出面加以干预，甚至不惜缉拿要犯以惩戒会众。

---

① 《清代宫中档奏折及军机处档折件》，编号 403008914。

二　会馆发挥起类似保甲的治安功能

对于会馆，道光初即有人提出了加强管理的设想："省垣五方杂处，易成朋党，易起衅端。此中查访难周，最难安放。窃意各省有各省会馆，各行有各行会馆，各归各帮，尤易弹压，宜于会馆中，择贤董数人，专司劝导，每逢月朔日，各会馆宣讲馆约……三次不到，即摈弃或资遣回籍，如此，……虽五方杂处，亦不足患也。"商人会馆在"团结商人，保全信义"的基础上，遇到"凡受国家法律有不完全之处，或贪婪官吏对于人民有苛酷之事件"，皆力求为会员争得"保全生命财产，判断曲直之权利"，有人说："凡所以联乡情，敦友谊，求自治，谋公益者，皆不能不于会馆公所是赖。"①

道光二十八年四月十八日，陕西道监察御史程德麟跪奏：为严行保甲请饬五城将各省会馆一体编查，以缉奸宄。他认为：五城地面，五方杂处，良莠不齐，稽察最宜详密。所有各省会馆城内城外不下数百处，本由该各地京官自行稽察，但其间有京官管束者，亦有无京官管束者，倘有匪徒讼棍冒充官职生监，外借会馆为名，内实为作奸犯科之所在，看馆者不知各省情形，何从辨其真伪，且看馆之人半多无业游民，亦可恃无官管束，呼朋引类，滋生事端，聚赌贩烟，无所不至。臣于二月访闻，安徽婺源会馆即有戴姓假充监生，勾引诈财一案，现经刑部审实治罪，足见会馆亦易影射藏奸，不可不严加稽察，理应同客店庙宇一体编查，设立循环簿，按月更换，送官查验，以便盘诘，以杜混淆。务使来历不明形迹可疑之人，概难容隐，庶宵小无所售其奸宄，而地方亦得以藉资整饬矣②。

此一奏折显示：道光时期，官员们已经注意到京师会馆必须像客店庙宇一样，接受官府的查验。此前会馆交给同籍在京官员管束，但事实上并非每个会馆都有在京官员，而且即使有在京官员，有时管束也未必会到位。因此，会馆里出现"看馆之人为无业游民"，甚至有"匪徒讼棍冒充官职生监，外借会馆为名，内实为作奸犯科之所在"，上奏者实际了解到安徽婺源会馆就有戴姓假借

---

① 《中国经济全书》第二辑，1895 年，第 494 页。
② 《清代宫中档奏折及军机处档折件》，编号 081885。

监生之名，勾引诈财的事例。这表明，道光时期社会经历了更加复杂的变迁，会馆这一过去能维持内在有序的组织形态也面对被"影射藏奸"的危险。程德麟的这一奏折显示官府开始对会馆加强监管，通过将会馆编入保甲的办法，来实现对流动社会的管理。

程德麟的这一奏折显然得到积极的回应，道光二十八年五月初三日，都察院等衙门都察院左都御史臣宗室成刚等谨奏：为遵旨会议稽察各省会馆保甲章程恭折具奏仰祈圣鉴事，道光二十八年四月十九日，奉上谕御史程德麟奏请京城各省会馆一体编查保甲一折，著都察院顺天府会同妥议章程具奏，钦此，钦遵抄出到臣，当即札询五城各省会馆曾否编入保甲，仅填写看馆人等家眷年岁，所有乡会试并去来候选各官，均系本邑掌馆京官，责成看馆人随时查报其姓名未曾编入保甲，此各城向来办理章程也。臣等公同酌议，各省会馆共二百六十三所，其现有京官在馆寄居者即与官宅无异，仍应遵照旧定保甲章程，令本官自行严查其但有京官管理而不能常川在彼，与并无京官管理而第付之看馆人役者，自应照客店庙宇之例一体编次，添设门牌，所有各省投寓士子以及候补候选官员与夫役人等均责令该看馆人询明来历，填注循环簿，每月一次送官查验。倘有无籍之徒冒充职官生监，匿名混迹，该看馆人应查不查，应报不报，一经发觉，从重治罪。至于看馆之人，亦责令各省掌馆官绅慎择老成，不得以无业游民滥充斯役。倘有如该御史所奏聚赌贩烟等弊，即将该馆主事人治以失察之罪，庶人心知所警畏，无敢视为具文矣。夫立法固贵周详，而奉行尤宜实力。臣等仍严饬五城司坊大宛两县无分畛域，逐馆稽查，以杜混淆而免遗漏，所有臣等遵旨会议，缘由理合恭折具奏，是否有当，伏乞圣裁，再此件系都察院主稿，合并声明，为此谨奏①。

参与此奏署名的有：太子太保都察院御史宗室成刚、署兵部尚书左都御史孙瑞珍、左副都御史宗室和淳、左副都御史恒毓、左副都御史李菡、左副都御使彭蕴章、经筵讲官体仁阁大学士兼管顺天府尹事务卓秉恬、顺天府府尹汪本铨等八人，体现了清道光时政令还是较为畅通的，陕西道监察御史的一份奏折于四月十八日上奏，十九日道光皇帝便作出了回复，并颁布上谕，准予执行，当日都察院御史、副御史和顺天府的地方官员均作出了及时的回应，区分京师

---

① 《清代宫中档奏折及军机处档折件》，编号 082080。

会馆中有京官直接管理的与无京官直接管理的，对于无京官直接管理的会馆，要求看馆人严格执行每月登送循环簿的办法，将住馆的人员姓名、住馆缘由等信息弄清楚，保证没有形迹可疑、冒充混淆之人，从而确保京师会馆具有良好的秩序。

此前的道光十八年，有人诬告上海各会馆存在囤贮私盐，扰乱盐务秩序的现象，道光皇帝下令让两江总督陶澍确查这一事件。道光十八年四月十一日，两江总督管理盐务陶澍上奏：核查上海县地方会馆并无囤贮私盐情形。因为此前御史高枚上奏：浙江宁波府属洋面中之舟山产盐甚旺，闽广商船经过收买，每制钱十二文一斗，每斗约二十斛，载至上海，每斛可售制钱二十六文，其利息不啻三十倍。上海沿海一带会馆最多，即为囤贮之所，两淮盐引滞销大半，由此惟舟山所出之盐，滨海藉资口食，或就本地之价，官买发商；或令商买配引，或以所出之地属浙江，归浙江省经理，或以所销之地属江南，归江苏省经理等语。两淮盐引滞销，总由私贩充斥所致，愚民惟利是图，难保不越境收买，转相售卖。著该督即行查明，上海地方如果多设会馆，广为囤贮，务即严密查拿，毋稍宽纵。至舟山所出之盐，应作何办理，并归何处经理之处，著即会同乌尔恭额体察情形，悉心筹划，妥议章程具奏，将此各谕令知之，钦此。

经查，上海一带系浙盐引地，与淮界相距遥远，不致充斥。在吴淞江口沿海地方，俱系滨临黄浦大江，接连海口，潮水涨落无定，两岸尽属沙滩，并无设立会馆之处，复至上海县一带地方查明，城内城外有江苏浙江福建广东关东山东安徽各处商民共建会馆一十三处，皆为寓居同乡及暂厝旅櫬而设，间有堆积货物处所，均有董事经理，绝无囤积私盐情弊，讯之居民保甲，均无异词。惟查浙江定海县之舟山产盐甚多，上海滨临海隅，其间闽广两省之鸟船、乍浦洋面之硬档鸟基等船、浙省沿海之划船夹带兴贩，由川沙宝山沿海等处分售，有小船分销偷运进口转卖，实所不免。自道光十六年以来，各该厅县计获盐犯二十六名，私盐十一万斛有奇，皆在三四百里以内近海港汊拿获，并不藉会馆囤积以为销私之地，复经该道亲赴各会馆确访，与该同知所禀相同，其吴淞口外停泊诸色船只，仍照常派委妥员实力巡查，毋任夹私偷销，以杜来源而绝去路，庶可期私净引畅，具禀前来。臣思贩私本干律禁，会馆设在市廛，为众商公所，共见共闻之地，即使图利透私，亦断不敢于人烟稠密耳目昭彰之下，自取败露。是该道等所称各会馆并无囤积私盐，自属可信，惟川沙宝山沿海一带有商船夹带私盐之弊，不可不时加查缉。

经了解，舟山系定海县所属，原为包课之区，听民自煎自食，嗣因余盐串枭兴贩，乾隆三十六年奏明动拨帑银，令定海县营设厂收买，拨交松江营四千三百引，交商完帑领拨，再有余盐听嘉松商人领配完帑，载在两浙盐志。惟舟山孤悬海外，应筹议堵缉……舟山之盐，或由官买发商，或令商买配引。浙省本办有成规，其如何严禁商船收买售卖之处，江省远隔重洋，未能深悉，既经浙江抚臣督同运司体察情形，悉心筹划，应即由该省妥议章程具奏办理。除咨明浙江抚臣外，所有核查上海各会馆并无囤私缘由，理合缕悉①。

这份奏折呈现的是盐务官员陶澍经确查，澄清了污蔑上海各会馆参与囤聚私盐的不实之词，显示上海各会馆仍然是守法运行的社会组织。贩卖私盐的现象虽然存在，但与会馆没有关联。

三　会馆还须为军需提供应急之需要

道光时期，会馆还被要求为军需提供帮助。如有这样一份奏折说：查某省军需紧急，费用浩繁，但凡可搜罗之款，亦不妨暂为变通。访查陕甘富商巨贾在川贸易，各属地方多有，公建陕西会馆历年积储，会府银两盈千累万，此系两省商民捐存公项，现在回匪犯顺，由陕窜甘，在甘民固情殷敌忾，在陕民亦志切同仇。兹拟派费赴川，将前项会府银两核拨一半，借供兵饷，以陕甘公储之款项济陕甘公愤之军需，似亦补救之一法。相应请旨饬下四川总督转饬各府州县遵照，俟甘省委员到境刻印，协传陕西会馆值年会首将现存会府银两核拨一半借供甘省军饷，由该委员一面守提解运，一面发给印借，将来军务完竣，由甘省军需总局照数筹还②。

这一奏折赋予会馆一项新的职能，军需可以向会馆筹集经费，表面上以借的形式，实际上往往很难兑现。但毫无疑问，陕西商人的会馆具有了较强的经济实力，这才让官府认为可以筹集到部分费用，以解燃眉之急。

咸丰五年五月，河南巡抚英桂上奏陈报了河南省城绅士并各省会馆官商捐

---

① 《清代宫中档奏折及军机处档折件》，编号 405001333。
② 《清代宫中档奏折及军机处档折件》，编号 098821。

资团练的情况，其中说道：自粤匪滋扰以来，节次钦遵谕旨，劝令地方绅民办理团练，又咸丰三年十二月直隶饶阳县团练请奖案内，钦奉上谕将办理团练绅董人等优加奖励。著各该督抚再行晓谕，绅民务各合力同心，守望相助，其捐资出力人等即查明随时保奏等因各在案，查河南地处冲途，为北方屏蔽，东南毗连皖楚，东北与山东直隶接壤，省垣防守，最为吃重。当因兵力不足，经前抚臣陆应谷奏明委员劝谕省城绅士，于咸丰三年二月设局招募乡勇一千五百名，分为五场遴选绅董分司团练，因捐项骤难齐集，借用司库贾鲁河生息项下钱四万串，以为支发口粮，置备器械之用俟陆续劝捐归款。是年五月，逆匪由归德窜扰睢州杞县陈留一带，攻扑省城，该绅董等带领练勇随同文武官弁登埤守御，乘间搥城杀贼，擒斩多名，颇为得力，彼时需用紧急，复经前署布政使沈兆沄两次提发军需项下二万两以资接济，省城得保无虞。迨八月初旬以城围虽解，而贼势南北分窜，往来无定，省垣仍应防守，一切经费饬委前署开封府知府罗景恬督率委员邀集绅商士民等明白劝谕捐助钱文，就近缴局，各绅士等踊跃输将，计自咸丰三年七月起至四年四月底止，共捐输制钱四万零四百余串，呈缴团练局，由该绅董等支发，报明有案。嗣因贼踪已远，将此项乡勇裁撤，以节靡费。迨四年春间，逆匪攻陷庐州六安，另股分窜湖北汉黄等府，庐州之贼复又分股由归德之永城夏邑窜入山东临清等处，当逆匪复犯豫疆，猝闻警报，汴梁省城前项练勇已经裁撤，驻防满洲营抚标开封三营官兵除调赴各路防剿外，存城之兵不及二千名，兵力实形单薄，旋据八旗奉直浙江三江山西陕甘各会馆呈请，情愿公捐经费招募壮勇相助防守，计自四年二月起，陆续共募壮丁一千五百二十名，所有壮勇口粮并制造火药铅丸等项俱系该官绅等捐办，各自设局委员训练，以便守御而壮声势，人心藉以安定，省城如常安堵。现在安徽湖北逆氛未靖，大兵夹击，尤虞豕突狼奔，防御不容稍懈，自应勤加操练，以备不虞。未便遽议裁撤。惟口粮等项所费甚巨，据各省会馆绅董呈报，随时收捐，随时支发，计共费用制钱九万五千余串之多，若不择尤请奖，恐日久渐生观望，难期经久。除捐数在千串上下各绅民应俟军务告竣，另行请奖外，合将捐输制钱四千串以上，并在局帮同团练出力之分，发南河候补通判陶福泰、候选知县吕承基，经布政使郑敦谨前在署巡抚任内奏请奖励并声明，再有捐资较多出力绅商另行随时办理，当蒙恩准所拟办理。今省城及各省会馆绅士等倡率捐输团练壮勇出资出力，洵属急公好义，志切同仇，非寻常捐输可比，除升授安徽庐凤道张光第捐钱四千串记名,知府金镛捐钱六千六百五十余串,均因团练守城出力,业经蒙恩优奖,不敢再邀议叙外,相应择其尤为出力捐数较多人员汇案缮具清单,恭呈御览,合无仰恳天恩俯准奖励,以昭激劝。出自鸿施为此恭折具奏,伏乞皇上圣鉴训示谨奏。咸丰皇帝的批示是"户部速议,具奏单并发"①。

这份奏折是河南巡抚在遭遇战事时,动员各省会馆积极捐输,以补军需的过程记述。这表明会馆在当时不仅取得了较大的发展,而且实力不容小视,发挥它们的积极性,确能筹集到大笔经费,或招募壮勇,或用于加强训练。本来以前会馆没有做这方面的社会工作,而此时则可以发挥补足军需的作用。

四 小结

在台北故宫档案馆有关政府对会馆监管的七件档案中,记录了从乾隆到咸丰年间中央与地方政府对会馆进行监管的事实。透过这些奏折,我们可以看到过去不大为政府所关注的会馆组织,逐渐进入统治者的视野。对于以会馆聚集起来的团体起事,政府需要加以纾解;对于会馆内可能存在的藏匿奸宄,或会馆是否参与囤贮私盐等的查禁也逐渐加严;当政府面临战事,而国家财政又相对较紧时,或向会馆赊借,或直接动员会馆捐输,成为补充军需不足的重要途径。由以上三个方面看,在乾隆至咸丰年间,随着商品经济的进一步繁荣,会馆呈现出更加兴盛的局面,且实力获得了加强。会馆的主体面仍是积极的,在社会秩序的稳定方面发挥了作用。

---

① 《清代宫中档奏折及军机处档折件》,编号 406006036。

试论明清会馆文化及在现代
条件下的传承与弘扬

张德安*

摘 要： 会馆文化，特别是明清会馆文化，在研究明清会馆专家学者的专著或撰文中或多或少均有提及，但大多语焉未详。本文拟从管理规制、建筑艺术、文化修为、人文精神、戏曲演出、会馆办学等六个层面初步探讨明清会馆文化的内涵。并在简要分析国内会馆生存情况的基础上，对弘扬和传承会馆文化提出了思考和建议。

关键词： 明清 会馆文化 传承

会馆文化，特别是明清会馆文化，在研究明清会馆专家学者的专著或撰文中或多或少均有提及，但大多语焉未详。究竟什么是明清会馆文化？它包含哪些方面？以何种思维来思考它的传承与弘扬？对此本文试图进行一些探讨。

一

"文以载道，化育万民"。所谓会馆文化，一言以蔽之，就是以会馆为载体的文化。中国会馆，自明永乐年间安徽芜湖人俞谟在北京创建京师芜湖会馆以来，已有 600 多年历史，其数量之多，不可胜数。会馆既凝聚了中华传统文化精神，又因顺应社会变迁而历久弥新。围绕会馆并以会馆作为载体形成的文化事项，就构成了会馆文化。它涉及有形和无形的文化遗产，包括会馆建筑艺术、管理技术及会馆戏剧、音乐、诗文、楹联、碑刻、文献与字画、古籍等。明清会馆文化，个人认为主要包括以下六个方面。

* 张德安，中国文物学会会馆专业委员会副会长、研究员。

（一）精到的管理规制在各会馆自成体系

古代会馆虽是民间自发组建的，但同明清时官办的里甲、保甲、厢坊等一样，是合法的基层社会组织形式，在社会的结构性变迁中发挥了自己的作用。

会馆的行政管理方面，各类会馆大致相同，即公推德高望重者总揽馆务，或称首事、会首、会董，也有的称客长、客总、总管、值年等，下设若干人办事。早期会馆的行政职能比较简单，随着历史发展，会馆在经济事务和社会历史文化发展中的作用日渐增大。到了晚清，会馆已成为民间重要的社会组织形式。例如重庆俗称的"八省会馆"实际包括湖广、广东、江南、浙江、福建、江西、山西、陕西、云贵等会馆、公所，涉及 12 个省份（"湖广"含湖南、湖北，"江南"含江苏、安徽，"云贵"含云南、贵州）。往往这些省籍会馆的联合行动，几乎可取代官府的全部"市政"管理权。

在财务管理方面，古代会馆都各有自己的经费来源，有的是靠官商或乡人的自愿捐助，有的是靠商人的抽厘，有的是依靠房租，还有的只有始创者却无以为继。因为会馆的经费来源并不稳定，但又要使会馆长期维持，许多会馆便制定出自己如何经营管理团体捐款和管理团体产业（如专属会馆的建筑物和田地等）的内部规章制度。

早在 1784 年，潮州会馆就规定："延请董事经理，三年一更，七邑轮举，一应存馆契据，递交董事收执，先后更替，照簿点交，永为定例。"1813 年，嘉应会馆不仅强调"凡经手收入及放出生息，必须经理得宜，始免侵亏之弊"。同时还有"汇簿日"的规定。每年"汇簿日"的当天，必须要将"所有银钱，当众交出，公举殷实借领某分生息，须数人保结，至次年汇簿日，母利一并交出，再公举殷实借领，毋得徇情"。还有的会馆、公所明确指出，将所捐经费"设立司年司月轮管……年终会算报销"，"互相稽查"。潮州福建汀龙会馆规模庞大，其管理"依其里邑之所近"在会馆下按地区设"纲"管理。会馆根据年开支预算按不同的比例分摊给实力各不相同的"纲"，包括各节日的祭祀与演戏也分别由不同的纲来分担。即各纲根据各自的实力来承担不同份额的义务，会馆也把具体责任落实到纲头上，容易承担，也容易兑现。清朝、民国时期，徽州各会馆广泛采用"征信录"进行会馆财务管理，即会馆"公开财务收支，以昭信实"，并形成档案。重庆湖广会馆作为移民会馆，在早期运作时，也有管理同乡共同财产即会馆产业和捐资的条规。馆内现有复印件100多份，包括了从嘉庆到宣统年间重庆各会馆的行业章程、市场规范、司法诉讼、馆内秩序、筹资捐款、义冢保护、会馆修缮、宴请安排、祭祀程序等相关方面的记载。

以上这些会馆的管理条规，为今天各地不断建立的异地商会提供了有益的借鉴。

（二）唯美的建筑艺术使会馆遗存成为古建瑰宝

明清时代，各会馆建筑形态争奇斗艳，尤其是有大商巨贾进行经济支撑的移民会馆或行业会馆，更是在会馆的营造上追求唯美的建筑艺术，出现了聊城山陕会馆、宁波庆安会馆、重庆湖广会馆、社旗山陕会馆、北京湖广会馆、天津广东会馆等古代建筑的瑰宝。它们或雕梁画栋，飞檐翘角；或古朴雄峻，巍然壮观，无论建造规制和建筑规模，还是建筑艺术，都是屈指可数的，堪称明清建筑之典范。例如自贡西秦会馆，占地面积4000多平方米，中轴线上布置主要厅堂，两侧建阁楼和廊房，用廊屋连接组成若干大小院落，四周以围墙环绕，形成单元式多层次封闭式的布局。单体建筑内部由几根大柱承托各种横梁，组成坚实的框架，上建外观奇特的复合大屋顶。屋顶造型有歇山式、硬山式、重檐六角攒尖式和重檐庑殿式，重叠、配合使用。其中以武圣宫大门、献技楼、参天阁和贲鼓阁、金镛阁最具特色，或歇山屋顶正脊加建一六角攒尖屋顶，或上下重叠由两个歇山式屋顶，檐脊屋面相连，翼角起翘似飞，挺拔高昂。这种多檐的复合结构，在明清两代建筑中，是十分罕见的。

重庆清代会馆占绝大部分，会馆大都仿寺庙的式样修建，占地一般在1000平方米以上，主体建筑的木构架多用抬梁式，少见穿斗式，布局以四合院常见。古代重庆由于四川阻隔，环境封闭，王权专制和宗法思想的限制和束缚较弱。因而不拘法式，会馆房屋规格较高，多雕梁画栋，大厅、戏楼等的房顶多歇山式，有的还是重檐，早期房屋多用琉璃瓦。重庆地区山峦起伏，会馆多随地赋形，既有陡坡形会馆如木洞万寿宫，又有缓坡形会馆如安居天后宫等，而且多采爬坡退台建筑。有的会馆封火墙顺应等高线，曲折延伸，宛如游龙，是山地地形的完美写照。会馆建筑物一般由山门、戏楼、看厅、大殿、厢楼、钟楼、客房、膳食房、水池、花园和高墙等组成。有的会馆内建有"抱厅"，这是适应巴渝地区湿热气候环境的特点而采取的特殊构造造型手法，非常富有创造性。

　　装饰是会馆建筑构成的要素，在一定程度上反映了会馆的属性和地位，以及会馆成员的精神追求和物质生活。许多会馆的各个部件或装饰构件丰富多样，如山墙、屋脊、挑檐、挂落、雀替、驼峰、柱础、门窗等，多用精致美观的木、石、砖"三雕"和泥塑、彩绘或陶瓷饰物制成，内容以植物、花卉、如意纹、传统吉祥图案为主，龙、凤、牡丹、梅花、云气纹、蝙蝠、鹿、麒麟等都是常见题材。这些内容或传统典故，是移民礼教和本土文化的生动展示。重庆湖广会馆建筑群内禹王宫、齐安公所、广东公所、宁波庆安会馆、河南社旗山陕会馆、洛阳路泽会馆、贵州石阡万寿宫、成都洛带会馆建筑群等会馆建筑，都是优秀的古代建筑。这些会馆建筑吸取了南北各地建筑百家之长，也反映出外来建筑形式在所在地区独特的自然因素和人文因素的影响下，与当地建筑的相互融合。

　　此外，各会馆建筑物上的木雕、砖雕和堂前、天井等处的石雕也极尽美轮美奂。开封山陕甘会馆的砖雕、石雕、木雕精美绝伦，被历代文人墨客称为"三绝"。全国各会馆现存的各种石雕碑刻、水缸、照壁、方檐柱，柱础上的狮子、大象、麒麟等瑞兽和花鸟的石雕装饰，以及额枋、窗棂上的戏曲人物、山水和杂宝等木质浮雕、透雕，无不显现出明清时期建筑匠人的高超技艺。如亳州地近江南，其山陕会馆的砖雕主要体现在门墙砖牌楼上，内容多为戏曲人物或故事，如郭子仪、长坂坡等，更较北方会馆多了一些江南的精巧玲珑之美。宁波庆安会馆砖雕宫门、石雕龙凤柱和木雕戏台藻井被称为该馆雕刻"三绝"，集中展示了宁波砖雕、石雕和木雕艺术的精妙，对研究会馆建筑装饰艺术具有重要价值。

　　（三）深厚的文学、绘画和书法修养彰显中华传统历史文化

　　明清会馆中为试子科举考试而设的"试馆"和移民同乡会馆，常有迁客骚人或外派和徙居的达官士绅居停。他们往往在馆中赋诗作画，题写楹联、匾额。国内各会馆中名人雅士和寄寓宾客留下的文学、绘画和书法墨宝，修养之深，令人叹为观止，现已成为珍贵的历史文化遗产。社旗山陕会馆戏台飞檐下金龙缠绕的"悬鉴楼"巨匾，据说是明末清初大书法家傅山手笔。北京安徽会馆戏楼上有李鸿章借会馆事抒情吟物撰写的楹联："依然平地楼台，往事无忘宣榭警；犹值来朝车马，清时喜赋柏梁篇。"再如北京湖广会馆内湖湘人杰曾国藩撰

"海桧屈盘依怪石，寒藤夭矫学草书"、左宗棠撰"手障百川回学海，胸陶万类入洪钧"和胡林翼撰"谗势瑰声模山范水，清谈高论嘘枯吹声"三副楹联都别具一格，借会馆之物来写会馆之事，寓意深刻，名人文化效应十分显著。此外，洛带湖广会馆楹联"传子即传贤，天下为公同尧舜；治国先治水，山川永奠重湖湘"，也显得气势不凡。北京扬州会馆楹联"二千里远行江淮，凡甲乙科同在中朝，皆敦乡谊；尽五天近临韦杜，当已未岁重新上馆，更启人文"，洛带广东会馆楹联"云水苍茫，异地久栖巴子国；乡关迢迢，归舟欲上粤王台"，都表达了异地客籍士绅对乡土的思念。

贵州遵义人黎庶昌，曾任清政府驻英国、法国、西班牙等国参赞，并两度出任清政府驻日本大使。光绪年间，他在重庆任川东兵备道道员时，力主寓居渝城、云贵士商集资修建云贵公所。事毕，黎为云贵公所戏楼亲撰一副楹联，上联为"溯两千年汉祖雄风，犹存此地巴渝舞"，下联是"历三万里欧罗列国，仍爱中原雅颂声"，表达了他对重庆对中华大地的挚爱之情。

重庆历史文化名人，被尊为中华"联圣"的江津钟云舫，祖籍福建，曾撰有关会馆的"清明会序"、"油溪镇南华宫会序"等文章，反映故乡人在会馆内议事、娱乐，"耳闻乡梓之音，皆大欢喜"，称赞祖先"播越迁蜀"创兴家业。光绪年间，钟曾任江津天后宫首事期间，为邑内天后宫、南华宫、禹王宫、川主庙等会馆写了无数对联、灯联。其中有"岳牧无才，恁怀襄一十二州，唐虞不免忧饥溺；岷嶓既艺，睹逶迤七千余里，饮食宜思孝鬼神"，描绘大禹治理洪水前后截然不同的情景，归结到不能忘本，至今仍为禹王宫佳联。

清光绪十八年进士、翰林院庶吉士赵熙诗云："万家灯火如虹，水势西回复折东。重镇天开巴子国，大城山压禹王宫。楼台市去笙歌出，朝暮江声鼓角钟。自古全川财富地，津亭红烛醉东风。"盛赞渝城商业繁荣和重庆会馆兴盛景象。

(四)"扶危济困"义举的人文精神认同社会传统道德

"襄义举，笃乡情"。扶持乡友，抵御外人侵扰；代表同乡与外籍人交涉，化解纠纷，同时也调解同乡经济及家庭纠纷；对外应酬，接待原籍官宦、往来客商、同乡、学子，以及作为地方官员举办官宴的胜地等，这些都是同乡移民会馆和试馆的主要经济职能。曾任晚清轮船招商局总办的郑观应于光绪十九年

（1883）四月二十五日和二十六日两天，在他时任该局帮办时于重庆禹王庙、齐安公所分别摆宴款待重庆各商帮首事和"道、府、州、县及镇营、新关、厘局、电局各官"，出席的官员有"川东道黎观察、重庆府王太守、巴县耿明府"和渝城商董五六十人，官商相谈甚欢，反映出当时会馆所处的重要社会地位和经济协调能力。而且，所有会馆还承担着社会政治职能，都要参加地方事务，如修路、建桥、救灾、课税、消防和团练等，都要举办慈善公益事业，筹办与会馆有关的人员的红白喜事，以及惩恶扬善、扶危济困。在北京粤东新会馆的广东义园内，有明末抗清蒙冤而死的粤籍东莞名将袁崇焕的墓、碑、庙及赞其烈绩的诗联；北京湖南浏阳会馆中，也有联文赞誉同乡名人、献身变法而牺牲的"六君子"之一谭嗣同的英雄名节。这些都是会馆的义举，真实体现了会馆的人文精神。

应该指出的是，行业会馆在处理业内同仁的同样问题时，实际上也履行着上述的职能。事实上，明清各类会馆都把"敦乡谊，崇信义"放在首位，并提出了"脱近市之习，敦本里之淳"的口号，并以此"通情愫，达音问，疾厄相扶"，认为"有无相资，为义甚大"。在广东佛山的会馆，把"劝诱德业，纠绳愆过，所以风励流俗，维持世教"作为自己的宗旨，体现了对待传统社会秩序的认同与维护。

我们注意到，古代会馆越向后发展，越谋求执政者的承认，以便增强其"扶危济困"的会馆地位和执行能力。

（五）粗犷的年节民俗演出和酬神演出活动是特殊的社会文化事象

明清会馆，尤其是移民会馆，主要是人们联络乡谊，共祀乡土神灵和乡贤，从事娱乐活动的重要场所。由于每个人家乡历史文化的不同，各自信仰的神灵和乡贤就有所不同，所谓"各从其籍而礼之"，"各祀其乡之神望"，重在"崇祀桑梓大神"。仅以古代重庆会馆为例，湖广会馆供大禹王像齐安公所供帝主（福主）像，广东公所供南华老祖（六祖）慧能像，山西、陕西两会馆供关羽像，福建会馆供妈祖（天后）像，浙江会馆供伍员（伍子胥）像，江南会馆供准提观音像，云贵公所供黑神像。其实，全国各地的同籍会馆，祭祀的神祇几乎完全一样，只有个别会馆"杂供诸神"。在某种程度上讲，共同信仰是维系乡土感情的重要因素。

移民会馆的首要文化活动是举办酬神庙会。据四川安县、灌县、金堂县、犍为县和达县等县志记载，"县属各乡场镇会馆及乡下寺庙，每年大约以某神生日为会期，演剧报赛"，所谓"岁时聚宴有余乐焉"，"演剧宴会用联乡谊"，人们老少齐聚，饮福受胙。其次是举行祭祀桑梓神习俗活动，借以增强乡人的凝聚力。这时，也请戏班大演与缅怀桑梓神祖习俗紧密相连的怀乡民俗会戏，既娱乡神，又娱乡人，从而成为一种特殊的社会文化事象。再次，移民会馆的另一项重要活动是举办大型灯会和乡土戏剧演出。如清代成都陕西会馆戏剧最为丰富，且声调粗犷高亢、嘹亮火爆，极为煽情，所谓"会馆虽多数陕西，秦腔梆子响高低"，"名都真个极繁华，吹弹夜夜乱如麻"，正是当时四川会馆文化的真实写照。清重庆海关税务局好博逊先生在其《重庆海关1891年调查报告》指出，当时会馆的社交聚会相当频繁，江西会馆一年多至300次，湖广会馆达200次以上，福建会馆在100次以上，"其他会馆七十次至八十次不等。全体宴会并演剧则在特定庆祝时举行。"各会馆乡友聚会的名目主要有禹王会（湖广人祭祀大禹）、六祖会（广东人祭祀禅宗六祖慧能）、天后会（福建人祭祀妈祖）、药王会（陕西人祭祀药王孙思邈）等。

各移民同乡会馆通过这些活动，促进了乡谊。在某种程度上讲，共同信仰是维系乡土感情的重要因素。

至于行业会馆，也有其崇祀行业祭奠神主的习俗与行业神会戏活动，如缝纫业的轩辕会，泥工、木工、石工行的鲁班会和商贾士绅以及诸多民众顶敬的财神会等等。除进行崇神的祭祀仪式外，这些行业会馆也延请戏班，演唱与祭祀主旨一致或基本一致的丰富多彩的贺神酬神民俗戏剧，形成另一道民俗文化景观。

（六）从馆塾式学堂教育趋向学校教育

清末民初，会馆在建立学校发展地方教育方面也作出了一定贡献。尤其是在清末，会馆兴起了一股大建同乡学校的风潮。重庆江西会馆在清光绪三十一年建泰邑小学，三十三年建昭武小学和临江小学。到民国十九年，再建赣江中学，其中两所办在会馆内。重庆城区湖广会馆、广东公所、浙江宁波会馆和云贵公所，以及江津区白沙禹王宫、双龙场天上宫等会馆公所都办过学堂、学校。

清光绪三十二年（1906），四川古宋县（现叙永县）湖广会馆以庙租六十石并谢金和捐款银一百四十两，将该庙后殿改修教室四间、礼堂一间，教室厨房皆备，设初等小学一所。同时，福建会馆也将庙租创办学堂，到清宣统元年（1909）以租谷三十石合并于湖广会馆小学，改称为"湖闽模范学校"。此外，光绪三十二年叙永县江西会馆划拨会产日租六十石作经常费，创立了一所初等小学堂，民国四年（1915），同广东会馆设立的小学堂合并，经费统筹，改称赣粤联立小学校。笔者查阅全国文物和会馆资料，发现自清政府"废科举，兴学校"把馆塾式学堂废除后，全国许多会馆都有办学的经历，说明会馆确实是重视新式学校教育的。

二

笔者曾仔细研读当今研究中国会馆和会馆文化的各位专家和学者的专著与论述，深深感到，中国的会馆，历史悠久，会馆文化底蕴深厚。特别是在现代条件下，会馆遗存已成为旅游景观和文博展示之地，会馆文化将涉及更多的方面。作为会馆文化的探寻者，笔者认为目前我们对会馆文化和会馆发展的研究还不够深入。特别是现代会馆的名实和称谓状况有了不小的改变，就更增加了会馆管理工作和研究工作的难度。我们必须有创新思维才能传承和弘扬会馆文化，搞好会馆内的会展事项，并拓展会馆游览在地方旅游产业中的地位，进一步搞好会馆各项工作。

根据目前国内会馆（下称会馆）的情况，在传承和弘扬会馆文化，促进会馆工作方面，我个人有如下一些思考和建议。

（一）放开思路，积极开展会馆多元发展事项

许多会馆已设立移民博物馆、民俗博物馆、会馆史陈列展览馆和匾额博物馆等展室，或者因在革命历史中起过作用而建立了爱国主义教育基地。今后，除继续深化充实这些内容外，还要因地制宜，在有条件的情况下，同相关部门协商，如在会馆内建立工艺美术展览馆、工艺美术创作基地、古建筑摄影基地等可以丰富会馆展示的载体，使会馆多元发展，增强生存能力。

（二）继续抓好会馆文化教育

建议会馆设立"国学馆"或"国学讲堂"，配合已有的爱国主义教育基地，利用会馆历史文物资源，对儿童、青少年进行中华传统文化教育，扩大会馆的文化影响力。

（三）立足会馆文化，以文化为根，努力开展对所在会馆的深入研究

各地会馆类型不同，且有各自的特色。建议对会馆已开展过的文化节、庙会和民间艺术节等各类民俗活动进行总结，整理有关会馆文化研究资料，特别是对所在会馆的碑刻、楹联、题匾等涉及的地域文化、民俗文化、姓氏文化和家谱学、谱牒学等要过细研究，传承和弘扬会馆文化。

（四）以旅游和商务为两翼，不断开展社会公益活动

会馆旅游参观是目前生存发展的重要方法之一，会馆要同旅游部门联合，更好地掌握游客资源，并争取独立对外开展地接业务，逐步扭转全依赖的状况，提高会馆接待服务品质。调整好会馆内经营业态，加强商务管理。在发展会馆的基础上，不断开展社会公益活动，使会馆成为都市特色名片。

（五）充分发挥会馆专业委员会和会馆论坛传承与弘扬会馆文化的作用

中国文物学会会馆专业委员会成立十多年来，在传承与弘扬会馆文化方面做了许多工作。特别是由专委会支持各重点文物保护单位成立的会馆论坛，打开了传承与弘扬会馆文化的新局面。今后，在中国文物学会的领导下，会馆专业委员会及其下属会馆论坛，要充分发挥民间社团作用，利用网络和传统媒介，同全国各会馆一起开展会馆文化研究工作，研究中国会馆文化所涉及的管理体制、建筑艺术、文学绘画、书法修养、民俗民风、人文精神、文化教育、博物事业、旅游发展，以及古代会馆与现代异地商会的传承关系。为此，各馆要专门培养青年研究人员，做到后继有人。我们深信，只要努力传承和弘扬会馆文化，我们会馆的各项工作一定会做得更好。

三

中国会馆源远流长。会馆文化，是我国传统文化中的一朵奇葩。众所周知，中国古代会馆，无论是同乡官僚、缙绅和科举之士居停聚会的"试馆"，还是以工商业者和行帮为主体的"行馆"，抑或是"移民同乡馆"，都曾在历史上有过辉煌的历史文化现象。尤其是中国会馆，它作为中国工商业者组织商会发展和活动的基础，有着远胜于近代商会的悠久历史，它所凝聚的人文精神和精美的建筑艺术等充分体现了明清时代的历史文化特色，它的兴盛衰替、成功与失败、经验和教训对于后人，特别是年轻一代和工商界人士仍有可资借鉴和可供研究的价值。中国的会馆，包括它的建筑和文化在内，都是中华文明中极富特色的一项遗产。特别是现在，各地历史文化底蕴深厚的会馆，以其独特的建筑形态和文化韵味，成为彰显各地历史文化名城的极好名片。我们已经注意到，中国会馆强大的文化生命力，至今仍在海外华人群体中得以延续，充当着中外文化交流的使者。

由于历史的原因，会馆曾中道衰落，至今多以古建筑遗址或古建筑景观的形态供人们参观游览，而会馆文化的传承和研究却显得不够广泛。但我们相信，我们每一个会馆工作者和从事会馆文化研究的专家、学者，只要以创新思维更深入、更广泛地思考和总结会馆兴衰得失，探寻新时代条件下现存会馆的生存和发展模式，就能更好地传承与弘扬中国会馆文化这项中华传统文化中的特殊遗产，为社会主义物质文明和精神文明建设提供有益的借鉴和服务。

参考文献

[1] 乾隆《巴县志》、道光《重庆府志》、同治《巴县志》和民国《巴县志》。

[2] 周均美、王熹《中国会馆志》，方志出版社 2002 年。

[3] 《清代乾嘉道巴县档案选编》，四川大学出版社 1989 年；《清代巴县档案汇编·乾隆卷》，档案出版社 1991 年等。

[4] 窦季良《同乡组织之研究》，正中书局 1943 年；何智亚《重庆湖广会馆历史与修复研究》，重庆出版社 2006 年。

[5] 蓝勇《四川古代交通路线史》，西南师范大学出版社 1989 年。

［6］郑观应《长江日记》，上海古籍出版社 2010 年。

［7］窦季良《道光二十六年重修楚庙碑记》。

［8］孟继《重庆九大会馆始末》，《重庆文史资料》第 8 辑，西南师范大学出版社 2005 年。

［9］重庆市渝中区地方志编纂委员会《重庆市中区志》，重庆出版社 1997 年。

［10］重庆市档案馆保存《四川省高等法院重庆分院档案 0109·1·43360 号档案》。

［11］王日根《中国会馆史》，东方出版中心 2007 年。

［12］赵逵《"湖广填四川"移民通道上的会馆研究》，东南大学出版社 2012 年。

"湖广填四川"与"湖广会馆"

赵 逵 詹 洁*

摘 要：本文以"湖广填四川"移民事件为线索，通过分析移民的动因、移民的路线、移民的分布情况，对移民运动的产物——"湖广会馆"进行论述。并从建筑的角度，对湖广会馆的营造特色、建造理念进行分析。

关键词：湖广填四川 移民 湖广会馆 特点

"湖广填四川"移民运动是中国历史上一次大规模的移民运动，它不仅改变了中国固有的由北向南的移民格局，更新了四川等地的人口分布，促进了四川的区域经济发展，也形成了"五方杂处"的移民社会。

将移民通道这条文化线路与"湖广填四川"移民运动的主要见证者与参与者——湖广会馆建筑相结合，并对其研究。对这种具有特殊历史烙印、时代特征、文化内涵的公共建筑产生的背景、分布以及建筑特色等方面进行了归纳与总结，并通过案例的研究探析其形制的演变，以揭示"湖广填四川"移民运动和移民社会的发展对其的影响。并在此基础上对建筑文化进行挖掘，凸显其作为湖广移民文化的物质产物，不仅是"原乡性"自我特征的表达，更是异乡地域特征的融合；不仅是社会民俗文化的载体，更是移民社会繁荣的投影。

一 "湖广填四川"大移民与"湖广会馆"

历史上的"湖广填四川"有两次，一次是在元末明初，另一次是在明末至民国初年，其中真正意义上的"湖广填四川"移民运动指的是明末清初的大移

---

* 赵逵，华中科技大学建筑与城市规划学院教授；詹洁，华中科技大学建筑与城市规划学院研究生。

民。由于明末时期，四川境内战乱连年，境内人烟稀少，土地荒芜。据康熙《四川总志》卷十《贡赋》中显示：康熙二十四年（1685），重庆城为"督臣驻节之地，哀鸿稍集，然不过数百家；此外州县，非数十家，或十数家，更止一二家者"。永川、璧山、铜梁、定远等县"无民无赋，萧条百里"。江津"人烟断绝"，大足"止逃存一二姓"，綦江县城荒废六年无人烟①。任乃强先生称："至顺治七年时，蜀人大体已尽……叙、泸、重、涪、万、遵义与松、茂、雅州保宁一带，略有人迹而已。"为了使原"沃野千里"的天府之国摆脱这种困境，清政府采取宽松的政策，对大规模的移民有直接的促进作用，从而形成了"始于顺治末年、盛于康雍乾、止于嘉庆年间的移民大潮"②。

　　一般来说，湖广移民入川主要分水路和陆路两路。水路主要是溯长江而上入川，即由孝感麻城乡、随州、武汉、荆州一带，沿长江而上，穿越三峡，进入重庆、川东地区，再逐渐向西迁移。陆路则是走湘川古道入川，即由湖南长沙、永州、郴州、衡阳的移民以及客家人（含广东、福建、江西三省）从湘西进入贵州，穿越黔西山区，进入川南，或翻越大巴山，进入涪陵地区，再向川中和川西迁移③。另外，还有从川鄂古道，翻阅鄂西大山进入蜀地。

　　移民在沿线城镇盖房，建店铺，造家庙祠堂，使当地经济得以恢复和改善。加之川江水运地位的确立，川盐贸易、米粮贸易，使各地商贾云集，各地场镇也纷纷建立和增加。可以说，湖广填四川移民运动是巴蜀再度繁荣的源点。湖广移民带去的不仅是劳动力、生产技术，更多的是民风乡俗、生活理念，特别是乡神祭拜寄托相思的风俗。

二　湖广会馆的特点

　　湖广会馆作为"湖广填四川"移民运动的"产物"，它具有移民性质，这种性质也是移民运动所赋予的。远离家乡的湖广人迁移异地，开荒垦地，经商贸易，环境的陌生感，为寻求内心的归属感和慰藉思乡之情，增强同乡情谊，以原籍地缘关系为纽带，组成了民间"互助"组织"会馆"，从而形成了特定

①　康熙《四川总志》卷十《贡赋》。

②　孙晓芬《清代前期的移民填四川》，四川大学出版社1997年。

③　孙晓芬《明清的江西湖广人与四川》，四川大学出版社2005年。

历史条件下四川的移民社会形态。由于巴蜀地区的湖广会馆是在特定历史时期特定人文地理环境下产生的，因此较之其他地区的湖广会馆有着差异，有自己独特的风格与特点。

（一）湖广会馆名称众多

由于会馆是集宗族文化与宗教文化为一体，不同会馆有不同的乡神崇拜。湖广会馆祭祀大禹，通常亦被称为禹王宫、禹王庙。这与传说中的"禹王疏九州、使民得陆处"相关，加之两湖水患连年，故有借禹王之威来镇邪之意。这部分主要是省籍会馆，还有部分是地区级别的会馆，黄州作为湖广的交通要道，黄州麻城是明清时湖广填四川最主要的移民集散地，因此黄州移民在外地建造的会馆最多，名称也最繁杂，除黄州会馆外，还称护国宫、帝主庙、帝主宫、禹帝宫等。

黄州会馆之所以又称护国宫、帝主宫，主要是由于曾经供奉的圣人和先贤——帝主（又称福主）。帝主在历史上确有其人。《麻城县志》（光绪八年刻本）载："旧志福主神，宋时西蜀壁山县张氏，行七，世称张七相公。其先人官大理评事，母杨夫人，崇敬三宝，喜施济，因是诞神。神生三月能言，七岁通诗文，尤好元理。有神人见而谓之曰：此子有夙因，应以童身证道显法。於楚年十七历游至麻城，见民间多淫祠，尽毁之。祠主诉官，系狱三年。值狱中火灾，神自知厄满，当出使自邑令，以能襄解释之。跨乌骓，执朱梃指火，火灭。遂西行至相公桥，人马飞升，望者见其止于五脑山，遂立庙山麓以祀之。岁苦旱潦祀之必应，民有疾厄祀之必痊，湖山险阻呼之必安，嗣续艰难祷之必吉。远近朝揭者无虚日。宋封紫微候，明封助国顺天王。国朝嘉庆敕加封灵感二字。凡麻城之都门会馆，暨渝城、宜昌、沙市、汉口，所在城镇，会馆皆以福主为祀。"帝主（福主）成了人们追求美好幸福生活的代名词。现在位于麻城五脑山上的帝主宫树木葱茏、香火旺盛，全国诸如四川、云南、贵州、台湾等地的善男信女，都不远万里到五脑山帝主宫朝拜。

黄州古为湖广行省州府，即黄州府，而黄州府曾叫过永安郡、齐安郡，因此，湖北黄州府商人修建的会馆有时也以齐安为名，如重庆湖广会馆中的齐安公所。鄂州明清时期也曾为湖广州府，因此各地也有不少以鄂州为名的会馆，如十堰黄龙镇的鄂州驿馆。还有部分禹王宫由于如今作为宗教建筑，因此隐去过去的名字，而采用宗教建筑的名字的，如宜宾李庄的慧光寺，重庆龙兴古镇的龙兴寺。如表一所示。

表一　湖广移民在四川地区所建会馆一览表

类型	名称	实例
省级	湖广会馆	重庆湖广会馆
		成都洛带湖广会馆
	禹王宫/庙	重庆潼南双江禹王宫
地方	黄州会馆	大昌古镇黄州会馆
		湖北十堰黄龙镇黄州会馆
	齐安公所	重庆湖广会馆建筑群齐安公所
	禹帝宫/庙	屏山禹帝宫
		四川屏山龙华古镇禹帝庙
	帝主宫/庙	四川三台郪江帝主庙
	护国宫	蜀河护国宫
	鄂州驿	
其他	与宗教有关	重庆龙兴古镇龙兴寺
		宜宾李庄慧光寺

（二）数量较多，分布广泛

通常情况下，会馆的分布与建造，与入川移民的分布与数量是密切相关的。据统计全川一共有明清省籍移民地名 1038 个（含山东、青海、河北各 1 个），湖广籍有 832 个（都含明代移民地名）占整个省籍贯移民地名总数的 80.15%[①]。清康熙、乾嘉时期会馆盛行，可谓"城城必有，且每县（镇）不止一座，以湖广会馆、广东会馆居多"。四川境内的 1400 余所会馆中，湖广会馆数量最多，共 477 所，占会馆总数的 34.07%。这些会馆主要分布在以下几个区域：川东以重庆为中心长江水系区，川西以成都为中心的成都平原地区，川南以犍为、自贡、宜宾为中心的区域，川北以阆中、南充、达州为中心的地区。

---

① 黄权生、杨光华《四川移民地名与"湖广填四川"——四川移民地名空间分布与移民的省籍比例探讨》，《西南师范大学学报》（人文社会科学版）2005 年第 3 期。

究其原因，川东的重庆是长江上最主要的交通枢纽，更是嘉陵江与长江交汇口，因此成为湖广移民沿长江水路入川的必经之地；川西的成都一直是四川的政治中心，是移民的主要迁入区；川南的犍为、自贡、宜宾，由于其物产丰富，特别是盐业贸易极为繁荣，依靠着沱江、岷江、赤水便利的交通，吸引了湖广、贵州、云南大量的移民和商人前来；川北大部分地区与陕西接壤，有大量来移民沿汉水到汉中，再经古蜀道进入川北[①]。这么大规模的湖广会馆的建造的现象在别的省份和区域是没有的，这也充分说明了"湖广填四川"移民运动的影响之深、辐射范围之广。

（三）因地制宜的建筑形制与空间

巴蜀地区地处秦岭、武陵山脉、横断山、五莲峰环抱中，可谓群山环绕。地理位置特殊，巴蜀地区的建筑都体现出山地建筑的特色。在坡地中，单体建筑多采用"吊脚楼"的形式，群体建筑则随地势的高低起伏而布置，布局灵活，层次丰富，会馆建筑也不例外。

会馆通常由酬神唱戏之所——戏楼，和祭祀乡神的之处——拜殿两大主体建筑和其他辅助用房，以院落组织空间、以群体形式布局。而地处巴蜀地区的会馆则将这种布局形式与山势完美结合，形成独特的建筑空间层次，也给置于其中的人一种节节升高的心理感受。如位于重庆东水门内的禹王宫就是面向长江，依山而建，上下高差达 10 余米，整个建筑群和山势完美结合，建筑借助于山体来烘托出恢弘的气势和居高临下的地位，从而达到一种凌驾于其他建筑之上的优越感。位于龙兴古镇的禹王宫也是随山势而展开，其地势较重庆湖广会馆略显平坦，但逐级上升的感觉犹在。而地处湖广地区的湖广会馆则通常是在平地上展开布局。

除此之外，由于山地特殊地形的限制，巴蜀地区的建筑群通常无法在横向上拓展空间，而主要在纵向上表达建筑的层次与变化。因此，通常只有一条轴线，轴线上依次分布着戏楼、正殿、后殿，两侧辅于厢房和耳房连接主体建筑，从而组成院落式空间。在其他地区，如地势平缓，空间开阔之地，多采用多轴线的布局形式。如成都以东的平原地带东山地区的洛带古镇的湖广会馆，则采

---

① 崔陇鹏、黄旭升《清代巴蜀会馆戏场建筑探析》，《四川建筑》2009 年第 2 期。

用的是双层轴线（主轴线和次轴线）的布局方式，从而形成三个院落的格局。

（四）独有的造型设计

1. 牌楼

牌楼为湖广会馆特色之一，一般位于戏楼与正厅之间，作为正殿的前序。牌楼多由六柱形成五开间，明间最大。屋顶多为歇山，且错落有致，明间最高，次间、稍间逐级跌落，从而形成阶梯状，和"五花山墙"形式类似。明间檐下多置牌匾。也有将这种跌落式屋顶形式置于入口处的，如宜宾李庄慧光寺（亦为禹王宫）的入口。

2. 斗拱

湖广会馆斗拱多置于牌楼下或入口处。一般用材细小，数量较多，下昂繁复。此时的斗拱已无结构作用，仅作装饰，是典型的清前期的建筑风格。湖广会馆建筑群禹王宫牌楼龙头斗拱即为最好的实例，斗拱为九踩四下昂，昂头施金色，雕成龙头状。和四周的山墙一同，取"猛龙如江"之意。

（五）独特的装饰艺术

1. 雕刻

湖广会馆的雕刻多以"水"为主题，不仅表现大禹治水的功勋，亦突出湖广移民对故土思恋之情（湖广为湖泊众多，水系发达）。如重庆龙兴古镇龙兴寺禹王宫中戏楼栏板的雕刻就多以水来表现。

2. 书法楹联

湖广会馆中的楹联多用来讴歌大禹治水的丰功伟绩和湖广移民对故土的思乡之情。如重庆湖广会馆建筑群的禹王宫大门有联："三江既奠，九州攸同"，又如洛带湖广会馆的正中大门的方形石柱上刻有："传子即传贤，天下为公同尧舜；治国先治水，山川永奠重湖湘。"旨在讴歌大禹的丰功伟绩，立意与建筑称为相呼应。有如洛带湖广会馆正殿有联："看大江东去穿洞庭出鄂渚水天同一色纪功原是故乡梦；策匹马西来寻石纽问涂山圣迹几千里望古应知明月远。"此联表达了湖广移民对故土的思恋之情。

三　小结

作为"湖广填四川"移民运动的物质产物，湖广会馆在建筑形制、空间、造型、装饰等方面都有自己独特的风格。这些风格和特色不仅体现出移民者对移出地——故土的留恋与热爱，同时也表现出移民者对新的环境——巴蜀地区的接受和适应。可以说，湖广会馆建筑是本土文化与外来移民文化相结合的产物，也是湖广填四川移民运动的重要历史见证。

张掖山西会馆概述

郑 琨　张多金*

摘 要: 张掖山西会馆是国务院公布的第六批全国重点文物保护单位 "张掖会馆" 中两会馆之一, 始建于清雍正二年 (1724)。由山门 (戏台)、看楼、牌坊、钟鼓楼、碑亭、正殿 (春秋楼) 等建筑组成, 占地面积约 1750 平方米, 是河西地区清代会馆建筑的典型代表, 也是甘肃保存不多的清代会馆之一。

关键词: 张掖　山西会馆　历史　建筑　文物

一　历史沿革

张掖山西会馆从碑文推测创于雍正二年 (1724), 后屡经修葺, 规模渐大。《光绪九年重修山西会馆碑记》载:

> 如我甘州市南旧有山西会馆, 帝□……□雍正二年, 其由小而大、由朴而华, 经营奚止一次。偶于同治十年九□……□殿、陪殿、禅堂、僧寮胥为焦土……

同治十年 (1871), 会馆发生火灾, 毁于一旦。光绪九年 (1883), 赵孟鳌、范士明等人筹集款项, 又得到武威山西同乡的捐助, 才将会馆重建起来。

光绪十七年 (1891), 杨恩配等人筹款在会馆内添建卷棚等建筑, 此项工程同样得到了武威山西会馆的资助。

宣统二年 (1910), 武维亮、庞毓海等人集资修缮了会馆内牌楼以西的几座建筑。《重修山西会馆大殿卷棚厢房牌楼碑亭记》载:

> ……今又重修卷棚、南北献殿六楹、厢房十楹、牌楼三楹以拥卫正殿。

---

* 郑琨, 张掖市山西会馆馆长; 张多金, 张掖市山西会馆初级馆员。

余又修碑亭三间……

民国五至六年（1916～1917 年），又用了一年多的时间对会馆牌楼以东的几座建筑进行了维修，民国八年《重修山西会馆碑记》载：

> 乃因故址，改修山门三间为五楹，易山门左右阛阓为砖壁，入山门，数武反躬而□……□照耀。与山门相连系者曰舞台也，舞台南北如双峰对峙而中夹甬道者曰看楼也，循甬道而□……□四柱枋，而钟鼓楼左右翼之。覆以瓦兽，施以丹黄，规模款式，焕然一新。

山西会馆在这次重修后基本未变，保存至今。抗日战争时期，山西商人还曾于馆内设私立三晋小学。从 1952 年起，山西会馆一直用作张掖文化馆，并被先后定为市、省级文物保护单位。2006 年与张掖民勤会馆一起被国务院公布为全国重点文物保护单位。

二　建筑布局

山西会馆位于张掖南街西侧、大佛寺之东北，正面朝东，轴线与大佛寺平行，占地约 1750 平方米。会馆平面为长方形，周圈布置的建筑围出一个狭窄的院落，此院落东西贯穿一条砖砌甬道，并在中间被一座牌楼分为前后两进。建筑群最东端临街的是一座造型华丽的山门，对内兼有戏台的功能，进门通道从戏台楼板之下穿过。戏台西侧有两座二层的看楼南北对峙，中间为庭院，是为第一进院落。看楼西侧紧邻钟、鼓楼以及两楼相夹的一座牌楼。过牌楼则是第二进院落，正面为大殿、大殿的卷棚抱厦以及前边的碑亭，左右为厢房。整体布局紧凑，轴线对称的空间富有层次和秩序，单体建筑类型多样、造型精美，是河西地区清代会馆建筑的典型代表。

三　单体建筑描述

（一）山门（戏台）

山门面阔三间，进深方向用五柱。屋顶为中间歇山前后连卷棚歇山的勾连搭，三歇山顶共用侧檐屋面。东面外加面阔五间、进深一间、"前转后不转"的门廊，于是从东向西看山门就像一座重檐歇山的建筑。山门左右的八字影壁上书有"忠"、"义"两个大字。门廊和八字影壁皆为民国五年（1916）加建。两山面砌墙，二层中部开圆形窗。大门设在东边的老檐柱间，进门首先是一个进深一间的通高门厅。门厅以西的空间用分为上下两层，上层是戏台以及用屏风隔开的后台，下层中央为通向内院的低矮走道，两边原置各种雕像，并用木栅与走道隔开，门厅以西的部分明间面阔稍有扩大，同时西檐明间左右两檐柱仅伸至戏台楼板，檐下的额枋斗拱自角柱沿45°的角梁方向与金柱搭接，而明间两金柱间则出挑两垂莲柱，垂柱之间做斗拱装饰。这样戏台两角柱间没有其他柱子遮挡，视线开阔，符合戏台观演功能的需要。

山西会馆的山门与戏台合二为一，是为一大特色。这种做法一般被称为"山门戏台"，山西民间称之为"过路台"，最早大约出现于明代成化年间，至清初变得十分流行，成为极具代表性的戏台形式。山门位于戏台之上，二者相互因借，优势互补。山门借戏台扩大了体量、增加了气势；戏台以山门为基，抬高了演出空间，有利于后排观众观看；同时也节省了面积，提高了建筑的使用效率。

（二）南、北看楼

看楼在山门西侧南北布置，面阔七间，单坡硬山顶，高二层。西侧与钟、鼓楼共用楼梯上下。进深方向一层用三柱承楼板，檐柱至二层仅作栏杆的望柱使用，屋面重量用金柱和后檐柱支撑，这可能也是出于观演功能的考虑。二层檐下将三步梁向前出挑，上承檐桁和挑檐桁，下挂垂莲柱。垂莲柱间用额枋、平板枋联系，其上再用斗拱装饰，斗拱仅向外出一踩。三步梁上用一高一矮两坨敦承桁，各桁上均用椽花挂椽。屋面相当平缓。屋面采用俭省做法，仅在檐口和垂脊附近用瓦，余皆用方砖铺砌。

（三）钟、鼓楼和牌坊

钟、鼓两楼是几乎完全相同的四角攒尖顶二层楼阁。以鼓楼为例，其平面为方形，开间、进深均为三间。下檐金柱间设墙，北墙上开门，门洞顶做饰有砖雕垂吊等花饰的砖券，楼梯设在室外。金柱为通柱，金柱与檐柱间用桃尖梁和穿插枋，桃尖梁上承老檐柱。老檐柱间安装门窗隔扇。金柱顶承下金桁，然后用抹角梁、交金瓜柱承上金桁和由戗，金桁上用椽花挂椽。下檐斗拱仅用一个坐斗承交麻叶；上檐则为三踩斗拱，但仅有挑檐桁而无正心桁，角梁构件组为三件长曲腹型，老角梁头被雕为龙首。攒尖顶上的宝顶是一个琉璃宝葫芦，宝顶座的四面各用一攒砖雕斗拱装饰。

牌坊形制为三间四柱三楼、庑殿顶。柱子及两边的戗杆底端均被固定在地栿上，每根柱子又被两块长条形夹杆石用木楔前后夹牢。明间两柱间有上、中、下三根额枋，额枋之间连以摺柱，摺柱之间镶板。次间高度较低，相应地只有上、下两根额枋。明次间各额枋之间没有清官式做法中的对位关系。三间下额枋下均饰有圈口牙子。四柱顶端直通脊桁，而角科斗拱直接用榫卯做在柱中。明楼、次楼斗拱为"苗檩花牵"十三踩和十一踩的做法，这种斗拱仅用薄木板相互卯合拉结，形成了一个密肋般的稳固结构。角梁构件组为三件长曲腹型，老角梁头被雕为龙首。这种类型的牌楼在张掖现存三座，其余两座分别位于大佛寺和民勤会馆，它们都是清末民初建造的。使用地栿是它们的共同特点，此做法不见于河西其他地区。

（四）南、北厢房

厢房在钟、鼓楼西侧对称布置，面阔五间，单坡硬山顶。进深两间，其中第一间为廊，两端山墙上开券门。金柱与后檐柱上承三步梁，梁上用一高一矮两坨墩承桁，桁上用椽花挂椽。斗拱做法为简单的一坐斗上交麻叶头。屋面相当平缓。屋面采用俭省做法，仅在檐口处用筒板瓦装饰，余皆用方砖铺砌。

（五）碑亭

碑亭位于贯穿会馆的甬道尽头，之所以称为"碑亭"，内部原本必存有碑，前文中提到的三块重修山西会馆碑可能就是保存在这里的。另外据说碑亭内部原先挂满了匾额，可惜这些匾额都已毁于"文革"时期。碑亭面阔、进深均为三间，卷棚歇山顶，外围无墙，向四面敞开。山面用四柱但内部空间无柱，在前、后檐柱间用斗拱承六架梁及其上的四架梁和二架梁。桁上均用椽花挂椽。角梁构件组为三件长曲腹型，老角梁头被雕成龙首。七踩斗拱，斗拱最特别之处在于其上仅有挑檐桁与"压尾"，无正心桁。屋面非常平缓，这么做可能是为了压低屋顶高度以减少对大殿二楼视线的遮挡。

（六）抱厦、大殿（春秋楼）

山西会馆的主体建筑为春秋楼，位于会馆轴线最西端，紧接碑亭，单檐歇山顶二层楼，进深方向用四柱，一层前檐檐筑与金柱间用单步梁承二层的老檐柱，金柱及后檐柱皆为通柱。二层前檐设进深一间的前廊，廊后做门窗隔扇。前后金柱承七架梁，再上为五架梁和三架梁，三架梁上用一大型驼峰承脊桁，各桁之上均用椽花挂椽。老角梁后尾及踩步金上的山部梁架均用侧檐的桃尖顺梁承托，当属无抹角梁的压金型。虽然山部梁架在稍间中部，但砖砌山花外皮已达山墙位置，外观上没有收山。

大殿东侧出一座面阔三间、进深两间的卷棚歇山顶抱厦。此抱厦的山墙与大殿是连为一体的，其后檐檐口与大殿二层楼板相连，翼角从大殿山墙中穿出。前檐被压在碑亭的后檐之下。山面用三柱但内部空间无柱，其后檐柱共用了大殿的前檐柱。前后檐柱间用六架梁，其上为四架梁和二架梁。结角法为压金型，无隐角梁。角梁构件组为三件长曲腹型，老角梁头被雕成龙首。五踩斗拱角科用斜拱。大殿及其抱厦的侧檐屋面均增设垂脊。

春秋楼主祭关羽，并以为聚会之所，大多数晋商会馆也就设在主殿（春秋楼）内，形成馆庙合一的格局。

四　附属文物

（一）壁画

20世纪70年代山西会馆作为张掖文化馆办公驻地，为满足当地群众文化活动需求，将张掖山西会馆戏台周围砌板墙作为临时图书阅览室使用。1996年张掖文化馆搬迁后，原砌南北看楼后墙泥灰剥落，显露出绘于清代晚期至民国时期的壁画多幅，内容有山水人物、花鸟鱼虫、吉祥图案、书法作品等，这些壁画对于研究晋商在张掖的发展历史具有很高的学术参考价值。

（二）彩绘、砖雕

山西会馆作为集殿堂、楼阁、戏台、牌坊、钟楼为一体的建筑群，其四合院式的建筑布局、装饰砖雕、及主殿外碑亭、抱厦建筑椽枋上的堆金粉彩三国人物绘画，均具有较高的艺术价值，为清代甘肃晋商会馆建筑的典型代表，具有浓郁的山西建筑风格。

五　结语

山西会馆是清代晋商为促进山西与外地经济、文化交流所建的会馆建筑，据说所有建筑的一石一木均来自山西。其建筑布局、建筑装饰及壁画本身所蕴含的美学思想，真实折射了晋商诚、信、忠、义的经商理念。这对于研究清代晋商在甘肃的发展历史及经济文化交流具有重要的史学价值。

山西会馆是近代张掖经济发展、商贸交流的缩影，它不仅是山西客商住行之所，也是东、西、南、北客商云集并进行商贸洽谈、交流的办事处，它的建造为繁荣张掖经济、开展商贸交流起了很大的作用，而且对研究清代张掖商品经济流通、会馆建筑的形式布局都具有重要的意义。

山西会馆位于张掖市甘州区主城区，毗邻大佛寺，处闹市一隅，闹中取静，出世脱俗。因其历史文化底蕴和景区特征，成为具有张掖特色的城市旅游景点。它与大佛寺提高了城市旅游的历史文化内涵，丰富了城市旅游的内容，是城市旅游的重要文化资源。同时山西会馆也是进行历史普及教育的重要实物资料，具有重要的社会价值。

总之，山西会馆见证了明清西北贸易的繁荣和晋商在当地贸易活动的频繁和活跃；其建筑布局紧凑、类型多样、造型精美、组群空间富有层次和秩序，是河西地区清代会馆建筑的典型代表，也是甘肃保存不多的清代会馆之一。

参考文献

［1］天津大学建筑设计研究院编制、张掖市甘州区博物馆协编《张掖大佛寺及山西会馆保护规划文本和说明》，2011年。

［2］甘肃省文物保护维修研究所、兰州华景文化遗产勘察设计有限公司设计《张掖山西会馆保护修缮工程设计方案》，2011年。

［3］吴晓冬《张掖大佛寺及山西会馆建筑研究》，2006年。

重庆地区天后宫及其信仰研究

傅　裕*

摘　要： 天后宫（又称天上宫）为福建移民所建会馆。重庆地区历史上天后宫较多，但保存下来的数量仅有3所，本文拟通过对重庆地区天上宫庙的田野调查并结合已有的文献资料、学术成果，从天后宫的地理分布、建筑特点、信仰内涵三方面着手，以期对天后宫的建筑形制、移民路线以及妈祖信仰的本土化融合作初步研究。

关键词： 重庆　天后宫　妈祖信仰

天后（上）宫由福建移民所建，重庆地区的天后宫多建于清代，修建时间最早的是位于铜梁安居的天后宫，始建于明嘉靖年间，其他南华宫多建于清中后期，长寿葛兰镇天后宫建于乾隆五十二年（1787），江津真武场天后宫建造时代最晚，为光绪二年（1876）。据第二次全国文物普查统计，清代重庆府辖域内约有300多所移民会馆，由于过去对会馆的统计在很大程度上遗漏了乡、场、镇的会馆，而实际上每个乡镇基本都建有会馆，一些位于水码头或重要驿道上的乡镇往往建有好几个会馆，因此，重庆府各厅、州、县和乡镇的会馆数量不会少于1000所[1]，而这1000所会馆中，天后宫的数量当有近百所之多。民国时期，会馆数量较之清代略有增多，以江津一地为例，在民国十二年（1923）的调查中就有11所天后宫，而整个江津地区的会馆数量为88所，天后宫的数量占1/8。据《重庆会馆志》课题组2012～2013间的田野调查发现，重庆地区尚存的天后宫3所，整体保存较差，其中市级文物保护单位1处，县级文物保护单位1处。

---

* 傅裕，重庆湖广会馆管理处助理研究馆员。
[1] 据何智亚先生的研究。

一　现存天后宫

（一）真武场天后宫

天上宫即福建会馆，建于清光绪二年（1876），总面积约900平方米。建筑坐东向西，由山门、戏台、书楼、正殿部分组成。山门为砖石结构，门额、立颊以及主要柱枋均系条石制成。门楣上建筑部分，用条石仿牌楼形式修建，正中镶嵌一块长方形石板，内阴刻"天上宫"三字。福建会馆供奉天后娘娘，又叫妈祖庙。山门阴刻楹联："崇封溯宋元以始，钟灵在闽蜀之间"。横额为"天开福运"。戏台已被改建，现存正殿及厢房。正殿为悬山式顶，面阔5间30米，进深15米，阶梯式踏道7级，素面台基高1米。旁散落两条石，分别刻"护国"、"庇民"字样。明间房梁上平墨书"大清光绪二年岁次丙子六月十三日榖旦，同治□□□□进士栋选知县□□□□□"等字。正殿曾经为供销社肥料库房，墙上有腐蚀痕迹。2009年天上宫列入"真武场客家移民会馆群"被公布为市级文物保护单位。

（二）安居天后宫

安居天后宫位于安居镇大南社区大南街131号，始建于明嘉靖年间，清康熙重修，占地面积约800平方米。建筑坐东朝西，原为四合院布局，由戏台、正殿及左右厢房组成，现仅存正殿。正殿为单檐歇山式顶，穿斗抬梁结构，面阔5间35米、进深3间28米。天后宫的建筑装饰主要是彩绘及雕刻，在撑弓、雀替等木构件上浮雕戏曲人物故事，在穿枋上饰彩绘。天后宫曾作为安居丝厂厂房，现修缮一新。安居天后宫于2003年被公布为县级文物保护单位。

（三）葛兰天后宫

天后宫位于长寿区葛兰镇葛兰村，建于清乾隆五十二年（1787）。该建筑坐东向西，单檐悬山式顶，面阔5间14.15米，通进深10.9米。正殿明间面阔5.15米，次间4.7米、稍间4.3米，通高8.2米、檐柱高5.1米，台基高0.52米，普通踏道三级。据县志记载，天后宫正殿悬有"神昭海表"匾额，相传该匾额系清乾隆皇帝御笔亲题。十架椽屋六椽栿、前后乳栿用五柱、次间板壁上顶。明间金柱周长1.15米，明间前后金柱和内柱均为鼓形柱础，通高0.23米、鼓弧周长1.6米、鼓面周长1.42米、垫柱板周长1.3米、垫柱板厚0.05米，明间、次间前乳栿上均施卷筒式天花板。离明间18米处有改作台基的残碑，长0.72米、宽0.4米，碑文题款阴刻："乾隆五十二年"，中柱横梁下从上往下数第二根中柱墨书"乾隆"等字样。

二　分布特点

天后宫主要分布于渝西地区。民国年间曾有人统计过，当时江津共有天后宫14处，时值该县下辖14个乡镇，这样算来平均每个镇上都分布有1所。同位于渝西片区的铜梁县也是天后宫分布集中区域，据记载，铜梁县天后宫位于县治大南门街，修建于乾隆四十四年（1779）。铜梁西面的安居镇也建有天后宫，古镇踞涪、琼江两江交汇之处，自古便有"安居依山为城，负龙门，控铁马，仰接遂普，俯瞰巴渝，涪江历千里而入境。"据《铜梁县志》①记载，当时安居镇就有6处会馆，其中包括天后宫1所，为时整个铜梁的会馆数量也仅为13处。安居天后宫现仅存正殿，但其修造时间较早，始建于明嘉靖年间，这一重要的时间节点，将福建移民落业重庆的时间上溯到了明代。

福建移民通过长江这一黄金水道进入重庆，沿江地区在历史上保存有一定数量的天后宫，但这些地方并非客民最终的落脚地，移民们从这里出发，再次迁移，最终在渝西沿江地区聚族而居。据《江津县乡土志》记载："自前明以及国初由福建、湖广、广东、浙江、江西、江苏、云贵、陕西接踵而来者不一，其人记其族邻，两湖、闽、粤最多，其余皆次之"，表明福建移民在移民比例中所占份额较大，这与长江沿线区县移民来源地有所不同，据民国《涪州志》记载："自楚迁来者十之有六七"，十人中有六七人都来自湖北，可见湖北籍移民是涪陵地区移民的重要组成部分。另据同治《万县志》记载："占籍者湖广麻城为最多"，也言明其多来自湖广两省而非闽粤地区。

三　建筑特点

重庆地区的天后宫在建筑朝向上以东西向为主，这样的建筑朝向也与重

①　光绪乙亥年《铜梁县志·建制志》。

庆特殊的气候条件有着密切的关系，重庆位于四川盆地，辖区内多山川丘陵，冬日阴冷，南北向的建筑，往往东西开窗，这种格局不仅能避开凛冽的北风，并能最大限度的接收日照。到了夏天，潮湿的东南风从海面吹来，东西开敞的格局使空气流通不至闷热，从而起到冬暖夏凉的作用。但由于重庆为典型的山地，有时出于地势的影响以及风水学的考虑，在建筑中大都根据实际情况作出适应性的调整，建筑方位也依山就势进行调整，但还是以东西向为主。

重庆地区为典型的山地，天后宫虽未四合院布局，但带有明显山地建筑的特征。真武场天后宫与安居天后宫同，在选址上同位于一处缓坡，由山门、戏台、左右厢房、前殿以及后殿组成。牌楼式的山门坐南向北，石结构，通过山门，经戏台下进入会馆，戏台与山门相背而建，歇山式顶，由于戏台所处位置最低，建造者为突出其演出中心的位置，通过多柱落地干栏式建造手法将戏台托起，使之与正殿处在同一水平线上，以达到酬神娱人的作用。戏台下为院坝，左右厢房为二层结构，一楼为回廊，连接书楼与正殿檐廊二楼与戏台齐平为观戏之所。天后宫在建筑及装饰工艺细致、精巧，尤其是戏台为雕饰最为集中之处。安居天后宫在额枋上有工艺上乘的透雕、浮雕之作，经历数百年风雨，雕刻人物仍栩栩如生。

四　增进移民的凝聚力

天后宫作为移民会馆的一种，在本质上具有十分强烈的寻根意识与乡土观念，善用血缘、亲缘、地缘等各种条件建立起同宗、同乡、同文相互合作关系的团体主义精神[①]。为了联络感情，互相关照，扶弱济贫，预防其他地方来人欺侮，分别建立起同乡会性质的会馆（庙宇），遵循原籍的风俗祀奉故地神灵，以共有的乡土作为联系的纽带。福建乡民多信奉妈祖，凡是福建移民所建会馆正殿多供奉有妈祖塑像，现在江津真武场天后宫依然如此。这种独特的乡土神崇拜很容易就将原籍地的移民团结起来，不仅加深了同乡情意，还在与外省移民经济的对抗中，起到维护本籍商帮利益的作用。

---

① 侯秋霞、何尚武《客家文化对人格塑造的影响》，《佛山科学技术学院学报》（社会科学版）2010 年第 3 期。

五 妈祖信仰的传达与融合

妈祖，原名林默娘，宋建隆元年（960）农历三月二十三日出生于福建莆田一个仕宦家庭。相传她秉性聪颖，心地善良，又善观天象，熟悉水性。默娘家乡的湄州湾，风大浪急，礁石错杂，经常有过往船只遇难。默娘就常常站在崖上，振臂高呼，提醒过往船只，晚上默娘就点起红灯引航。据说有一次，突然狂风大作，顿时天昏地暗，默娘站在崖边，听到海上传来遭遇风暴的渔船的呼叫声。可是这样的天气，引航的红灯太微弱了，远处的渔船根本看不见。默娘毅然点燃了自家的草屋，用冲天的火光，把在汹涌波涛中遇难的海船引回岸上。死里逃生的渔民对她感激涕零。一次，默娘在营救的过程中不幸被船上的桅杆击中身亡，时年28岁。人们感念她的恩德，在她常常引航站立的湄峰上为她修祠塑像。人们把默娘当做海上的保护神，渔民们出海前常常到这里来祈求平安。

妈祖信仰其本质为水神崇拜，水神崇拜在以船舶为主要交通方式的重庆尤为盛行，如川主李煜、李冰父子等皆是由于除神镇妖，保持河道畅通而为当地百姓所崇奉的水神，再如广泛分布于重庆各乡镇的王爷庙中所供奉的镇江王爷薛应龙等都是如此。但妈祖信仰进入重庆后，与本土水神信仰发生交流和融合，佛教因素掺杂其中，最终出现妈祖信仰的本土化代表。江津真武场的天后信仰就是如此，据说从前有个终生未婚的林姓女子负责管理天上宫的日常事务，如管理香火、打扫卫生等，大家叫她"林姑姑"。当她70岁那年的某一天，天上宫的六姓族人皆要去朝拜供奉南海观音的小南海庙和由和尚住持的金剑庙。小南海庙是在长江中间的占地约一亩的小岛上，而金剑庙在需渡江后走狠长一段山路的山顶上。六姓族人临行之前，林姑姑对众人说："要是你们去朝小南海遇上大风浪过不了长江就向天大喊三声'林姑姑'，自然可渡。"果然，当他们行至江边时风浪骤起，众人遂向天大喊三声"林姑姑"，风浪果然停了。三天后，六姓族人朝拜完小南海和金剑庙回到天上宫时发现林姑姑已经端坐"羽化"了①。居民口中的林姑娘与妈祖林默娘同姓，这或许可以作为妈祖信仰本土化

---

① 引自《巴蜀现存天后宫及其对天后信俗的研究》，《第二届中国俗文化国际学术研讨会论文集》。

的实际表现，本地人将妈祖的故事与身边发生的事件联系起来，不仅使妈祖信仰通过这样故事的形式进行传达，并且将内容进行附会在本地人所发生的故事上，使其具有强大的说服力和生命力。

六　小结

重庆地区天后宫主要分布于渝西沿江地区，在建筑布局上主要以四合院为主，屋顶造型以硬山为主，皆为单檐。穿斗、抬梁结构在建筑中被广泛应用。装饰手法灵活，木雕精美，建筑机构精巧。天后宫以妈祖为纽带联系着各阶层的福建移民，有的还成为商帮物资贮存、交易的场所。清末，各省会馆渐成式微，民国时期要么解散要么转而在政府注册同乡会，实际上也发挥着会馆的职能，及至新中国成立，天后宫大多改作他途，仅余建筑矗立。

参考文献

[1] 何智亚《重庆湖光会馆历史修复与研究》，重庆出版社 2006 年。

[2] 窦季良《同乡组织之研究》，正中书局 1943 年。

[3] 梁锦梅《客家文化形成、传播与地理环境刍议》，《嘉应大学学报》（哲学社会科学）2003 年第 4 期。

[4] 周建新《文化人类学与中国客家研究》，《赣南师范学院学报》2012 年第 1 期。

[5] 黄中和《客家文化研究的价值选择》，《嘉应大学学报》（哲学社会科学）2001 年第 2 期。

[6] 姜晓萍《明清商人会馆建筑的特色与文化意蕴》，《北方论丛》1998 年第 1 期。

[7] 孙晓芬《四川的客家人与客家文化》，四川大学出版社 2000 年。

[8] 李先逵《古代巴蜀建筑的文化品格》，《建筑学报》1995 年第 3 期。

[9] 陈玮、胡江瑜《四川会馆建筑与移民文化》，《华中建筑》2001 年第 1 期。

[10] 赖悦《清代移民与四川经济文化的变迁》，《西南民族学院学报》2000 年第 5 期。

[11] 陆元鼎《从传统民居建筑形成的规律探索民居研究的方法》，《建筑师》2005 年第 6 期。

[12] 陈蔚、胡斌《赏析巴蜀会馆建筑》，《四川建筑》2004 年第 6 期。

川渝两地的"天后妈祖文化"和
会馆的保护与利用

孙晓芬*

摘　要： 本文以清前期"湖广填四川"的大移民为背景，从客家人、闽籍人西进四川，落业繁衍和对社会经济的贡献，其中对妈祖文化、妈祖会馆的分布及其在不同历史时期的状况，做了详尽的论述。特别是对当今成渝两地珍贵恢弘的"天上官"及新发现的清代闽粤赣客家会馆群的保护与发展，做了精当的论述。

关键词： 川渝两地　妈祖会馆　保护

一　从老金堂与城厢古镇的福建移民聚落说起

清代成都府是闽籍人的集中地，其中老金堂及其县治城厢就是一个典型聚落。

（一）老金堂的闽南方言岛

笔者在 1997 年出版的专著《清代前期的移民填四川》中，专门把"老金堂"——金堂县（包括城厢，原为金堂县府治所）作为"方言多样性典型县"加以论述，其境内保留有四种方言，与清前期的大移民息息相关。不仅有通行全县至今的金堂话，还有"老湖广话"（湘语）、广东话（客家话）和福建话（闽南语）。

老金堂境内的闽南方言岛的分布，在城厢（今属成都青白江区）、赵镇（现今金堂县府治）、淮口镇及周围农村，包括祥福、大同、玉虹、绣水、姚渡

---

* 孙晓芬，四川省客家研究中心副主任、编审。

（今属青白江区）、太平、官仓、栖贤、三星、同兴、长乐、三烈、转龙等乡①。多年来，金堂名人、书法家陈道康先生（南靖陈氏后裔）收集整理大同乡青龙嘴陈氏族人内部交流的祖先语言，陈道康的闽南方言被一位方言专家誉为四川的闽南方言标准发音人。他现今付梓内部出版《金堂大同乡青龙嘴陈氏正宗福建闽南方言 100 例》，十分可贵可喜。

（二）老金堂与城厢古镇的"天上宫"

"老金堂"境内的会馆很多，其中清代福建籍移民及商家在县境内建的会馆有"天上宫"、"靖天宫"、"福汀馆"等清代会馆建筑，供奉福建地方神祇林姑天后，会馆分布在城厢、祥福、赵镇、官仓、姚度、太平和淮口等地。其中淮口的"靖天宫"是作为当代县级文物保护单位载入新修《金堂县志》（第二十八章《胜迹文物》），虽然没有写出是哪一个省籍的会馆，但笔者一看便知，是福建南靖人共建的"天后宫"，故名"靖天宫"。县志详尽地记载了其区位、建筑面积和机构，基本格局保存完好。现辑录如下：

> "靖天宫"在淮口镇北半边街，面临沱江，占地 942 平方米，四合院布局，从所残存着碑看，约建于清乾嘉时代。此宫正门 5 间，石木结构建筑。青面台基高 3 米，垂带式踏道 21 级，宽 16 米。墙上开了门。进门后下为通道，上为歇山式顶万年台额坊上浅刻"二龙戏珠"及双凤图案，檐詹坊及天花板均有彩绘。次间为 6 抹隔扇，万字文格眼。整个面阔 5 间，石悬山式屋顶。素面台基高 2.3 米，垂直式，踏道 13 级。厢房仅存右者，石木结构，2 层楼房，面阔 7 间。楼上走廊与正殿连成整体。走廊檐墙詹房与天花板上亦有彩绘……②

位于成都市北部远郊的城厢古镇，有着深厚的文化底蕴，一是有近 900 年的作为金堂县治府的底蕴；二是有着丰富多彩的移民文化；三是有近代和当代的名人文化。这里拥有古街西街、槐树街等全镇有 24 个老宅院，保留金堂县的县衙门，有文庙、武庙和道观"三清宫"等庙宇、移民会馆等古建筑，还有纪

① 孙晓芬《金堂县方言类型·福建话》，《清代前期的移民填四川》，四川大学出版社 1997年，第 333～334 页。
② 《金堂县志》第二十八章《胜迹文物》，四川人民出版社 1994 年，第 841 页。

念辛亥革命英烈彭大将军的彭家珍专祠①。

从县志上的记载推断，城厢境内有的福建籍人建的会馆，至少有两座。一座"福汀馆"，福建汀州人兴建；再一座就是城厢东街的"天上宫"。著名诗人流沙河是金堂城厢人，他家的古宅院就在街上。据流沙河回忆：东街的"天上宫"，人称"福建馆"，共两进，从山门进出，有一个很宽的大院坝，戏台建在山门上，山门对着正殿，正殿高大雄伟，新中国成立前相继有县警察局、国民卫队在此驻办。建国后是县委党校……可见其宅院宽大，房间多②。

二　两次西部大开发与闽人的大批上川

福建籍人大批西进到两千多里之遥的巴蜀大地上，远则要追溯到三百年前开始的我国南方人口向西的空前大移动——"湖广填四川"，近则要追溯到 20 世纪 80 年代的改革开放，特别是 90 年代中的西部大开发以来。

（一）"湖广填四川"大批闽人上川

清前期的"湖广填四川"是空前的向四川人口大移动，其发生的原因，是由于我国封建社会的最后两个王朝——明、清交替之际发生的数十年的战乱，致使有着久远巴蜀文明的四川地域，成为了刀兵和天灾的重灾区，素有"天府之国"美誉的四川，成为了"地旷人稀"的荒原了。清王朝在开国定鼎之际，为解决粮食、赋税和社会安定，当务之急采取了移民垦荒的重大举措，对"西蜀"——四川尤其给予政策优惠。得益于清廷的倡导和四川自身优裕的自然条件，移民从初期尚处于被动的状态，迅速成为了争相入川的高潮，有湖广、赣、粤、闽、陕、黔和江南（苏皖）和黔滇等十余个省的民人踊跃上川，其中以湖广省（当时湖北地域、湖南地域和广西的一部分为一个省）距四川最近，上川的人最多，民间俗称之为"湖广填四川"。这次大移民从康熙中叶开始，经雍正至乾隆中叶，历时百余年。对四川近现代的历史影响深远。

各省籍的移民在巴山蜀水间的陌生环境中以地缘为纽带建立了会馆这样的

---

①　孙晓芬 1995～2010 年多次调研城厢手记。

②　孙晓芬采访流沙河手记。

互助组织，先后在巴蜀大地上建立了风格各异的会馆达 1400 余座①，供奉各自乡梓的神祇。福建籍上川的人数位居第四位（江西籍、广东籍位居第二、三位）兴建的会所不完全统计有 200 多座。天后妈祖会馆，四川称之为"天上宫"、"天后宫"、"天妃宫"等，在全川东西南北的城市乡镇皆建有：最远的在川滇交界的会理州有 3 座；成都府所辖的 16 个州县建有近 50 座"天上宫"，其中建得较多的有金堂县 8 座，崇宁县 7 座，灌县 4 座，华阳县 3 座。成都府城中的 1 座福建会馆，始建于清道光十六年（1836），位于繁华的总府街口，"福建馆，总府口，新街有小鼓楼"②，《四川景志》以三言三言七言顺口溜生动的记载了清代成都景志。来蓉的福建商贾财力雄厚，其会馆以建筑奢华、会产会房甚多而闻名。成都府城中的西玉龙街有"大福建营"、"小福建营"。是缘于清初福建籍军人奉命驻防成都扎营，"大福建营"、"小福建营"地名相传沿用至今③；川南的"天上宫"建得最多的荣县达 12 座，犍为 7 座，屏山 4 座；川北的南充县、营山县、广元、东乡县（即宣汉县）、中江县、遂宁县和合江县，皆是每县有 7、8 座会馆。川东的重庆府和州府中的璧山县和定远县（武胜县）均在 7、8 座以上，即是"县城 1 座，城乡皆有之"，江津县境内 10 座，江津县城的天上宫面积达 6000 多平方米，其余 9 座会馆在乡间。有的会馆是两省籍的民人共建，如重庆府綦江县东溪的"万天宫"，就是江西人与福建人合建的，至今保存了完整雄伟的建筑④。

有的地方文献反映了清代移民会馆的建筑经贸和在当地的社会作用。如前述及的《金堂县志》详尽记载了淮口"靖天宫"的建筑规模；如民国《长宁县志》详尽的记载了各省籍会馆的财产经费来源：长宁县境内有 4 座"天上宫"，其中一座房产达 26 间，田产 8 亩，有动产数 1800 元，其房产数位居在该县各省会馆之首位；如重庆大商埠的"八省会馆"，以禹王宫、万寿宫、南华宫、天上宫建筑雄伟魅丽。"八省会馆"在清代社会活动频繁，其中福建会馆"天

---

① 据蓝勇《西南历史文化地理》附录一《清代四川的移民会馆·清代四川移民会馆统计表》，西南师范大学出版社 1997 年。

② 据民国三年（1914）的一本小册子《四川景志》所记载。孙晓芬《成都府城闽粤赣会馆》，《四川的客家人与客家文化》，四川大学出版社 2000 年，第 163 页。

③ 据四川省文史馆《成都城坊古迹考》，四川人民出版社 1987 年，第 182、210 页。

④ 据何智亚教授亲往拍摄照片，并收入他的精美专著《重庆古镇》中。

上宫"每年活动上百次,庆祝妈祖的生辰和羽化升天,举办年节庆典和商贸等活动。当年重庆的民谚"禹王庙的台子,万寿宫的银子,山西馆的轿子,天后宫的顶子",从中可见各会馆的不同特点。其中天后宫(福建会馆)的顶子多,其会首为官有功名者多,故花翎官帽顶子多,这是福建会馆实力的一种表述①。清代的《重庆府治全图》中绘制有"八省会馆"的位置,其中天上宫(建于乾隆二十五年)在朝天门原沙井湾九号(今朝东路),山门面对长江。可惜 1949年毁于"九二"大火。富顺的"天后宫"位于东门,载入清同治《富顺县志》卷之一的《新城图考》中。

有的地方文献记载有会馆在场镇兴建中的重要作用。如射洪县太和镇就有"五省会馆在此兴场立市"的说法。有的盐业场镇的兴旺与新镇的重建,闽商在其中起了重要作用,如射洪县的沅溪镇原为"川北盐业重镇",省外商家建有湖广、江西、福建、陕西会馆,该县的沅溪镇在清康熙年间重建得益于湖广、赣、粤、闽、陕、黔等迁川客户先后在沅溪两岸建会馆,其后逐渐形成三街两巷集镇,制盐、榨油发达。再如遂宁县的"天上宫"其区位因会馆兴街,故此商业街得名"天上街"沿用至今。

清前期上川的福建移民计约数十万人,在四川主要是从事于商贸(山货、烟行、熬糖业等),手工业的盐业,种植业中的经济作物烟草、甘蔗等,对四川经济的恢复与繁荣、经济作物物种的发展起到很大的促进作用。闽籍移民有在嘉州发迹大盐商贺宗第,有在川西金堂县种植烟制烟成巨商的付荣沐,有引进熬、制糖技术到内江的曾达来等。特别是闽籍移民后裔中有近现代的优秀人物,最为著名的是我国的大文豪、历史学家、考古学家、诗人、社会活动家郭沫若,清末戊戌变法"六君子"之一的刘光第,现今被中国楹联学会尊为"联圣"的清末楹联名人钟云舫等。

(二)在当代"西部大开发"的号角中大批闽商入川

自 20 世纪 30 年代起,经抗日战争至中华人民共和国建国初期,皆有闽人到四川;50 年代、60 年代、80 年代,从海外包括从香港、台湾、澳门地区从东南亚回国读书、深造、参加祖国建设、定居的闽籍华侨及其后裔。改革开放

---

① 何智亚《重庆湖广会馆历史与修复研究》上卷第三章《重庆八省会馆》,重庆出版集团重庆出版社 2006 年,第 73 页。

以来，特别是党中央国务院吹响了"西部大开发"的号角以来，大批闽籍工商、企业家到巴蜀大地上来发展。现今在四川地域有 3 万多闽商，在重庆直辖市地域有万余名闽商。

巴蜀大地是一片投资的热土，蕴藏着无限的商机，有着无可比拟的广阔市场。福建地处沿海，商业发达，特别是闽南竞争十分激烈。在 20 世纪 90 年代初，有胆识的闽南企业家就把目光投向幅员辽阔的内陆省西蜀，至 90 年代中叶，西进蜀渝经商、办企业的闽人多起来，商品人才流通。于是，急需在川闽、渝闽之间架起一座龙头桥梁。巴蜀的闽籍商家以成都及成都平原经济圈为中心辐射全川、以重庆市区为核心辐射大重庆全境，涉足的行业数十个，尤以房地产开发、装饰业、鞋帽、百货、建材、皮革、服装、辅料、汽车配件、化工、医疗投资和水暖器材影响大。在川渝的 3 万多闽籍工商企业界人士赚到钱后，又再投资于天府巴渝。他们之中有相当一部分人已安营扎寨在川渝或把配偶或子女迁来，有的在此结婚，全身心的投入事业中。当然，他们永记福建的故乡，每当中国农历年、清明时节返回，与大家庭亲人团聚，敬祖、祭租，共叙亲情、乡情。

三　妈祖会馆百年变迁六例

（一）成都府治城福建馆被豪霸强占盗卖例

民国二三十年之际的四川，军阀割据战乱，会馆不动产被军阀豪霸所窃，成都府城区福建馆就是其中一例。

始建于道光十六年（1836）的成都府城区福建会馆是一个三进的馆舍。地跨三条街，"前门在繁华的总府街，后门抵华兴街，旁门通福兴街，规模甚大，房产甚多，又有铺房数十间"，民国二十年（1931）被时任市长的黄逸民把福建会馆天后神像移至后殿，与其部属刁文俊盗卖前殿、中殿、侧殿及地皮改建宅院，中饱私囊。后殿原有十余间房舍先后被吞食，继军阀占用之后，1938 年又被警备部占去，只剩下后殿几间房①。

---

① 据成都市档案局档案馆珍藏的民国年间至解放初社团历史资料：福建旅蓉同乡会 1951年 1 月 27 日向成都市人民政府民政局社团管理科"申请登记书"中的《福建旅蓉同乡会财产清册》涉及的该会馆原不动产被盗卖问题。

（二）重庆天后宫毁于"九二"大火灾

1949 年 9 月 2 日，重庆朝天门一带发生大火灾，天后宫因毗邻朝天门半边街，而被殃及，全部被大火吞毁。邻近的江西会馆也遭重创。

（三）自贡天后宫有缘育才使命

贡井是清代后期崛起的盐城，陕、闽、粤等省籍盐商拥入开发。闽商到贡井办井灶赚钱，旋将家乡神祇天后请进来以护佑其更加发达。天后宫始建于清咸同年间，占地广，是典型的山地会馆建筑："呈四台阶四合院磊叠式"，有山门、戏楼、走廊、大殿各一重，东西厢房数十间，宫殿柱栋或木或石，雕梁画栋，飞檐翘壁，大殿正对山门的石墙上镶嵌有精美巨大的石浮雕，是用黄浆石镂空雕凿而成的"九龙图"……宫殿正殿供奉天后妈祖塑像①。清末随着贡井盐场的衰落，其闽籍盐商返回原籍，天后宫成为无主神庙。光绪三十一年（1905）起贡井的高初两等小学在此办学，天后妈祖神像一直聆听小学生的琅琅读书声近二十载。民国十三年也曾复建天后宫，以后也一度为缉私营驻地。至 1938 年起新办旭川中学把天后宫派上了大用场，一直被该校作为教室、宿舍、食堂之场所，在半个世纪的岁月中，随着旭川中学成为名校乃至四川省重点中学，随着教育事业的发展，随着天后宫古建在岁月中的破旧，80 年代末该校拆除老食堂——天后宫营建容纳上千人的学生食堂。唯有精美巨大的黄浆石"九龙图"② 镶嵌在新建的校园石砌屏墙上，见证天后妈祖办学育才的济世善举。

（四）气势恢宏的遂宁市"天上宫"地标长存

地处川中涪江畔的遂宁，在明清两季称之为遂州，是商贾云集的繁华之地，历明末清初的战乱后，是上川移民的落业佳地。至清中叶又迎来新一批的闽籍商家在此发展，于咸丰元年（1851）在城中建起了"天上宫"，此街道因天上宫而繁荣，故得名"天上街"，一直沿用至今，成为遂宁市中区的商业中心，

---

① 据自贡学者曾新撰文《有缘育才天后宫》，收入笔者《四川的客家人与客家文化》。

② 据自贡摄影家黄亚飞拍摄贡井老街天后宫等珍贵照片。

地标街名。该会馆占地 4320 平方米，由山门、戏楼、书楼、正殿、装饰塔和庭院组成。山门为木结构，门面上重檐，檐下装饰斗拱，山门两侧封火墙设嵌入式砖雕璧塔"乃文"、"乃武"各一，山门的背面是戏楼。山门、戏楼的整个房顶为歇式，面阔 3 开间，进深 3 开间；正殿为穿逗式架构，单檐歇山式屋顶，筒瓦覆盖。正殿高朗宽敞，面阔 5 开间，进深 3 开间，高近 10 米，用立柱 32 根。正殿大梁上刻有"大清咸丰元年辛亥春二月二十六日闽省建立"的题记，标明了清中叶闽商在遂宁修建此会馆。正殿勾头滴水图案多。前檐下施斗拱 51 朵，昂头龙头；两侧为两层书院，面阔 9 开间，进深 1 开间，卷棚屋顶，书楼上层为木栏杆万字花纹。山门外有墙有砖雕，镶嵌的 5 层楼阁式半边装饰塔，塔高达 8 米许，为六边形造型、结构、装饰均上乘。原各层有供奉神像，今尚有 1 尊。庭院里种有梅、玉兰和桂花等花木。

"天上宫"的木雕艺术精美，也有石雕、砖雕。山门前的二十五幅戏剧故事造型优美，人物栩栩如生。山门后檐坊上雕的四龙两凤图，刻技精妙。遂宁市人民政府拨专款维修"天上宫"，并将它定位市级文物保护单位①。

（五）长江上游第一名镇李庄的"天上宫"（玉佛寺）熔于古镇佛文化

李庄是国家级历史名镇，位于川南宜宾市郊 19 公里处的李庄坝，是我国长江上游第一镇。其古建筑有明清时期川南的古街古巷四合院，有被著名的旋螺殿，有移民会馆文化价值的南华宫、天上宫等。其中"天上宫"是福建籍人营建于该镇线子街，始建于清道光二十五年（1845），由山门、戏台、前殿、后殿、厢房组成，占地面积 2117 平方米。戏台为木结构，单檐歇山式屋顶，四周细木雕刻技艺精湛；前殿为硬山式屋顶，五架椽屋，面阔五开间，进深 3 开间；厢房在复合四合院两侧皆有。该地闽商颇富地；购进诸多缅甸玉石，请高手雕琢成妈祖像和佛像计 36 尊供奉，因而被誉为西南第一大玉佛寺而得名"玉佛寺"。新中国成立后是李庄粮站仓库。古镇自 1982 年起被列为省级历史文化名镇后，该镇古建筑受到保护，"天上宫"被宜宾市人民政府列为文物保护单位。但在 1998 年该寺被更名为"玉佛寺"，成为该古镇的

---

① 据彭高泉《遂宁天上宫》，《四川文物》1990 年第 6 期，收入《四川的客家人与客家文化》。

"佛教圣地"①。

（六）江津仁沱镇真武场会馆群中的"天上宫"

散布在巴山蜀水间的清代会馆，有的并未记载入史料。江津仁沱镇真武场的5座会馆中，竟有3座未入史料，就是一例。江津名人、历史文化专家钟永毅生前在新世纪第三年的金秋调研仁沱镇南端的一个原不通大公路的偏僻乡场——真武场时，发现了粤闽赣客家移民会馆群②，为重庆多家媒体所报道。"真武"之地位居綦江笋溪河，在清代视水路交通便捷为佳，是重庆、贵州等地物资中转的好区位。聚集此地的客家人抓住机遇大发展，并先后建起赣、闽、粤各地籍的会馆，真武场成了一个大码头。真武场因客家人而起，客家人因码头而兴。现今的江津仁沱镇真武场是闻名百里的节假日游"三古"（古码头、古黄桷树、古建筑）休闲地，其中会馆古建筑群坐落在"灵官祠居"周围呈品字形排列，其建筑均是四合院格局：南华宫（广东会馆）宏伟的正殿建筑保存下来；万寿宫（江西会馆）大门楹联和四合院建筑尚在；"天上宫"的妈祖庙，其在新中国成立后曾作供销社的库房，占地面积大，正殿封火墙、屋脊建筑壮观，正殿屋檐、窗户上可见精致的图案，大门的石刻楹联保存完好：上联"崇封捌宋元以始"，下联"钟灵在闽蜀之间"，横批"天开福运"。这副楹联道出闽人对原乡的眷恋与对新乡的热爱与祈福。

四　当今川渝两地天后妈祖会馆的保护开发模式

（一）遂宁市当局对"天上宫"的整体搬迁保护模式③

1. 保护天上宫会馆建筑的成功举措

遂宁市的"天上宫"，是川渝两地迄今留存得最为完善的福建清代会馆建筑。

---

① 《李庄镇志》，方志出版社2006年，第309、314页。
② 《江津仁沱镇发现客家会馆群》，《重庆晚报》2003年9月23日；《清代客家会馆群隐身江津》，《华西都市报》2003年10月16日；《清代客家会馆隐身江津》，《华西都市报》2003年10月16日。江津电视台前往拍摄播出后，重庆电视台、中央电视台相继转播。
③ 孙晓芬关于遂宁天上宫历史与现状的研究手记。

在城市改造建设进程中，遂宁市人民政府及主管局，采取既整体搬迁"天上宫"的保护举措，又进一步整合建设商业黄金地段"天上街"步行街。该馆建筑在整体搬迁前经过周密策划安排，由遂宁市文物局出经费，由专业公司从整体到局部绘图，在建筑构件上一一编号。2003年动迁至城北西山路，其左右分别与青磁博物馆、古玩城为邻，占地4亩（含绿化地），工程专业细致，修旧如旧。责成市文物局的副局长担任文保监管。当年金秋成功对外开放。

2. 天上宫搬迁过程的惊人发现

2002年岁末，遂宁市博物馆在"老斗城"中天上宫的拆迁过程中惊现一对高约8米的巨型砖塔位于侧墙中被长期深藏，以致很多老年人都不为所知这对砖雕塔：一为"乃文"，一为"乃武"，雕饰精美、造型独特，轰动全城。天上宫的这对清代砖雕牌坊被发现，更增添了天上宫非物质文化遗产的丰富内涵。

3. 两重檐的恢弘大门挂出图书馆招牌

天上宫搬迁至新址，被派上了作为市级公共图书馆的用场。大门上挂出遂宁市图书馆的招牌，按天上宫复原修成的宫内建筑，两侧的两层书楼体现了天后妈祖崇文重教的济世善举。这样在占地4亩，并精心绿化的新址，天后宫对外开放，至今有数十万省内外海外的前来参观者，乃至拜谒；同时又发挥着藏书楼的崇文重教作用。

（二）步入中国历史文化名镇保护开发模式

本文前已述及的长江上游第一名镇李庄，是国家级历史名镇，其历史文化内涵丰富：有明清时期川南的古街古巷，四合院和移民会馆群建筑，还有抗日战争时期同济大学等名校及科研院所的著名教授、学术带头人内迁办校，为国培养人才、艰苦搞科研的抗战人文等。作为福建馆"天上宫"古建筑，随着李庄从四川省级提升为国家级历史名镇，不断受到保护。又因"天上宫"历史上曾因其闽商在营建中有玉雕妈祖及佛像达36尊，又名"玉佛寺"，是神庙与闽籍移民会馆结合的产物。1998年更名为"玉佛寺"，成了佛教信众的圣地，改变了天后妈祖文化的初衷。

（三）区域历史名镇的发展保护模式

本文前已述及的江津仁沱镇（今重庆市江津区支坪街办）的近代建筑被重

庆历史文化名城专委会列入保护名录。在 2003 年金秋，江津著名学者钟永毅调研仁沱镇的偏僻乡场——真武场，发现了未入史册的三座客家会馆群保留至今，綦河畔的真武场在清代聚集陕西、两湖、闽、粤、赣 5 省移民营建了 5 个省的会馆，和通往贵州的水码头，现存的闽粤赣三省的客家会馆和古码头、古榕树、古街巷、望乡台，是当年兴场繁荣的见证。当今因"天上宫"等三个客家会馆被发现而轰动，原不起眼的乡场有这样多的会馆和人文旅游资源而受到重视与保护，成为了重庆市假日周末的旅游休闲新亮点。

五　提升川渝两地天上宫会馆保护发展措施之我见

在巴蜀大地上的清代福建会馆约有 200 余座（其中重庆府及老川东地区约80 余座），历经二三百年岁月及历史的变迁，幸存至今的屈指可数仅数座。

（一）遂宁天上宫堪称一流重新评估升级

遂宁素有重视古建筑保护文物的传统，在城市旧城改造的进程中，成功的整体搬迁保护天上宫，作了功德保护非物质文化遗产的一件功德无量的大好事。但尚有诸多潜力应开发出来。

首先，应充分评估恢弘精美的遂宁天上宫，是现今川渝两地保存下来的体量最大，最完整的妈祖天上宫。

其次，在该天上宫从遂宁旧城"老斗城"整体搬迁的前期发现的两座清代砖雕高塔，连同该馆原有的木雕、砖雕和石雕的特色锦上添花，这两座清代砖雕高塔可谓价值连城，而被当今来自雕刻之乡的闽商拜谒，其非物质文化价值堪列全国前茅。堪称一绝。

第三，针对遂宁天上宫文物保护级别提升缓慢的滞后局面，应重新全面评估升级。该会馆在 20 世纪 80 年代末是市级文物保护单位，至 2002 年申报获准四川省文物保护单位。2002 年冬开始整体搬迁新址的过程中，发现了一对清代砖雕塔，其价值连城。以后几年中并未对天上宫的整体价值未全面评估，以抓紧进一步提升其文物级别，也未成立专门保护机构，交由遂宁市图书馆代管，直至十年后的今天，才走上申报国家级文物保护单位的历程。

（二）江津仁沱镇真武场天上宫等三个会馆的保护发展

1. 整体保护三个会馆资源好

最近经过核实得到一个令人欣喜的好消息，重庆市江津仁沱镇（今支坪街办）真武场的三个清代移民会馆，不仅闽人的"天上宫"是重庆直辖市级（省级）文物保护单位，而且粤人的"南华宫"、赣人的"万寿宫"也是市级文物保护单位。来自闽粤赣三个不同省籍的清代会馆作为空间形态的非物质文化遗产保留至今，生动地反映了两三百年前的"湖广填四川"，在一个小乡场、贸易水码头的缩影。整体保护清代移民会馆资源的多样性很好。一个小乡场有三个"省保"会馆非同一般。

作为省一级的文物保护单位才刚刚起步。"天上宫"将先一步进入馆舍的恢复修建，南华宫、万寿宫还住有少数居民需搬迁安置。就三个会馆的品字区位及与该古乡场古建筑的整体关系及打造维修，重庆市市中区湖广会馆的修复与保护，有丰富的成功经验可借鉴，笔者在此不赘述。

2. 三个客家会馆群的客家人文资源开发

这三个不同省籍的清代移民会馆有一个共同点，即都是客家会馆，清代的客家移民上川祖在此落业，世世代代种田经商，为恢复和发展当地的经济作出贡献，并且从各自原籍地带来了客家文化：客家语言、风俗习惯和经商务农的理念。这三个会馆的客家人分别集资建馆，会馆不仅是敬乡神、集人气，话乡情、年节庆典唱戏、经商洽谈和交流信息的平台，而且是客家乡土文化圈。这些客家人世代的语言变迁、婚丧礼仪、姓氏、美食、住宅、宗祠和祖墓，都有着深厚的客家文化底蕴。建议当局采取就地与重庆的大专院校或社科院的相关学科联合进行真武场的客家人文资源调研，这样以三个客家会馆打造客家文化圈，大力开发客家文化旅游经济。四川成都东郊的洛带古镇——西南客家第一镇的升级开发经验，值得借鉴。

会泽会馆文化初探

雷杰麟[*]

摘　要： 会泽会馆建筑群作为第六批全国重点文物保护单位具有重要的历史文化价值。文章通过对会泽地区会馆的历史形成、自身特点、建筑特色的分析评述，从文化价值和社会价值两个层面阐释了该区域会馆的现实价值，并就合理开发利用会泽会馆文化进行了初步探讨。

关键词： 会泽　会馆　文化

2006 年 5 月，会泽会馆建筑群被国务院核定并公布为第六批全国重点文物保护单位，从而进一步确定了会泽会馆的历史地位。据有关专家研究、统计，全国各地有保存较完好的会馆仅有 80 余处，30 余处作为全国、省、市级的重点保护文物。而会泽有名的八大会馆，就属于国保文物。会泽会馆是会泽铜商文化结出的硕果，其数量之多，保存之好，在全国县一级，完全可以说是会泽独有的一个文化品牌。最近，会泽又被国务院公布为国家级历史文化名城，而会泽会馆无疑是这座名城的灵魂，如何打造会馆这一文化品牌，这是值得我们认真思考和研究的问题。

一　会泽会馆的形成

历史文化名城会泽，历史悠久，在秦汉时为古夜郎属地，汉武帝建元六年（前 135）设堂琅县至今，在漫长的历史长河中，会泽因矿冶业的兴旺而鼎盛一时。东汉时期，"堂狼铜洗"便已声名远播。明朝嘉靖年间铸造的"嘉靖通宝"开炉纪念铜币名扬四海，被尊为"世界古币之最"。至明清时期，会泽已发展

---

* 雷杰麟，云南省会泽会馆馆长。

成为众人向往的"淘金地"。并享有"天南铜都"、"万里京运第一城"的美誉。清雍、乾时期，设有新、旧"宝云"两个铸钱局，时为东川府，这是仅次于北京中央铸局的"中国第二大铸钱局"，铸造"雍正通宝"和"乾隆通宝"。后来，这两个钱局改称"宝东钱局"，铸造钱币前后历时200多年，一直延续到民国初年。由于朝廷推行铜钱货币，极大地推动了会泽铜商经济的发展，各地来往商贾、旅客络绎不绝。随着外来人口日渐增多，商人们需要一个沟通聚会的会所，需要一个相互联络的场子，于是各种会馆应运而生。于是，不同风格的会馆建筑，多种民族的宗教信仰，民风民俗及民族风情，融各省之长又结合会泽实际建盖的民居民宅，透出了会泽多元文化及民族风情的品格和韵味，形成了"十里不同俗，一巷不同音"的文化特色。历经岁月沧桑，众多会馆糅合了各地移民带来的不同风俗和文化，形成了会泽别具一格的会馆文化。

二　会泽会馆的特点和建筑特色

（一）会泽会馆的特点

一是多：会泽的会馆多。随着明清铜业经济的发展，会泽因交通便利经济发达商品市场繁荣而建起了同乡或行业会馆。会泽的会馆多，大大小小，明明暗暗有一百多座。

二是全：会泽的会馆全。两湖两广、文庙张圣、戏楼酒会、马祖财神，一应俱全。

三是保存相对完好：县城有名的八大会馆江西会馆、湖广会馆、贵州会馆、云南会馆、江南会馆、福建会馆、陕西会馆和四川会馆，都相对完整地保存着当时的原貌，尤其是江西会馆和湖广会馆保存较好。

（二）会泽会馆建筑的特色

会馆建筑的最大特色是有着浓厚的家乡情节，如四川和贵州商人所建会馆，打上了极强的巴、黔特点，称为川主宫或川主庙，堂屋大，二楼楼层低矮，一般建有戏台，节庆时同乡们边看戏边摆龙门阵。江西、湖南、湖北、江南等地的会馆则有江南水乡建筑的韵味，屋高而清秀，出水较陡，楼上的回廊清幽修长而且连成一圈，大多建有萧何殿。两湖会馆也称"三楚会馆"，供奉禹王。

这些会馆也是建筑的博物馆。比如：

江西会馆，又称万寿宫、江西庙，始建于清康熙五十年（1711），整座建筑木雕、石雕、砖雕、匾额、楹联、彩绘、壁画，堪称滇中古建筑一绝，是会泽古建筑的代表之作。江西会馆体现了儒、道、佛三教合一的风貌，集建筑、木雕、铜雕、砖雕精华为一体，雕梁画栋，富丽堂皇，线条流畅，是清代古建筑之精华，以雄奇秀美著称于世，被录入《中国瑰宝》。

湖广会馆，又称寿佛寺、东岳宫，始建于清康熙四十六年（1704），建筑形式为硬山顶穿斗与抬梁混合木结构，建筑群规模庞大，风格独特，尤以镂空格扇门最为著名，透雕工艺极为精湛，可惜已于民国时期被人盗走，据说已流失到大英博物馆内。

此外，还有建造工艺精致考究，形状气势宏伟，虽是清乾隆六十年（1795）建造，却留有显著明代遗风，占地 2100 平方米的云南会馆；建筑独特，穿斗抬梁，硬山顶殿宇形式，艺术、历史价值共具，占地 5442.2 平方米，建于雍正年间的楚黔会馆；不在江南却胜江南，亭台楼阁、小桥流水、回廊假山甚多，充满水乡韵味，建于清初，占地 23000 平方米的江南会馆；殿堂巍峨，具有典型闽式风格，建于清中期，占地 2290 平方米的福建会馆；以及建于清初的四川会馆和陕西会馆、豫章会馆、衡州会馆等。

三　会泽会馆的现实价值

（一）文化价值

论及会馆的文化价值，它是商业文化与建筑艺术完美结合的"瑰宝"。会馆宫殿建筑艺术完美，气势雄伟而秀美，工艺精巧而华丽，具有"无木不雕，无石不刻"独特的建筑风格和雕刻艺术。会馆通过建筑造型、布局以及木刻、石雕、彩绘、刺绣等建筑装饰图案，在浓烈的吉祥与神圣的气氛渲染之中，不仅突出地体现了崇商意识和"诚信为本"的商业信条，更着意强化了对"诚信为本"精神的宣扬。

会馆本身又代表了一种积极与和谐的文化理念。会馆"祀神、合乐、议事、互助"，可以达到增强同乡凝聚力，树立行业形象，实现自律和管理的功能。会馆的数量和规模可以作为一个地方发展和繁荣程度的重要参考。

（二）社会价值

第一，体现与传播了地域文化。会泽会馆的建立使会泽地域文化得以与别的地域文化进行交流，产生一种新的地域文化。例如，琉璃瓦是山西的传统产品，在山西的一些庙宇建筑物中经常使用这种琉璃瓦，形成独特的建筑风格，而在会泽的山陕会馆建筑物正殿、配殿中均使用这种琉璃瓦来覆盖屋顶，使这一会馆的建筑同时具有晋豫风格。又如在晋商会馆中多建有戏台，逢时过节均要在此演出晋商的家乡戏剧，这种活动不仅对当地戏剧文化产生一定影响，而且使山西戏剧得以吸取异地戏剧文化，这种交流促进了两地戏剧文化的发展。再如晋商会馆均崇奉和祭祀关羽，在晋商会馆的影响下，其他省的会馆也逐渐崇奉关羽，从而推动了有关文化的发展。

第二，会馆推动了商人在彼此交流中走向融合。会泽的八省会馆有山西、陕西、广东、浙江、福建、湖广、江西、江南等，后来八省会馆共举年首，协调八省会馆之间的关系并订立了协议，其内容主要是：一、共同确定与修改帮规；二、各帮新提议，须经八省年首同意；三、帮会内发生争执，应由各省会馆内年首协调解决。可见，会馆在某种程度上促使各帮商人在彼此交流中走向融合。

四　如何打造会泽会馆文化

滇东北的旅游在会泽，会泽的旅游在县城，县城的旅游必须以会馆为支柱。会馆见证昔日的辉煌，铜冶业的发展，会馆是多元文化进入会泽的历史见证。会馆是铜商文化的标志。会馆是国宝。各地文化与本地文化的交融。建筑文化。风水文化。戏剧文化。旅游只有文化的注入才有文脉。

把具有历史和旅游价值的会馆、文物古宅等恢复原貌，以体现其原汁原味；联合当地居民完善游览线上的基础配套设施，如标志性宅院的文物指示牌、展示性介绍图片等。让不同地方的游客都可以在这里找到当地的会馆，触摸到当地独特的文化气息，那样，古城旅游的可看性和参与性就体现出来了。

会泽在打造会泽文化生命力的过程中，把视角聚焦在铜商文化、会馆文化、历史文化和民俗文化方面，以推动文化产业建设，打造名城景观。在修缮和保护的一批会馆中，比较著名的有湖广会馆、湖南会馆、江西会馆等。

将会馆文化和历史文物保护结合起来开发，这是今后保护区发展的主要途径，如果寻求好切入点，将会极大地推动我区的旅游业发展。

会馆建设主要是积极引入会馆文化建设，具体作如下思考：

第一，组织会馆文物专家对城区尚存36座会馆进一步深入考察、研究、规划。规划中注重将会馆文化与开发相结合。使会馆文化建设与古城相映增辉。以江西会馆等八大会馆为重点，结合会泽发展要求，历史及现状，做好文化定位，充分挖掘具有特色的会馆文化。

第二，制定一个会馆修复征集方案，编制招商引资说明书，邀请相关省市及新闻媒介，通过召开新闻发布会、推介会等方式，大力宣传，吸引民间投资建设，可以通过增加附加收益，解决开发建设的资金问题，也可用领养的办法（如江西人投资江西会馆）。谁投资保护和修复，谁优先开发。

第三，通过各种不同的方式和途径，对会馆进行全面保护和修复，以一个会馆群落的整体优势抢占市场，从而打造"会馆之都"品牌。

第四，挖掘各省各地会馆的文化背景，全力充实和包装会馆内部的文化内容，在会馆内充分展示各地的文化风俗，再现昔日会馆繁荣景象。

总之，会泽会馆文化是综合性的文化，不但具有文化品味和旅游价值、历史价值，还具有很高的商业价值。会馆文化的建设，将为各省、各地到会泽寻根创造条件，也能对外宣传会泽，提高会泽的知名度。

山陕会馆碑记所载商号探索

宋 茜 陈昆麟*

摘 要：明清两代，因运河畅通，交通便利，促使东昌府（今聊城市辖区）的商业经济迅速发展，山西、陕西、江苏、江西、浙江、安徽等省商人，纷纷来此地经商，出现了众多商号。本文根据山陕会馆碑刻中记载的资料，对众商号形成的时代背景、分布区域、商号分类进行了论述，并在此基础上对晋商的经商理念展开探讨。

关键词：明清 山陕会馆碑记 商号

明清两代，因运河畅通，交通便利，促使东昌府的商业经济迅速发展。山西、陕西、江苏、江西、浙江、安徽等省商人，纷纷来此地经商。今聊城市辖区内、运河沿线的临清、聊城、七级、阿城、张秋等，都很快发展成为闻名遐迩的商业城镇。徽商多集中临清，随着运河漕运的繁荣，临清迅速崛起，成为重要的商贸流通中心。自明朝以来，户部即将国家税收机关设在这里，每年税收都居运河八大钞关之首；工部亦在此设工部分司，专管贡砖烧制。从而，临清成为贡砖烧造基地；同时，这里还是国家粮仓的所在地。万历年间，储量达300多万石，居全国之首，这里又成为储粮基地。临清素有"富庶甲齐郡"、"繁华压两京"之美誉。张秋原本是一个并不出名的小镇。自元代会通河开通之后，即将都水分司衙门设在这里，使张秋镇迅速发展，这里成为拥有"九门九关厢"七十二条街，八十二胡同的运河大镇、重镇。特别是聊城（今东昌府所在地），这里不仅是东昌府治所所在地，是政治中心，而且商业异常发达。陕西、山西、江苏、江西、浙江等省商人，纷纷来此经商，并在此建立了许多会馆。如山西、陕西两省商人建立的山陕会馆，江苏商人建立的苏州会馆、浙江

---

* 宋茜，聊城山陕会馆馆长、副研究员；陈昆麟，聊城山陕会馆研究员。

商人建立的武林会馆、江西商人建立的江赣会馆等。当年这里是会馆林立，商号成群。仅山陕会馆碑刻中记载的商号就达 2880 多个。这些商号的出现，是有其深远的时代背景的。这众多商号可以分诸多行业，它们在聊城长期经营而不衰，这与他们的经营理念是分不开的。本文试图就上述几方面的问题进行探索，以供后来经商者借鉴。

一　众多商号形成的时代背景

聊城古城区始建于宋淳化三年（992），在这之前，聊城县治所在巢陵故城。因水患被毁，聊城县及博州治所迁至今址。宋熙宁三年（1070）修筑土城墙，明洪武初年，因为军事需要，将宋代土城改建为砖城。聊城古城区布局方正，边长 1000 米，面积 1 平方公里，城外为面积达 4.2 平方公里的东昌湖所环绕，形成了城在湖中的独特风貌。城内 50 多条古街巷呈棋盘状布局，城中心为巍峨壮观的光岳楼，楼南、楼东、楼北、楼西四条大街在此交汇。沿四条大街向外分别有四口、四门。四门均有瓮城，城高池深，易守难攻。城门外有四座大桥与城外连通。明、清时期，聊城因为运河畅通而繁荣一时，成为运河沿岸的九大商埠之一，是重要的货物集散地，南北各地货物由船运来，卸于码头河岸，或在本地出售，或由行商转运周邻各地。聊城所需之煤油、火柴、红白糖、糯米、纸张等洋广杂货亦自天津、上海等地源源转输而至。同时，东关菜市设置有货物总栈，收买当地和荏平、博平等县的乌枣及东平等地的烟叶，然后装船运往天津、镇江等地。此外，"瓜子、槐花、槐豆、杏仁、木炭、萝卜干、菟丝子等，亦各装大包，一同南返"。当时的聊城帆樯如林，舳舻相接，车马如织，商贾云集，百业兴隆。在聊城市境形成了众多商业街区。如古城区，以古楼为中心的楼东、楼西、楼南、楼北四条大街；以运河为中心的东关大街，双街、太平街、小东关街、清孝街等。当时就有金太平、银双街、铁打的小东关之称。

古城区四条大街，以楼东大街最为繁华。金号、银号、钱庄、典当、绸缎布匹、印书业，都集中在这里。其中有书业德、善成堂、宝兴堂等十多家大型印书商。制笔业也是这条街上的一大亮点，有笔庄十数家。就连瓮城圈里边也有南纸账簿、医药、笔庄书肆、糖果糕点等商业行当。

楼西大街主要是饭馆、小吃店、糕点、酱菜等。楼北、楼南大街多为粮食、旅馆、客栈之类。为适应旅馆、客栈客人的需要，相应的服务行业也应运而生。每到晚间，这一带是灯火辉煌，人来人往，一片繁荣景象。

（一）东关大街

东关街拥有比较完整的"鱼骨状"街巷体系，遗留着明、清时期的传统风貌特色。街全长 1.5 公里，是联系古城区和运河商业区的重要通道。大街两侧店铺林立，商贾云集，又有米市街、清孝街、馆驿街与其相连，是聊城的重要街区。

（二）太平街

在运河商业区闸口以南，紧靠越河街。据《聊城县志》记载，这里曾有上百家商号的仓库，货品堆积如山，储存量很大。街北面就是越河，出后门就是水，运河船只运来的货物，直接在这里交卸。有歌谣提到"金太平，银双街，铁打的小东关"，可窥见太平街昔日的繁华，同时著名的武林会馆也建在此街。

（三）双街

位于古城的东南方向，山陕会馆后边。全长 300 多米。双街是聊城的历史名街，明清时期，街上货栈、仓库林立。每天人来车往，装卸、运输、储存货物。双街有会馆多处，北首有苏州会馆，偏南部则为山陕会馆。这里是山陕、苏等地商人聚居之地，当年十分繁华。

（四）小东关

位于东关越河圈东面偏北。运河畅通时，这里曾商家如织，店铺林立。街的东西两头筑有阁门，街四周圩墙坚固，有街夫日夜巡逻，警卫森严，因此用"铁打的"来形容。聊城著名三宝之一的玉皇皋就建在小东关东首偏南处。

（五）米市街

米市街是南北大街，南接羊使君街，北通东关大街，其连接运河大码头和城内主要道路，是货物集散的主要通道。运河畅通时这里也是进行米粮交易的重要场所，是聊城最繁华的街道之一。清朝早期的太汾公所就曾设在此街。

（六）清孝街

从聊城闸口顺运河向西北延伸，有一条约 0.5 公里的街衢，称为清孝街。据《聊城县志》卷八《人物志》记载："清孝街"是因明代岳阳县令傅尔恒为官清廉，侍母至孝而得名。明、清时期，阳谷县张秋镇木板年画盛行，其中一家"刘振升画店"迁到聊城东关清孝街。到清末，清孝街、铁塔寺一带已有"五福祥""源茂永"、"鲁兴聚"等 20 多家规模较大的画店。因为运河的便利，年画随之销往山西、河南、东北以及泰安、济南、潍县等地，清孝街成为木版年画的集散地之一。

（七）礼拜寺街

在东关街西首的北侧，大礼拜寺街和小礼拜寺街是两条回民集中居住的街道。大礼拜寺街南起东关街，北至水桥，长 150 米，宽 4 米。此街中段有坐西朝东的一座清真寺（即西寺，亦名礼拜寺）。清真寺建于明朝末年，距今 600 余年。小礼拜寺街位于礼拜寺街东，该街中建有一座规模较小的清真寺，该街长80 米，宽 4 米。经营回民日用品的商号，多集中在这里。

正是由于上述众多商业街区的存在，给数以千计的商号进驻聊城，提供了优越的环境和条件。

二 商号分类

明、清两代，因运河畅通，经济发达，带动了聊城商业经济的迅猛发展，其行业涉及面极广，如钱庄典当、油盐酱醋，棉布绸缎、衣饰鞋帽，皮货毛毡、粮食煤炭、刻版印刷、笔墨纸张，木板年画、酿酒酒肆、医药丹散、铁器营销、烟类收售等行业。特别耐人寻味的是，那时还有经营海产品的。上述所述商业行当，足以令人想象当年东昌府繁华昌盛的景象。下面就明、清时期东昌府比较有特点的几个行业分述如下：

（一）钱庄、典当行

钱庄，相当于现在的银行，是发展商业经济离不开的行业。典当行亦是为资金暂时困难的商号、厂家、业主提供资金的行业。聊城商号众多，必然会促进钱庄和典当行业的发展。在山陕会馆碑记中所记载的钱庄有德昌钱店、恒生钱店、日隆钱店、义元钱铺、天聚泉记、晋元钱店等，典当行业的商号有协合当铺、恩久当铺、延庆当铺、隆昌当铺、协裕典、吉盛典、义和典记等。其业务范围是商号贷款、银票兑换等。为各商家的资金筹备提供了保障，为商家的经济往来提供了方便，在促进聊城经济发展中，起到了不可替代的作用。

（二）棉布绸缎行

明朝时，棉花在聊城已大量种植，明朝廷每年向山东布政司所辖六府征收地亩棉绒2162万公斤，其中93%征自兖州、东昌、济南三府，三府之中又以东昌为最，所交纳的棉绒占全省总量的30%。此外，"江淮贾客"接踵而至，他们在东昌各地"列肆赉收"，将境内的棉花"方舟而鬻于南，又将南方所产的布，方舟而鬻于北"。由此可见，聊城当时不仅是山东最重要的产棉基地，而且也是最重要的转输港口。这些都为聊城棉布业的发展打下了坚实的物质基础。聊城棉布店为数不少，仅山陕会馆碑刻中记载山陕商号就有信成、景泰、丰泰、魁泰、文盛、双和成、重盛、天章、德合等布店以及永盛缎店、缀云锦绸缎等，足见当时棉布、绸缎交易之盛。

（三）衣饰鞋帽行

衣服鞋帽乃是人们日常生活的必需品，人人离不开，天天离不开。其用量大，销路广，成为商家竞相经营的热门行当。明、清两代，聊城的衣饰鞋帽等行就很发达。当时衣店有协盛、振亨、义茂、广丰、宝丰、恒庆、合生、和生、洪太等10多家，帽店有肆聚、肆美、义成等多家。

（四）皮货毛毡行

清代聊城的皮货店、毛毡店也很多，如大成皮货店、永兴皮货店、久成皮货店、日升皮货店、义顺皮货店、丽泽皮货店等都是山陕商人所开；荣兴毡店、永茂毡店、永隆毡店亦很有名。这些皮货店的原料，有的在当地收购皮子，加工制作，有的从西北地区运来皮毛进行加工毛织品，在满足当地需要的同时，又远销全国各地。特别是毛织品成为山东名产。

（五）粮食行

民以食为天，粮食是人们日常生活的必需品，也是酿造业、饭店、小吃店必不可少的原料。当时聊城经营粮食的商号有亿发粮行、张公泰粮食行、双盛粉记、日增粉店、世兴粉局等，还有专门经营粮食的米市街，这是保障聊城经济发展的基础条件。

（六）煤炭行

煤炭不仅是人们日常生活的必需品，同时，也是各类作坊、商店、厂家的必需品，又加上山西产煤，运河运输方便，因此，山陕商人来聊城经营煤炭者颇多。经营煤炭的商号有长发炭店、三合炭店、三益炭店、天成炭店、公顺炭店、太来炭店、永丰炭店、永昌炭店、性盛炭店、同兴炭店、统成炭行、泉兴公炭等近20多家。它们既满足了人们日常生活的需求，也满足了生产的需要，在推动聊城经济发展方面起了重要作用。

（七）刻版印刷业

境内的刻版印刷业始于明洪武初年，盛于清康熙、乾隆年间。当时比较有名气的有书业德、书业堂、书业公、书业成纪、永图书府、老图书府、善成堂、宝兴堂、有益堂、敬文堂、文英堂、聚锦堂、聚盛堂、聚和堂、万育堂、文奎堂、品文堂、福成堂等数十家等。其中书业德、善成堂、宝兴堂、有益堂，被誉为"聊城四大书庄"。"书业德"资本雄厚，书版达千余种，在印刷、纸张、装订等方面都十分考究，并在太原、祁县、忻县、介休、平遥及济南等地设有十多个分号或代销处，其书行销京津、张家口、绥远、晋、冀、鲁、豫、东北三省以及上海、南京、徐州、宿县等地。"善成堂"在北京开设"善成堂书店"，在济南、济宁、菏泽、张家口、包头等地设"善成堂分号"，规模也相当可观。"宝兴堂"多自版刻印和翻印，其书畅销北京、天津、包头、张家口、衡水、太原、济南、徐州、兖州等地。"有益堂"资金雄厚，生意兴隆，其书版计有500余种，数版10万块。明、清时期的刻版印书业不仅仅是聊城城区兴旺发达，还波及周围20多个城镇和乡村，如堂邑、莘县、阳谷、寿张等地，也都有刻版印刷作坊，这从另一方面反映了当时东昌府刻版印刷业的繁荣昌盛。

（八）笔墨纸张行

明、清两代，运河的畅通，带来了东昌府的超前发展和文化的空前繁荣，毛笔用量大增，聊城的制笔业应运而生。明朝中期，这里的制笔业已十分发达，境内有千余名制笔工人，清朝时期达到鼎盛时期。清朝晚期东昌府制笔业还相当发达，有大小作坊 30 余家。较大的有"余子尚"、"玉山堂"、"老文友"、"鲍乾元"、"严恒顺堂"、"魁文堂"、"文聚堂"、"德华堂"、"德法斋"、"老魁盛"等 10 余家，年产毛笔 300 万支，畅销全国各地。聊城所产毛笔具有外形美观、刚柔相济、富有弹性、吸墨性强、经久耐用之特点。书法纵横挥洒、挺拔有力、圆润流畅，具有精品毛笔所特有的尖、齐、圆、健四德，是书画之佳品；经营墨的有老翰墨林、张翰墨林等；经营纸张的有长裕纸店、和生红纸局、隆和红纸局、隆泰红纸局、三盛纸店、生生表笺局、协盛红纸局、中和红纸局等；它们为聊城文化事业的发展，起到了很大的促进作用。

（九）木版年画

元代运河畅通之后，木版年画就由山西艺人首先传到今阳谷县张秋镇。后来有些画店迁到聊城。经过明清两代的发展，形成了别具特色的"东昌木版年画"。木版年画店多集中在清孝街，在这 500 多米长的街道两侧，分布着数十家画店。到清朝中晚期，最有名的木版年画作坊有"源茂永"、"鲁兴聚"、"刘振生"三家。均为山西人开设。当时"源茂永"年画店有 25 盘案子，一年印年画用纸达 1440 多令；"鲁兴聚"年画店有门头五间，技工、查、发货人员达 80 余人，一年印画用纸 1400 多令，每年印年画数十万张；"刘振生"年画店迁来聊城后，不仅他自己的年画店发展起来，而且还带动了聊城木版年画的发展。他的年画店，印画案子多，印制质量高，他从不零售，只管坐庄批发。生意非常兴隆。远销至东北三省、河北、河南及江南各省。

（十）医药丹散行

药材为治病救人、保障人们身体健康的社会必需品，人口越是集中、流通量越大的地方，对医药的需求必然就大。药材经营必会形成鼎盛的气象。当年，山陕字号的怀德、益寿是清代中叶的典型中药店铺。其经营方式是诚信为本，以义制利，制定有严格的行规铺规，以稳扎稳打、严肃认真的作风，成为东昌府商人之典范。赫赫有名的"十八大堂"，每家皆有百多人员，并在临清、大名、济南、济宁等地设有分店，生意兴隆，财源亨通，在当时颇有影响。再如合顺丹记、九如丹店、天裕丹记等山陕商人所开药店均较有名。到民国二十五年，东昌城内有史可查的中药店铺，还有太和堂、太元堂、福寿堂、三生堂、文和堂、怀德堂、益寿堂、济春堂、保和堂、仁和堂、同德堂、同育堂、宏德堂、怀仁堂、怀生堂、庆合堂、永生堂、吉升恒、生生丹店、合顺丹店、晋魁丹店等二十余家药店。这些药店为预防疾病、保障聊城人民的身体健康起了很大作用。

（十一）铁器营销行

铁器行业不仅是满足人们生活必需品的行业，而且还是提供生产资料的重要行业。不仅沿运城市临清、聊城、张秋等铁业发达，就是其他离运河稍远的县城或乡镇也都设有铁器行，主要生产经营生产资料类的铁犁铧、铁锄、铁镢、铁镰以及生活必需品的铁锅、铁勺、铁铲等。当时铁器的重要来源是山、陕两省。所以经营铁业者也多为山陕商人。聊城山陕会馆内碑记中，就曾记有广益铁、丽泽铁货铺、日增铁货店、文兴铁、悦来铁货店、益兴铁货店、同兴钉店、荣兴钉店、恒盛钉店等铁器行，可见当时铁业之繁荣。

（十二）油盐酱醋行

据史志记载，清代山西盐商在馆陶、茌平、阳谷等县都占据着垄断地位，足见盐商在我市分布之广。特别是今阳谷县阿城镇，明清两代是大盐商的聚居地。聊城城区内分布的主要是卖盐的小商号。山陕会馆碑记载有三益醋铺、兴隆油店、兴泰油店、隆泰油店、公益盐店等，满足了人们日常生活的需要。

（十三）海味经销行

特别耐人寻味，那时还有经营海产品的，如隆盛海味店、瑞宁新海味、永裕海味店、庆义海味店、亨利海味店、顺昌海味店、恒盛海味店、晋升海味店、晋盛海味店等。山陕商人本出于内地，离海洋较远，他们照样经营海产品，足见山西商人商业头脑之灵敏。

（十四）烟类收售行

经营烟业的有两种类型。一种是坐地收购当地产的烟叶，通过运河装船运往南方。在原太平街一带，就有存放烟叶的大型仓库多处。另一种是将其他地方所产的烟丝、烟末、卷烟等运来聊城，设店批发或零售。明清两代，在聊城古城区及沿运河商业区，设有不少烟店，如三盛烟、义兴烟店、广和烟店、广裕烟店、元兴烟店、永盛烟店、玉兴烟店、正顺烟店、庆和烟店、裴永盛烟店、肆美烟铺、协兴烟店等。烟是高税收商品，它对促使聊城经济发展起了很大作用。

（十五）茶行与茶楼

饮茶的习俗，在中国有着悠久的历史，茶的种植面积很广，中部、西南部、东南部，大都适合茶树的生长，因而饮茶习俗也遍布大江南北。北方饮茶习俗，是由南方传过来的，特别是元代京杭运河开通之后，北方的沿运城镇饮茶之风更盛。聊城因是运河重镇，饮茶之风几乎遍及城镇乡村。经营茶叶的有信义茶庄、张世茶庄、同春茶庄、轩盛茶庄等；明、清时期，境内茶馆很多。民国时期尚存的有"同盛居"茶馆，掌柜是郑锡铭。其所用茶叶是从名茶庄购进的优质茶，水也是亲自去西关甜水井拉来的。因茶好，水好，人实在热诚，生意兴隆，客人满座。其院内有客厅两间，四五张桌子，烧水火炉可同时烧一百多把壶，是附近居民、商户乃至文人官吏首选的喝茶的地方。楼西大街上有孟家茶楼、董家茶馆，皆用西关甜井水泡茶，成为周围人们休闲小憩的好去处。楼北大街不仅有卖茶叶的"福兴茶庄"，也有郑家、王家、黄家茶馆。北顺城街上有王家茶馆。闸口以东菜市街上的"彩香居"茶馆更为出名，其有三大间门面，位于街中段路南，顾客多为临近街上的商户或街坊。商户每逢有生意邀谈，都来此沏上一壶上等茶，以示对客户的尊重。春秋闲暇之时，街坊或商户也常来这里喝茶闲聊。茶馆里常有识字的先生讲"三国"、"西游"、"七侠五义"、"济公传"等。茶馆主人不仅卖茶，而且还兼卖香烟，以及花生、糕点等茶点。后来"彩香居"易主张林祥，更名"德香居"。该茶馆虽更名，因其主本着以诚待客，一直坚持亲取南井之甜水冲茶，所以茶馆生意一直兴隆不衰。街西首还有一"朱家茶馆"，其特点是后院有一片茂盛的树林，浓荫蔽日，在骄阳似火的夏天，这里便成了酷暑难耐的人们的好去处。这里凉爽宜人，浓荫下可以喝茶下棋，谈古论今，成为人们避暑的好地方。茶馆主人也是不怕路远，坚持取南井之甜水冲茶。还有一家于字茶馆，也用南井甜水。这几家茶馆还有一共同特点，就是客人可以自备茶叶，来此喝茶。

概观聊城域内茶馆，大都是卖水卖茶兼而有之。要茶馆的茶可以，自带茶叶可以，只喝白水也可以，但所用茶具则有区别。凡喝茶者，所用茶壶茶碗大都是细瓷，而喝白水者，大都是粗瓷大碗，少用茶壶。饮茶习俗在聊城延续了几百年。

（十六）酿酒与酒肆

明朝廷开放酒禁以后，运河沿岸制酒业迅速发展起来。沿运河各州县，分布着许多酿酒作坊，称作"烧锅"、"酒房"。聊城的东盛酒铺、大兴曲铺、大增曲店、信义醇记等，在当时都小有名气。特别聊城古城内的永泰昌，不仅经营酱菜，而且还有专门的烧酒作坊自产自销白酒。日益兴盛的酿酒业使得酿造技艺愈来愈高超，烧制出许多名牌酒品。进而促进了饭馆、酒肆的发展。

饮酒习俗在聊城域内有悠久的历史。无酒不成席的习惯一直延续、传承着。婚丧嫁娶，朋友相聚，洽谈生意，求人办事，大都离不开酒。聊城人饮酒盛行，很多饭馆也都经办酒宴，如古城内楼东大街的"三庆元"、楼南大街的"金华园"、"文顺园"、"凤翥楼"、"三德园"等饭馆，饭庄都能烹制上等菜肴、承办高档酒宴。小酒馆几乎遍布城内，小酒馆卖的酒，大都是当地自产白酒。人们高兴了就要喝上两盅。民间有"喜酒、闷茶、肮脏烟"之说。小酒馆的酒肴比较简单，花生米、豆腐皮、自制小凉菜都是饮酒人常用的，很少有炒菜。老人喝盅酒为舒筋活血；朋友相聚喝杯酒，是为了叙叙旧情，回味历史；找人办事喝酒，是为了以酒为润滑剂，拉近双方关系；心烦了喝盅酒是为了借酒浇愁，减少点心理压力；婚嫁喝酒当然是一种盛大的庆典活动。各种饮酒的场合，都有充足的理由，并且为群众所认可。因此饮酒之风不衰，供人们饮酒的酒馆也长盛不衰。

山陕会馆碑记中记载的商业行当，除上述之外，还有珠宝玉器行、西货铺、客栈等，但数量不多，略而不述了。

三　晋商的经营理念

晋商是伴随着运河的开通而来到聊城的。元代运河开通之后，就有晋商来到这里，历经明清两代，晋商来聊者逐年增加，到清朝顺治、康熙年间，达到高峰。据《旧米市街太汾公所碑记》载："聊摄为漕运通衢，南来客舶络绎不绝，以故吾乡商贩云集焉，而太汾两府者尤夥。自国初至康熙间，来者踵相接，侨寓旅舍几不能容，有老成解事者，议立公所，谋之于众曰：'善'。捐厘醵金，购旧家宅一区，因其址而葺修之，号曰：'太汾公所'。"足见当时山陕两省来聊之众。这些商人来聊之后大都经营有方，历百年而不衰。为当时聊城经济发展，文化繁荣做出了不可磨灭的贡献。晋商何以能够代代相传，常年经营而不衰呢？这是与他们的经营理念所分不开的。晋商始终把儒家思想的诚、信、忠、义、履中、蹈和作为经商的指导思想。他们深信，坚持"诚信为本、以义制利"，就会成功。山陕会馆正门上的楹联"本是豪杰作为，只此心无愧圣贤，洵足配东国夫子；何必仙佛功德，惟其气充塞天地，早已成西方至人"，正是这一经营理念的真实写照。商人们想要成功，用不着修仙念佛，求其保佑，只要能遵照儒家所提倡的诚、信、忠、义、仁、等思想来指导自己的经营活动就能成功。这副对联把儒学的创始人"东国夫子"——孔子和儒家思想的最好实践者"西方至人"——关羽都集中在这正门上，就足以表达了晋商对儒家思想的高度信仰和崇拜。

山陕会馆正门折壁上还有一副对联，是"精忠贯日　大义参天"。这副对联主要是在宣扬儒家思想的"忠"和"义"。"忠"是儒家的伦理思想，是孔子最先提倡的，《论语·里仁》"曾子曰：'夫子之道忠恕而已矣'"朱熹解释说："尽已谓忠"，就是要求人们要积极为他人着想。《论语·学而》说："为人谋而不忠乎"，就是说为别人办事是不是忠心耿耿，尽职尽力了。《论语·雍也》又说："已欲立而立人，已欲达而达人"，就是要求要尽心尽力地为他人做事，后来发展为忠君、忠主的伦理道德。这是教育商人，在经营过程中，也要考虑顾客的利益。要像"臣忠于君"、"仆忠于主"那样，把客户视为上帝，视为衣食父母，让顾客认为你这个商家忠厚可靠，不唯利是图，购买你的东西的人就多了，生意也就做活了。如果一味地坑、诓、拐、骗、以奸商的行为和手段来经商，就会失去信誉，失去人心，不能长久。"大义参天"突出了一个"义"字，"义"也是儒家思想的伦理道德用语，指思想行为符合一定准则。《礼记·中庸》曰："义者，宜也"。《孟子·离娄上》说："义，人之正路也"。朱熹说："义，天理之所宜"。用我们现在的话说，可有两种意思，一是从小处理解为情谊、恩谊，人要有情有义，不能忘恩负义。二是从大处讲，是"正义"，指为人处世的思想行为要符合一定的标准，这个标准就是"正义"，这"义"即是"人之正路，是天理之所宜"。经商者不能见利忘义，不能取不义之财，要"君子爱财，取之以道"，这个道就是要符合儒家思想的要求——"义"。否则，就是脱离了正路，天理不容。晋商能把这两条以醒目的大字刻在大门两侧，足见晋商用心之良苦。

在山陕会馆大殿正门上的一副对联是："伟烈壮古今，浩气丹心，汉代一时真君子；至诚参天地，英文雄武，晋国千秋大丈夫。"这副对联明显地是在借歌颂关羽的"诚"，来教育商人，要以诚经商。诚，原来指诚实无欺或纯真无妄，儒家则以指自然界和社会的最高道德范畴。《礼记·中庸》曰："诚者，天之道也；诚之者，人之道也。诚者不勉而中，不思而得，从容中道，圣人也。"宋代大儒周敦颐则在他的《通书》中说："诚者，圣人之本。大哉乾元，万物滋生，诚之源也。"晋商把"至诚"用在这里，首先是在歌颂关羽的人格已经达到了儒家思想所提倡的"最高道德规范"，另一方面也是在教育商人要知道"诚"为万物资生之源，商人经商想要赚的钱，即商业利润，也离不开"诚"这"万物资生之源"，因此经商也就不能脱离"诚"的要求。这样，我们也就明白了晋商为什么提出"诚信为本"的深奥用意了。

山陕会馆山门之两侧门上分别嵌有"履中、蹈和"两块匾额。这也是晋商经商的信条。"履中"、"蹈和"被晋商奉为经商的信条，是有重要原因的。"中"与"和"，出自四书中的《中庸》。书载："喜怒哀乐之未发，谓之中，发之皆中节，谓之和。中也者天下之大本也，和也者天下之达道也。"朱熹对"大本"的解释是："大"是无所不统，无所不包之意；"本"是根源，根本。"达道"中的"达"是无所不通，无所不至；"道"是指人所共由之路。进而又说："致中和，天地位焉，万物育焉！"这"天地位焉"是指天地各安其位，三光明亮，五气顺畅，川岳咸宁，一片太平祥和景象。这"万物育焉"是说万物可顺其自然地繁衍生长。可见"中"、"和"在整个社会发展中乃至自然界中的巨大作用。既然，"中"、"和"是无所不统、无所不通的人所共由之路，那么经商者也不例外，必须要"履中"、"蹈和"。不过在这里，晋商也赋予了它新的内容。这"履中"是教育商人要行为中正，不能偏激，否则便很难抓住商机；"蹈和"是教育商人处事要以和为贵，只有和气，才能生财。这里的"和"字，不仅有主动和气之意，而且还有善于调和矛盾，把即将对立起来的双方，调和为对我有利的局面。这"万物育焉"也包括商人所追求的财。晋商在常年的经营活动中，对"中"、"和"之商业经营中的巨大作用，深有体会。他们能把"履中"、"蹈和"作为自己的经商信条，是在情理之中的。

　　晋商的经营理念，是他们成功的法宝。同时也为其他商人做出了榜样。目前，为什么有些经商者，开始红红火火，不长时间就倒闭垮台，销声匿迹了，主要是他们不懂经营之道，想一口吃个胖子，想投机取巧，发不义之财。在他们那里只有坑、蒙、拐、骗，无诚信而言。人们当然不会买他们的账。因此，敬告今后经商者，在你准备经商之时，最好去山陕会馆，熟读一下这些对联，拜一拜关羽他老人家。只要你坚持"诚信为本，以义制利"的经营理念，就一定会成功。

自贡盐运与王爷庙

黄 健[*]

摘 要： 四川为我国著名的井盐产地，至清代时已有射洪蓬溪、阆中南部、嘉犍、富荣和云安五大盐场。富荣（自贡）之盐从汉代开始生产，至清代咸丰、同治年间达到鼎盛。本文对自贡盐运历史及交通路线进行了系统梳理，进而阐释了由于自贡盐运业依托水路营运艰难，盐商选择信仰"王爷"的心理诉求，并分析了自贡王爷庙修建的历程和建筑特点等。

关键词： 自贡 盐运 王爷庙

在釜溪河流经自贡市沙湾河段的转弯处，即民间所谓的"夹子口"的地方，矗立着一座雅丽工巧的古建筑——王爷庙。它背靠龙凤山俯临釜溪河，远远望去，宛如龙凤山的龙头在吞吐江中流水一般，蔚为壮观。王爷庙建筑小巧玲珑，雕刻细腻精巧；期间迴廊曲径，飞檐比翼，崇楼丽阁，精美异常。它的兴建、演进都无不同自流井盐业发展有着密切联系，它既是当时盐场繁荣的产物，又是本地盐商同外地盐商竞争的见证，它对研究清末自贡地区的社会生活，艺术文化都有重要意义。从建筑上看，它布局独特，结构紧凑，装饰华丽，是川中寺庙建筑的又一杰作。

一

"搬不完的牛佛渡，填不满的自流井"。这是过去流传在自贡盐场的一句顺口溜，它真实地反映了自贡盐场物资交流的真实情况。白花花的食盐从这里成载运出，同时，生产食盐所需的生产资料和维护这座城市的生活物资也大量的

---

* 黄健，自贡市盐业历史博物馆副研究馆员。

输入，形成了这种大进大出的物资交流方式。

四川为我国著名的井盐产地，至清代时已有射洪蓬溪、阆中南部、嘉犍、富荣和云安五大盐场。富荣（自贡）之盐从汉代开始生产，至清代咸丰、同治年间达到鼎盛。有井（包括盐井和火井）四五千眼（口），年产食盐接近 30 万吨，占额全川一半以上，一跃而为全川盐业生产中心，号称"盐都"。

自贡盐业千年的产销历史促成了"古盐道"的形成，它是中国西南最为重要的商贸通道之一，与南方丝绸之路、茶马古道相比毫不逊色。富荣盐场，既是水路盐道东行的起点（计岸），又是陆路盐道西往的起点（边岸），是古西南盐道的发端和枢纽。自清康熙三十六年（1697）开始疏浚河道、修建堰闸以来，自贡地区逐渐形成了盐运水道，成为自贡盐以船载运往川、滇、黔、湘、鄂的水运航道。这条以梯级堰闸和码头组成的内河航道，比著名的巴拿马运河早建了两百多年。这在我国内河航道、航运史上，留下了辉煌的篇章。

自清咸同年间以降，直至民国，自贡盐场每年有 300 多万担盐斤从这条航道运出，供给全国 1/10 的人口食用。此段河道用于载盐的橹船，常年保持在 3000 只左右，这种橹船，前弦左高右低，后弦左低右高，被当地老百姓称为"歪脑壳船"，这种船极易转弯，适合于在水浅、弯多的河道中行驶。橹船也被称为中国乃至世界内河航运史上的重大发明。

自贡盐运史上有九条黄金线：

自贡井盐入黔主要通过四个口岸：（叙）永岸、仁（怀）岸、綦（江）岸、涪（陵）岸。

（叙）永岸：由自贡张家沱出发，经釜溪河入沱江，进泸州，然后到纳溪上岸，转陆运到叙永，最后到贵州毕节。叙永的春秋祠就是陕西盐商在这里经营盐运的佐证，春秋祠位于四川省历史文化名城泸州叙永县城中心的"陕西街"上，也叫盐道街，之所以叫"陕西街"主要就是因为这条街上多为陕西商人。始建于清光绪二十六年（1900）的陕西会馆。由陕西、山西盐商集巨资，拆除原关帝庙而重建，为秦晋公所，又名山陕会馆。主要供奉关羽，因关羽喜读《春秋左氏传》故名春秋祠。现为国家级重点文物保护单位。

仁（怀）岸：由自贡张家沱出发，经釜溪河仙市入沱江，到宜宾、泸州，在泸州的合江转运，然后经赤水一路南下，到达赤水市，再经习水、二郎滩，最后到达仁怀县的茅台村。

綦（江）岸：由自贡张家沱出发，经釜溪河仙市进入泸州，然后到江津、重庆，转而南下，到达綦江，最终转运贵州桐梓。

涪（陵）岸：由自贡张家沱出发，经釜溪河仙市入沱江，然后到泸州、重庆，在涪陵转口岸，入乌江，经乌江再入贵州境内。

龚滩是乌江上的食盐集散地，昔日盐号较多。清光绪年间，陕西帮商人张朋九到龚滩开设盐号，修建"西秦会馆"。原先馆舍为四合高墙大院，大门临街西开，内设正殿、偏殿、耳房、戏楼，雕梁画栋。戏楼精巧别致，勾心斗角，檐牙高啄。庭院均用石板铺就，这是除自贡"西秦会馆"后的又一座西秦会馆，也是陕西盐商运用盐业的又一力证。

自贡井盐入鄂两条古盐道主线：自贡进入湖北有南北两条主线，南线主要顺长江水路，北线则走陆路。

南线：从自贡釜溪河仙市入沱江，在泸州进入长江，然后沿长江一路东行，到达湖北宜昌，最远到达沙市。

北线：从自贡出发，一路北上，经内江、简阳，然后到三台、巴中，一直进入陕西境内，经安康，然后自西北方向进入湖北，到达永阳。

自贡井盐入湘两条古盐道主线：

南线：借道入黔的仁岸这条路线，到达仁岸后，经遵义，过思南、铜仁，到达湖南著名的古镇凤凰。

北线：借道入黔的綦岸这条路线，一路南下，经仁怀、遵义、贵阳、凯里，一路进入湖南境内。

另一路则选择长江南岸的支流，重新溯流而上。历险滩、跨峻岭，为无盐之地贵州，运去"天下第一味"的食盐。

自贡井盐入滇主线：自贡南溪宜宾翠屏云南盐津，在盐津形成自贡井盐集散地和分流支道，再运往云南各地，盐津的地名也由此而生。

根据考证，明清时期的古盐道"井—叙"古道（公井—叙府，今宜宾）因河道阻隔，起步较晚。

这条路出公井镇经苟氏坡、白林坳，到舒家坳（舒平）、双石铺（仲权）、漆树、白马、白花、永兴场、打铁坳、宗场、鸯黄楼后，渡船到叙府（宜宾）。到宜宾后，此路与石门古道相接，与云南高县、摘连古道相衔，进滇黔，到达苗族布依族少数民族地区。

　　"五尺道"始见记载于《史记·西南夷列传》，是秦始皇二十六年（前221）统一中国后，为加强中原王朝对南中地区的统治，制定了"通道置吏"的策略，而命常頞主持修建的由四川盆地通向云、贵高原的重要道路。

　　"五尺道"修建两千多年来，以其为基础历经了发展、演变。唐宋时期，逐渐成为四川与云贵两省茶马互市、转运的主要通道。到了明清，"五尺道"扩建为"叙昆驿道"，又成了"盐道"。

　　顺长江而下运盐济楚的口岸称"楚岸"，沿永宁河、赤水河、乌江和綦江向南入黔的盐岸称"边岸"。楚岸顺流而下，相对轻松。而边岸除了水路溯流而上滩多艰险外，更有登岸后人背马驮翻越崇山峻岭的艰辛。"所以，入黔盐道完全是川黔一带的背夫们用生命和汗水踏出来的道路"。

　　"一出南津关，两眼泪不干，要想回四川，难上难"。这段号子词，便是他们生活的真实写照。

　　在这些"盐道"上经营运输的主要是"山陕商人"。

　　在水路运输唱主角的时代，富荣盐厂出产的川盐，沿釜溪河入沱江，装上炭花船，运到长沱两江交汇处的泸州，驳转到泸州的中圆棒大盐船上，顺流东运宜昌，进入楚地，叫做"打广"。

　　从以上的出川盐通道走向与运输形式看主要还是"水陆结合，以水为主"。水运因为运量大，成本低而有着不可替代的优势，这也是自贡能够借助盐运的优势逐渐成为"盐都"的重要原因。但是，水运也有它明显的劣势，因为盐是一种特殊商品，它遇水即化，非常不易运输和保存，况且这盐运水道一路山险水恶劣，滩多浪大。运商们为了盐的安全运输可谓想尽办法，绞尽脑汁，甚至将盐船的安全，寄托于神灵的庇护上。

二

　　"信则真，诚则灵"，过去的人们由于知识和技术的欠缺，在艰辛的劳作和艰难的经营中，常常遇到一些人力难以克服的困难和挫折，时时感到难以掌握自己的命运于是便归因于神的主宰，祈求神的庇护，其实在自贡地区的高硐发现的《王爷会碑记》中对修庙的缘由已有所说明："王爷者，镇江王爷也，能镇江中之水，使水不汹涌，而人民得以安靖，以故敕封为神灵，享祀于人间。

凡系水道之地，在在皆有庙宇焉。"因供奉镇江王爷，故名王爷庙，当时除自贡沙湾王爷庙外，另在高硐、艾叶、邓关等地也建有王爷庙。主要还是为了祈求镇江王爷的庇佑盐船等船只一路平安。所以每逢六月初六镇江王爷生辰之日都要举行盛大的祭典和筵宴，晚上还要在戏台上唱戏，成为地方会节中非常有影响的王爷会。

关于自贡王爷庙的修建，伴随着它还有许多美丽的故事与传说。有人说王爷庙下的"夹子口"有洞可通东海，按阴阳五行之说"金生于水，水去金失"，如不在此修庙，锁住水口，则自贡这个"银窝窝"的财富将付之东流。所以在修庙处锁住水口，以免财源外溢。还有传说认为，在当时盐业生产中，陕人挟其雄厚资金，后来居上，并集资修建了富丽堂皇的西秦会馆，这使得本地的盐商耿耿于怀，即斥资修建王爷庙，并在高度和地势上都压过西秦会馆，以图破其风水。

传说总归传说，王爷庙的修建经历了几起几落，反反复复的过程。王爷庙最初是一处小庙，清咸丰年间修起了正殿，清光绪年间在自流井上五垱垱首王达之、李斐成的主持下斥巨资对其进行了较大规模的修复和扩建。扩建工作十分宏大，它是在江边的"石龙过江"（岩层断裂带）的地方用条石垒起高高的堤岸，并在上面修起了一座富丽堂皇的戏台及回廊，与原来的正殿有机地融为一体。因为工程不是在一般的地形上进行，因此工艺技术要求非常高，特地从三多寨请来了精通绳墨的和尚普舆（俗名陈葆初）担当监修，经过建设者们的辛勤努力，整个修复工程于光绪三十二年（1906）年四月竣工。由于其靠岸临河，使得安全成了人们关注的焦点。为此，建设者们匠心独运，他们在戏楼底层立柱约一人高处钻了一个纵横交叉，铜钱大小的孔，平常时候，这些立柱上的孔不论从纵向还是横向都能一眼看穿，如看不通时，则说明建设物的地基平衡出现了问题，才好采取针对性措施加以解决，真是一个绝妙的水平仪，难怪百姓称它为"鲁班孔"。

经过建设者们煞费苦心的安排，王爷庙给人不同凡响的印象，远远望去，龙凤山如苍龙伏地，而王爷庙恰恰起到了龙首的作用，每当旭日东升和夕阳西下时，其倒影横锁河面，也印证了所谓"锁江封财"的传说。尽管王爷庙的正殿和部分迴廊已经在修井邓公路时拆毁，但我们从现存的戏楼和部分迴廊中仍能依稀感受到它昨日的辉煌与风采。王爷庙戏楼为抬梁式木结构，单檐歇山式屋顶，整个建筑遍布精美的木雕、石刻，其内容多为"福、禄、寿"等喜庆场面，如一些"千家诗"的小品，雕刻精细，彩绘艳丽，真可谓集雕梁画栋于一身。这些雕刻都采用严格对称的方法布置，做到了规而不拘，多而不乱；疏密得体，错落有致，显露出强烈的装饰意味。作为四川现存不多的川剧舞台，它对研究清代的川剧乃至社会习俗，风土人情均有宝贵的史料价值。

经过岁月的磨砺和风雨的冲刷，王爷庙仍傲然屹立，1985 年被市政府公布为市级文保单位，1988 年又被公布为省级文保单位。王爷庙真正得以焕发青春是在改革开放以后，1984 年人民政府斥巨资对它进行较大规模的维修，修复后的王爷庙，殿宇重辉、环境优雅并增加了服务设施，使得这里成为闹市中的人们寻幽览胜的好去处，我国著名电视主持人赵忠祥一行人曾慕名前来此地拍摄影片，并为王爷庙留下了"川南第一茶楼"的美誉。

参考文献

［1］赵奎《川盐古道：文化视野中的聚落与建筑》，东南大学出版社 2008 年。
［2］宋良曦《盐史论集》，四川人民出版社 2009 年。

广东兴宁潮州（两海）会馆的
历史文化和对会馆文化的传承

林汉忠*

摘　要：文章对广东兴宁潮州会馆（两海）会馆的历史文化和发展脉络进行了初步梳理，简要介绍了广东两海会馆对会馆文化的传承性标志活动——中国会馆保护与发展（汕头）论坛暨第二届中国会馆联谊会。

关键词：广东兴宁潮州会馆　历史文化　传承

广东兴宁潮州会馆原称"两海会馆"，坐落于兴宁市中心神光路，水陆交通方便、潮人密集地区兴城镇西河桥背的宁江河畔，占地面积约 2000 平方米。两海会馆创建于清嘉庆十一年（1806），由发达的潮商自发号召在兴宁的潮州八邑（潮汕八县市）人士，慷慨捐资兴建而成。当时在兴宁做生意的潮汕人多为潮安县（时称海阳）、汕头澄海县人士，故取名为"两海会馆"。由于出入两海会馆的都是操潮汕口音的商人，当地群众习惯称之为"潮州会馆"。该会馆的存在，是潮汕商人在兴宁经商历史的最好见证。

明清时期至新中国成立后，兴宁宁江是通往韩江水路运输枢纽，江西、兴宁、梅州一带货物，大多集中在这里由韩江水路转运潮汕和南洋各地，潮州府属各县商家纷纷在此设点经营，历史上曾有"潮州帮"之称。因为长期在兴宁经商，且业绩显著，民国九年（1920）由潮安、澄海两县商绅捐资重建会馆时，就由众商推举商家"晋山林"等首倡，并得到了在兴宁潮籍商号以及家乡父老乡亲的支持，将"两海会馆"扩展为"潮州会馆"。

潮州会馆坐西向东，从正门进入，庭院向纵深排列，正堂左右翼以回廊形成对称式四合院布局。当时，建筑会馆的潮州商绅为了突出潮州特色，不惜花

---

* 林汉忠，广东两海会馆副馆长。

费巨资从潮州运来建筑工人和建筑材料，会馆内的装饰上，综合运用了墙画、木雕、石雕。以故事作墙壁、跳水、柱梁、斗拱、托檐等的装饰，举凡龙凤、麒麟、虫、鱼、花、鸟、人物等，均是精雕细刻，栩栩如生，极富古色古香；内墙绘有潮州古八景和汕头埠图案，配以书法诗文，使整个建筑物的装饰显得更加堂皇华丽，山面建制为硬山顶的潮州风格。

兴宁市潮州会馆还是爱国主义传统教育基地。80 多年前，前国民革命军东征军政治部主任周恩来曾经驻扎"两海会馆"，左侧的花巷房间有周恩来居住过的房间和警卫室。1925 年，周恩来曾在此接见兴宁农民运动的领导人。1927 年，这里还是兴宁农民协会会址，杰出的农运革命领袖彭湃亲临兴宁指导革命运动时，就在潮州会馆召开会议。当年潮州会馆门前飘扬着鲜红的犁头旗，大堂悬挂着马克思、恩格斯、列宁的画像，一批批革命青年在这里宣誓入党，奔向革命斗争的道路。因此，该馆早就被梅州市政府列为第一批重点文物保护单位和爱国主义教育基地。

民国时期潮州会馆（两海会馆）为传承潮州文化，当地潮人在会馆办起潮光小学（当时为兴宁第四小学），培育出原广东省委书记林若同志等很多有用人才。"文革"期间，会馆历遭劫难，一批珍贵历史文物资料毁于一旦；而馆舍年久失修，墙残壁颓，亟待维修。鉴于历史与现实状况，1996 年在纪念会馆建立 190 周年时，潮州八邑同乡会的潮汕代表进行了一次聚会，踊跃捐资，在会长林桂琳组织下对会馆实施维修。修复后，两海会馆被核定为广东省重点文物保护单位并对外开放。

为弘扬先贤革命精神，发展会馆文化，自从 20 个世纪 80 年代以来，"两海会馆"暨"潮州八邑海内外同乡会"成为粤东爱国主义教育基地，潮梅汕诸地人民在两海会馆举行多次纪念活动，以传承革命前辈优良传统。2003 年以后，在潮州市和汕头市（林百欣）国际会展中心，以纪念周恩来同志当年率东征军扎驻"潮州八邑海内外同乡会"和"两海会馆"的革命精神及弘扬潮汕会馆文化为内容，多次举行庆典活动。两海会馆成为潮人敦睦乡情、增强联系、共谋发展的交流场所，也是潮籍亲人与客家人民发展经济的平台。已故的林桂琳会长为保护和修缮两海会馆付出了辛勤的劳动。同时，为传承潮汕会馆文化、弘扬先贤德操，将潮州八邑海内外同乡和两海会馆的多次联谊会活动安排在汕头林百欣会展中心、（星河大厦）国际会展中心隆重举行，受到当地市政府的大力支持和重视，极大地推动了会馆文化的弘扬。

为了保护"潮""客"友谊的这一重要"历史物证"，经会馆工作人员的多方努力，广东省政府及兴宁市政府在 2010 年初启动了两海会馆的修缮工程，投入 300 多万元，按照"修旧如旧"的原则，对其进行了精心修复。一座蕴含着"潮""客"两地共同"情感记忆"的精美建筑再次惊艳般呈现在世人面前。一座具有潮汕建筑风格、秀丽玲珑的"两海会馆"耸立在西河背河滩上，见证当年商贸往来的"繁荣盛市"，这就是兴宁潮汕人心目中的"圣殿"——有浓郁潮汕建筑风格的两海会馆。

广东两海会馆对会馆文化的传承性标志活动，是在 2009 年 4 月举办了中国会馆保护与发展（汕头）论坛暨第二届中国会馆联谊会。汕头论坛由汕头市人民政府主办，两海会馆承办，重庆历史文化名城专委会和重庆湖广会馆协办。出席本次论坛的嘉宾有汕头市总工会副主席王敬允先生、原兴宁市人大常委会副主任卢焕平先生和中国会馆保护与发展论坛负责人等。重庆历史文化名城专委会主任委员何智亚教授、厦门大学历史文化学院王日根教授、四川客家研究中心副主任孙晓芬编审等在论坛发言。来自上海、北京、天津、重庆、四川、山西、宁波、聊城以及广东潮汕四市等省市会馆代表近百人参会。

这次论坛召开了主题为"会馆保护、发展及会馆文化在海外的传播与构建和谐社会"的座谈会。各位专家就会馆的起源、发展以及在当前构建和谐社会中的作用和文化传承在会上作了精彩论述，建议各地会馆应大力争取政府支持，立足自主经营，加强文化创新，通过文化研究、旅游发展、社会公益活动等方式来支撑会馆的可持续发展。汕头论坛的意义还在于为会馆文化的传承从组织结构上进行了探索。针对北京湖广会馆、天津广东会馆、自贡西秦会馆、宁波庆安会馆等代表在座谈中交流的会馆现状和发展战略，汕头论坛讨论通过了中国会馆保护与发展论坛组委会组成名单与工作职责，确定了 2010 年论坛的主办单位和地点。何智亚先生当选中国会馆保护与发展论坛组委会主任委员，张德安先生当选论坛组委副主任委员兼秘书长，京、津、沪、渝等省市会馆负责人担任论坛副主任委员。这为国内各会馆继续开展会馆文化传承活动，奠立了有益而可行的组织基础。

中国会馆保护与发展论坛暨中国会馆联谊会是由重庆湖广会馆牵头倡议，

协调组织全国各大会馆共同发起的会馆交流平台，每年举行一次。首届论坛和联谊会 2008 年 4 月在重庆湖广会馆召开。广东两海会馆在经济状况并不好的情况下，毅然承办 2009 年第二届论坛会议，完全起到了承上启下的作用，为会馆文化的传承和弘扬作出了应有的贡献。

"上海三山会馆的保护与利用"续

王树明 *

摘　要：本文陈述了上海三山会馆自开馆以来面临的困境，清晰梳理了该馆改革、发展的具体做法和所获成果，对会馆发展的光明未来许以积极展望。

关键词：上海三山会馆　保护　利用

在上海历史上曾拥有的众多会馆中，三山会馆是幸运的，它不但幸免于战乱，20世纪80年代还得以完整保护与修缮，之后又遇上百年不遇的上海世博会，尤其是上海会馆史陈列馆工程建设，赋予了会馆新的生命与活力。

文物的价值在于利用。近年来，在文化大发展、大繁荣形势推动下，三山会馆党支部遵循"保护为主、抢救第一、合理利用、加强管理"的文物工作方针，始终坚持开放式、公益性办馆办展方向，在改革中求生存、谋发展。经全馆职工十多年坚持不懈的努力，"十一五"期间三山会馆顺利完成了"整体规划建设、内部功能定位和管理体制改革创新"三大目标任务，成为黄浦文化发展的新名片新亮点。"十二五"以来，三山会馆的各项工作又上新台阶。

一　以改革促发展，打造都市文化新名片

博物馆、纪念馆是城市文明的标志。三山会馆上海会馆史陈列馆，集沪上会馆公所历史研究、收藏、展示为一体，这在国内还属首创。展览以一部会馆的历史，见证了上海国际大都市的崛起。上海会馆史陈列馆，也是黄浦区委区府贯彻落实党的文化大发展大繁荣精神一项重要举措。如今的三山会馆，沧桑巨变，发生了翻天覆地的变化，谁会想到20年前的三山会馆是个什么样子，这

---

* 王树明，上海三山会馆管理处主任。

一路走来，又有多少人为之付出辛勤劳动的汗水和心血。三山会馆1989年10月修复开放，在原南市区文化系统是个小单位，起步晚、人手少、条件差、困难多。建馆初期除会馆主体建筑外，设施简陋、功能单一、效益低下。周围杂草丛生、道路泥泞，是个留不住人的地方。当年为开馆招聘的几名大学生，不久就各奔东西自谋出路去了。之后通过各种关系进来的不是学历低、无专长，就是年龄大，有人戏称这里是"三山疗养院"。据统计：从1996～2005年间，单位没有进过一个新职工。至2012年馆党支部也没有发展过一个新党员，职工收入全局倒数第一。

针对上述状况，在关键时刻，馆党支部从1999年开始，顶住种种压力，知难而进、迎难而上，率先在职工中试行"因事设岗、竞争上岗、收入讲奉献"的职工聘用制改革。第一步，让不符合岗位条件的职工转岗；第二步，辞退全部临时工，所有后勤工作由在职职工来承担；第三步，劝说个别不适合在单位继续工作、年龄偏大的职工按政策内退。总之一句话，改革不养懒人。这期间，单位15名在岗人员中，有6人转岗，5人按政策内退。一场真刀真枪的改革，使职工们的劳动观念发生了根本变化，后来三山会馆的一系列发展证明，这条路我们走对了。从2006年开始，三山会馆人开始尝到了改革带来的甜头，职工收入逐步改善，工作积极性、工作效率明显提高。此时的三山会馆即将迎来下一次千载难逢的发展机遇，那就是世博会。

为适应三山会馆文博事业发展需求，2006～2009年间，单位在没有空编情况下，争取文化局领导的支持，从兄弟单位借编，先后引进5名专技岗位人员，党支部积极创造条件，留住人、用好人，让他们在一线岗位锻炼成长。八年来，他们中有二人发展为新党员，二人列为入党积极分子，一人被提拔到馆领导岗位，一人提拔为部门负责人。如今三山会馆中青年专技岗位职工占到了60%以上，成为事业发展的中坚力量。

2009年在三山会馆实施的上海会馆史陈列馆工程，最早是2000年由三山会馆领导班子提出来的。十年磨一剑，梦想成真，直到2009年工程开工，还被很多人认为是件不可能实现的事，甚至认为，若能把项目审批的图章全部盖完已是顺利的了。但之后的事实证明，事在人为，办法总比困难多，三山会馆干部职工的心血和努力没有白费。

上海会馆史陈列馆位于三山会馆东侧，地上二层，地下一层，建筑面积

2000 平方米，由同济大学郑时龄院士领衔设计。工程总投资近 5000 万元（包括布展等，不含土地费用），工程 2009 年 2 月区府立项、6 月正式开工、10 月结构封顶、春节前完成内部布展任务、2010 年 4 月竣工对外开放迎接世博会。被列为 2010 年上海世博会城市特色文化展示馆；被市区领导、文物专家和业内人士誉为沪上文物保护与利用一次成功的尝试，三山会馆上海会馆史陈列展还荣获了上海市博物馆展览陈列"精品奖"。

改革发展的时代，天时、地利、人和造就了三山会馆一个又一个梦想。党员干部以实际行动带领职工群众穷则思变，艰苦创业。把不可能变为可能，让梦想成为现实。伴随着三山会馆艰难的创业历程，无数好人好事、感人事迹在职工中传为佳话。

会馆史陈列馆工程是黄浦区迎世博 600 天行动项目，时间紧、任务重，一次党员干部马万祥在外出办事途中，不慎被迎面而来的自行车撞成四根肋骨骨折，连喘气都困难，医生嘱咐要卧床休息，为了不影响工作，不管领导和同志们怎么劝，他还是每天早早地来到单位；还有馆副主任班先福被称为三山会馆的"快递员"，有时为抓紧时间早日办完一个手续、多盖一个章，冒着 38℃ 高温，马不停蹄，一天往返区政府就达四五次。这种精神也深深感动了机关的办事人员，而由此带来的是特事特办，急事急办，一路绿灯。再有在工程建设最紧张的关键时刻，全馆上下，上班有点、下班无时，包括双休日也是如此。不少职工家住边远地区，可谁也没有向领导提过一个要求，因为这里也是他们的家……

2010 年 3 月，由区纪委、发改委等八个委办局组成的重大工程督查组来三山会馆检查，整整一整天，从资料查阅到现场勘察、从资金管理到施工安全、从项目审批到工程质量，面面俱到，最终检查的结果是项目管理规范有序达标，赢得了督查组领导的一致好评。

在三山会馆文博事业发展历程中，世博会是一个重要的里程碑，改革发展是催化剂。如今在三山会馆大锅饭、铁饭碗，干好干坏一个样已成历史。但是改革谈何容易，尤其是涉及职工的切身利益和方方面面的关系，种种意想不到的困难在考验着党支部一班人。俗话说：打铁还需自身硬。实践证明，三山会馆党支部领导班子是一个经得起考验的坚强战斗堡垒，又是一个想干事、敢干事、能干事的战斗集体。三山会馆经过改革风浪考验的职工队伍在关键时刻、在重大工程中，没有一个是掉队的。馆党支部一班人团结带领职工群众在事业发展进程中，逐渐形成的"艰苦创业、团结奋进、求真务实、开拓创新、争创一流"的团队精神得到了进一步提炼和升华。

从 2010 年至 2013 年 7 月，三山会馆党员干部和职工 12 次荣获市、区（的各项）奖项和荣誉称号。从 2010 年至 2013 年 6 月，三山会馆在展览陈列、爱国主义教育、文明单位创建、党支部工作、综合治理、工会工作中获得 20 多次市、区奖项和荣誉称号。三山会馆从 1997～2011 年连续七届被评为区文明单位。在此基础上，经过多年努力 2013 年首次被评为上海市文明单位。

二　以创新发展为动力，探索（会馆的）可持续发展功能

会馆是社会发展的产物。会馆见证历史，传承文明。始建于清宣统元年（1909）的三山会馆，是沪上唯一保存完好对外开放的晚清会馆建筑，也是沪上唯一保存下来的上海工人三次武装起义遗址。1959 年被列为市级文物保护单位。馆党支部为充分发挥三山会馆文物资源的作用，在"保护与利用，功能开发与开放管理"，"活动内容与组织方式"中精心策划，周密组织安排，力求做到精益求精。近年来，还通过多渠道、多形式的社会资源整合，把文化做大、做强、做精，为社会提供科学健康的精神产品。三山会馆在服务社会的同时，也壮大发展了自己，社会知名度影响力不断提升。比如 2013 年作为首届上海市民文化节九大赛事之一的"上海市民收藏大展"就是由三山会馆承办的。多年来馆党支部在实践中逐渐总结形成了三山会馆"四大功能"与"三大转变"的工作模式。

"四大功能"即"爱国主义教育功能、会馆历史文化展示功能、传统戏剧文化展演功能、古建筑景观艺术观赏功能"。"三大转变"即"从封闭式管理转变为开放式管理、从静态式办馆转变为动态式办馆、从单一功能转变为多元功能"。探索实践"四大功能"与"三大转变"，前者是（对会馆和会馆建筑）合理利用的价值体现，而后者是改革发展中有效保护的观念与机制的转变，三山会馆有效克服了人、财、物资源不足的困难，为单位的生存发展赢得了更大的空间。

爱国主义教育是三山会馆修复开放后最早显现出来的功能。1926 年 10 月，

1927年2、3月，上海工人阶级在中国共产党领导下，为响应北伐，推翻军阀政府的反动统治，先后举行了三次武装起义。第三次起义胜利后，上海工人纠察队沪南总部就设在三山会馆。

为了忘却的纪念，1989年10月，三山会馆修复对外开放，市领导汪道涵、胡立教、陈国栋等亲自为三山会馆上海市青少年爱国主义教育基地揭牌。随着三山会馆的发展，开馆时的展览已几次更新，内容不断充实，2011年还专门拍摄了由珍贵历史影像资料剪辑而成的上海工人三次武装起义的文献纪录片，使展览更加生动。

"城里城外——黄浦老城新貌"展览是1995年三山会馆为上海古城墙大境阁修复开放而制作的，至今展览已7次更新，内容不断充实。为配合展览，2013年还与上海音像资料馆合作拍摄了反映黄浦历史变迁的珍贵文献资料片。除固定展览外，馆展览陈列部还将展览制作成流动展深入到市区和各郊县，巡回展出所到之处，很受观众欢迎。据统计，展览观众已过百万人次。成为观众了解上海，走进黄浦的好教材。

近年来，三山会馆在办好常设展览基础上，为配合重大节庆与教育活动，每年还将举办6~8个其他文化、艺术、教育类展示活动。如上海历史文化、非物质文化遗产、传统戏剧文化、民间工艺美术等都列入了三山会馆爱国主义教育活动的菜单。这也充分体现了三山会馆公益性、开放式办馆办展理念和活动内容的丰富多样性。2010年三山会馆被列为上海市爱国主义教育基地、上海市国防教育基地。2012年三山会馆红色经典进社区巡展活动，荣获市委宣传部"爱国主义教育特色项目奖"。

在开展爱国主义教育活动中，馆工作人员还通过请进来、走出去方法，把展览送到社区、学校、机关、乡村和军营和地铁站点。2012年9月，一场由三山会馆、半淞园街道、上海昆剧团、区教育局策划主办的，"昆剧走向青少年"活动，小学一年级到初三学生近300人，济济一堂，台上演员精彩动人的表演，台下师生不时发出阵阵掌声。2013年5月，青年报在头版刊登了一篇大同中学学生在三山会馆会馆史展厅举行教学公开课的报道，引起了教育部门和专家的高度关注。

今年暑假，三山会馆与社区学校精心策划了一系列学生活动，如小小讲解员培训、传统手工艺制作、做一天博物馆志愿者等，学生报名踊跃，三山会馆已成为学校教育的第二课堂。进入七月，虽然高温不退，但手持各种"参观护照"来三山会馆参观的学生和家长却明显多于往年。

文物的价值在于利用。2012 年 10 月，第四届中国会馆保护与发展（上海）论坛在三山会馆成功举办，它是三山会馆近年来改革发展，会馆历史研究成果的一次集中展示。为配合论坛召开，三山会馆还策划举办了"海上金融与会馆文化"主题展，把看似不相关的"会馆与金融"并列讨论，体现了会馆历史文化的多元性与包容性。通过论坛平台，有效发挥了文物资源以史鉴今、资政育人、服务大局的作用。第四届中国会馆保护与发展（上海）论坛，融入文化大发展、大繁荣理念。展览为论坛服务、论坛与金融互动，会馆论坛不但获得了上海市文化发展基金的项目资助，还荣获 2012 年度上海市博物馆展览陈列"优秀奖"。

古戏台是三山会馆整幢建筑的经典之笔，凡到过三山会馆的人无不为之叫绝。尤其是在夜晚的灯光照射下，显得更加华丽多彩。在馆工作人员精心呵护下，2008 年实施了三山会馆始建以来规模最大的一次修缮工程，重现当年风采。为充分发挥古戏台的作用，近年来，一台又一台经典剧目在此成功上演，百年会馆，充满活力，焕发青春。2000 年初夏，由著名导演黄蜀芹执导，著名昆剧表演艺术家梁谷音担纲主演的新编昆剧《琵琶行》从这里走向世界。2001年美国学校在古戏台成功上演莎士比亚《仲夏夜之梦》。2002 年秋，应美国驻华大使的邀请，美国西部乡村歌手在三山会馆古戏台成功上演《班卓琴》乡村音乐。2010 年世博会期间，又一部精心打造的庭院式、厅堂版梦幻《牡丹亭》为无数中外观众奉献上一道中国传统文化的精神大餐，这里已成为中外文化传播与交流的桥梁。2013 年春，三山会馆还成为了上海戏剧学院教学演出实践基地。

坚持公益性办馆办展方向，坚持把社会效益放在首位，党支部以人为本，努力从机制、形式和内容创新上下功夫，把文化惠民、免费开放工作落实到实处，让市民共享公共文化发展成果。今年 5 月，上海市 5·18 国际博物馆日活动期间，三山会馆展演活动精彩纷呈，观众近悦远来，久久不愿离去，共同守望这份美好的精神家园。开放日活动从早上 7∶30 到晚上 10∶00，观众川流不息，一整天下来，工作人员忙前忙后，引导观众，谁也没有一点怨言。大家引以为豪的是，全市 30 多家夜间免费开放的博物馆中，三山会馆犹如一颗闪闪发光的明珠，成了各路媒体竞相采访报道的热点和焦点。

三 以凝聚力工程为抓手，不断增强团队合力

世博会之后的三山会馆，是一座多功能、现代化的博物馆。如今馆内设施是一流的，展览陈列是一流的。而如何做到内部管理也是一流的，职工队伍素质也是一流的，这对馆党支部一班人确实是个不小的考验。

首先约占三山会馆员工总数70%以上是物业人员，承担了包括安保、讲解接待、环境保洁等后勤保障工作。他们来自全国各地，有大学生、复退军人、下岗工人，还有农民工和流动党员。用工制度的不同，工资待遇的差别，文化和年龄的差异是不争的事实，短时间很难把大家的思想行动统一到一块。其次，三山会馆事业发展人才队伍建设要求与职工队伍现状也存在较大差距。

面对新形势、新任务、新要求、新挑战，馆党支部一班人讨论觉得，要想让大家心往一处想，劲往一处使，不能单靠简单的行政手段。三山会馆对外是一个整体，必须像一家人一样在一起过日子。从此，馆领导在多种场合反复强调："三山会馆和物业员工是一家人"，光说不行，还要用实实在在行动感动人，让他们感到做人的尊严，在三山会馆工作光荣，热爱自己的岗位。让大家和谐共处，最重要的还是互相包容、互相尊重、互相支持。馆领导带头讲正气、讲正义，在员工中积极倡导公正、包容、诚信、责任的价值取向。在单位工作中，不懂就从头开始学起，谁也没把物业、农民工当外人看。几年来，党支部、工会不断通过组织员工学习，业务培训，外出参观，送温暖，举行职工联欢会，开展文体活动，消防安全演习比赛，召开工作例会和观看"感动中国、信仰、苦难辉煌"等文献史料片，组织参加志愿者活动等方式，不断提高员工的思想和业务素质，从思想上、生活上、工作上、学习上关心员工的成长进步。值得一提的是，改革无情人有情，馆党支部、工会用真情，用行动关心人感动人，赢得了职工的理解和支持，有效化解了改革发展一个又一个矛盾和困难。

种瓜得瓜，种豆得豆。一分耕耘，一分收获。2012年秋，一个题为"诗情画意——白云从艺六十周年"的展览在三山会馆举行，画展的主人是从三山会馆退休的老艺术家，是馆工会特意为白云老师从艺六十周年而举办的。这在三山会馆、在区文化系统也属首例。值得一提的是，白云老师退休二十年来，还

一如既往关心单位事业发展，只要单位开口，随叫随到，不厌其烦，不计报酬。更令人敬佩的是，年届八十的白云老师，不顾盛夏酷暑，不辞辛劳，为画展辛苦耕耘，并将自己精心创作，精心挑选的六十四幅书画作品捐赠给三山会馆永久珍藏。这在区文化系统广为传播，成为佳话。

近年来，三山会馆每年接待中外观众 10 多万人次，举行重大展览演出活动 20 多场次，接待市、区和外省市领导团队重要会务 60 多批次。三山会馆整洁的馆容馆貌、高品位的展览陈列、员工文明礼貌的服务，多次赢得领导和观众的好评，也许这就是对党支部凝聚力工程工作最好的回报。2013 年三山会馆荣获上海市平安单位称号。

据统计，2010 年至 2013 年 6 月，馆党支部、工会组织员工学习活动 53 次。组织职工外出业务培训 156 人次，20 人获得上岗或资质证书，累计支出培训经费 24500 元。员工参加志愿者活动 65 批次、315 人次。馆行政用于慰问退休、内退人员经费 33560 元，用于慰问物业从业人员 35940 元。组织员工文体活动、春节联欢会 8 次。2010～2013 年间，三山会馆 10 名职工参加社会公益性活动、开展帮困结对助学 14 次、捐款 10834 元。三山会馆先后与半淞园路街道、大同中学、上海戏剧学院、上海昆剧团、消防五支队等十多个单位开展跨体制、跨行业、跨所有制的党建联建文明共建活动。

回顾三山会馆这些年来的发展变化，改革是春风、是动力，党支部建设是保障。开馆至今，虽然领导换了一轮又一轮，员工有进有出，但"艰苦创业、团结奋进"的精神没有变，党员"爱岗敬业、勇于创新"的先锋模范带头作用没有变，各项管理制度已成为职工的自觉行动。在三山会馆工作，不论你来自哪里，不论你在什么岗位，大家齐心协力、心心相印，凝聚成一股力量。

一次百年不遇的世博会举办机遇，改变了三山会馆面貌；一个上海会馆史陈列馆建设工程，造就了一个团结奋进、勇于拼搏的领导班子；一次事业单位用工制度的改革，转变了职工的就业观念，激发了劳动者的积极性与创造性；一番迅速发展的文博事业，凝聚了三山会馆干部和职工艰苦创业、开拓进取的力量。"十二五"期间，三山会馆将申报国家级文物保护单位；申报国家级二类博物馆；在文化事业、文化产业发展有新突破、上新台阶。

试论清朝、民国时期徽州会馆
征信录的史料价值

王振忠 *

摘　要：徽州的征信录类型多样，既有徽商在侨寓地的征信录，又有在徽州本土形成的征信录，从中可以看出徽州人对于公共事业的经营方法。同一名目的征信录，因时代的不同，有的多达数种，前后可以相互比较，容易看出事情的前后脉络。针对徽州征信录研究尚未充分展开的现实背景，本文依据个人收藏20余种徽州的征信录，就其中的徽商征信录的类别及其史料价值进行初步探讨。

关键词：徽州　会馆　征信录

《中庸》曰："虽善无征，无征不信。"征信录是一种公开财务收支、以昭信实的档案，历来就受到历史学界的重视。70多年前，日本学者根岸佶利用晚清光绪三十一年（1905）的《徽宁思恭堂征信录》，对上海徽宁思恭堂的沿革、组织、职能和会计等作了初步的研究①。日本学者夫马进在其《中国善会善堂史研究》中，对杭州善举联合体与同业行会（尤其是盐业、米业、箔业、锡业和木业行会）作了探讨，其中也大量利用到征信录。他还著有专文，讨论征信录。近年来，唐力行②、范金民③、陈联④、

---

* 王振忠，复旦大学中国历史地理研究所教授。

① 《支那ギルド研究》，东京斯文书院，昭和七年（1932年）十二月。

② 《明清以来徽州区域社会经济研究》，安徽大学出版社1999年，第174～189页。该书利用徽州木商公所编纂的《徽商公所征信录》，研究徽州木商的经营方式等问题。

③ 《清代徽州商帮的慈善设施》，《'98国际徽学学术讨论会论文集》，安徽大学出版社2000年，第102～119页。该文选择江南具有代表性的三个城市——苏州、杭州和上海，对清代徽州商帮的慈善设施作了的细致分析，藉以说明"徽商乃至所有商帮直至清末仍保留了浓厚的地域观念和商帮特色"。

④ 《徽州商业文献分类及价值》，《徽学》第二卷，安徽大学出版社2002年，第384～391页。

王振忠①、李俊②、方光禄③等，也利用此类史料，探讨徽州的商业组织、徽州商帮的慈善设施以及相关问题。

管见所及，有关徽州的征信录类型多样，既有徽商在侨寓地的征信录，又有在徽州本土形成的征信录，从中可以看出徽州人对于公共事业的经营方法。同一名目的征信录，因时代的不同，有的多达数种，前后可以相互比较，容易看出事情的前后脉络。

虽然有关徽州征信录的资料为数不少，在近年的田野调查中也仍然在不断地陆续发现，但有关徽州征信录的研究却尚未充分展开。笔者个人收藏有20余种徽州的征信录，在各图书馆中也阅读过一些相关的资料，兹就其中的徽商征信录的类别及其史料价值，作一初步的探讨。

一　各地域的徽商征信录

（一）　长江下游三角洲

长江下游三角洲，是徽商会馆分布最为集中的地区。各地会馆，均刊行征信录，或一年一刻，或三年一修，或十年一修④。

1. 上海《徽宁思恭堂征信录》

管见所及，《徽宁思恭堂征信录》计有五种：

（1）同治十年（1871）第十刻；

（2）光绪三十四年（1908）第三十刻，本堂（思恭堂）藏版⑤；

---

① 《清代、民国时期江浙一带的徽馆研究——以扬州、杭州和上海为例》，熊月之、熊秉真主编《明清以来江南社会与文化论集》，上海社会科学院出版社2004年。
② 《徽州古民居探微》，上海科学技术出版社2003年，第242～244页。
③ 《徽州社会转型时期的社区救济——〈新安屯溪公济局征信录〉初探》，《黄山学院学报》2003年第1期。
④ 如《徽宁思恭堂征信录》，一度为三年一增修；杭州《新安惟善堂征信录》，十年一增修（《新安惟善堂征信录》第19页下所载惟善堂规条："每年共捐款若干，支用若干，另立四柱细账，刊刻分送，有余不足，人人共知，十年总核一次，刊附征信录，永志弗遗"）。
⑤ 彭泽益《中国工商行会史料集》（中华书局1995年）下册，收入一册《徽宁思恭堂征信录》（第868～877页），题作"光绪三年刻本"，今查后文所载，有光绪十六年到三十四年的内容，实误。

（3）民国六年（1917）第三十七刻《徽宁思恭堂征信录》，法（租）界打铁浜锦章印局休邑（休宁）俞益卿经印。该书共印了 700 部①。

（4）民国八年（1919）　《徽宁思恭堂征信录》②，也是由锦章书局订 700 部③。

（5）1942 年第六十二刊《徽宁思恭堂征信录》。

（6）1943 年第六十三刊《徽宁思恭堂征信录》。

（7）1944 年第六十四刊《徽宁思恭堂征信录》。

（8）1945 年第六十五刊《徽宁思恭堂征信录》。

（9）1946 年第六十六刊《徽宁思恭堂征信录》。

（10）1947 年第六十七刊《徽宁思恭堂征信录》。

（11）1948 年第六十八刊《徽宁思恭堂征信录》。

（12）1949 年第六十九刊《徽宁思恭堂征信录》。

（13）1950 年第七十刊《徽宁思恭堂征信录》。

（14）1951 年第七十一刊《徽宁思恭堂征信录》。

徽宁思恭堂由徽州府和宁国府商人于乾隆十九年（1754）创置。《徽宁思恭堂征信录》在道光年间可能是一年一刻，后改三年一刻，民国六年（1917）以后又改为一年一刻④。

2.《徽宁医治寄宿所征信录》

民国五年（1916）第五刻，刊本 1 册。由于在上海务工经商的徽宁人为数至多，"其成家立业者，固不乏人，而佣工度日，或小本经营、自食其力者尤复

---

① 民国六年（1917）第三十七刻《徽宁思恭堂征信录》，第 154 页下。

② 该书前后均略残，"戊午年三月十六起至己未年三月半止施棺总数"（第 140 页下），"戊午"即民国七年（1918），"己未"也就是民国八年（1919），这与三十七刻提到的新章，以清明节后核算账目恰相吻合，故此，推断此书应成于民国八年。

③ 民国八年（1919）《徽宁思恭堂征信录》，第 144 页上。

④ 民国六年（1917）第三十七刻《徽宁思恭堂征信录》，《新志》："敬启者，伏查道光三十年增刻简章第二条，载有逐年定于夏季刊刻征信录，通送备查等语，系征信录一年一刻之明征也。后改三年一刻，不知始自何时。……岁辛亥，轮值绩邑司总、休邑司年提议改良，嗣经公议，仍照道光年间章程，每年以清明节后，由老总邀集大众，将账目核算明白，分条列表，于前总结收支，于后分门别类，醒眉目而便稽查，然后抄本样本，移交新总刷印分送……"（第 167 页上）

不少,一旦沾染疾病,孰肯容留? 囊无余资,谁为医治"①? 有鉴于此,宣统元年 (1909),徽宁思恭堂司总吴韵秋、绩溪司年程伯壎、施维垣、王云卿等,议设徽宁医治所,"救治侨寓上海乡人中之贫病无依者"。当时,正值光绪三十四年 (1908) 徽宁二府绅商捐助徽属水灾之后,有鉴于赈灾款项下尚余规元三千余,遂以此为基础,创建徽宁医治所②。宣统二年 (1910) 秋,于二十五保十三图靡字圩一百六十九号徽宁会馆附近建筑病房,就路左起造平房十五间,左义园,右会馆,迄至宣统三年 (1911) 建筑落成,颜曰"徽宁医治寄泊所"。此后,为了筹措开办与经常费,由余鲁卿、汪莲石、张子谦、朱汉舲诸董发起特别常年茶丝等捐,茶则每箱捐钱四文,丝则每担捐银五分。又将茶、丝商每年秋季公宴的经费折洋三百元,"移为病所经常费"。辛亥革命以后,沪上各会馆、公所悉为军队占据,后经多次交涉,才得收回③。据《试办简章二十二条》第六条记载:"每月朔日,须由任事员两人以上,到所查账,递年附在会馆刊造征信录分送,藉供众览。"可见,《徽宁医治寄宿所征信录》为每年刊行一期,从民国元年开始,至民国五年止共刊五期,现在所见者,即为第五刻的征信录。

3. (上海)《星江敦梓堂 (公所) 征信录》

民国十五年 (1926) 刊本。"星江"即婺源之别称,敦梓堂为在沪婺源茶商所建。初建于清咸同年间,后于光绪八年 (1882) 重立敦梓堂于城内花草浜,命名为星江公所。民国五年 (1916),再建于小南门外塘坊弄④。

4. 南汇《思义堂征信录》

宣统三年 (1911) 第一刊,上、下二册,计 245 页。同治元年 (1862) 十月休宁黄大鳊《重建思义堂序》曰:"安徽地瘠山多,素鲜可耕之壤,人多出外经营,其间游宦者不少,而业贾者尤多,即在浦左计之,殆不下数万人矣。"据此可知,当时在浦东的安徽人多达数万,其中绝大部分当为徽州人。嘉庆十八年 (1813) 冬,徽州人捐建思义堂安徽公所于南汇新场镇东南三十六图,"凡徽籍之物故于此,无力扶榇者,代为埋葬,有力之棺寄停堂中,以待回籍搬

---

① 民国二年 (1913)《江苏淞沪警察厅长统领警备队穆给示保护事》,见《徽宁医治寄宿所征信录》,第 7 页上。

② 民国元年 (1912) 婺源汪洋序,见《徽宁医治寄宿所征信录》,第 3 页下。

③ 《附刊医治寄宿所开幕缘起》,见《徽宁医治寄宿所征信录》,第 4 页上。

④ 原书未见,此据彭泽益《中国工商行会史料集》下册,第 850～855 页。

迁"。咸丰十一年（1861）冬，因太平兵燹，该堂毁圮。同治元年（1862），同乡捐赀重建。至光绪十三年（1887）夏，仿上海徽宁思恭堂章程，定议由歙县、休宁、婺源、绩溪四县轮流管理，每届二月初二日，为交替之期①。"不数载，即增田五十余亩，添造丙舍"②。遂将光绪十三年至宣统二年（1887～1911）逐年收支账籍汇列成册镌印征信录，分送同乡，这就是现在所见的《思义堂征信录》。

《思义堂征信录》末《附刊协济会公储》："吴郡新安会馆设诚善局，上海徽宁会馆设登科会，皆在扩充善举起见，该会馆征信录中记载甚详。同治十年，休宁县绅士金瑞棠、王森仿诚善局章程，捐资设协济会，专为徽籍寒商施棺助葬、盘柩回乡等事。无力回籍之柩，赖以领费扶回安葬者甚夥。其初由发起绅士担任经费，至光绪甲申岁，绅士王森等发议，以事属善举，非筹有的款，不足以垂远，因向休邑同人募劝，适值海防戒严，商务减色，历五载而捐款寥寥，得此微数，虽聊胜于无，然终虑难以持久，旋于癸巳岁，由休邑绅商凑集公储存典生息，权衡子母，藉支善举之需，从此源源接助，相沿至今……"这段文字说明：南汇的思义堂之运作，主要是模仿上海的徽宁思恭堂，而思义堂也主要是由休宁的徽州典当商负责。从附刊所见，当地有广源典、聚源典③、益昌典、鼎丰典、洽和典、仁和典、仁发典、仁裕典、会隆典、元昌典、同顺典、永裕典、信隆典、同源典、同兴典、恒隆典、均和典、鼎生典、公益典、鼎源典、保源典、广泰典、义泰典、仁泰典、信泰典、协泰典、同升典、同昌典、信昌典、元昌典、元源典、德和典、永泰典、丰泰典和同泰典等。

5. 松江《新安义园征信录》

刊本 2 册，上册无封面，自首页开始。下册第 97 页"民国五年冬查新安义园旧置田亩单契坐落细号"中屡有"查第八刊"或"第八刻"字样，推测该二册当为第九刻。

嘉庆二十二年（1817）七月呈："同籍民人，出外经营者，十居三四。……

---

① 光绪丁亥（1887）《思义堂总章八条》，第 13 页上。
② 宣统三年（1911）金文藻《思义堂刊征信录启》，第 7 页下。关于这一点，《思义堂田亩细数》有详细记载，从中可见，思义堂的田亩均位于南汇十九保三十六图和八十二图，光绪十六年（1890）后，田产颇有增加。
③ 笔者手头即有南汇新场镇聚源典的诉讼案卷两种。

是以各处均有公置义园，如苏郡之旅亭、太仓之怀梓等堂，遇有徽人棺木，不能即时回籍者，暂行收寄堂中。或有同乡便带归家，或有亲属帮扶回里，诚善举也。兹松郡所辖七邑，地广人稠，徽人之在松经营者甚多，旅榇之不能回籍者，亦复不少。"① 为此，徽商集资一百十四千，绝买松江府娄县东新坊图护龙桥地方惠静山名下空地二亩六分零，建造新安义园，收寄松江府七邑徽人旅榇，额之曰"新安崇义堂"。新安义园的公产有田一百七十余亩，除此之外，还有赖于徽人在松有店业者的捐赀接济②。其创始人为休宁程竹村，据载，其人"性仁厚，好施兴［与］，经营于云间者久矣"③。他亲自订有堂规十七条，负责经营长达20余年。道光十八年（1838）十月，接手者订立《公议续增规条》，从中可见，司事计有十个：钱惇裕典、洪源茂典、张义和典、钱恒丰典、关文元典、汪怡茂典、沈合和典、钱仁聚典、洪日新典和洪聚源典。这说明道光十八年之后，新安崇义堂也完全是由徽州典商经营。

松江新安崇义堂义园，是模仿苏州的旅亭、太仓的怀梓等堂规式，但其内部章程，却仿自上海的徽宁思恭堂④。另外，直到晚清光绪十五年（1889），活跃在松江府的徽州人为数甚多，但娄县"附近金山、青浦等处别无公所，靡不仰给堂中"⑤。可见，新安崇义堂义园相当于整个松江府的徽州善堂组织。

据《新安崇义堂续订办事规程》：征信录应五年一刊，每届征信录发刊时，堂中所有田房屋产单契，应由司总与司年开箱检查一次。

6. 杭州《新安惟善堂征信录》

新安惟善堂位于杭州凤山门外江干海月桥内塘桃花山麓。征信录序于光绪七年（1881），其内容分为前刊和后刊两部分。该书亦称："徽州六县山多田少，十室九商，常在江浙贸易，时有客故于外，无力运柩归葬者"⑥。在杭州的

---

① 《新安义园征信录》，第2页上。
② 《义园续记》，《新安义园征信录》，第23页上。
③ 道光元年汪琇莹《新安崇义堂记》，《新安义园征信录》，第8页上。《义园续记》："松郡之设新安义园，固程竹村太翁所创，捐集资而成焉者也。翁世居徽之休邑，幼读书，性好善，稍长来松，凡遇地方善举，若育婴、同善、与善、莲花庵、文昌阁字藏、平籴等事，皆赖佐理而告成功，而义园之成，尤为独创。"（第18页上）
④ 《新安义园征信录》，第29页上，还直接抄录上海县给思恭堂牌示。
⑤ 《新安义园征信录》，第31页上。
⑥ 《新安惟善堂后刊征信录》，第3页上。

徽州人，主要是歙县、休宁和黟县三地人①。早在嘉庆初年，歙人余锦洲就在钱塘南栅外一图海月桥内塘地方，捐造厝所数间，专门安置新安旅榇。当时因限于经费，房屋较少，难以容纳所有的旅榇。嘉庆二十四年（1819），余锦洲又募得桃花山麓石井前地添设房间数楹。余锦洲回乡故世后，由其孙余铉顺、侄余晃共同经理。及至道光十七年（1837）冬，胡骏誉、金高德等又募捐购地。道光十八年（1838）建惟善堂。太平天国时期，惟善堂新安义所惨遭兵燹，堂宇无存，同治七年（1868）以后重建。

新安惟善堂是旅榇暂厝之地，每年春秋水旺之时，雇船运至徽州各县口岸登善集交卸。所谓登善集，典出《国语·周语》"从善如登"四字，为徽州一府六县分设，"一视同仁，统名登善"②。

7.《新安惟善集六安材会征信录》

1 册，民国三年（1914）刊本。"新安惟善集"之名，应当与杭州新安惟善堂有关。另外，六安材会之"六"，可能系代表明清徽州的一府六县（"六安"的寓意当指六县侨民之入土为安），而"材会"则为施舍棺材的组织。《新安惟善集六安材会征信录》的第一部分，有当时活动在杭州的各行各业为"惟善集六安材会"捐赀的明细账。从中可见，参与捐赀者既有个人，又有活跃于杭州的各类商号。个中，为"惟善集六安材会"捐赀最多的是面馆业（计41 家），说明面业（亦即徽馆业）在"惟善集六安材会"中占有重要乃至主要的地位。面业之外，其他参与捐款的也多与面业有关。可见，在杭州单独刊行的《新安惟善集六安材会征信录》，其反映的捐助对象主要是绩溪面馆业者③。

8.《浙省新建安徽会馆（征信录）》

刊本 1 册。据《浙省新建安徽会馆序》曰："同治九年，休宁余古香观察始建议醵金，合肥李小荃中丞建节来浙，亦思规画，而事未举。时浙中被旨为前抚臣罗壮节、前权藩王贞介公建办专祠，二公皆皖籍，皖人遂择地中城，领公帑兴工，事竣，即其地创建会馆，其时，观察管纲盐局事，有惠浙商，

---

① 《新安惟善堂后刊征信录》第 40 页上："婺源、祈［祁］门、绩溪三邑在浙东贸易者较少，是以分设厝所，难得其人。"

② 《新安惟善堂后刊征信录》，第 25 页上。

③ 参见王振忠《清代、民国时期江浙一带的徽馆研究——以扬州、杭州和上海为例》。

商多新安人，斯馆之成，商资居十之八九。"浙省新建安徽会馆，不同于由徽商单独创办的会馆，它由官商轮流值年，经费也来自官商。其商捐部分，来源有盐商、上海茶商、留余堂、香雪堂、所前盐引商以及在杭州的其他各类商人。

9. 《徽商公所征信录》

刊本 1 册，序于宣统元年（1909）。徽商木业公所位于杭州候潮门外，亦称徽国文公祠，于乾隆年间由婺源江扬言首创，后其子又于江干购置沙地，上至闸口，下至秋涛宫，共三千六百九十余亩。据婺源江有孚所撰的"凡例"，公所收支由董事总理，每年于五月下旬，挑选木商中善书善算者数人共同查明，然后将结果誊清，并刊行《征信录》①，《征信录》的起始时间，以上年六月朔后至当年六月朔前所有经收款项，包括各木行沙粮、木捕捐及一切房屋地租洋若干、开销若干，逐笔刊明，"刷印钉本，分送各行、各客，俾众咸知，以昭信实"②。

10. 《唐栖新安怀仁堂征信录》

光绪四年（1878）初刊，1 册，杭州城忠清巷口张文晋斋刊刷。《唐栖新安怀仁堂征信录》认为，因徽州一府六县地狭人稠，山多田少，"叠嶂山重，潆流水溜"，出产向来微薄，故而当地的职业结构是"士、农、工者十唯二三，商客旅者足有七八"③，"商贾之客，贸迁九州，相传有'无徽不成市'之谚"④。而浙江杭州府仁和县之塘栖，"系省垣首镇"，在徽商眼中，此处是"吾徽出杭关各路的咽喉，归途之要隘，往来东道之区，同乡暂迹之所"⑤，"同人之商于斯者，不下千数"，上述这段话，出自同治四年（1865）休宁人程嘉武的序文，这说明活动于塘栖镇的徽州人曾经超过千人以上。其中，以休宁、歙县、黟县、绩溪四县为盛，婺源、祁门次之⑥。

---

① 《徽商公所征信录》，第 1 页上。

② 《徽商公所征信录》，第 3 页下。

③ 光绪三年（1877）汪诚朴《塘栖重建新安会馆序》；同治六年（1867）分募簿启："吾徽六邑士、农、工、贾虽曰咸备，而作客为商者为更盛。"同治四年（1865）《钦加六品衔署杭州府仁和县塘栖临平司陈谕》："我徽十室九商。"（第 5 页上）

④ 同治四年（1865）程嘉武《募建唐栖新安会馆缘起》。

⑤ 同治六年（1867）分募簿启。

⑥ 《募建唐栖新安会馆缘起》。

徽商向在塘栖镇水北设有新安怀仁堂会馆，为旅榇公所，暂停客故棺木。义所创自道光十年（1830）前后，"起造正厅五楹，内外四至厢房后备厝屋三进，计数十间，容停棺木二百余具"①。后来规定每年正月十六日会集，计议公事。当时，怀仁堂经费充足，"余金八百两，分存本镇车、典生息"②。所谓车、典，是指油车和典当，而这两个行当，一向为徽商所擅长。从《唐栖新安怀仁堂征信录》来看，当地有春源典、公义典、裕亨典等。太平天国期间，其屋尽毁于兵燹，存棺百余亦多遭暴露。同治四年（1865）以后，徽州同乡于会馆旧址修筑垣墙屋宇，共造厝所十七间，外起门房七间，规模粗具，但因其时留居塘栖的徽商已大为减少③，经费不支，与先前光景难以同日而语。同治九年（1870），徽州茶商江明德运茶前往上海，途经唐栖镇，见此会馆，慷慨许助，遂于茶捐内抽捐以成此善举。江明德曾在松江、闵行、嘉兴、余杭四处抽捐资助善举。自同治十年（1871）起，复增塘栖、南浔两处，共于出洋茶箱内每箱总抽十二文，六处分派，名曰六善堂捐。在此背景下，唐栖新安怀仁堂会馆得以恢复④。

11. 《太仓新安怀梓堂征信录》

目前所见者有两种，其一为：《太仓新安怀梓堂征信录（续编）》，1 册，光绪二十一年（1895）刊本。据怀梓堂司总汪元沼曰："吾乡怀梓堂，自同治五年集赀重建，至十年止，业将捐赀姓氏、土木工程照章支用各项，汇编征信录，分赠同乡，暸若指掌，迄今又阅十年。"据此可知两点：一是晚清民国时期的怀梓堂，为同治五年（1866）集赀重建，太平天国之前太仓已建有怀梓堂⑤；二是太仓新安怀梓堂的第一次征信录当成于同治十年（1871）。另据同序，光绪二十一年征信录当是续编，反映的内容为光绪十一年始至二十一年止。

---

① 《募建唐栖新安会馆缘起》。

② 《募建唐栖新安会馆缘起》。

③ 同治六年（1867）分募簿启指出："以目前数十人之力，焉能当数千金之任，是不复〔得〕不仰募于邻封。"可见，太平天国之后在唐栖活动的徽商不过数十人，较全盛时期大为减少。

④ 同治十年（1871）洪民彝等人的《新安怀仁堂征信录缘起》。

⑤ 另据《新安义园征信录》之《新安崇义堂记》，嘉庆二十二年（1817）之前，太仓已建有怀梓堂。

其二是：《太仓新安怀梓堂第四次续刊征信录》，民国二十二年（1933）刊本，1 册，计 72 页，并附一张"太仓新安怀梓堂之图"（夏铸君绘）。

《太仓新安怀梓堂征信录》之后，离第四次续刊征信录刊成的 1933 年，还有三十余年，其间应当还有第三次续编征信录，但目前尚未发现。

12. 《旅湖歙邑联义社征信录》

刊本 1 册。原书未有标识，今据内容拟名。其序曰："窃维湖郡原有新安会馆，端赖先辈六邑同人锐意捐募，始克有此。城内建有文公祠、汪公殿、崇道堂，以为桑梓叙议场所；城外置有基地，兴造殡房，灵柩得以暂厝。内外定章，极为完善。讵料人心各异，道德日非，势将不堪收拾，我歙同人有鉴于斯，不得不另求组织，以待善后。故于己未年，邀集我歙同人共求捐募长生愿疏，俾事轻而易举，庶集腋以成裘，当经同人踊跃赞同，乐输捐助，今已计募三年，谨将收集捐款刊入《征信录》，分呈同人公鉴，日后捐输，仍恳绵绵捐助，则不愧为我歙人之提倡也。"此处的"湖郡"，应当是指湖州府，"己未年"则可能是民国八年（1919）。据此，则此征信录当成于民国十一年（壬戌，1922年）。

从上述的序文可知，湖州府原有新安会馆，后因管理不善，歙县人姚兆唐、胡松樵、汪辅卿、吴惟德、郑春槐、凌彩章和凌荣夫七人发起，另行组织"旅湖歙邑联义社"，根据该社章程，该社值年司事 5 人，"按年由全体同人公众推选"，这应是民国时期的同乡会组织。章程规定，该社款项经公众赞同，分存殷实商号生息，按年当众共同结算，如遇正用，立即提取。如编制该征信录的当年，账目就存在森大号中。规定捐款账务等三年刊刻一次征信录，"分呈公鉴，以昭大信"。章程还规定，"旅湖歙人遇有事故与人争执，经报告到社，由值年者秉公调解之，如事情重大，邀请六邑全体公决之"。另外，《旅湖歙邑联义社征信录》的支出部分，有一项是"付修理六邑殡房洋玖拾元"。可见，该社虽然全由歙县人组成，但仍与旧徽州府其他五县有着密切的关系。

（二）长江中游

1. 汉口《新安笃谊堂》

光绪十三年（1887）冬续刊。笃谊堂位于汉阳十里铺义阡之金龙岭地方。

汉口新安书院之后为新安准提庵，庵西为三元殿，殿后余基，昔人造有停棺之所，但能安放的棺枢相当有限，而且还有风烛之虞，后改建为笃谊堂。该书虽未以征信录命名，但其内容与征信录一般无二①。而且，晚清民国时期的一些征信录都提及，其规章制度均模仿自汉口的笃谊堂。

2.《九江新安笃谊堂征信录》

刊本 1 册，光绪三十二年（1906）黟县江庆楷序。光绪二十一年（1895）以后，查选廷以新安会馆敦谊堂（亦称新安书院敦谊堂）的名义，购置了坐落德化县西乡的刘家坳山地（即巴茅巷），建新安义所。光绪二十九年（1903），舒先庚②、胡逸卿等人又慷慨乐输，"或收一文愿，或抽茶箱捐，众擎易举，夙愿顿偿"③。当时，在九江的徽商中，以黟县人为数最多。"癸卯年重建笃谊堂殡所六邑劝捐首士"所列，婺源和休宁各 4 人，歙县、祁门、绩溪各 1 人，而黟县则多达 14 人。

（三）浙西

1. 兰溪《新安同善堂征信录》

金华府前街石印局代印，宣统二年（1910）春刊本。乾隆三十三年（1768），徽人在兰溪三十五都建新德庵，"购备山地，俾徽商病故在外，归榇不及，以便埋葬。续于道光十一年添造厂舍，停无力运回之棺，给发带棺运费，予以限期，立冢掩埋，使有主遗骸得归故土，无依旅榇免暴荒郊"。规条载："光绪癸卯年起，分福、禄、寿、财、喜为五班，挨班各司一年，轮流管理新安阁、新德庵各项收支银钱出入，并收掌田房、契据、租息等折，一切事务，每年月底结清总账，检点单契，不准短少分文，悬宕挂欠，公同照数点交后手接管，所置一切傢伙什物，另立底册两本，一分存新安阁公匣，一分存堂中，每

---

① 光绪三年（1877）程桓生序："按年收支各数，宜急付之手民，用昭核实。"（第 3 页下）

② 据民国《黟县四志·尚义》载："舒法甲，字先庚，屏山人，幼孤贫，习商业于江西之九江，该地为通商巨埠，法甲先营钱土［庄］业，稍积余资，自行创业。日夕勤劳，信用渐著，埠商推为商会协理，居间排解，事无不谐。嗣举为商会会长，连任数次，名誉噪于长江。性慷慨，挥财不惜……"（吴克俊、许复修，程寿保、舒斯笏纂民国《黟县四志》，《中国地方志集成·安徽府县志辑》第 58 册，江苏古籍出版社1998 年，第 95 页）

③ 光绪三十二年（1906）江庆楷《九江新安笃谊堂征信录》序。

逢先后手交接时，必须对簿核明，如有短少，以及私自借出者，即须议赔。傢伙什物，如系任意作践，亦应赔修完整。"《新安同善堂征信录》亦明确指出，一切章程，悉仿上海徽宁思恭堂办法①。

二　徽州相关征信录的学术价值

（一）会馆与徽商的慈善事业

在众多会馆中，上海的徽宁会馆和汉口的笃谊堂，成了各地徽州会馆竞相模仿的对象。诚如《新安思安堂征信录》何修序所称的那样："规制完密，董督周祥，自以汉笃谊、沪思恭两堂为最。"因此，这两处的徽州善堂为江南各地所模仿。在屯溪，思安堂就是仿照"沪汉旧制"而设，《筹备思安堂事宜附陈公鉴》曰："思安堂条规，按照汉笃谊堂、沪思恭堂义例，随地随宜，酌为增损。"《九江新安笃谊堂征信录》收录有《新安阖郡劝抽茶箱捐及一文愿启》，其中提及：

> 我新安六邑，田少山多，经商者十居七八，而浔阳一隅，熙来攘往，服贾者数约百千，少壮老大，实繁有徒，疾病死亡，在所不免，……爰仿汉皋送柩章程，……特劝茶商按箱乐助……

九江的笃谊堂甚至就以汉口的笃谊堂为名：

> 笃谊堂公议条规牌示
>
> 录牌示各项规条，均照汉口笃谊堂旧章
>
> ……本堂给费外，每棺常香二扎锡箔一块，钱纸六斤，交信客沿途焚化。
>
> ……
>
> 新安笃谊堂进堂联票式
>
> 笃谊堂旅榇回籍关照
>
> 收领字式

---

① 宣统元年（1909）《附刊泽枯坐捐小引条约》，《新安同善堂征信录》，第21页下。

立收领字　县　为将寄存　第

号已故　棺柩一具，交信足　带回

县　乡　村口今凭保人　领到

笃谊堂资助，由浔下船力钱　文沿途盘费钱

文安葬费英洋　元，当即如数领楚，其棺

实系带回埋葬，并无冒领捏饰等情，出具领据是实

光绪　年　月　日立收领据人

上揭的《新安笃谊堂进堂联票式》，与汉口笃谊堂的完全相同。

从各类征信录中，可以看出徽州会馆以及相关慈善事业的运作。兹以同治十年（1871）第十刻《徽宁思恭堂征信录》为例（表一）：

表一　同治十年《徽宁思恭堂征信录》所见会馆收入

年代	项目	钱数	备注
同治七年十月起至十年八月止	收前征信录结存	5743 千 354 文	
	收茶捐（七年冬至十年春止）	8470 千 390 文	
	收续捐	1575 千 480 文	续捐即续收的茶捐
	收长生愿	2376 千 960 文	
	收房租	8605 千 171 文	
	收顶首	1810 千文	
	收两郡董事捐中金	526 千 250 文	
	收田租	105 千 815 文	
	收银洋价余	367 千 742 文	
	总共收	29581 千 162 文	

从中可见，茶捐占三分之一强。这显然反映了茶商对于徽州会馆及其慈善事业，具有重要的作用。从《徽宁思恭堂征信录》中保留的《劝募茶捐序》可见，早在太平天国之前，就已如此：

夫泽及枯骨，仰见前辈仁风，功深不朽，尤赖后之君子。上海徽宁思恭堂为两郡诸同乡前辈捐建，自乾隆甲戌始，历今将及百年，其所见惠于梓乡者，如掩埋无归之骸、助盘还乡之柩、施送无力成殓之棺，种种善举，

俱堪为法。近因遭兵燹之后，捐数不能如前之盛，故常年经费未免不敷，虽尚渐有蓄积，然终非不竭之源，司事者安得不为之绸缪乎？幸现当与外洋通商之际，又得吾乡茶商诸君云集而至，咸以同仁为念，故敬邀共议，于出洋绿茶，每箱提捐十二文、红茶二十文，以佐常年经费，庶斯堂可永无匮缺乏之虞，而义举亦足以继前贤，为德岂鲜薄哉？故撮数言于首，以志缘起云。

道光二十四年甲辰嘉平中浣上海徽宁思恭堂司事公同谨识。

另据《道光三十年庚戌年十月公议增定章程》：

一议本堂茶捐，自道光二十三年通洋交易，两郡客商初抵沪城，杂费烦重，因集同人在于思恭堂议立章程，删减浮费，情愿提红茶捐每箱二十文、绿茶厘每箱十二文。关东茶于戊辰年复起，每件提钱十二文，以助堂中善举。迩年以来，茶业大盛，人数益众，堂中经费益加浩繁，务望贵商如数照捐是荷是祷。

一议本堂收取茶厘，皆有徽宁思恭堂图章对同联票为凭。收钱发票，如无此票者，与堂无涉。

王庆成编著的《稀见清世史料并考释》中，收录有《敦利号"循环簿"——丝茶到货、出口记录》（1843～1844），其中就有：

（道光二十四年）五月初三日到，安徽歙县茶商方瑞芬运来茶 345 箱，前贮怡馨栈，今移敦利栈；

九月二十一日到，安徽歙县茶商方瑞芬运来茶 6 箱，现贮敦利栈①。

上述两条资料，与前揭的《道光三十年庚戌年十月公议增定章程》恰可相互印证。

另外，从上述的同治十年《徽宁思恭堂征信录》所见会馆收入可见，除了茶捐外，房租占了近三分之一，这也是相当值得重视的现象。关于这一点，我们再看看当时的支出状况（表二）：

---

① 武汉出版社 1998 年，第 47、57 页。

表二　同治十年《徽宁思恭堂征信录》所见会馆支出

年代	项目	钱数	备注
同治七年十月起至十年八月止	武圣福德宴待先董上位朔望香烛余烛除过	662 千 681 文	
	三元享祀	664 千 627 文	
	完粮漕白（告示图甲册房年规）	233 千 424 文	
	盘棺费（共 191 具）	1885 千 440 文	
	施棺费（共 135 具）	1269 千文	
	施衣衾鞋帽石灰皮草纸漆口	440 千 938 文	
	掩埋石灰石碑木签殓抬扛力	382 千 125 文	
	两郡锭会	275 千 917 文	
	修理堂宇并修路石料工费添建厝屋 5 间	1044 千 50 文	
	修葺各市记房	653 千 433 文	
	置王姓十五铺大东门内楼房一所	4000 文	
	又中金并税契过户	669 千 600 文	"又"指上行文字，即"置王姓十五铺大东门内楼房一所"。下同
	置周姓四铺城内武庙东同衕内房一所	1300 千文	
	又中金并税契过户	235 千 940 文	
	置余姓四八铺城内三牌楼房一所，并边屋三处，共上下廿三间	5100 千文	
	又中金并税契过户	853 千 850 文	
	置朱姓十五铺大东门内楼房一所	2560 千文	
	又中金并税契过户	446 千 860 文	
	置七记十六铺大东门外市楼房一所（无中金）	15050 千 250 文	
	还各顶首	1115 千文	
	杂项办物并请客酒筵	325 千 241 文	
	程雨亭俸伙食并堂丁工食	372 千 71 文	
	前刻征信录并伙食	242 千 141 文	
	孙瘫仙咸丰十一年借除收仍欠	52 千 100 文	
	总计	共用足钱 26334 千 688 文	收支两抵净存足钱 3246 千 474 文

从中可见，当时，用于慈善事业的开支并不占多数，占最大开支的是市房的投资，这显然是因为市房是除茶捐之外会馆最大的收入，这牵涉到徽商对于房地产的经营，也与咸同兵燹刚刚结束有关。据《劝捐长生愿序》曰：

> ……吾徽宁两郡之有思恭堂也，起自乾隆甲戌，迄今百有余年，……忆自咸丰癸丑、庚申间，沪城两遭寇乱，房产多被焚毁，进款渐形短绌，堂宇半遭颓废，埋槥更费巨资，幸诸同乡经商于此，乐善者众，解囊相助，媲美前人。后得茶捐乐输，相继而起，频年蓄积，日稍羡余，故置房产、修堂宇、添厝屋、买田亩、备什物，以及逐年施棺衾、厚掩埋、盘柩回籍、上山葬费，皆得一一如愿办理。虽然用出之经费既有常规，羁旅之贫寒更难悉数，而每年施棺、盘柩诸用款，惟房产、微捐之是赖……

据此可见，茶捐及房产的收益，一向是会馆资金的主要来源。而所谓微捐，是指徽州同乡的随缘乐助，如一文愿或长生愿等，从总体上看，此类资金的数目极为有限，故称"微捐"。

除了上述的几项来源外，在太仓，还有其他的一些来源。如《太仓新安怀梓堂第四次续刊征信录》中列有"公议借用祭祀厅规条"

> 一本堂于辛亥年建筑祭祀厅，原为三节祭祀之所，倘有客籍来堂开吊道场等事，亦可通融商借。惟须向司员处说明预缴租金方可借用。
>
> 一公议客籍借用祭祀厅，每壹正日计租洋四元，二正日租洋六元，三正日租洋八元，动用物件，本厅亦均齐备，不得再向他厅移动。
>
> 一本籍借用不在此例。

此处的"客籍"与"本籍"明显有别，区别的根据应当以是否是徽州人为标准。另据民国十年（1921）岁首至二十一年（1932）岁底收支总登表：

> 收客籍进堂费（连租特别间）小洋三角，大洋一千六百七十二元，钱三十一千八百九十一文。

从上可知，由于太仓徽商会馆经营的怀梓堂，已不仅仅是将殡葬当做一种慈善事业来从事，而是将之作为一种服务业——殡葬业来运营，从而为会馆积累了一些公产。这说明了新安怀梓堂除了面向徽州乡亲之外，还对社会开放，从事服务性的商业活动。

（二）徽州商业与徽商研究

不少征信录都有反映徽人在各埠所从事商业的内容。从征信录中，可以看出徽商在各地的实力。以上海为例，徽宁思恭堂由徽州府的歙、休、婺、黟、绩五县和宁国府商人轮流管理。兹将民国六年（1917）徽宁思恭堂组织状况列表如下（表三）：

表三　民国六年（1917）徽宁思恭堂组织状况

年代	名目	人数	备注
民国六年	司总	6	除祁门外的徽州 5 县和宁国府各 1 人
	两府司事总代表	1	
	洋庄茶商司事	5	
	两府司事	歙县（12），休宁（9），婺源（9），婺源茶帮司事（3），祁门（3），黟县（8），绩溪（9），宁国府（13）	
	木业司事	9	

从上述的组织状况来看，在上海的徽商以歙县和婺源实力最强，祁门最无实力。此处专门列有洋庄茶商司事和婺源茶帮司事，共计 8 名，可见茶商在会馆中的重要地位。

从思恭堂征信录来看，各县的行业重点颇不相同。如"光绪三十一年至三十三年止休邑长生愿芳名捐数"，排在前面的除了祥泰布号、福泰衣庄、宝泰质、升昶泰外，基本上都是典当铺：同昌典，源来典，滋泰典，乾昌典，萃昌典，乾元典，洼泰典，源泰典，安定典，元昌典，老永源典，泳源典，裕泰典，厚生典，协泰典，泰昌典，安济典①。这说明休宁以典当业著称，的确是名不虚传。"光绪三十一年至三十三年止婺邑长生愿捐数芳名"，捐款由"查二妙堂

---

① 光绪三十四年第三十刻《徽宁思恭堂征信录》，第 86 页。

友记益生经手", 还有的是由"詹大有骏记经手", "詹大友成记经收", "二妙堂绍记查襄生经收"。这些, 都说明婺源以墨商最为著名。"光绪三十一年起至三十三年止黟邑长生愿芳名数目", 由北公估局等经手。这是因为, 上海的公估局 (分南北两局), 由黟县黄陂人汪联淇创设, 并世代承袭。上海公估局专门鉴定银元宝成色, 信誉很高, 上海金融业 (包括一些外资银行) 的银元, 也由公估局鉴定, 注明成色, 始可在上海市场上流通①。因此, 上海的黟商, 由公估局的从业商人执其牛首。另外, "光绪三十一年起至三十三年止绩邑长生愿芳名数目"中, 除了老汪裕泰、休城胡开文、屯镇胡开文、胡开文外, 有不少是徽馆业: 醉白园, 聚乐园, 鼎丰园, 九华园, 畅乐园, 大兴园, 同乐园, 聚和园, 醉乐园, 大醺楼, 聚元楼, 天乐园, 鼎新楼, 醉月楼, 同庆园, 醉芳园, 聚新楼, 大吉楼 (昌记), 大吉楼, 得明楼, 同庆园, 大兴园 (公记)。民国八年 (1919) 《徽宁思恭堂征信录》中有"民国七年绩邑馆业长生愿捐洋数目芳名"。所谓馆业, 也就是"徽馆", 是徽州面馆和菜馆的总称。从中可见, 当时在上海的徽馆业情况。民国八年上海计有 26 家徽馆, 参捐的从业人数多达481 人②。

除了上海之外, 徽商在江南各地的活动, 亦可在相关各地的征信录中窥其一斑。例如, 从《太仓新安怀梓堂征信录 (续编)》中, 我们可以看到当地城乡都分布着不少"徽店" (徽州人开设的店铺)。又如, 兰溪《新安同善堂征信录》中提及"衣业"、"歙绩大炮 (花爆) 业济善会各友"等, 从中可见徽商与当地衣业、花爆业的关系。再如,《婺北清华高奢桥下街桥工程征信录》提及, 当时汉口婺商慷慨解囊者, 计有:

> 茶行: 永泰茶行郎汝勤、齐静山, 永泰茶行旭记, 隆泰茶行吉记
> 茶叶店: 齐同源、车和顺
> 纸号: 合庆福
> 银庄、钱庄、钱号: 太和银庄、汇通银庄、恒和银庄、同德银庄、同

---

① 民国《黟县四志》卷七《人物·尚义》, 第 84 页。关于公估局的创始人, 众说纷纭。黟县地方志编纂委员会编《黟县志》(光明日报出版社 1988 年) 说是由黟县碧山人汪兰庭的祖辈开设 (第 318 页)。而傅为群《老上海公估局》认为, 道光三十年 (1850), 汪兰亭首设公估局于上海北市租界内 (《档案与史学》2000 年第 3 期)。

② 参见王振忠《清代、民国时期江浙一带的徽馆研究——以扬州、杭州和上海为例》。

丰银庄、久和银庄、协昶银庄、致和钱庄、恒春钱庄、裕丰恒钱号、吉生祥钱号

墨店：詹彦文、詹正元、詹大有悦记、詹大有成记、詹斯美晟记（？）

不详：胡晋章、汪春荣

　　从中可见婺源人在汉口的经营，以墨、茶、钱庄三业为主，其中，仅著名的墨店就有五家。再以光绪二十四年（1898）《重修万年桥征信录》为例，当时参与捐输的，在徽州本地的有府县城的渔梁、竦口、王宅村、杨树桥等处、潭石头、薛坑口、王村、柔岭下、汪龙坑、深渡、篁墩、南溪南、南源口、瞻淇、山阳坑、雄村、洪琴、溪蟠头、昌溪、七贤、洪村、岭里、义成村、绍村、小溪、黄备、琳村、箬岭坞、岩寺、揭田、郑村、祥里、北关、新洲、许村、塔山、蕃村、清流、霞峰、江村、呈坎、汪村、溶溪、长坞、东凤皇、潜庄、徐村、双溪、岗村、蜀口、飞布山、冯塘、上丰等处、塔山等处、沙源等处、富堨、宋村、石门、叶村、杨村、休城、万安街、屯溪镇，在外埠的则有芜湖、运漕、和悦洲、苏州、上海、松江、扬州、清江、常熟、如皋、江西无［吴］城、杭州、衢州、兰溪、湖州、新市、塘湾、西塘、杜泽和汉口。至于具体的捐助金额，征信录中亦有统计（表四）：

表四　《重修万年桥征信录》捐助金额统计表

地点	捐洋总数	地点	捐洋数
歙县城乡	3946 元 2 分 3 厘		
休屯	1744 元 3 角	屯溪	1627 元
		休城	80 元
		万安	37 元 3 角
外地	5017 元	芜湖	130 元
		运漕	34 元
		和悦洲	70 元
		苏州	120 元
		上海	1862 元
		松江	63 元
		扬州	297 元

地点	捐洋总数	地点	捐洋数
外地	5017 元	清江	171 元
		常熟	27 元
		如皋	32 元
		江西无［吴］城	81 元
		浙杭	534 元
		衢州	325 元
		兰溪	318 元
		湖州	436 元
		新市	100 元
		塘湾	52 元
		西塘	20 元
		杜泽	77 元
		汉口	245 元

　　从征信录的捐款数，可见徽州市镇及外地的商业网络。传统上，歙县与扬州、汉口等地的关系原本最为密切，但在晚清的外地捐款中，扬州、汉口的捐款所占的比例极少。从中，可以显见盐业的衰落。相比之下，歙县与江南各地关系最为密切，其中尤以上海最甚，这反映了晚清时期歙县商业结构的调整和变化。从上表所见，上海与屯溪两地的捐款数额最多，这与晚清茶业的兴盛息息相关。

　　与上述相似，不少征信录都反映了侨寓地徽商的状况。民国九年（1920）第一刻《新安思安堂征信录》列有"民国七年戊午至己未腊月旅休乐输特别捐名"，其中涉及屯溪、瑶溪、闵口、龙湾、五城、下溪口、梅林、隆阜、新屯、万安街、休城、上溪口、黟县、渔亭、徽州府、江西景德镇、江西贵溪县、东亭、兰溪、淳安、港口、茶园、严州、桐庐、富阳、无锡、新市、遂安。如前所述，新安思安堂为黟县商人所建，上述的征信录也反映了黟商活动的范围。景德镇是黟县徽商聚集的城市，因黟商众多，而有"黟县佬码头"之称。除此之外，在新安江沿岸的市镇，也活跃着众多的黟县商人。另外，唐栖、九江的徽州会馆，显然与茶商有关。而有的地方的会馆，则与典当关系密切。光绪二十一年（1895）《太仓新安怀梓堂征信录（续编）》中有昌泰典、元成典、鼎成典、济平典、义泰典、西昌泰典、济泰典、源源典、济茂典、丰茂典、济典分典、鼎盛典，共12个徽典。这些典当业，绝大部分在民国二十二年（1933）时仍然存在。宣统三年（1911）南汇《思义堂征信录》中，出现了广源典、聚源典、益昌典、鼎丰典、洽和典、仁和典、仁发典、仁裕典、会隆典、元昌典、同顺典、永裕典、信隆典、同源典、同兴典、恒隆典、均和典、鼎生典、公益典、鼎源典、保源典、广泰典、义泰典、仁泰典、信泰典、协泰典、同升典、同昌典、信昌典、永裕典、元昌典、元源典、德和典、公升典、公安典、会隆典、永泰典、丰泰典和同泰典共39个徽典。而清末民初的松江《新安义园征信录》则先后出现了38个徽典，通常情况下多在30个出头（表五）。

表五　清末民初松江的徽典

年代 典当	光绪三十四年	宣统一年	宣统二年	宣统三年	民国一年	民国二年	民国三年	民国四年	民国五年	民国六年	民国七年
源康典	O	O	O	O	O	O	O	O	O	O	O
协和典	O	O	O	O	O	O	O	O	O	O	O
鼎丰典	O	O	O	O	O	O	O	O	O	O	O
和济典	O	O	O	O	O	O	O	O	O	O	O
源泰典	O	O	O	O	O	O	O	O	O	O	O
同和典	O	O	O	O	O	O	O	O	O	O	O
全大典	O	O	O	O	O	O	O	O	O	O	O
福昌典	O	O	O	O	O	O	O	O	O	O	O
庆泰典	O	O	O	O	O	O	O	O	O	O	O
恒和典	O	O	O	O	O	O	O	O	O	O	O
大德典	O	O	O	O	O	O	O	O	O	O	O
仁康典	O	O	O	O	O	O	O	O	O	O	O
恒益典	O	O	O	O	O	O	O	O	O	O	O
祥和典	O	O	O	O	O	O	O	O	O	O	O
峰大典	O	O	O	O	O	O	O	O	O	O	O
信元典	O	O	O	O	O	O	O	O	O	O	O

续表

典当 ＼ 年代	光绪三十四年	宣统一年	宣统二年	宣统三年	民国一年	民国二年	民国三年	民国四年	民国五年	民国六年	民国七年
恒升典	O	O	O	O	O	O	O	O	O	O	O
瑞和典	O	O	O	O	O	O	O	O	O	O	O
庆丰典	O	O	O	O	O	O	O				
大成典	O	O	O	O	O	O	O	O①	O	O	O
启新典	O	O	O	O	O	O	O	O	O	O	O
德余典	O										
信和典	O	O	O	O	O	O	O	O	O	O	O
益泰典	O	O	O		O	O	O	O	O	O	O
懋生典	O	O		O	O	O	O	O	O	O	O
公泰典	O	O	O	O	O	O	O	O	O	O	O
阜康典	O	O	O	O	O	O		O	O	O	O
懋兴典	O	O	O	O	O	O	O	O	O	O	O
阜成典	O	O	O	O	O	O	O		O	O	O
义泰典	O	O	O	O	O	O	O				
公和典	O	O		O	O	O	O	O	O	O	O
天和典	O										
大茂典	O										
公济典		O	O	O	O	O	O	O	O	O	O
庆余典		O	O	O	O	O	O	O	O	O	O
懋昌典		O	O	O	O	O	O	O	O	O	
泰来典							O	O	O	O	
同康典										O	O

从中可见，清末民国时期，松江典业发展平稳，基本上没有出现大起大落的情况。

---

① 《民国四年松郡新安崇义堂代赊局征信录》误作"大典成"。

　　除了反映徽州人群的总体活动外，征信录中还常常可以见到著名徽商与乡邦公共事业兴举的关系。譬如，《徽宁医治寄宿征信录》记载的宣统二至三年（1910～1911）之乐输，就有黟余鲁卿捐洋一百元，婺詹大有成记捐洋一百元，婺查二妙堂绍记捐洋五十元。其中的余鲁卿即余之芹，是徽宁医治寄宿所的总理。民国六年（1917）第三十七刻《徽宁思恭堂征信录》所载司总中也见有余之芹。余之芹出身于黟县的一个商人家庭，祖居黟县艾溪村。其父在上海大东门外王家嘴角仁昌源记布号中经商，太平天国时期，曾为渔亭镇公局董事，是当地著名的绅商。长兄余之莱，为附贡生，后随其业师、著名学者程鸿诏入李鸿章幕，职司奏折。后李鸿章"奉旨征回匪"，师生二人不肯随行，一同返回黟县。后来，余之莱又前往金利源旗昌洋行充当买办。至于余之芹，十三岁前往江西习学杂货布业，十五岁时到达上海，曾到浦东邬家桥油车坊习业，后改行学习京货布业，又到布号充任账房先生，复改典业钱房。至二十五岁，升为经理。后自创万康典、仁大典、祺昌质等。其家族中的不少人，也都在江南各地的典业等就职。后来，余之芹被典业推举为董事、总商会典质业代表会员，继而又由总商会会员举为会董。可见，余之芹是上海商界中的翘楚。他于民国十年（1921）出版的《经历志略》，内分家世出身、徽州发匪乱时状况、善举公益、交际、杂记、时论和小言七个部分，具有极为重要的史料价值①。

　　除了余鲁卿外，上揭的"婺詹大有成记"、"婺查二妙堂绍记"，都是婺源的墨店名号。《徽宁医治寄宿征信录》一书所记的"病人进所总票处"，为詹大有骏记墨庄；"各县病人进所保票处"共七处，婺源的为查二妙友记墨庄。而"民国四年婺邑医治寄宿所长生愿芳名"所载，查二妙堂绍记捐洋拾元，詹彦文捐洋贰元，查蕴山捐洋壹元。这些，均由查二妙堂绍记经收。此外，同治《思恭堂征信录》"同治八年分婺邑长生愿芳名钱数"，亦提及鲍乾元、詹大有、查二妙等②。综上所见，在上海活动的婺源墨商相当不少，仅查二妙就有"友记"和"绍记"，詹大有也有"成记"和"骏记"。另外，还见有詹彦文③和查

---

① 关于《经历志略》一书，笔者已另文探讨。
② 同治《思恭堂征信录》，第99页上。
③ 关于詹彦文墨庄，详见王振忠《晚清婺源墨商与墨业研究》，《古代中国：传统与变革》，复旦大学出版社2005年；《从谱牒史料谈徽州墨商的几个问题——以光绪戊戌环川〈（璁公房修）詹氏支谱〉为中心》，《安徽史学》2008年第1期。

蕴山。

同治《思恭堂征信录》中提及的徽州墨商，唯一例外的是鲍乾元，他是歙县人①。此外，《徽宁医治寄宿征信录》开列的捐款中，还有：胡开文（休城）捐洋四元，胡开文成记、老胡开文各捐洋二元，胡开文仁记捐洋一元。胡开文是著名的徽州墨店，创始人胡天注（1742～1808），为绩溪上庄人（与著名学者胡适同村）。其人少年时在休宁县城汪启茂墨店为徒，娶汪氏独生女为妻。乾隆三十年（1765）承顶汪启茂墨店，后取徽州府孔庙之"天开文苑"金匾中的两字，冠以姓氏，打出"胡开文墨庄"店号。后来，胡余德（1762～1845）子承父业，以"苍珮室"为专用商标，以休宁县城胡开文为总店，在徽州各县及安庆、芜湖、扬州、上海、武汉等地开设分店。根据《胡氏阄书》的规定，胡开文"分家不分店，分店不起桌，起桌要更名"。所谓分家不分店，是指休城的胡开文老店，历代均"单传"执业，这是为了保证墨店经营的可持续发展；"起桌"即制墨，分店不起桌，是指休城老胡开文墨店在各地虽然设了不少分店，但都始终只相当于休城老胡开文的门市部，只能经销老店生产的徽墨，不能自行制墨，这避免了无序竞争。起桌要更名，则是指若子孙设店起桌，店号要用胡开文，必须加上"某记"②。故而在上海的，就有胡开文（休城）、老胡开文、胡开文成记、胡开文仁记数家。

徽宁医治寄宿所除了像余鲁卿（之芹）那样的总理以外，还有协理和各县的任事员。各县任事员中，有休宁的汪宽也③，绩溪的路文彬。其中，汪宽也为布商，他是上海布业公所的总董④。而路文彬（1851～1932）则是上海徽菜馆的创始人之一，30岁后与人合作，在四马路开设聚乐园、聚宝园菜馆。1920年后，在上海24家主要徽菜馆投股，经理皆其得意门生⑤。另外，《徽宁医治寄宿征信录》"乙卯绩邑医治寄宿所长生愿洋数芳名"中，还见有汪裕泰捐洋

---

① 笔者收藏有民国十七年（1928）三月之《鲍公子权遗像》，其中对鲍乾元的渊源兴衰及经营方式，有详细的记录。

② 关于这一点，张海鹏、王廷元主编的《徽商研究》第十章《徽商个案研究》中有详细的分析，安徽人民出版社1995年，第566～585页。

③ 汪宽也亦见于光绪三十四年第三十刻《徽宁思恭堂征信录》，第86页下。

④ 关于这一点，详见日本学者松浦章的《徽商汪宽也与上海棉布》，《徽学》2000年卷，安徽大学出版社2001年。

⑤ 绩溪县地方志编纂委员会《绩溪县志》，黄山书社1998年，第882页。

陆元，汪裕泰则是著名的茶商字号。

　　除了上海的徽宁思恭堂相关征信录外，其他的征信录，也提供了一些著名徽商的资料。譬如，杭州的《新安惟善堂征信录》提及的歙人余锦洲，开设有杭州著名的转运过塘行。余锦洲故后，以"余锦洲"冠名的转运过塘行一直到民国时期，仍在长期运营①。有的征信录提供的资料，一定程度上有助于厘清历史成案中的谜团。例如，《新安惟善堂征信录》光绪七年（1881）《呈送议定章程禀》，末尾所列新安惟善堂董事名姓中有章辅堂。《唐栖新安怀仁堂征信录》所载"同治四年乙丑至光绪二年丙子十二载总共募捐数目"中，也列有章辅堂的名字。这位章辅堂，就是新发现的《南旋日记》中建议作者等走访胡雪岩芝园的绩溪人，这从一个侧面印证了稿本《南旋日记》的真实性②。《九江新安笃谊堂征信录》中，有一份《笃谊堂落成首士绘图粘契请县盖印词》，备列具禀的新安会馆绅董，其中就有蓝翎五品衔汪定贵③，此人即徽州黟县宏村承志堂的主人，这对于了解皖南古村落的人文内涵，具有一定的参考价值。

　　（三）其他

　　此外，各类征信录，还提供了其他诸多方面的信息。例如，光绪三十四年（1908）第三十刻《（徽宁）思恭堂征信录》中，保留有两份神（户）（大）阪三江公所及上海徽宁会馆旅榇交涉的相关文件。第一份是上海官方给徽宁会馆董事的谕文，该谕文根据驻日神户正理事官黎氏的文移，要求徽宁会馆接纳来自日本神户三江公所中华山庄的客商灵柩，其后附有神阪三江公所首事的公启。上述资料，是研究徽商与海外贸易的重要史料④。

　　又如，信客是活跃在全国各地与徽州本土之间的一类人⑤，《新安义园征信

---

① 笔者手头有多张"浙杭余锦洲义记老行"的老船票。
② 参见王振忠《稿本〈南旋日记〉与胡雪岩籍贯之争的再探讨》，《徽州社会科学》2006年第4期。
③ 《九江新安笃谊堂征信录》，第19页上。
④ 参见王振忠《佚存日本的苏州徽商及相关问题研究》，《徽州社会文化史探微——新发现的16至20世纪民间档案文书研究》，上海社会科学院出版社2002年，第519~578页。
⑤ 关于徽州信客，此前的研究，参见王振忠《徽商与清民国时期的信客与信局》，武汉大学中国传统文化与现代化研究中心主办《人文论丛》2001年卷，武汉大学出版社2002年。

录》记载：

> 徽郡六邑商民寓松者不可胜数，殁而灵枢无力寄归者，羁留异地，惨如之何！今同人公议资贴盘枢之费，并贴在园下船及到徽上山诸费，如有无力归乡者，必须的确亲属央保到崇义堂报明，出立领费字据，并令信客出具承揽。

> 凡具报回徽之棺，登号注明姓名住址，保家亲属信客出具收领承揽……①

信客负责将旅外徽人的棺材运回徽州。以下根据相关记载，列表如下：

上表中的人名为信客，括号中的地名是他们将棺枢送往徽州的地点。从中可见，自1884~1910年，为时不过二十六年，但仅活跃于上海南汇至歙县之间的信客就多达21人。

除此之外，征信录中还有不少脚夫的资料，亦颇具史料价值（表六）。

三 余论

徽州民间文献数量极为庞大，笔者以为，分类整理民间文献是推进徽州研究和明清以来经济史和社会文化史研究的基础工作②。本文介绍了笔者所知、所见的征信录，并就阅读这些文献所得到的讯息，作了初步的分析。对于此项研究，今后仍有继续深入之必要。就资料而言，由于目前所见的征信录虽然已有一些，但历史时期形成的征信录之数量相当之多，以徽商编纂的征信录为例，有会馆的地方通常都有征信录，而各地徽商所编的征信录一般都是连续出版物（或一年一刊，或三年一刊，或五年一刊，或十年一刊），虽然其中有部分内容是每一刻征信录都反复登载的，但每一刻的征信录均有其特别的价值。由于仍有不少征信录尚未看到，因此，除了期待在民间还会有新的发现之外，亦希望能在公藏机构中阅读到以往未见的相关征信录。另外，或许还应该将徽州的征

---

① 《崇义堂公议规条》，见《新安义园征信录》，第11页下。

② 在这方面，笔者已作有《明清以来的徽州日记及其学术价值》，《传统中国研究集刊》第四辑，上海人民出版社2008年。

表六　徽州信客活动表

县别	歙县	黟县	婺源	绩溪	休宁	来源
光绪十年至宣统二年（1884～1910）	许华元（薛坑口，浦口、渔梁、小川）；吴子和（贺川）；庄利德（琅园口，薛坑口，琅园口，渔梁，浦口）；张金茂（深渡，薛坑口，浦口，渔梁梁坝）；汪春山（薛坑口，蓝渡）；汪声光（深渡）；王振荣（浦口）；方观友（琅园口，南源口）；张松林（浦口，潏潭，漳潭，琅园口，绵潭）；凌汉卿（深渡）；姚启发（琅园口）；汪坤成（浦口）；胡尚成（薛坑口）；王元根（琅园口）；张日升（渔梁）；汪峻甫（渔梁）；张祥裕（琅园口，薛坑口，浦口，深渡）；胡嗣章；张彩堂（潏潭、杨村、琅园口，深渡）	汪声光；余锦清；舒蕊香	汪汉明	汪友章；胡俊发；胡云芬（绩溪瑞川）；胡洪吉	吴子和（下溪口，龙湾）；胡天宝（上溪口）；叶汉章（上溪口）；汪峻甫（上溪口）；吴子和（屯溪）；程金发（屯溪）；余七金（大白思[司]）	《忠义堂征信录》

信录与其他地区的相比较，从而看出各地域商人及相关运作的区别与相互借鉴①。关于这一点，限于时间和学力，目前尚未能做更多的工作，将来应做进一步的努力。此处，仅就目前所知、所见的徽州征信录，略作申述。

从徽州征信录所见，19 世纪以来，徽州善堂出现了区域性联合的倾向。例如，徽州一府六县在杭、嘉、湖及苏、松、常等地经营作客者为数甚多，而杭州因地处运河和新安江的交汇处，故而成为徽州旅榇归籍的总汇之地。《大清道光十八年五月二十八日为建惟善堂禀》：

> 凡我六县之人在杭、嘉、湖及江苏松、常诸郡邑服贾者不少，积有客故旅榇，总需附载到杭，暂停旬日，由上江运归故土，无力者难免积日累月，致多堆压。今仿照京都慈航善举之式，于旅榇到所时，查其姓氏里居及报人姓名，登记年、月、日，柩上注明予限一年，听有后、有力者随时认明领回原籍，以全孝思。或虽有后，无力孩稚，无所经营，询明属实，助其由杭到徽船只水脚之费，并于各邑口岸酌设暂柩之所，总名登善集，分别发送，以敦桑梓之谊②。

> 嘉禾、苏、松等郡邑各善集，将来载到旅榇，堂中专人代为照料，一切俱照杭郡之式，以归一致。倘信客收受水脚，到塘时，藉以货多船重，或水脚不敷，有意延搁者，不准透留，以杜巧饰。或实为风潮险阻，人货繁多，该信客邀同诚实保人，留存大钱二千文为质，到堂写定下次来杭，必定带去，不致延误。如期带者，原钱给还。倘逾半年不带，将质钱作为水脚，附便寄至登善集，标明某客失信，以致半途而废，戒其将来③。

范金民教授曾指出："惟善堂在杭州设总堂，在徽州各县设登善集，苏、

---

① 譬如，明清以来，浙东与皖南同是高移民输出的地区，日本学者帆刈浩之《清末上海四明公所の运棺ネットワークの形成——近代中国社会における同乡结合について》（《社会经济史学》第 59 卷第 6 期，1994 年）、《近代上海における遗体处理问题と四明公所：同乡ギルドと中国の都市化》（《史学杂誌》第 103 卷第 2 期，1994 年），对宁波商人的运棺网络及相关问题作了细致、深入的探讨，这与徽州可以相互比照发明。

② 《新安惟善堂征后刊信录》，第 1 页下。

③ 《新安惟善堂前刊征信录》，第 20 页下。

松、常、嘉、湖各地的徽商棺枢都汇集到杭州江干，然后分送各县，或落葬杭州，旅榇从入殓、安厝到转运、落葬，徽商编织起了一张完整庞大而又细密的江南运棺网。"① 虽然"总堂"之说，似为今人的概括，但此一结论符合历史事实。正是由于此种区域联合，故在杭州新安惟善堂中，有常州的"公堂息款"——也就是由常州新安会馆捐助钱本五百千文，存在新安惟善堂生息，按年凭折支取利钱五十千文，专为载送旅榇水脚之需②。

在长江沿线，也出现了类似的情况。九江《笃谊堂公议条规牌示》："本堂资送旅榇，所有六邑水陆各程船力、抬力，均照汉口笃谊堂成章，现附汉口信足带送，一切自听汉口堂董批给关照，本堂所刊各板，暂置不用。"这是因为由汉口沿长江东下，途经九江，才能回到徽州本土，故而形成了这种联合。

徽商慈善事业的区域性联动，至迟始于道光年间，但在太平天国以后，随着茶业的兴盛，又有了新的发展。《新安义园征信录》中的《新安六善堂募启》曰：

> 谨启者，松郡崇义堂、闵行慈善堂、嘉郡翳阴堂、塘栖怀仁堂，余杭同善堂，南浔遵义堂，皆新安公所也。吾郡山多田少，不士则贾，商于外者什居六七，或不幸病故他乡，殓无赀，殡无所，有赖诸善堂设厝安寄助赀回籍，如乏领带者，则置地掩埋，一切举行已久，均从妥善。自咸丰十年发匪滋扰，各堂宇殡房焚毁倾颓不堪寄榇，方今四海升平，商贾辐辏，司事亟行劝捐，重兴旧址，业经鸠工次第办理，但经费浩繁，公项支绌，于是谨布吾徽各茶字号诸乡台翁洞鉴，兹集六处善堂，合而为一，名曰新安六善堂，编立联单收票，每箱其提捐钱十二文，以赀善举，仅就申地司事黄信义号、吴肇泰号同江君明德经收分派，伏望我同乡君子，桑梓情殷，好施乐助，俾垂永远，功德无量，此启③。

可见，松江、闵行、嘉兴、塘栖、余杭和南浔六处新安公所所办的善堂，合组为新安六善堂。其具体的负责人有如表七：

---

① 《清代徽州商帮的慈善设施》，《'98 国际徽学学术讨论会论文集》，第 117 页。
② 《新安惟善堂前刊征信录》，第 15 页下～16 页上。
③ 《新安义园征信录》，第 24 页上。

表七　新安六善堂负责人表

上海经劝	松江司事	嘉兴司事	闵行司事	塘栖司事	余杭司事	南浔司事
汪元治、黄大镛、吴肇泰、汪菊亭、邵春茂、江明德	黄大镛、程砚耘、程斐君、章殿安	江德城、冯近之、江明德	程秋圃、孙数峰、朱彩章	吴立成、程云溪、洪民彝	周雨帆、张以镛、汪正和	韩辅廷、方正廷、谢心如、韩载扬

　　其中的"江明德"，尤其值得关注。其人既是"上海经劝"中的一员，又是嘉兴司事之一，后来在同治九年（1870）接办松江崇义堂事务时，又是负责劝办茶捐的成员①。可见，他的茶叶贸易至少涉及上海、松江和嘉兴三地。商业网络与慈善事业网络相互关联，江明德起了重要的统合作用。新安六善堂的出现，显然与晚清茶商的兴盛密切相关。光绪二十九年（1903）九江笃谊堂《新安阖郡劝抽茶箱捐及一文愿启》"特劝茶商按箱乐助"，其劝捐条款规定："每箱抽捐曹平二五银五厘。"由前所述可见，茶捐是太平天国以后一些徽州会馆的最主要资金来源之一，从征信录来看，茶业在晚清民国时期的徽州慈善事业中，占据着重要的地位②。

　　此外，1951年《徽宁思恭堂征信录》之发现，其学术意义颇为重大，这从一个侧面说明徽州商人的凝聚力一直持续到建国之初。

---

① 同治九年（1870）年接办松江崇义堂事务者：董事：黄大镛，程如达，程明勋，章殿安；经手劝捐：章柏芳，吴子逸，汪筠斋，王长寅；劝办茶捐：邵春茂，江明德。

② 日本学者重田德以民国《婺源县志》为主要素材，指出：晚清民国，就全体徽商的活动而言，茶业的比重增大，使得婺源商人在徽商中的地位有所上升（见氏著《清代徽州商人之一面》，刘淼辑译《徽州社会经济史研究译文集》，1988年，第446页）。

潞泽会馆与洛阳民俗文化

王支援*

摘　要: 潞泽会馆是河南省重点文物保护单位,也是洛阳市区现存规模最大、保存最完整的古代建筑群。文章论述了潞泽会馆(洛阳民俗博物馆)概况及成立之初的种种困难,分析总结了该馆突破困境实现跨越式发展的具体举措,及其在发展过程中对洛阳民俗文化的传承、利用和保护。

关键词: 潞泽会馆　洛阳　民俗文化

民俗文化是普通民众长期以来在生产、生活实践中逐渐形成的一种社会文化。古都洛阳地处中原,是华夏文化的发祥地,自夏朝起先后有十三个朝代在此建都,历史上曾长期居于政治、经济、文化的中心地位。这样一座古城必定有着看不尽的历史遗存和道不完的民风民俗。河南省洛阳市瀍河区新街南端东侧有一处古建筑群,整个建筑气势宏大、布局严谨、装饰精美,这就是始建于清乾隆九年(1744)的潞泽会馆。为了更好地展示洛阳及周边地区的民风民俗,1988 年,洛阳民俗博物馆在潞泽会馆古建群上组建成立,一座以弘扬河洛文化、展示民俗风情为主的专题性博物馆正式开放。

一　洛阳民俗博物馆概况及成立之初的种种困难

潞泽会馆,系山西潞安府(今长治市)、泽州府(今晋城市)两地商人集资所建,主要供同乡商人传递信息和物资集散之用,是晋商文化的产物。所建之初与其他会馆一样,因供奉武财神关公而得名关帝庙,旨在祈求生意兴隆,后才改称为潞泽会馆。整个会馆占地 15750 平方米,所处之地东临瀍河,面对

---

* 王支援,河南省洛阳潞泽会馆馆长、研究员。

洛河，坐北朝南，紧邻古代洛阳老城东部的重要通道大石桥与小石桥，水路与陆路均很畅通，在当时，其地理位置非常利于会馆的各种商业活动。解放战争时期，这里曾是国民党守军的一个团部，后来又被用作洛阳地区公安处和洛阳地区公路段的办公场所。到了"文革"后期，洛阳地区文物处进驻此地。1981年，会馆正式移交给文物部门，辟为"豫西博物馆"。虽然至今潞泽会馆已经历了近300个春秋，在钟楼和后殿的外墙上还留有战争时期的大量弹痕，甚至在"文革"时，会馆门前广场的琉璃九龙照壁及东西两侧的文昌阁和魁星楼也被拆除，但这里依旧是洛阳市区现存规模最大、保存最完整的古代建筑群。1986年，潞泽会馆被公布为河南省重点文物保护单位。

　　1988年，在潞泽会馆古建群上所建立的洛阳民俗博物馆正式对外开放。馆内职工为新馆的成立感到万分高兴。大家干劲十足，希望能够有一番作为，可此时却出现了种种的实际困难。藏品是博物馆的基本要素，我们首先遇到的就是馆内藏品数量少，且又缺少文物征集经费这一大难题。当时馆里仅有数万元的文物征集费用，也没有汽车。2000年，我馆想征集一批匾额，大家担心贸然租车下乡不仅征不到匾额，还白白浪费了租车费用，于是就先派人到各地摸索，确定目标后，再租车前往。虽然目标确定了，但由于资金紧张，大家希望用有限的资金征集到更多的文物，于是单位领导和职工就想出办法，以70元的价格买来一些单人床，到乡下去换匾额，一张床换一块古匾，出人意料的是，这样的办法居然真的有效，那一次我们换回了100多块古匾！那些年在征集文物的过程中，因缺少资金而错失珍贵文物的事例有很多；第二个困难是潞泽会馆的修缮问题。由于长期的风雨侵蚀，潞泽会馆古建群普遍存在大面积漏雨、椽飞糟朽、屋瓦脱落、油漆剥落、木构件劈裂和铺地方砖破碎不堪等问题，古建筑的维修保护工作必须尽快进行，但是我们依旧缺乏资金；第三就是洛阳民俗博物馆四周民宅林立，整体环境缺乏规划，出入极为不便，严重影响了我馆的正常开放和保护工作。面对以上种种困难，在还未得到外力帮助的情况下，洛阳民俗博物馆的领导积极想办法，主动破解难题，一方面动员职工及民间群众为我馆捐赠一些即具有民俗特色又有一定文物价值的物品以充实我馆的藏品数量，另一方面与其他兄弟单位协商借调珍贵文物以提升我馆展品的整体质量，同时积极申报潞泽会馆为全国重点文物保护单位，并竭力争取洛阳市政府及国家文物局、省文物局的财政支持。终于在2001年，潞泽会馆被国务院公布为全国重点文物保护单位，洛阳民俗博物馆得到了国家、省、市文物部门和各级人民政府的重视和支持。在洛阳市委市政府的支持下，市财政局先后多次拨款对洛阳民俗博物馆的外部环境进行了彻底治理。先后对中州渠民俗博物馆段进行了挖潜硬化处理，修建了中州渠仿古青石大桥，开通了通往九都路的南大门道路，对潞泽会馆南部广场进行了绿化和美化，修建了生态停车场，拆迁了馆区西侧的新街居民，修复了新街道路，整修了残破不堪的小石桥和大石桥，开通了公交车线路，使我馆的外部环境面貌一新。2001～2006年间，国家文物局、省文物局也多次拨款用于我馆的文物保护、古建筑维修保护及文物征集等工作。在各方的支持下，修缮后的潞泽会馆终于以崭新的面貌展现在世人面前，洛阳民俗博物馆自此揭开了新的篇章。

二　突破困境、硕果累累

2000年以来，在馆长及各位领导的带领下，洛阳民俗博物馆取得了跨越式的发展。自2000年开展"继往开来——百年文物征集"工作以来，洛阳民俗博物馆坚持狠抓民俗文物的征集和保护工作。从2000年至今的13年内，我馆的藏品数量由最初的4000余件已增加至40000余件，其中三级以上文物就有1300余件。这些藏品不仅数量大而且种类多，包括有匾额、刺绣、钱币、书画、木雕、石刻、碑帖、契约文书等等。有了丰富的藏品作保障，洛阳民俗博物馆即利用会馆的特殊结构，先后开设了民间艺术、刺绣、婚俗、寿俗、信俗、农具、皮影等多个展厅，形象地展现了河洛地区在衣着服饰、婚丧嫁娶等方面的独特风俗。我馆的文物库房渐渐丰富了起来，具有较高文物价值的藏品也越来越多，这不仅为挑选展品时提供了更多的选择，而且展柜中的展品可以不定期地进行调换，从而使游客欣赏到更多的珍贵文物。2006年，洛阳民俗博物馆的基本陈列获得河南省博物馆陈列展览最佳内容设计奖。如今到洛阳民俗博物馆参观的游客，不仅可以感受到清代古建筑群的宏伟气势，更可以观赏到种类繁多的珍贵文物。洛阳民俗博物馆用实物再现了豫西的风俗，吸引着八方来客，成为国家三级博物馆、国家AAA级旅游景点、洛阳市十佳旅游景点、洛阳市花园式单位、洛阳市青少年爱国主义教育基地等。我馆的各项工作得到了洛阳市委市政府及国家文物局、河南省文物局和洛阳市文物局的充分肯定。

匾额在洛阳民俗博物馆的展品中，特别受到游客的喜爱。作为一种集文学、书法、雕刻和装饰美学于一体的传统文化载体，匾额被广泛应用于社会生活的方方面面，因其用辞雅致，书法精美，雕刻细致，具有很高的艺术价值和历史价值。洛阳民俗博物馆一直致力于匾额的征集工作。2000 年以来，在国家、省、市文物部门和市委市政府的支持下，我馆的工作人员在馆长的亲自带领之下走遍了洛阳周边的各个县区以及河南省的登封、巩义、禹州、孟州、陕县、灵宝、渑池、汝州等地，甚至远足山西、湖北、江苏等省份，行程达数万里，累计征集古匾 2100 余块，藏品数量位居国内各博物馆同类藏品首位。对于这些来之不易的匾额，我馆的工作人员如获珍宝。为了进一步保护和更好地展示这些匾额，2009 年 4 月 11 日，在洛阳市人民政府的大力支持下，全国第一座匾额专题博物馆——洛阳匾额博物馆建成开放。该馆位于洛阳民俗博物馆西侧，占地面积 3160 平方米，青砖灰瓦，为仿清建筑风格。馆内共设有功德声望、贞节贤孝、官府门第、婚喜寿庆、医德教泽、寺庙宗祠、精品匾额、书斋堂号八个展厅，展出匾额 500 余块，时间上起于明代天顺年间，下止于民国时期，其中不乏傅义渐、陈廷敬、纪昀、刘墉、和珅、左宗棠、蒋介石、丁汝昌等历史要人和书法名家之作，具有很高的历史文物价值和观赏价值。洛阳匾额博物馆的陈列展览被评为 2009 年、2010 年河南省最佳陈列展览内容设计奖。这样一座匾额专题博物馆的成立使得一批流散于民间濒临消失却弥足珍贵的古匾得到了很好的保护、修复和展示，填补了国内此类专题博物馆的一个空白。

继洛阳匾额博物馆成功开放之后的第三年，洛阳民俗博物馆又为洛阳市的博物馆事业增添了一抹新彩。自 2010~2012 年，在国家、省、市各级政府和部门的大力支持下，洛阳民俗博物馆一方面争取资金，对全国重点文物保护单位——祖师庙古建筑群进行全面的修缮保护；另一方面广泛征集与老子及道教相关的各类文物，最终圆满完成了洛阳老子纪念馆的筹建开放工作。洛阳老子纪念馆位于洛阳市老城区北大街，馆址前身是祖师庙，始建于元末明初，最初是为纪念道教祖师老子而建，明代时曾改做他用。祖师庙于 20 世纪 90 年代中期移交给洛阳市文物部门保护管理后，国家、省、市各级政府曾多次拨款予以修缮。2006 年被国务院公布为全国重点文物保护单位。中国道家学派创始人老子居洛时间达数十年之久，孔子入周问礼及著写《道德经》等事件均发生在这里。为纪念这位伟大的哲学家和思想家，2012 年 9 月 28 日，洛阳老子纪念馆正式建成开放。这是目前国内唯一的老子文化专题纪念馆。馆内大殿塑有老子雕像，四周墙壁上的彩色壁画讲述了老子一生的经历。大殿内典型的元代梁架结构是祖师庙跻身全国重点文物保护单位的重要原因。纪念馆的第一和第二展厅展出木雕人物造像共 200 余件。这些造像多是明清时期家庭供奉的木雕神像，其中包括有老子、八仙、土地神、灶神等。第三展厅是洛阳地区历史文化遗存的沙盘模型，其中老子故居，孔子入周问礼碑，上清宫和下清宫等与道教相关的历史遗迹均有特别的标注。洛阳老子纪念馆以老子在河洛地区的史迹为主线，突出展示老子的生平事迹及道教文物。由洛阳民俗博物馆筹建开放的这家洛阳老子纪念馆再一次开创了我国此类纪念馆的先河。

近年来，契约文书的征集成为洛阳民俗博物馆的一项重要工作。2002 年至今，我馆共征集到纸质契约文书 30000 余份，其中最早的一份是明代永乐九年的娼妇从良执照。纸质文书是极难保存和流传的，能够获得一份距今 600 多年的此类文物实属难得。我馆所征集的纸质文书不仅数量多且内容丰富，包括有地契、房契、结婚证、婚书、继嗣文书、丧葬文书、科举试卷、药单、路条、借据、分单、金兰谱、族谱、诉状等种类，为研究中国古代社会，尤其是明、清、民国时期的土地制度、信俗文化、社会生活等提供了重要的实物依据。2011 年 4 月，洛阳民俗博物馆精心挑选了 600 余份珍贵的纸质文书在潞泽会馆的大殿内进行了展览，获得了广泛好评。目前，洛阳民俗博物馆正在积极筹划洛阳契约文书博物馆的成立工作，此项目已经成功列入国家"十二五"期间"河南省地市级三馆建设"重点资金支持建设项目计划，国家发改委用于兴建洛阳契约文书博物馆的专项资金现已到位，预计年底开工建设，届时又一个专题博物馆将向大众开放。

为了使洛阳民俗博物馆日益丰富的藏品能够发挥更大的价值，提高藏品的展出率，经过与荆州博物馆的协商研究，2013 年 3 月，我馆组织人员在馆藏文物中精心挑选出匾额、刺绣和契约文书各 100 件，赴湖北省荆州市进行了为期三个月的展览。这些展品在荆州博物馆内获得了极高的评价。此举为宣传古都文化和提高洛阳民俗博物馆的知名度起到了巨大的推动作用。

举办河洛文化民俗庙会（洛阳民俗文化庙会）是洛阳民俗博物馆每年 4 月份的重点工作。洛阳民俗文化庙会自 1991 年起，每年一届，是我馆按照市委市政府的花会工作部署，为配合中国洛阳牡丹文化节所举办的一项重要活动，自

2011 年起改称为河洛文化民俗庙会。庙会以民间文艺表演为主要内容，包括有鼓乐、狮舞、变脸、马戏、坠子书、排鼓等，同时还有许多民间艺术家会带上自己的手艺活，例如剪纸、面塑、布艺等前来助兴。热闹非凡的庙会气氛、丰富多彩的活动内容、雅俗共赏的民间工艺，吸引着大批的中外游客前来观光游览。一年一度的河洛文化民俗庙会，在烘托中国洛阳牡丹文化节气氛、宣传洛阳、展示河洛文化、丰富活跃城乡群众文化生活等方面发挥着重要作用。

洛阳匾额博物馆、洛阳老子纪念馆的建成开放以及洛阳契约文书博物馆的筹建工作均是依赖于从 2000 年至今的 10 余年中，我馆对文物征集工作的充分重视。丰富的藏品作为珍贵的第一手资料，为我馆进行科研工作提供了坚实的基础。《潞泽会馆与洛阳民俗文化》一书的成功出版带动了洛阳民俗博物馆职工对于科研工作的极大热情，随之我馆又相继出版了《洛阳匾额》一至五卷，《洛阳匾额论文集》、《洛阳民俗文化研究论文集》、《洛阳刺绣》、《故纸拾遗》一至五卷等著作。其中《洛阳匾额》第四、五卷荣获 2010 年"河南省优秀科普作品一等奖"和"洛阳市 2009～2010 年度优秀社科成果一等奖；《故纸拾遗》第四卷荣获 2011 年"河南省优秀科普作品"一等奖；《故纸拾遗》第五卷荣获 2012 年"河南省优秀科普作品"二等奖。与此同时，我馆还申报立项了《河洛地区节庆习俗研究》、《契约文书的保护与利用》等多个研究课题，其中也不乏获奖成果。科研已经成为洛阳民俗博物馆的一项日常工作。职工业务能力的不断提高，积极地推动着我馆朝着更加专业化的方向迅速发展。

2010 年 11 月，洛阳市民营博物馆筹建工作正式启动。洛阳市政府开始着力推进民营博物馆的发展，欲将洛阳打造为"博物馆之都"。鉴于洛阳民俗博物馆办馆的成功经验，洛阳市文物管理局举荐洛阳民俗博物馆馆长为洛阳市民营博物馆协会会长，负责协助筹建洛阳市的各家民营博物馆。在洛阳市委市政府的正确领导，河南省文物局、洛阳市文物局大力支持及洛阳民俗博物馆的努力下，不到三年的时间里，洛阳市已有 21 家民营博物馆（包括洛阳周氏银器博物馆、洛阳唐艺金银器博物馆、洛阳三彩艺术博物馆、洛阳唐三彩陶艺博物馆、洛阳牡丹瓷博物馆、洛阳河洛石文化博物馆、洛阳金石文字博物馆、洛阳碑志拓片博物馆、洛阳爱心书法博物馆、洛阳围棋博物馆、洛阳真不同水席博物馆、洛阳驿站博物馆、洛阳动漫博物馆、洛阳龙门博物馆、洛阳老龙门农家博物馆、老雒阳饮食文化博物馆、洛阳树威古瓷鉴藏博物馆、洛阳古洛斋艺术博物馆、洛阳嵩县嵩州古灯博物馆、洛阳新安县河洛当代碑林博物馆、洛阳古典红木家具博物馆）通过了河南省文物局的审批，数量居全省首位。民营博物馆是国有博物馆的有益补充，它们的建成开放在推动我市创建国际文化旅游名城、打造"博物馆之都"、提高洛阳城市文化品位和丰富市民文化生活等方面发挥了积极的作用。洛阳市民营博物馆已成为一张彰显古都洛阳厚重历史文化的亮丽名片，得到了社会各界的广泛关注和高度评价。

三　总结经验、再创佳绩

洛阳民俗博物馆建成开放至今，已经历了20多个年头。在馆长的正确领导及各位职工的共同努力下，我馆发生了翻天覆地的变化。无论是潞泽会馆的整体修缮，还是文物的征集，亦或是科研及接待工作等均取得了很好的成绩，得到了洛阳市委市政府及国家文物局、河南省文物局、洛阳市文物局等各方好评。2000年以来，洛阳民俗博物馆连续13年被评为洛阳市文物工作先进单位。

常抓文物的征集工作，不断增加藏品的数量并提高质量，走专题博物馆路线，以形成良性循环是洛阳民俗博物馆办馆的成功经验。洛阳民俗博物馆在20多年的发展过程中，并没有仅仅局限和满足于潞泽会馆这一古建群为我们所引来的游客，而是通过不断地征集文物，向馆内注入新鲜血液，变被动为主动，积极争取政府及各相关部门的多方支持，在充分利用古建群这一历史遗迹的同时不断扩充馆内的参观内容，重视文物的保护修复和科研工作，成功地将1988年成立的一个专题博物馆发展成为现在四馆（洛阳民俗博物馆、洛阳匾额博物馆、洛阳老子纪念馆、洛阳契约文书博物馆）合一的盛况，走出了一条特色发展之路，成绩骄人。

展品是博物馆的基础，文物征集工作是各项工作的根本动力。洛阳民俗博物馆今天所取得的成绩依靠的是馆长和各位领导的正确决策以及广大职工的辛勤努力。作为文博工作者，一定要具备强烈的责任心及事业心，始终坚持将文物的抢救和保护作为己任。在我国文博事业的道路上，还需要更多的有奉献精神和专业素质的人积极投身进来。未来我馆还将继续开拓创新、锐意进取，期盼洛阳民俗博物馆能够取得更大的发展，创造更加辉煌的成绩。

比较视野下的浙商特色分析

游海华*

摘 要： 浙商，学界定义各有不同，但主要是指从事工商产业或创办实业的浙江人。从古代到近当代的浙商，无论是从内部比较，还是与省外商人群体比较，都有着许多的共同点。浙商的特色则主要表现在五个方面：明清十大商帮中，浙江占了两席；是从传统商帮到现代商帮成功转型和与时俱进的典型群体；明清以来，逐渐从边缘走向全国市场舞台的中心，成为最活跃和最重要的主角；具有极强的抱团意识，对"熟人经济"有强烈偏好，但并不封闭；本质是"民商"，来自于草根，根植于草根，在市场经济建设的今天，浙商迎来了发展的"黄金时期"。

关键词： 浙商 比较视野 特色

一

唐宋以来的浙江，是中国商品经济发达地区之一。悠久的商业传统、独特的地理条件和优越的区位环境，孕育了一个独特的商业群体——浙商。

浙商，因时因地被赋予的含义稍有不同。有的认为是指做生意的人，即从事商品买卖的浙江人。有的认为是自主从事经营活动的法律意义上的资产所有者，包括浙江籍的私营企业主、个体工商户、各类股东、合伙人等所有的自然人市场主体①。还有的认为，改革开放以来，崛起的浙江籍民营企业家是"新浙商"②。

---

* 游海华，浙江工商大学马克思主义学院教授。

① 杨轶清《草根成长：浙商成败的现象与规律》，浙江人民出版社 2009 年，第 1 页。

② 曹旭华、党怀清《新浙商对旧浙商的传承与发展研究》，《浙江学刊》2011 年第 5 期。

古代的浙商，主要是就商人集团即商帮而言①。可见，浙商是一个相对宽泛的概念。尽管定义稍有不同，但一般说来，无论古代还是近当代，主要是指从事工商产业或创办实业的浙江人。

关于浙商，学界已有众多的研究成果②，举不胜举。其中，关于浙商的比较与特色，尽管已有专文论述过③，笔者认为还是有进一步讨论的空间。所谓横看成岭侧成峰，远近高低各不同。作为中国商人群体中的一员，从比较的视野，尤其是从不同学科的角度出发，可以在更深层次完善我们对浙商的认识。

二

从整体上看，浙商有一些共同特点，例如认乡谊、重人情、肯合作、视野开阔、开放创新、诚信智巧、求真务实等。但从浙江内部看，由于地理环境、交通区位、地方传统和政策环境等的不同，来自不同县市的商人

① 应加以注意的是，古代商帮是指由地缘或业缘相结合而组成的商人（经济）组织，是"他称"、"他在"意义上的"客帮"，而当代所谓的"浙商"、"粤商"、"闽商"等则是改革开放以来形成的当代地域商人群体，是一种"本称""本在"意义上的非帮群体。周膺《当代地域商人群体与古代商帮的差异》，《浙江学刊》2011 年第 5 期。

② 著作如鲍杰、包鹤年、孙善根《论近代宁波帮》，宁波出版社 1996 年；顾红亮、徐怡《双峰并峙的浙商》，浙江人民出版社 1997 年；陶水木《浙江商帮与上海经济近代化研究》，上海三联书店 2000 年；吕福新《浙商的崛起与挑战——改革开放 30 年》，中国发展出版社 2009 年。论文如陶水木《浙江商人与上海经济近代化》，《浙江社会科学》2001 年第 4 期；吕福新《论浙商的"个众"特性——具有中国意义的主体性分析》，《中州学刊》2007 年第 1 期；陈学文《浙商的历史溯源：地域、时段、人文基因的交互融合》，《商业经济与管理》2007 年第 4 期；徐斌《浙商三十年的荣耀与反思》，《商业经济与管理》2009 年第 1 期。

③ 陈立旭《区域工商文化传统与当代经济发展——对传统浙商晋商徽商的一种比较分析》，《浙江社会科学》2005 年第 3 期；张仁寿、杨轶清《浙商：成长背景、群体特征及其未来走向》，《商业经济与管理》2006 年第 6 期；辜胜阻《再创闽商新辉煌——闽商与浙商的比较》，《中国民营科技与经济》2007 年第 2、3 期合刊；侯苏勤《从人文心理的视角看当代浙商的特点》，《湖南行政学院学报》2008 年第 2 期；刁宇凡《浙商与粤商的全方位比较》，《商场现代化》2008 年 2 月中旬刊。

群体还是个性鲜明的，有着自己浓厚的地方特色。像温州商人吃苦耐劳，勇于闯荡，灵活变通，曾以"温州模式"开中国经济改革开放之先声；台州商人踏实肯干，敢打敢拼，富有灵气，把"温州模式"逐渐演化为"温台模式"；宁波商人毅力非凡，继往开来，吐故纳新，成功实现传统向现代商帮的转型；金华商人勤耕苦读，精思巧为，海纳百川；杭州商人温文尔雅，厚积薄发，立意高远；绍兴商人刚柔相济，外圆内方，行事低调等等。

　　同样，浙商与国内其他商人群体相比较，它们有一些共同点。历史上大多数商帮大多诞生于区位优越、交通便利、商品经济发达之所，或者诞生在山稠田狭、人多地少等自然条件恶劣的地区，因而不得不"舍本逐末"以养家糊口。所有的商帮在中国传统文化的影响下都秉承了一些共同的价值观和经营理念，如诚实守信、敬业勤劳、群体精神、勇于创新、灵活经营、不断进取。此外，几乎所有商帮都主张"君子爱财，取之有道"，不能舍义取利，见利忘义；在物质生活方面，都崇尚勤俭持家，劳动致富，反对骄奢淫逸，铺张浪费。

三

　　然而，细细比较，认真考究，我们可以发现，无论在古代、近代还是当代，浙商有着很多自己明显的特点，主要有以下几点。

　　第一，历史上并没有用"浙商"指称浙江商人群体的说法，古代浙江商人主要是以龙游商和宁波商而闻名的；浙商这个名称最初是对改革开放以来浙江籍从事工商产业和创办实业群体的特定称呼，后来也泛指历史上的浙江商人群体。明清时兴起的中国十大商帮，除龙游商、宁波商、徽商、洞庭商以小地名命名外，其他晋商、陕商、鲁商、闽商、粤商、江右商等六大商帮都是以省级行政区域命名，并且十大商帮中，浙江一省占了两席，这或许与江浙地区悠久的商业传统和发达的商品经济有关。

　　第二，浙商是从传统商帮到现代商帮成功转型和与时俱进的典型群体。

　　明清十大商帮中，绝大多数商帮都随着历史的变迁、政局的动荡在近代走向衰落，难觅踪影。众所周知，随着银行等现代金融机构的兴起，以及清王朝的垮台，主营票号的晋商退出了历史舞台①。以经营食盐而暴富的徽商，进入近代以后，随着清王朝的衰微，尤其是市场环境的改变、新式产业和资本的兴起，最终无可奈何花落去②。即使浙江本省的龙游商帮，也随着岁月的流淌和市场的变迁，在清中叶尤其是光绪以后一落千丈，清末民国时期更是烟消云散③。唯有宁波帮，抓住并适应了近代时世变化，在大上海博采众长，吐故纳新，在工业、运输业、金融业等现代新式产业中大显身手，引领潮流，实现了从传统商人到新式商人和实业家的华丽转身。1940 年代末，大批宁波人移居港澳台创业，后又扩散到美洲、大洋洲和西欧，形成了海外"新宁波帮"。其中，有世界船王包玉刚、董浩云，影视大王邵逸夫、电子大王邵炎忠、美国华商总会会长应行久，以及张珑堂、水章铭、王宽城、安子介、邱得根等④。他们真正把宁波、把浙江推向了世界。

到今天，作为全国重点侨乡，浙江省有 150 多万华侨华人，分布在 170 多个国家和地区，浙籍侨胞拥有资产在 7000 亿美元以上。有趣的是，浙江中小民营企业的境外投资，99% 是分布在这些国家和地区。旧商帮与新浙商完成了无缝承继，国内浙商与海外浙商实现了完美对接。

第三，明清以来，浙商逐渐走向全国市场舞台的中心，成为最活跃和最重要的主角。十大商帮中浙江一省虽然占了两席，但毋庸讳言，明清时期全国市场舞台上唱主角的，不是浙商，而是晋商和徽商，如明人所说，"商贾之称雄者，江南则称徽州，江北则称山右"⑤。明清时期的浙商无论在规模上、财力上，还是在影响力上，都无法与微商和晋商相提并论。即使在传统浙商的故乡，明清时期成大气候者也是徽商。进入近代以后，尤其是 19 世纪末以来，随着以宁波帮为核心的浙商在远东贸易、工业、金融中心上海的风生水起、叱咤风云，以及江浙财团的形成，浙商无疑是中国商人群体的领袖和杰

---

① 桑润生《简明近代金融史》，立信会计出版社 1995 年，第 59 ~ 60 页。

② 张海鹏、王廷元《明清徽商资料选编》前言，黄山书社 1985 年，第 1 页。

③ 顾红亮、徐怡《双峰并峙的浙商》，浙江人民出版社 1997 年，第 69 页。

④ 鲍杰、包鹤年、孙善根《论近代宁波帮》，宁波出版社 1996 年，第 9、43 ~ 44、197 ~ 199 页。

⑤ （明）谢肇淛《五杂俎》卷四。

出代表①。改革开放以来，浙商不仅以其草根出身创造了经济领域的诸多全国第一②，奠定了浙江省民营经济大省的地位③，而且以其活跃身姿出没于全世

---

① 在近代上海最初的进出口贸易中，浙商不但是许多行业的最早经营者，而且是这些行业的领头者。其中，洋布业和五金业以宁波商人为多，煤炭业和茶叶以宁绍商人为多，丝业以湖州商人为多。19世纪六七十年代，上海的买办"半皆粤人为之"，而到了八九十年代，则"主要来自宁波"。另据统计，19世纪20年代，上海浙江籍的买办人数最多，几乎占买办总人数的一半左右。在上海的"工业革命"中，浙商是许多新式行业的首创者，是上海工业化的核心实施者。据有关资料统计，清末至1930年间，航运、水泥、仪表、灯泡、钟表、印刷、烟草、西服等35种民营行业的"沪上第一"，均由浙商首先开办；其资本或产销额绝大部分占上海整个行业的20%~50%，居于行业垄断地位。浙商不但是上海金融业的开拓者，而且是银行、保险、证券等新兴金融业的执牛耳者。钱庄业大多执于宁绍帮之手。被浙商控制的上海总商会、上海钱业公会、上海银行公会，和以宁波帮"四明公所"为代表的浙江各地旅沪同乡会等，共同构成了一个有机的协调的系统。20世纪上半叶，这个系统一度成长为显赫的江浙财团。它创办并经营着大部分上海的工商产业，几乎控制了上海的经济命脉，对中国近代政治、经济、社会、文教卫、城市建设与慈善事业等产生了广泛而深远的影响。参见鲍杰、包鹤年、孙善根《论近代宁波帮》，宁波出版社1996年；陶水木《浙江商帮与上海经济近代化研究》，上海三联书店2000年。

② 中国第一家私营企业、第一个专业市场、第一个股份合作社、第一个农村合作社、第一座农民城、第一家私人股份制"民间银行"、全国首条民资参股建设的铁路、新中国第一所私立高中、第一所中外合作大学、第一家私人包机公司、第一个在海外开发的专业市场、第一家具有进出口经营权的私营流通企业、第一家在香港上市的民营企业、第一家自然人直接控股的上市公司等等，都诞生在浙江。另据统计，浙江累积国际注册商标（截止2009年底）、规模以上工业企业和影视产品出口数量（2010年11月）、亿元市场数量和网上的B2B市场（2011年），以及获全国检验检疫局"绿色通道"（大通关模式）的企业数量等，均居全国第一。分别参见浙江省档案局《创业创新：改革开放30年浙江民营经济发展图集》前言，中国档案出版社2008年；浙江省委宣传部《潮起东方看浙江：浙江省改革开放三十年典型事例100例》目录，浙江大学出版社2008年；张仁寿、杨轶清《浙商：成长背景、群体特征及其未来走向》，《商业经济与管理》2006年第6期；《当前浙江经济社会发展的相关数据·规上工业企业突破6万家》，《政策瞭望》2010年第8期；《当前浙江经济社会发展的相关数据·影视产品出口第一》，《政策瞭望》2010年第11期；《当前浙江经济社会发展的相关数据·亿元市场700个》，《政策瞭望》2011年第11期；《当前浙江经济社会发展的相关数据·3.8万件·777家》，《政策瞭望》2010年第6期。

③ 在中国企业500强的排行榜中，浙江民企数量连续15年位居全国首位。分别参见《当前浙江经济社会发展的相关数据·144家入围中国民企500强》，《政策瞭望》2011年第10期；《2013中国民企500强各省分布大排名：浙江第一》，中华城市吧；《2013中国民企500强各省分布大排名》，中国城市发展网，2013年9月2日。

界。当代新浙商是名副其实的"天下第一商帮"。

第四，浙商具有极强的抱团意识，对"熟人经济"有强烈偏好，但并不封闭。在某种程度上讲，基于血缘、地缘、业缘认同而建立起来的抱团意识是所有商帮的偏好。例如，粤商中的潮汕帮，其抱团意识有目共睹，但它的排他性极强，也相对封闭。相比较而言，浙商也有极强的抱团意识。浙江人务工经商，通常是这样一种模式展开：开始，先是少数人，也没有明确的务工经商目的地，一旦发现一个地方有钱可赚，就写信或派人回家，把亲戚朋友、左邻右舍带出来，或者是自己赚了一些钱寄回家，让周围的人知道了，从而也引来了一批熟人。遍布全国全球的"浙江村"、"温州街"、"义乌城"就是这样聚集起来的。在社区内部，彼此联系很多，相知程度较高，形成了所谓的"熟人经济"圈①。然而，尽管浙商抱团意识强，但他们却不封闭，也不排外，提倡有钱大家赚，能使"外省人"感到浙江人很和善，能从资源充分调动和利用的角度整合各种关系，能与时俱进。

浙商的这个特点和地方传统有着密切的关系。浙江临海，使其有相对开放的一面，历史以来商业就相当发达，养成了浓厚的外出经商意识和观念。浙江又多山，山区相对封闭的环境使得浙江人的家族观念比较浓厚，依靠血族观念、拟家族化的师徒关系和沾亲带故的乡亲乡邻关系更易获取生存资源。抱团意识和"熟人经济"，历经时代的变迁和社会的震荡，不仅没有中断反而在现代经济活动中得到更好的保留和发挥。值得注意的是，浙商的这种抱团意识并未导致封闭和排外，而是与时俱进，更新换代，将这种抱团意识演变成具有公信力的商会组织。温州商人是最好的例子，全世界只要有温州人的地方就一定有温州商会。商会组织的成立，扩大了浙商的影响力，提高了谈判和博弈能力。

第五，浙商的本质是"民商"，来自于草根，根植于草根②；在市场经济建设的今天，浙商迎来了发展的"黄金时期"。此点和明清的徽商、晋商，以及

---

① 王春光《流动中的社会网络：温州人在巴黎和北京的行动方式》，《社会学研究》2000年第3期。

② 关于"草根"这一特点，学界已有相关成果作了阐发。陈立旭《区域工商文化传统与当代经济发展——对传统浙商晋商徽商的一种比较分析》，《浙江社会科学》2005年第3期；张仁寿、杨轶清《浙商：成长背景、群体特征及其未来走向》，《商业经济与管理》2006年第6期。

当代的苏商等明显有别。明清徽商、晋商和当代苏商本质上都是官商,他们的思维定势是"商而优则仕",和政治权力靠得很近,关系密切,最终随着政治集团的浮沉而兴衰。以浙商经济为主体的浙江经济是民本经济,是私营经济,从民出发,利归于民。浙商,尤其是改革开放以来的第一代浙商,大都出身社会底层,靠着实干、硬干、苦干发家致富的①。因此,只有到了市场经济时代,"民商"即浙商才能也必然成为主角。在某种程度上说,这正是当前浙江经济充满活力和无限生机的原因。我们可以预见,只要中国改革开放的方向不变、市场经济建设的目标不变,浙商将更是如鱼得水,迎来历史上最好的黄金发展期。

此外,与其他地域性商人群体相比,浙商还有一些特点。例如,有人认为,以浙商为代表的浙江模式,是内力推动型经济,而以粤商为代表的广东模式、以闽商为代表的福建模式,是外力推动型经济②。再如,在海外华商群体中,名气较大的除了浙商,还有闽商。从影响力来看,海外闽商比海外浙商的影响力要大。闽商主要集中在东南亚和日本,很少到更远的地方去发展,而浙商崇尚赚钱不分地域,在世界各地的分布非常广,但主要分布在美洲和欧洲。在经商的义利观方面,浙商和粤商重利,利一般摆在第一位,而徽商、晋商和鲁商等,虽是义利并求,但在很多情况下,名也可放在利的前面。

---

① 据统计,浙江民营企业 100 强中,90% 老板的出身是农民,或是裁缝、修鞋匠等小手工业者。2005 年浙江评选出的非公企业 100 强中,万向集团董事会主席鲁冠球出身打铁匠,正泰集团董事长南存辉是修鞋匠,横店集团董事长徐文荣出身农民,奥克斯集团董事长郑坚江原本为汽车修理工,娃哈哈集团董事长宗庆后曾是打工仔,正大青春宝集团董事长冯根生最初是胡庆余堂的小学徒,他们均出身寒微。《蕴孕浙商的神奇地带》,《中国民营科技与经济》2006 年第 9 期。

② 辜胜阻《再创闽商新辉煌——闽商与浙商的比较》,《中国民营科技与经济》2007 年第 2、3 期合刊;刁宇凡《浙商与粤商的全方位比较》,《商场现代化》2008 年 2 月中旬刊。

下篇　宁波会馆文化研究

宁波的会馆分类和形成原因及庆安会馆
在申报世遗中的价值分析

黄定福*

摘　要：宁波历史上有不少重要的会馆，至今犹存的有被列为全国重点文物保护单位的庆安会馆、钱业会馆以及药业会馆（药皇殿）等。这些会馆各有其形式风格、独特的艺术审美价值和地域文化内涵，在宁波海上丝绸之路和大运河文化史上具有重要价值。本文在宁波地区的会馆调研基础上，对宁波的会馆进行分类，剖析它们存在的原因，并就庆安会馆在申报世界文化遗产中的价值作一些分析。

关键词：宁波　会馆　分类　价值

会馆是中国明清时期都市中由同乡或同业组成的封建性团体，始设于明代前期，迄今所知最早的会馆是建于永乐年间的北京芜湖会馆。嘉靖、万历时期趋于兴盛，清代中期最多。即使到了清代后期，突破地域界限的行业性会馆仍然只是相当个别的。此时出现的一些超地域的行业组织，大多以同业公会的面目出现。明清时期大量工商业会馆的出现，在一定条件下，对于保护工商业者的自身的利益，扩大商品流通、传播中华文明等发挥了重要作用。

一　宁波会馆的形成①

中国历史上的会馆是缘于乡谊而建的群体性的自卫、自律、自治的组织。会馆的出现与兴起，从历史上看是伴随着通商贸易于异地息息相关而产生的。

---

* 黄定福，宁波市文物保护管理所副研究员。

① 宁波会馆的资料主要参考和引用黄浙苏、林士民《庆安会馆·宁波商团兴办的会馆》。

宁波外出经商古已有之，会馆创建始于明末，到清一代，不仅在北京、天津、上海、南京等大都邑创办会馆，而且为团结海外宁波商帮，在亚洲的日本、新加坡等地也成立会馆。国内外会馆迅速扩展，以会馆为联络场所，结伙经商。

宁波会馆的形成，其雏形可以上溯到宋代。那时是用行、团来称呼这种行业组织的，不过用语还显得不够明确，它有时指店铺，有时指在无正式协同关系下，集中于同一街道上的同业或店铺群，有时就指行业公会。从事同一经济活动的工商业者，由于共同的利害关系，通常把店铺开设在一起。例如，清代中期，经营靛青输入业的靛青行业就有10家，它们在靠近宁波市区灵桥的奉化江东岸并排开着商店。同样，药商开在同一条街上，称之为药行街。

嘉庆十二年（1806）的《药皇殿祀碑》写道："甬江航海通衢，货殖都会，商皆设有会馆，以扼其则纲举而目张，兹药皇圣帝殿，吾药材众商之会馆也。"

据记载，药皇殿①由宁波府太守陈一夔和药商曹天锡、屠考澄等倡建于康熙四十七年（1708），乾隆九年（1744）再由20位药商发起重建，成立了"药皇殿崇庆会"，内设有药业子弟学校，并有"临安会"民间志愿救火团体，还有"养生所"休养病残药业职工，处理死亡后事。此处还有"同善会"、"同庆会"民间慈善团体，1943年有会员578人。

在东门附近开有一排店铺，糖业、干鱼业、钱庄业则集中在江厦地区。各种工匠也大半按专业集中在一起，这种形式的集中或组织，在宋代若是属于商店则称行，如果属于手工业铺子则称作（坊）②。

南宋绍熙二年（1191），宁波有了明确而初具雏形会馆的记载③。福建舶商沈法询，在海上遇难受妈祖女神保佑，取福建莆田妈祖庙炉香，回明州江厦住处，捐宅为庙，创殿设像，由此诞生了浙东第一座天妃宫，成为闽商的保护神天后庙，即后来的会馆。信徒都是海运业行会和成员。

明清时期的宁波市内与福建商（漕）运业和南号海（漕）运业者还各建立了一个会馆（天后宫），以后又建立了两个天后分庙，一个建于象山港北的大嵩卫所旁边，另一个建于宁波三江口，与南北海商分所相邻。南北海商公所是南号、北号海（漕）运业者共同参与的行会会馆。这期间，福建商人在江厦地

① （民国）张传保、陈训正、马瀛等《鄞县通志》，民国二十二年修，二十六年完成。
② 黄浙苏、钱路、林士民《庆安会馆》，中国文联出版社2002年，第35页。
③ 光绪《鄞县志·坛庙·天后宫》。

区建立了新的会馆。19世纪末，在宁波市区的同乡会馆，著名的有福建商帮组织的闽商会馆、广东商帮组织的岭南会馆、山东连山商帮组织的连山会馆、徽州府商帮组织的新安会馆等。反映了宁波港城经商的来自祖国的四面八方，他们为了维护各自商团的利益，组建了各种会馆。说明宁波是会馆的发祥地。当然最为出名的当推出宁波北号的海（漕）运业商人创办的庆安会馆（表一）。

表一　宁波地区重点会馆一览表

序号	地区	具体名称举例	建筑年代	备注
1	宁波海曙江夏街	八闽会馆	宋绍熙二年（1191）初建	福建人建造，最早出现的雏形会馆，天妃宫，妈祖庙
2	宁波江东	福建会馆	清康熙末	以经营木材为主的福建船帮
3	宁波海曙天一广场	药业会馆（药皇殿）	康熙四十七年（1708）	以经营药材为主的宁波商人
4	宁波江东	安澜会馆	清道光六年（1826）	宁波南号商人建
5	宁波江东	庆安会馆	清咸丰三年（1853）	宁波北号商人建
6	宁波城区	岭南会馆		广东商帮
7	宁波城区	连山会馆		山东商帮
8	宁波城区	新安会馆		徽州商帮
9	宁波镇海招宝山	闽浙商会	雍正十三年（1735）	
10	宁波象山的南门外	闽广会馆	道光十五年（1839）	
11	宁波象山的盐仓门前	三山会馆	嘉庆九年（1804）	残存围墙，大殿正在修复中
12	宁波	兴化商会	咸丰五年（1855）	
13	宁波海曙战船街口	钱业会馆	民国十五年（1926）	宁波人建

二　宁波的会馆分类

明清时期宁波的会馆按开办的业主大体可分为二类：

第一类占了宁波的大多数会馆，主要为明中叶以后，具有工商业性质的会馆大量出现，会馆制度开始从单纯的同乡组织向工商业组织发展。明代后期，工商性质的会馆虽占很大比重，但这些工商业会馆仍保持着浓厚的地域观念，绝大多数仍然是外地人在宁波的工商业者的同乡行帮会馆。例如宁波海曙江夏街的八闽会馆、以经营木材为主的福建船帮福建会馆、广东商帮的岭南会馆、山东商帮的连山会馆、徽州商帮的新安会馆、宁波象山的南门外的闽广会馆和宁波象山的盐仓门前的三山会馆等等。

第二类是宁波人自己开设的同业会馆，主要有宁波江东的庆安会馆、安澜会馆、宁波海曙战船街口的钱业会馆和位于天一广场的药业会馆等。

宁波的会馆按开办的行业大体可分为三类：

第一类是金融业的会馆，例如钱业会馆。

第二类是船运业的会馆，例如庆安会馆、安澜会馆和八闽会馆等。

第三类是商品特产类的会馆。例如以经营药材为主的药业会馆（药皇殿），老福建会馆主业木材，三山会馆以做水果生意为主的会馆，岭南会馆、连山会馆和新安会馆则以卖各地的土特产和当地的特有的物品为主。

三　宁波的会馆成因分析

（一）宁波独特的地理位置①

宁波城处在这样一个地理位置上：东部的天台山和西部的会稽、四明两山以及北部的海岸线，在浙江的最东面围合起一个相对封闭的独立水系，余姚江和奉化江穿过各自狭长的山谷平原在广袤的中部水网平原腹地交汇成入海的甬江，这一特殊的地理骨架规定了宁波地域发展富有个性的方向和脉络。

---

① 俞福海《宁波市志》，中华书局 1995 年。

中国的海岸线大致以长江口为界南北有明显的区别。北部多为泥质海岸，滩平岸阔；南部多为石质海岸，深港陡岸。适用的海船也因此南北有别，北船吃水浅而平底，南船吃水深而尖底。南北海运常需要在长江口附近寻找一个转口港，当时上海尚未兴起而杭州湾巨大的潮差缺少成港的条件时，宁波显然是理想的转口地。何况宁波的内河船溯姚江而上正好沟通开掘于六朝的浙江运河，这条古运河在萧山的西边越杭州湾可通大运河，因此宁波实际上处于中国南北海运和内河航运主干线的交叉点上，实际上为中国大运河提供了河海联运、接轨内外贸易的黄金水道与优良港埠，是中国海上丝绸之路和中国大运河连接世界大通道的南端国门。这以独特的地理位置使宁波从唐代起就成为中国著名的国际贸易港。许多福建、广东等南方商人和天津、山东等北方商号来甬经商，形成了以妈祖庙和关帝庙等为主的商帮建筑和会馆建筑。

（二）宁波悠久的商贸历史

宁波历史悠久，文化积淀深厚，可以追溯到 7000 多年前的河姆渡文化。据考古研究，当时居住在姚江流域的河姆渡人已经达到了很高的文明水平，已学会了种植水稻，步入原始农业社会，并出现了原始商品交易的萌芽。宁波自古人杰地灵，人才辈出，素有"文教之邦"的美称。宁波历来又是一个重要的港口贸易城市。宁波港自西汉作为军事港口启用以后，逐渐演变为贸易口岸。西汉时期宁波就开始了对外贸易和交往。唐朝时随着对外贸易的日渐繁荣，设立了市舶司①（相当于现在的海关）。南宋时期，随着朝廷南迁杭州，宁波的对外贸易更是空前繁荣。鸦片战争之后，宁波成为"五口通商"口岸之一，1844 年正式开埠。正是凭借优越的自然条件、深厚的文化底蕴与悠久的商贸传统孕育了宁波源远流长的儒商文化，许多宁波人结伴外出经商，在当地建立了一个个同乡组织和会馆建筑。

（三）丰富的神仙信仰形成了沿海沿江类商贸城市（宁波）中神庙与会馆建筑的结合体

一般而言，内陆商帮建立的会馆总是与神庙等结合在一起，沿海商帮建立

---

① （民国）张传保、陈训正、马瀛等《鄞县通志》，民国二十二年修，二十六年完成。

的会馆总是与天后宫等海神庙结合在一起。宁波于唐长庆元年（821）三江口建城，成为"海上丝绸之路"的起点之一，与扬州、广州并称为中国三大对外贸易港口。宋时又与广州、泉州同时列为对外贸易三大港口重镇。产生于福建的妈祖信仰又与宁波有着非同寻常的关系。北宋宣和年间，宋廷派徐兢等从明州出发，赴高丽，归国途中遇险，幸得妈祖救护。根据其本人高丽途中及在高丽的经历，撰成《宣和奉使高丽图经》。宋徽宗为妈祖钦赐"顺济"庙额后，使妈祖信仰得到朝廷的认可，宁波成为了官方首次对妈祖褒扬和倡导的重要之地，又系妈祖由民间区域性的神祇，晋升为全国性海神的转折点。宁波庆安会馆与安澜会馆就是天后宫和会馆结合体的最好例证。

"神农尝百草，始有医药"，此后又有伏羲、扁鹊、华佗、孟优、孙思邈、张仲景等医圣药神，代代相继绵延千秋，构筑了中国千古不朽的医药文化。宁波的药皇殿大殿内柱联为："药石权与农商宗祖，天礼全生饥寒脱苦。"对联说明了具有几千年历史的中华医药，是民族赖以繁衍的保障，这也是后人仰仗药皇神农和建立药业会馆（药皇殿）的根本原因。

因此，宁波的药皇殿就是古代宁波人民对炎黄先祖与灿烂文明的承认，有功必祀，而完整保护至今为省内所少有。

（四）"宁波帮"儒商文化更是蜚声海内外

宁波商帮的形成是在明朝后期到清朝初期。形成的主要标志是，宁波商人在北京创设鄞县会馆。鄞县会馆创立的时间在明朝万历到天启这一时期，创办者是鄞县在京的药业商人。稍晚于鄞县会馆的是清初创立的浙慈会馆，即"浙江省慈溪县成衣行业商人会馆"。

宁波帮形成后第一个重要的发展时期是清乾嘉时期。这一时期宁波帮海商获得迅速发展。宁波帮的活动区域不仅在长江和南北洋，而且延伸到海外，经营着合法而颇有规模的对日贸易。由于这一时期宁波帮的大发展，使一个普通的中国沿海地域商帮，一跃成为国内著名商帮。到 1840 年鸦片战争爆发前后，中国已由十大商帮演变为晋帮、粤帮、闽帮和宁波帮四强争雄的新格局。

在近代史上，宁波新兴工商业发展较早，"宁波帮"更是蜚声海内外。有30 多万宁波籍人士旅居在世界 50 多个国家和地区。海外"宁波帮"已成为联结宁波与世界各地的重要桥梁和纽带。宁波人在上海居民构成中的比重很大。号称是"中国最精明"的上海人有 1/4 是宁波籍的。与温州人相比,宁波人更喜欢做大生意,这里出过"船王"包玉刚等一大批国际知名的工商巨子。故曾有"宁波大老板"、"温州小老板"之称。宁波人极富经商之才能与冒险精神。但甬地人口稠密,致使宁波人不得不"负贩天下以谋生"。因而宁波商人遍及海内外,中国沿江沿海各地更是早有"无宁不成市"之说。

（五）宁波商帮精神内涵丰富

从会馆性质看,它是商贸文化的组成部分,因此,会馆一出现,就成了商贸文化的载体之一。

"不仅叙同乡之谊,联同业之情,恤嫠赡老济贫,还作为同业集会议事场所,研讨商情,联络商务,团结同乡,维护共同利润"。以求"有利则均沾,有害则共御"① 成为会馆的宗旨,这是宁波商人会馆迅速发展和凝聚力日益增强的标志。

会馆的组织者、参与者都系商业领域中代表人物,他们以会馆为基地,以"研讨商情、联络商务","有利则均沾,有害则共御",因此会馆是行业或商帮群体的利益代表者。宁波商人足迹遍及全国,他们是商贸活动的开拓者,各地由宁波人组建的会馆即是标志,宁波则是会馆的起源和发祥地。

在中国商业史上,宁波帮之所以能后来居上,成为近现代中国经济舞台上的佼佼者,除了受惠于自身悠久的商贸传统的滋养外,一个重要的原因就是这个群体人才辈出,观念开放,善于接受新鲜事物,敢于冒险,富于创新,与时俱进。归纳为以下几点:独立创业,勤劳致富。以德兴业,诚信做大。与时俱进,开拓创新。理性经商,视野宽广。报效祖国,造福桑梓②。

因此,从特定的角度上衡量,宁波帮在中国近现代史上崛起与壮大的历程,也可以说是开拓创新、严谨务实的科学精神在其中发挥了重要的作用③。

---

① （民国）《鄞县通志》第二《政教志》丑编。
② 钱茂伟《宁波历史与传统文化》,宁波出版社 2007 年。
③ 江流《宁波帮与技术创新》,《宁波经促会会刊》2010 年第 3 期。

四　庆安会馆在海上丝绸之路和中国大运河两项申报世界文化遗产上都具有重要价值

光绪《鄞县志》记载：清道光三年（1826），南号舶商在当时船运码头林立的宁波三江口东岸建立会馆，取名"安澜"，意在"信赖神佑，安定波澜"，也称南号会馆。清道光三十年（1850），在董秉遇、冯云祥、苏庆和、费金纶、费金铦、费辅洯、盛炳澄、童祥隆、顾璇、李国相等北号舶商的发起下，共捐资白银十万两，在三江口的木行路用三年时间于清咸丰三年（1853）在安澜会馆南侧兴建了北号会馆，取名"庆安"，寓"海不扬庆兮安澜"之意，其建筑规模、建筑体量、建造工艺均超过安澜会馆，可谓集宁波木结构建筑之大成。

庆安、安澜会馆，内部各设船运行业董事办公室，负责处理日常事务，解决行业纠纷，谋求业务发展。同时，庆安、安澜会馆又是祀神的庙宇，供奉航海保护神妈祖。每逢农历三月二十三妈祖诞辰和九月九妈祖升天日，舶商，渔民聚集在会馆，演戏敬神、祭祀妈祖，庄重的崇拜祭祀仪式，热闹的民间庙会和丰富多彩的民俗表演，蔚为甬上之大观。

清咸丰、同治以后，宁波商埠初开，交通频繁，宁波南北号舶商达到了鼎盛时期。据《鄞县通志》记载："……舟楫所致至，北达燕鲁，南抵闽、粤而迤西川，鄂、皖、赣诸省之物产，亦由甬埠集散、且仿元人成法，重兴海运，故南、北号盛极一时……"同时，在当地清政府的资助下，庆安会馆于咸丰四年（1854）购轮船一艘名为"宝顺轮"，这是中国引进的第一艘机动船①。

北号会馆于1944年，鉴于学龄儿童失学者众多，在庆安会馆内设立"庆安"小学（即原江东区木行路小学）。

新中国成立后，先有江东区校办工厂使用，1990年校办工厂搬迁后，归属江东区文教局下属单位江东区青少年宫使用管理，1992年由江东区文保所接管，馆内部分建筑由木行路小学使用。1997年2月市文保所接管庆安会馆，其间对馆内原有的承租户进行清退，同时成立庆安会馆维修工程办公室，委托天一阁古建筑公司进行全面维修，制定维修工程初步方案。

---

① （民国）《鄞县通志》记载。

　　2000 年，宁波市文化局成立宁波博物馆筹建办公室，庆安会馆由筹建办公室接管，并进行维修，2001 年 4 月市计委立项，8 月份进行公开维修招标。维修工程由华升建筑集团公司中标，12 月初完成维修工程，并作为浙东海事民俗博物馆场所，恢复了妈祖文化——天后宫场景陈列，同时，对外开放。

　　2007 年庆安会馆划归宁波市文物保护管理所，成立了庆安会馆保护管理办公室。

　　庆安会馆是我国保存完整、规模较大的八大天后宫之一。1981 年 12 月，列为宁波市重点文物保护单位。1989 年 12 月，公布为浙江省重点文物保护单位，2001 年被国务院公布为全国重点文物保护单位。

　　庆安会馆在宁波三江口的东岸，三江口得名于宁波城区姚江、奉化江汇合成甬江流入东海的交叉口，位于宁波市区中心繁华地段。姚江为甬江干流，发源于四明山夏家岭，上游接浙东运河可达钱塘江南岸，为宁波历史上重要的航道。奉化江为甬江最大支流。160 年来庆安会馆见证了宁波海上丝绸之路和大运河文化的悠久历史，成为申报世界文化遗产的最有力的支撑点。

　　第一，庆安会馆是宁波古代海上贸易交通的历史见证。

　　宁波是我国著名的港口城市。唐宋以来，一直是我国对外贸易的主要口岸，与海外各国贸易往来十分频繁。庆安会馆地处三江口，海内外商船云集在此，促进了海上交通、贸易的发展，是研究我国古代海上交通贸易的重要场所，是港口城市的历史见证和标志性建筑。

　　第二，庆安会馆见证了宁波古代、近代繁荣的海外交通和对外文化交流，是海上丝绸之路文化和大运河文化为数不多的双重遗存，具有极为重要的历史文化价值。

　　三江口不仅是宁波海上丝绸之路的始发港，也是中国大运河的重要组成部分。它把传统意义上的京杭大运河向东延伸了 239 公里，为千年古运河提供了一条便捷的出海通道。对海上丝绸之路和大运河（宁波段）申遗意义重大。庆安会馆见证了千年浙东古运河宁波段的出海通道，并被选入首批大运河遗产点名录。

　　第三，庆安会馆是大运河南头末端，运河货物集散地。

　　相传早在春秋时期，宁波就出现"甬吴大道"古道。这条古道全长 400 公里，自鄞（今宁波）起，经慈溪、余姚、山阴（今绍兴）直达余暨（今萧山），然后北渡浙江（今钱塘江）抵达钱塘（今杭州），然后再折东北转入柴（今嘉兴）至吴（今苏州）。史传越王勾践顺此道检视其国，余姚今存一村名为"车厩"，据传即为越王勾践置厩厉兵秣马之所。宁波另有"甬榕大道"，全长约600公里，传为唐时所建。从明州起，经奉化、宁海、临海、乐清至温州，再转至平阳，出分水关入福建，至福州。这两条古道的开通，使宁波古代商贸文化处在北上与南下及其重要的交通要道上，在上海港未开发之前，宁波是中国东南地区的物资集散中心，其地位相当于现在的上海。东门口是"万里之船，五方之贾云集"之地。庆安会馆作为北号商人建造的商业会馆，其巨大的船运能力，使得到达浙东三江口的南货北货有条不紊的通过大运河船舶运输到全国各地。

第四，宁波这个有着悠久文化历史传统的商帮城市，承载着大量的历史文化讯息，作为一种独特的历史遗存，宁波现存的庆安会馆宛如一位饱经岁月沧桑的老者，曾几度辉煌、几度磨难，被人称作历史文化的"活化石"，宁波商人和全国各地来宁波进行商业活动的商人们的频繁集结和流转，造就了灿烂的会馆文化，推动了历史的前进，会馆文化的辐射、辐辏网络来自全国各地又影响了全国各地。

随着岁月的流逝，城市的变迁，宁波遗存于世的会馆建筑也为数不多了。据调查统计，现存较完整的会馆建筑有名可稽者仅为3座。庆安会馆其形式风格、独特的艺术审美价值和地域文化内涵，在中国会馆文化史上具有重要价值。

第五，庆安会馆是妈祖文化的物证。

天后宫是祭祀海神妈祖的庙宇。庆安会馆每当春秋二季，船商、渔民集中祭祀天后娘娘，演戏敬神，仪式隆重。庆安会馆是中国八大天后宫之一，是浙江省现存规模最大的天后宫，是妈祖文化的载体。

第六，庆安会馆内的砖雕、石雕和朱金木雕，突出展现了浙东一带雕刻艺术，堪称精品之作。

庆安会馆采用宁波传统的砖雕、石雕和朱金木雕工艺进行建筑上的装饰，气势宏伟、富丽堂皇、金碧辉煌，是古代地方工艺品中的杰作。砖雕，雕刻刀法细腻，内容为民间传说，山水花鸟和动物，百余件作品分布在门楼和内部高大的马头墙上。石雕集中反映在大殿一对蟠龙石柱和一对凤凰牡丹石柱，柱高4米多，采用了镂空雕刻，是件大型石雕工艺品。另有两块镶嵌在内壁的梅雨石浅浮雕条屏，浮雕深度不到一厘米，将"西湖十景"图作了精雕细琢，与粗犷奔放的龙凤石柱形成了明显的对比。朱金木雕散布在梁、枋等结构上，经百年的寒来暑往仍不失当年光彩。这些精品不仅具有很高的观赏价值，也为研究我国江南雕刻艺术提供了实物资料。

综上所述，庆安会馆具有较高的历史价值、科学价值和独特的艺术价值，更有深刻的文化内涵，成为宁波海上丝绸之路和大运河申报世界文化遗产的双重历史见证和最有力支撑点。

会馆文化与大运河文化研究

——流徙与汇聚中的点、线、面

曹　琼*

摘　要: 会馆文化既有点的个性,又有面的星罗密布;既有变迁的流动性,又有汇聚的凝聚性。大运河文化也是一样,两者有着多么的相似性。大运河由宁波连接海上丝绸之路,这既是运河通向世界的通道,也是运河文化和意义的延伸。面对如此血脉流动的运河文化与会馆文化,我们应该以世界的眼光来延续文化遗产的综合性、多元化的文化特征,使之在当下的开发利用中更好得得到保护,并历久弥新,更彰显其生命力。

关键词: 流徙　汇聚　点线面

会馆作为自律、自卫、自治、自助的民间组织形式与活动场所,自明初开始登上历史舞台,至今仍在传承、衍化。它既是社会经济发展的必然产物,又是各地地域文化展示基点和物化标志。

大运河作为典型的线性文化遗产廊道,具有功能持久、生命力强的特点。大运河是世界上最长的人工河流,它连接了海河、黄河、淮河、长江、钱塘江五大水系,汩汩而下,推动了沿线及周边地区经济文化的发展,促进了不同地区文化的相互交融与渗透。

2008 年 12 月,大运河(宁波段)正式加入中国大运河申遗,大运河由宁波连接海上丝绸之路,这既是运河通向世界的通道,也是运河文化和意义的延伸,而列入第五批全国重点文物保护单位的宁波庆安会馆,在这次申遗中也处于相当重要的意义,它见证和拓展了古代交通贸易历史。

* 曹琼,江北区文物保护管理所馆员。

一　点：京城会馆与甬城会馆文化概述

（一）"首善之区"京城的会馆文化

会馆最早出现在明代前期的北京。据民国《芜湖县志》记载：

> 京都芜湖会馆，在前门外长巷上三条胡同。明永乐年前（1403），邑人俞谟捐赀购屋数椽，并基地一块创建。正统间（1436~1449）谟子日升复为清理馆内旧有明泰昌土地位，东西院有大椿树各一株，正厅西厢房墙外，有鲍姓捐免江夫碑一座。

文献记载，清乾隆、嘉庆年间（1736~1820）是各省州府郡县兴建会馆发展最快的时期，出现了两县合建、三县合建、七邑合建、一县多建等现象。到光绪年间，在京兴建的各省会馆达五百多个。据光绪三十二年（1906）京师外城巡警总厅右厅调查，从其所辖的前门大街右侧以及西至宣武门、广安门一带，共有会馆318个。

会馆中，工商会馆、行业会馆也占了很大的比例，浙江宁波药材商人在京城建立有鄞县会馆、四明会馆；山西临汾纸张、干果、颜料、杂货、茶叶等五行商人建立的临汾东馆。谋取仕途发展发达与经商利市，成为京师会馆互补共进的主要发展态势。

明清会馆文化以其精到的管理制度、唯美的建筑艺术、深郁的文艺气息、扶危济困的人文精神和丰富的社会文化气象深深吸引着人们。"手障百川回学海、胸陶万类入洪钧"是左宗棠在北京的湖广会馆内撰写的对联，而胡林翼撰写的"谗势瑰声模山范水，清谈高论虚枯拉声"形象地再现了当时京城会馆的热闹景象。

（二）位于大运河"末梢"的甬城会馆文化

宁波是个具有悠久文化历史传统的商帮城市，历史上有不少重要的会馆建筑，至今犹存的有庆安会馆、钱业会馆等。

宁波城是三江交汇出海之处，地理位置便利，东门口是"万里之船，五方之贾云集"之地，中山路、药行街、江厦街、开明街一带形成宁波最热闹的商圈。位于江东北路的庆安会馆建于清咸丰三年（1853），内供奉"天后宫"，既是一座祀神的宫殿，也是甬埠行驶北洋的船舶航行聚会场所。庆安会馆是妈祖文化的物证，是浙江省现存规模最大的天后宫，是我国八大天后宫之一。此外，位于庆安会馆相距不远处的安澜会馆，也是同业航海之人聚会和祭祀妈祖的场所。

另，又有钱业会馆位于东门口战船街 10 号，内外环境幽静，水陆交通方便，是昔日宁波金融业交易、聚会的场所。

这些会馆都是历史的产物，是商贸繁荣的历史佐证，是我们保存城市记忆的不可再生的文化资源。这些文化遗产都超过原来的实用功能和地方局限，逐渐地形成了具有国际性价值的珍贵遗产。

二　线：南北贯通构成了具备包容性、开放性和独具性于一体的大运河文化

（一）推进了沿线区域经济的加速发展

千百年来，大运河一直是我国重要的水利工程，从历史上的"南粮北运"、"盐运"通道到现在的"北煤南运"干线以及防洪灌溉干流，这条古老的大运河在我国的经济社会发展中发挥了巨大的作用。大运河的千年流淌，给沿线的人们带来了便畅的交流和丰裕的生活，有水就是鱼米之乡，既无灌溉之忧，时而还有鱼虾捕获，大运河就是这样造福了一方百姓。

目前，大运河部分段落还是发挥着作用，被专家们称作是"活态遗产"古老大运河至今还有着航运功能、输水功能、生态功能及旅游功能等。

（二）促进了市镇与市镇文化的兴起与繁荣

千年大运河犹如一条绿色通道，穿越了我国的多个自然地理区域，有着独特的标本价值。犹如一个剖面清晰地展示中国大地景观的南北分异。流淌千年的大运河见证了沿河城市的历史与变迁，奠定了城市格局，拓展了城市空间、繁荣了城乡经济。大运河沿岸的城市和乡镇，因傍依水系而充满了变化和生机，凭托大运河这条水道，经济得以流通，商品得以交换，文化得以传播，市镇和市镇文化逐渐得以涌现。

（三）　开拓出了南北文化交流和融合的途径

大运河的滚滚流动，推动了运河城市的兴盛和两岸百姓的富足生活，运河文化的产生是民间传播发展的结果。关于运河上船只众多的盛况，明人席书在《漕船志》一书中说："长江、大河，一气流通，漕舟南来，远自岭北，辐辏于都下。"大运河不仅仅作为河道及其附属的水工设施，还有曾经的人类的迁移和交换过程中所产生的文化融合。

（四）　催生了"义利既得、商民两利"的价值观的产生

倡导新的"义利观"打破了过去传统的"君子不屑言利"保守的观念，对促进商品经济的正常发展、良好的社会道德的树立都有所裨益，是人们观念的革新的标志之一，对整个社会进步发展有正面的推动作用。同时，运河的迁徙流淌也克服了工商业的地域垄断，推动着区域市场的形成和繁荣。

三　面：会馆文化与运河文化的保护、传承、开发、引用的整体性策略

（一）　延续运河文化与会馆文化的综合性、多元化的文化特征，以世界的眼光来吐陈纳新

1. 重视寻找和保护会馆文化和运河文化的历史性元素、地域文化元素

会馆文化和运河文化在数百年间默默地向外界交流着其所在城市的文化品格和文化特色，具有很强的地域风格，又有包容性。会馆文化还有很强的流传性，至今还在发挥作用的东南亚客属会馆是客籍华侨在居住国为维护自身利益而自发组织的民间社团，它的出现，使得会馆文化更加具有国际性和深入性。

由于每个人的家乡风俗各异，所以会馆或者运河沿岸民众各自信仰的神灵和乡贤就不同，祭祀的偶像不同。通过千百年来的文化撞击、沟通、交融，据资料记载，起源于福建传播于浙江的天妃（妈祖）信仰，便是南北俱有。至清代，山东京津的运河乡镇大都建有天妃宫，台儿庄虽然只是个小城镇，但也建有两座天妃宫。而北方的金龙四大王庙从山东济宁传至南京、苏州、无锡及杭州等地。

明朝至清中叶，北京公开演戏的场所很少，大部分的演出时在会馆的戏楼里，再加上运河文化的传播，促成了"四大徽班"进京，使得各种戏曲得以传演、杂糅、创新，南韵北依，我们才能听到那么美的昆曲、京戏。这些都是可以发掘的会馆文化和运河文化的历史性元素、地域文化元素。

2. 开放与融汇的精神即是走向世界，而不仅仅将之当做遗产看待

在传承历史中吸纳先进文化、实现本土化与世界化的结合，新要素的切入使会馆文化和运河文化的自然资源、人文资源和社会资源更加兼蓄并容。我们在学术研究的时候，更加重视文化遗产当下的价值，比如会馆文化在历史上意义非凡，是汇聚智慧和交换信息的场所，而流传至今对研究现代会所、西方的校友会和俱乐部都有十分重要的意义。

我们在进一步做好会馆文化和运河文化集中展示的同时，应该更深层次发掘其开放与融汇的文化精神和人文品格。"崇乡谊、敦信义"精神的温情；"情谊深而风俗厚，侨居他籍不忘其乡"的本源之情；"程朱遗范，渐摩熏染"的胶着性，都在被传承着。

（二）保护与合理开发相结合，致力于文化产业发展与文化名城开发

在利益导向和缺乏区域生态概念的双重作用下，会馆文化和运河文化呈现出文化功能衰落、文化产业开发落后的局面。会馆遗址及运河两岸，曾经有过灿烂的漕运文化、商业文化、民俗文化、景观文化，而如今正在慢慢被消失，被淡忘，被散落。环境保护意识、文化保护意识淡薄，还体现在对会馆城市、运河城市缺乏总体战略规划。要重视对会馆文化、运河文化的基础研究，对历史资料、历史遗存进行挖掘、整理。依托政府和民间研究机构，进行跨学科、多学科的综合研究，才能有效地规划未来。

现下，有很多文化遗产正在尝试立足历史文化资源，摸索文化产业发展之路。2008 年，庆安会馆与宁海民营企业合作，在馆内举办以古代船模为主要展品的"中国·宁波船史展"。涉及船型广泛，制作工艺精良，展厅配备了文字说明和多媒体演示，展现了宁波历史悠久的造船史和海上贸易活动。大运河杭州段求解治理方略，以深厚的运河文化为背景，以本土文化为基础，大力开发运河文化资源，在传统、古朴上做文章，在 2010 年推出"一带一馆一园两寺两址三居七路八街"运河景观项目，以河、路等设施带动运河城市的有机更新。

保护与开放中，宣传有力也是重要的手段，这名山名泉、古遗址古建筑、桥梁公园、甚至于现代的闹市街区莫不是文化产业开发的卖点之一，只要宣传到位，同样可以成为游憩之所，当然游憩开发只是其中之一，还有很多多元化的开发手段等待我们的探索尝试。把握好会馆文化、运河文化的"价值性"和"唯一性"特点，掌握提纲挈领的核心资源，可以尝试开辟网络虚拟会馆，向社会出版发行名人名记的文字影像作品，举办主题活动和会展等，甚至可以尝试拍摄以文化遗产为题材的影视剧，达到口口相传、民众关注的效果。

四　结语

会馆文化既有点的个性，又有面的星罗密布；既有变迁的流动性，又有汇聚的凝聚性。大运河文化也是一样，两者有着多么的相似性。会馆文化和运河文化同样作为一个遗产体系中血脉流动，既是生发于这片土地，此种文化必然浸染了这片热土的激情、集聚了民众的智慧，蕴含着浓厚的文化气息和多层次的文化意味，一定会继续向前发展、演变，推动社会与历史进步。我们能做的，只有更好地盘活这文化资源，使之在开发利用中历久弥新，更彰显其生命力。

参考文献

[1] 杨帆、王熹《会馆》，北京出版社 2006 年。

[2] 黄定福《宁波会馆文化形成的原因及特色初探》，《三江论坛》2012 年第 10 期。

[3] 黄浙苏、丁洁雯《论庆安会馆的当代利用》，《中国名城》2013 年第 10 期。

[4] 刘杨、卫美华、李冲、唐丹《大运河治理与文化传承之杭州方略》，杭州运河（河道）研究院运河学研究课题。

[5] 李泉《中国运河文化及其特点》，《聊城大学学报》（社会科学版）2008 年第 8 期。

宁波北帮船商参与的清代首次漕粮海运

潘君祥*

摘　要： 道光初年，河运淤塞严重，朝廷开始实施漕粮海运的计划。一些朝廷大臣和地方官员倾听民间人士的反映，并亲身进行了调查，确认上海和宁波船商的运输能力可以承担这一任务，于是实行了两地船商联合承运的办法，使船商的积极性得以充分发挥。宁波专做北洋贸易的船帮参与了漕粮海运，由此也实力大增。

关键词： 清代　上海　北帮船商　漕粮海运

道光五年，漕粮河运遇到了空前的困难，海运漕粮的提议又一次在朝廷讨论中被提出。一些了解沿海运输实情的地方人士熟知民间沙船的海运航道远较元明时期更加便捷。包世臣等已经对上海地区的沙船业进行过专门考察，了解"上海人往关东、天津，一岁三、四至，水线风信，熟如指掌"的北洋民间贸易①。

一　河运受阻被迫转向：清代首次漕粮海运的发动

道光初年，运河淤塞更加严重，河运更加艰难。朝廷上再次引出了河运和海运大讨论，这次主张海运的一派在争论中占了上风，而且得到道光皇帝的支持。于是，就有了道光五年（1825）的漕粮海运。

明清以来，以上海港为基地的民间沙船北洋运输能力的日益成熟。那时在民间，北方关东的"豆、麦每年至上海者千余万石，而布、茶各南货至山东、

---

* 潘君祥，上海市历史博物馆研究员。

① 包世臣《海运南漕议》，《包世臣全集》上册《中衢一勺》卷一，黄山出版社 1997 年。

直隶、关东者，亦由沙船载而北行"①。根据宁波船商称，北方生产的"粮、豆、枣、梨运来江浙，每年不下一千万石"②。由于沙船运送的货物大宗为关东的豆麦，所以沙船又称豆船。上海在乾隆年间，港口已经相当繁荣。城东门外号称"舳舻相衔，帆樯比栉，不减仪征、汉口"③。"往来海舶，俱入黄浦编号，海外百货俱集"。清嘉庆年间是上海沙船业发展的一个高峰时期。嘉庆九年（1804），包世臣"曾游上海、崇明，登小洋、马迹诸山，从父老问南北洋事，稔海运大便"。他了解到"沙船聚于上海，约三千五、六百号。其船大者载官斛三千石，小者千五、六百石，船主皆崇明、通州、海门、南汇、宝山、上海土著之富民。每造一船须银七、八千两，其多者至一主有船四、五十号，故名曰'船商'"④。

从事北洋贸易的船只主要有沙船，浙江的蜒船、三不像船、北方的卫船等。沙船的特点是它的船底平面宽大，船体显得比较扁浅。在北洋流沙较多的地区航行，偶遇船只搁浅，可以直立坐滩，不致翻沉⑤。沙船专行北洋，身长仓浅，头狭腹阔，无桨橹之具，利于扬帆，艄形方，俗呼方艄。船头画彩如虎形者名唬水。蜒船和三不像船在装载能力均比沙船强，吃水较深。蜒船底圆，与平底船有别。由于蜒船的装载量较大，船身吃水较深，虽然能过沙滩，但是不能在浅近的沙滩区航行。蜒船南北洋皆行，身长仓深，头尾带方，船底及两旁涂以蛎粉，上横抹以煤屑，头尾间刷以礬红。三不像船是一种尖底船，加上吃水较深，遇到较浅的沙滩航行风险较大，搁浅时容易侧翻，不能坐滩。三不像船的制式来自于康熙三十八年承运福建木料的钓船式样。以松木制成。它不像江南的沙船，也不像福建的鸟船和浙江的蜒船，故称三不像船。多行北洋，少行南洋。身长腹阔，头锐尾高，船底及两旁纯涂蛎粉，以驱两洋水中咸虫，头尾间抹以礬红，其蓬以竹箬为之。取其坚固，然甚重。今亦有用布者。

① 包世臣《海运南漕议》，《包世臣全集》上册《中衢一勺》卷一，黄山出版社1997年。
② 《皇朝经世文编》卷四十八《海运提要序》。
③ 乾隆《上海县志》卷一。
④ 同①。
⑤ 辛元欧《上海沙船》，上海书店出版社2004年，第103页。

二　一视同仁：漕粮运输招商告示
平等对待沙船、蜒船等船帮

在开始招揽沙船等运输船只时，漕运组织者根据上海县知县的禀报，同时掌握在上海"尚有浙江省蜒船并三不像船亦曾到过天津。现在收上海口者数十号，与沙船同系平底，堪以雇用，并经取具认雇结状"。他们当即就对这批浙船进行了考察，发现这批浙船果然"舱口宽深，木料坚固，与大号沙船相仿。询问该船户等，佥称两项船只共有一百四五十号，牵算每船客运米一千五百石。惟该船原隶浙省，应请咨明浙江巡抚部院饬行宁波、乍浦各府厅出示晓谕，令该船等于冬季齐赴上海，以备选雇"。他们认为，如此一来，沙船和蜒船"兼收并用，则一百五十余万石之米，似可于春夏之间全行起运，办理更臻妥速"①。

于是，海运组织者就在 1825 年 9 月正式发布《筹办海运晓谕沙船告示》，将漕粮海运的一些基本做法正式推出：

> 照得上海口岸，为商船出入之所，我国家深仁厚泽，利舶通商，海隅苍生，蒙乐利者二百年矣。
>
> 本年因洪湖决口，蓄水无多，漕运浅涩，来年春运，改由海道。业奉圣旨，命本部院会同爵督部堂，督率办理，并特简道员，另调府、县豫行筹办。查上海至天津，洋面沙线，惟沙船最为熟悉，而沙船之耆舵、水手，尤属淳良。该船户等，向来受雇贸易，今得仰供天庚之用，正可展其平日急公奉上之忱，量必踊跃趋公，咸知感奋。惟事属创始，诚恐该船户等不知现在筹办之意，合亟出示明白晓谕。
>
> 查海船全凭风信，一交冬令，各沙船例应收口守冻。其时商货已卸，本系闲月，正值各州、县征收漕粮，陆续交兑之时，是沙船受雇，不致等候也。载米一石，即有一石之价，另委大员，当堂给发，丝毫不经吏役之手，虽装官米，仍与民雇无异，是沙船不致赔累也。满载之后，任听便开洋，不加催促，是沙船行住自由，不致掣肘也。春初东风司令，张帆北

---

① 贺长龄《江苏海运全案》卷五《江苏布政使贺长龄等为酌筹海运招雇商船并运送兑收各章程》。

去，数日即抵天津，是沙船不患风涛也。本部院先委贤员，在天津城东门外守候，沙船一到，即与卸装放回，是船户管运不管交，不患收米勒掯也。在上海受载装米之外，仍准捎带客货；到津卸载之后，仍准放至奉天，揽装豆饼等物，是官给运价之外，更有余利也。春夏信风最利，赶紧往回，可装两运，其有运米较多之船商，果能两运妥速，本部院定当奏请圣恩，赏给顶戴职衔，耆舵、水手果能文事勤慎，认真出力，查明亦酌加奖赏，是一举而名利两得也。尔等目下有受载商货北上者，务须早去早归；其有愿在口岸修艌船只，听候受雇者，各随其便。一切便宜，断不稍滋牵累。尔等上报国恩，下利身家，务宜踊跃，及时自效。

此外如有坚固平稳，情愿运米赴津之蜒船、鸟船等，亦准一体受雇，以示同仁。倘有各衙门吏役土棍人等，假公济私，吓诈尔等者，本部院严查密访，一经察出，定当照阻挠军国重计例，处死治罪，决不宽饶，尔等切勿疑虑，致误趋公。本部院现在亲诣上海，当面传谕行户船商以及耆民、舵工、水手人等，各宜知悉，特示。道光五年七月二十日示①。

陶澍晓谕沙船告示的文字传达的主要为以下九个方面的讯息：（1）这次沙船运送漕粮是在河运受阻的情况下实行的，由政府组织的漕粮海运。（2）沙船受雇后开船时间在明年冬春时期，那时各县的漕粮已经交兑完毕，漕船就不用等候，空耗时间。（3）载米一石，官府就付给一石的水脚工价，并由官府直接发到船户手中，中间不受克扣，这样船户不致赔累。（4）沙船的海上运输完全由船户自行做主，不受其他方面掣肘。（5）船户只管输运，漕粮运输到天津港后，就有官府组织接收，没有交米环节上的种种作难。（6）在上海受载漕米之外，仍准船户稍带客货，船户在官给运价之外，又可获得一笔贩运南货的收入，获利更丰。（7）漕粮交兑以后，就允许船户北上奉天将北方的豆麦运回南方，这样漕船回程就还有一笔水脚收入。（8）如果抓紧时间，一年船户可以南北往来两次，对运米多的船户政府还将有官职和银两的奖赏，船户一举而可以名利两得。（9）政府除了对沙船船户作出的上述明确保证之外，对宁波船户也做出了如下的保证："如有坚固平稳，情愿运米赴津之蜒船、鸟船等，亦准一体受雇，以示同仁"，针对的就是宁波的北帮船商。

---

① 《江苏海运全案》卷五《江苏巡抚部院陶为剀切晓谕事》。

《筹办海运晓谕沙船告示》发布以后，上海的一批地方人士首先领雇、倡募、招徕最为出力，招徕沙船的工作基本得到落实。在浙江，招徕宁波船商的工作得到巡抚程含章、在沪浙江籍副将裘安邦、鄞县船户谢占壬等一批船商的大力支持。"浙省蜒船、三不像船，节准浙江巡抚程含章转饬藩司继昌催雇来沪。此项船户非苏省土著，未有承揽经手，查署苏松镇河标副将裘安邦，精勤干练，且系浙籍，语音易通，已饬令督同扦派浙船米数，一体装载。"这样，除沙船的装运漕粮，"通计现到船只大小千余号，尽船受兑，初运可兑百万石外"①。谢占壬等人则以自己的航海经验，"熟悉洋情"，为海运的具体落实提供了帮助。可见在初运受兑的任务落实中，浙江的官员和浙商也比较出力。所以这次漕粮运输的总组织者称："藩司贺长龄赴上海会议章程，复添雇浙船百余只，经此两次揽雇，海运大局遂定。"

于是，在道光五年九月初，琦善、穆彰阿、陶澍等在上海称：漕粮海运启动以来，"传集商船，面加晓谕，商情颇形踊跃。兹据奏现雇有沙船一千余只，三不像船数十只"。预计分春夏两次运输，就可以运送漕米一百五十余万石②。

三　"畏累避匿"和"告状风波"：上海和宁波船商的心理调适

由于此次运输是清代开国后 200 年来的第一次由政府主导的漕粮运输，实行的是以雇商船承运漕粮的新办法。一些船商自然有一个适应的过程，在上海就发生过装运私货往各处口岸交易的事件。1825 年临近年底时，海运的组织者发现，以前具揽的沙船只有 700 余只驶回上海母港受兑漕粮，和原定的数量相差了一截。经过他们的"访闻"，现有的实际着实使他们大吃一惊："竟有玩法之徒将已经回棹船只私往通州、海门、赣榆等处各口岸剥卸货物，并有宁波等处奸民将内河货物运往沿海地方，乘间装载，潜赴关东等处贸易。"他们认为这种"规避误公"的行为如果地方上不予以严查，就是已经具揽的沙船运输计划也将会被拖垮。于是，他们严令地方"逐细确查，如有沙船在境，立即押令速赴上海受兑漕粮"。这些有关船户的情报还要求地方官员必须"由五百里星飞

---

① 《江苏海运全集》卷三《江苏巡抚陶澍恭报亲至上海督办海运现已兑有成数陆续出口折》。
② 《江苏海运全集》卷一《两江总督琦善等漕粮议请全由海运并酌定运送兑收各章程折》。

驰禀"，不然就以"误漕例"加以惩处。不久，崇明县就查实了在永泰沙地方有通字号沙船 17 只和苏州元字号沙船一只，有的装运着棉花、纸货、药材、茶叶等货，计划"揽载客货前赴山东、关东等处交卸"，有的空船则计划"赴关东等处装载客货回南"①。

时任两江总督的琦善就曾谈起 1825 年初官府曾实行过将商民船只强行封留的政策，对漕粮海运招商的不良影响："今春江省初筹海运时，曾将商民船只封留，其中难免弊窦。此时各船俱已开放出洋，并无停泊在次。倘因畏累避匿回棹，商船未能如往岁之多。"②

在宁波地方抵制商船招募、船户的避匿事例自然也不会没有。果不然，就在海运船只招募时，就有一些在沪的宁波船商将一张状纸告到了两江总督琦善的衙门里。

这是一份浙江宁波府慈溪县商人盛成兴等呈上的状告书：

> 告状商人盛成兴等浙江宁波府慈溪县人，为慎重漕运叩饬验释事：
>
> 本年筹办海运，奉巡抚院部谕雇沙船，此外有平稳坚固之蜒船、鸟船情愿装运者，自应一视同仁，一体受雇等示。嗣奉松江府以闽省鸟船尖底，不堪付装，将商等浙省之三不像蜒船误认平底。在上海者先留船照，并查商船一百六十一号不论大小新旧，尽数取立承揽，随移原籍，毋许隐漏。商等具词声剖，府批抄黏。伏查商等向赴奉天、山东两处，自运饼豆，以赴北为放空，回南为正载。今顺带南漕，优给水脚，并准议叙。苟有知识，无不踊跃从公。无如商船皆用松木造成，咸水逼浸，潮湿更甚，非如平底沙船统用杉木船身干燥者可比。更查漕运军船例禁白木成造，诚以米粒干圆洁净，而白木渗水，易于受潮。今商船尽系松木，显与装运之例两岐。倘有熏变，商等倾家荡产，不足赔偿。且三不像尖底，蜒船形圆。实由牙行捏报，致府县误以平底具详。且商船不堪装米，历有各属议票，并浙江巡抚部院历次奏案可凭，势难贻误。无奈筹呈巡抚部院请验未准，只得黏呈议款，奔号侯爷。俯念松木尖底商船捏报平底，请赐委员复验保运，全商上呈③。

在状纸的文字里可以看出，宁波府慈溪县商人盛成兴等人以松江府将浙江

---

① 《江苏海运全案》卷六《江苏布政使贺为飞札饬查事案》、《江苏布政使贺为特札严查事》。

② 《江苏海运全集》卷一《两江总督琦善遵旨筹议海运必应暂行其章程折》。

③ 《江苏海运全案》卷五《两江爵督部堂琦为札知事》。

省圆底和尖底的蜒船、三不像船误认为是平底,将这批 161 只船只不分大小新旧,全部取立承揽。他们认为:此事属牙行捏报,应予更正。其次,浙江蜒船、三不像船与用杉木打造的沙船不同,由于浙船用松木打造,容易潮湿。如运输漕粮,"倘有熏变,商等倾家荡产,不足赔偿"。故以"商船不堪装米"难以承担漕运任务为由,将状纸从江苏省巡抚部院一直送到两江总督兼署漕运总督琦善的手里,要求官府"复验保运"。

江苏巡抚贺长龄对江苏巡抚陶澍转来浙江船商呈文进行了批驳,认为:"蜒船、三不像船雇装漕米,既有运脚、耗米,并准随带二分货物,免其纳税,事竣之后,并当奏请奖赏,事属有利无害。该商何所见而种种推诿。"还称"时已秋尽冬初,即应分驶前来,断不能任其支饰,规避著令,速即传知各商早来受兑,毋稍迟延,致干重咎"①。并将此事通报了松江知府陈銮、川沙同知李景峰、苏州府督粮同知俞德渊。

松江府川沙同知李景峰在接到贺长龄的通报后认为,浙江的三不像船平时可以往来关东地方,以装运豆饼为正载。既然可以运载豆货,所以必定也能装运漕粮。在招募船只的初期,少数浙船就以"不堪运漕"来推诿,经过"再四开导",并经过查验认为一律可以备用,所以"先后饬具承揽船五十余只"。现在有浙江船商企图将蜒船、三不像船剔除在漕粮运输之外,看来这是他们看中了明年江苏的沙船如果大批装运漕粮,"关东装饼豆各货势必需船装运,而南方花布等货之往北者,亦倍于往年。该船商乘此垄断居奇,可获厚利。故而隔省捏情呈渎,以巧遂其趋避之心"。他同样对状子列举的理由表示了坚决地反对。据此,还建议此事需飞咨转告浙江巡抚和浙江布政使,要求"一体晓谕各船速赴上海具揽承运,毋任规避迟延"②。

琦善见到"浙江商人盛成兴、卢久成等来辕具呈,据称三不像蜒船皆松木造成,咸水逼浸,潮湿更甚,奉装漕米,倘有熏变,倾家荡产,不足赔偿等情",认为是该商"显有畏累推诿情事",倒是做了一番说服工作的。他"随传该商盛成兴等当堂剀切开导,该商等均知悔悟,各愿船内加倍衬垫,多雇熟谙水手,踊跃急公,装运不敢推卸。除取具各结附卷,饬委候补同知吴廷扬带同

① 《江苏海运全案》卷五《江苏布政使贺为据呈咨行事》。
② 《江苏海运全案》卷五《江苏布政使贺为据禀飞咨事》。

该商盛成兴等前赴上海，交苏松太道潘恭常督率。查明现在浙省三不像、蜒船收泊口内若干，一体传知，写立承揽。并令该商等转传有船各商遵照，毋任透卸"①。宁波的船商对船只的装备上只是做了一点"加倍衬垫"的调整，在船员的聘用上采取了"多雇熟谙水手"的措施，问题就解决了。告状的船商不仅自己想通了，而且表示愿意再去做其他宁波船商的说服工作。

于是，一场北帮船商的上告风波以官民的协商终告了结。

四　实绩与奖励：浙江宁波船商对漕运的贡献

经过招商承揽，1826 年宁波北帮船商后来实际参与漕粮运输的船号达 163 艘，其中有隶属镇海县的商船 101 艘，隶属鄞县的商船 62 艘，合计总数与状纸上认定的数字惊人地相似，也说明了宁波船商提出的数字也是有根有据的②。

---

① 《江苏海运全案》卷五《两江爵督部堂琦为札知事》。
② 1826 年宁波北帮船商参与漕粮运输的船号名录（其中镇海县 101 艘、鄞县 62 艘，合计 163 艘，有 7 艘船一年中实行了二次运输）：
镇海县：盛德隆、胡允泰、盛德荣、邵宝福、盛德风、盛德华、盛福如、盛泰骅、盛福乾、葛征泰、卢永聚、盛德裕、盛永骏、盛德成、盛裕庆、盛德康、盛泰骐、盛元昌、刘泰丰、葛兴元、盛和茂、盛德贞、盛泰椿、卢延得、盛德恒、盛德亨、盛德安、盛德孚、盛德庆、费元懋、盛德利、葛恒乾、盛德咸、盛福申、吴聚元、吴惠元、盛福迎、盛德顺、盛泰成、盛庆丰、盛永盛、卢荣发、盛裕生、费元翔、盛福顺、王源昌、盛德雍、盛德临、卢延利、盛德森、徐捷元、盛德和、盛福兴、卢延泰、盛裕泰、盛泰骒、盛德昌、盛和兴、卢永龄、盛庆禄、盛福坤、卢荣进、盛泰增、费元贞、盛和庆、盛泰驹、盛庆福、盛泰阜、盛泰驹、盛德泰、王泰顺、盛德胜、盛德大、盛德兴、邵征福、费元孚、卢荣盛、胡恒泰、胡顺泰、盛协懋、盛裕顺、葛恒隆、葛恒兴、盛瑞安、费元利、盛福牲、费元亨、费元大、盛瑞庆、盛庆茂、姚利兴、卢荣鄞、盛阜源、胡逢泰、姚庆寿、盛福安、卢延安、胡谨泰、盛泰敏、卢永迎、胡合泰共 101 艘。
鄞县：盛福全、盛泰宁、盛庆顺、盛永昌、盛福骐、葛恒德、盛阜丰、盛协福、盛德元、费元吉、盛福骒、费元庆、费元美、吴乾元、葛生元、盛泰安、盛福临、卢延顺、卢延亨、卢成泰、葛茂元、吴永元、葛荣成、葛兴泰、卢延康、葛荣元、费元增、费元生、盛泰骙、卢福康、盛协胜、刘泰康、盛福云、盛和泰、费元泰、卢延龄、盛庆益、盛庆祥、盛瑞祥、葛荣馨、费元益、盛永丰、盛泰骝、胡益泰、盛永泰、胡生泰、盛泰生、胡需泰、徐骏泰、盛福源、卢延庆、盛阜安、盛瑞珍、盛福骏、吴成元、盛福隆、盛永成、盛和顺、邵同福、盛德迎共 62 艘。
关天培《筹海初集》序。

　　在实际运输中，以海运漕粮的镇海船商为例，镇海盛德成号漕粮船装载了苏州昭文县的漕粮，二月十五日从吴淞口出发，于三月十九日到达天津港，头运航行期为 33 天。五月初六返回上海黄浦母港。六月初七日又再次装苏州震泽县粮米从吴淞口出发，六月十七日就抵达天津港，创造了宁波漕粮船从上海海路到天津只花了 11 天的最快纪录。八月十二日盛德成号再度南回到了他们出发的母港——上海黄埔港。另一艘镇海盛德风号船在二月十五日装运了苏州昭文县的漕粮出吴淞口，三月初二日抵达天津港。五月十二日回到上海母港。六月初七日开始二运，装载了元和县的漕粮再次出吴淞口，在六月十七日就抵达了天津。和上面的盛德成号船一样，也在二运中创出了 11 天就从海上抵达天津最快航行期。这真是应验了当时的一句海上的谚语："夏至南风高挂帆，海船朝北是神仙。"镇海盛德华号船头运装载了昭文县的漕粮，二月二十三日出吴淞口，三月十五日到达天津港，五月十二日回到上海母港。在二运中，它复装了元和县的粮米在六月初八日开出吴淞口，于六月二十七日就到达天津港，航行期为 20 天。八月二十五日，它再次回到了出发的母港。类似的情况还有镇海的盛德安号、盛德庆、盛瑞安、卢延利号等，它们是 163 只宁波漕粮运输船中进行了两次运粮的 7 艘船只之一，其余各船在一次运粮后就完成了任务。进行第二次运粮的复运数比例为 4.1%，比全部漕运船的复运比例 18.3% 要低。

　　据对宁波承雇的 163 艘漕船头运和二运 170 个航次的航行期的统计，已知有两只宁波漕船航行船期最短，为 11 天。还有 5 只漕粮船耗时 15 天，10 只漕粮船耗时 16 天，10 只漕粮船耗时 17 天，2 只漕粮船耗时 18 天，7 只漕粮船耗时 19 天。也就是说，宁波漕粮船北上一次航行期在 11～19 天内的总数为 36 只，占全部漕粮运输船的 21%；漕粮船一次航行期在 20～29 天的为 118 只，占全部漕粮运输船的 70%；漕粮船一次航行期在 30～39 天的为 11 只，占 6%；40 天以上为 5 只，只占 3%。

　　据对 1826 年漕粮海运中所受 20 起海难、海损事故的记录资料，全部漕船有一艘小型沙船在航行中飘失，只有开出的日期记录，然后在航行中就不知所终了。其余还有 19 艘曾不同程度地遭受过狂风折断桅杆、被迫斫断大桅、船头冲入礁石，船身触漏、甚至船只沉没等严重的事故。也有洋面遇风暴打伤船艄、后横板破裂、卧舱进水、船面过水，打湿漕米、刮断大锚、不得已松舱（指将漕米抛入大海，减轻船只自重）等物损事故。也有水手落水，一船漕米全部损失的人员、漕粮运输事故。这 20 起事故对于参与运输达 1562 艘，对没有机器动力的木帆商船实施的大型航海活动来说，12.8‰的海难、海损比例应该还是一个不错的成绩。按照受损船只的所在地船帮来分，事故较多的船帮依次为赣字号的船只、通字号的船只、崇字号的船只等。在受损船只中，还没有见到宁波漕船的相关记载。上面提及的在天津口外沙洲搁浅的盛永骏号也只是搁浅而已，人、船、物最后均未受到大的损失。究其原因，在海难、海损事故的记录中，小型船只，只能装载几百石的小船事故居多，大船的安全性就较好。宁波的海船，就是一种载重量较大的海船，吃水较深，稳定性较好是一个原因。还有就是船工水手的驾驶技术高低肯定也是重要原因之一。

以上的资料还说明，与上海出发的其他地方漕粮船相比，从宁波漕粮船的航运业绩来考量，宁波海船应该有航行速度较快；航行损失少，安全性较高的特点。与当时的其他船种相比，可以说是毫不逊色的。

在 1826 年的海运中，民族英雄关天培时任松江府川沙营参将，作为水师的一员，他心思：漕粮海运，水师护航，天经地义。于是他挺身而出，毛遂自荐，"力请身任"①。关天培的履历、政绩和关键时刻显示的刚毅和勇气，终于赢得了江苏巡抚陶澍的充分信任，他被委以头运押运委员，乘坐上海船商杨国芳提供的沙船负责头运漕粮的护航。他一路护航到天津后还十分关心天津口外拦江沙水域和天津口至上园段内河水道漕粮运输的畅通。关天培禀称："天津口外旧有拦江沙一道，横亘甚长。潮水落后，沙面仅存水三、四尺，米船沉重，至此必候潮涨七分方能进口。若西风小，信潮弱，大号米船每至不敷浮送。由（天津）口门至上园卸米地方，水程二百里，河势弯曲，滩嘴颇多，各船挽牵前进，至速亦须四日方抵上园。重空船只连帮行走，加以盐船、货船往来其间，每至壅塞。"②

关天培曾主动地对有救助必要的浙江籍盛永骏号船提供雇船起剥的帮助。根据关天培手下的随从周世荣报告，三月二十二日，有浙江"三不像"船盛永骏号装载漕米 1750 石，乘潮驶入天津口外的拦江沙时，因装载较多，船只吃水较深而搁浅在沙洲上。已经一连七天潮水涨起时船身也浮不起来，不能动弹。

---

① 关天培《筹海初集》。
② 《江苏海运案》卷七《江苏巡抚部院陶为据禀札知事》。

由于船上装载粮米较多，搁浅漕船就有损及船身的可能。"恐致垫伤"的阴影笼罩在全体船员的心上。关天培知情后当即就派出兵弁，到海口会同天津水师员弁就近雇用民船四艘，帮助盛永骏号起剥，将盛永骏号装载的漕米减少一部分，设法将船只移出搁浅的沙滩。直至卸下 260 余石漕米后，在四月初一日终于在涨潮时使减轻了船载的盛永骏号"三不像"船的船身浮起，第二天就进入天津港交兑漕米①。通过天津口外拦江沙水域后，从天津口至上园段内河水道的畅通也是漕粮运输的关键之一。经过关天培"日逐往来，催趱押令"的工作，并对发生争执，造成拥堵的行船进行调停，河道壅塞的情况也大为改善。如在四月四日，关天培就在葛沽地方看见九艘回空的浙船与二十三艘"重运沙船"因为"争走上风，停船争闹"。关天培当即就采取了"空重船只，分岸行走"的分流措施。由于处置得当，使得"河道立时疏通"，一场不同地区船帮老大之间的争吵得以调解成功，收到了"重空船只均无阻滞"的效果②。

漕运顺利完成以后，根据道光皇帝的上谕，有一批宁波的官员和船商受到了政府的奖励。受奖励的宁波船商有浙江的慈溪县捐职通判盛炳煜、捐职从九品洪炳辉、鄞县捐职布政司理问谢占壬等。上谕中说："盛炳煜、洪炳辉名下各船共载米七万余石，并领文亲押浙船一百六十五号，护送到津，经历险洋，照料妥协，颗粒无损。在沽口地方航运时河口拥挤，自己设法抽让催趱赶装二运，急公出力。"可见盛炳煜、洪炳辉家族就是宁波地方的船商大户，运送漕粮数量巨大。在运输途中贡献也较多。"谢占壬熟悉海洋沙线，指陈险易，招募商船，亲自护送，赴津照料，始终出力，均与各商之仅止用船揽载者不同"而受到俱准其各就原职加足，不论双单月照常例加捐，分发签掣省分试用的奖励。除了以上的受奖励人员外，还有浙江鄞县捐职州同船商卢新载米自一万石以上，原先就有从六品顶戴，现赏加五品职衔。还有慈溪县科举人大挑教谕阮兆熊，他"充当浙船董事。未经装米，因浙船初颇推诿，该举人谆切开导，当即同具承揽嗣后复照料交兑，急公出力，"赏给六品顶戴。慈溪县监生费元墀载米四万余石，同上海县船商杨国芳、宝山县监生陆昌言一样也分别载米三万和四万余石，均赏给六品职衔。慈溪县船商盛垣载米三万数千石赏给七品职衔。镇海县船商

---

①　《江苏海运全案》卷七《江苏巡抚部院陶为据禀札知事》。

②　《海运全案全案》卷七《陶澍据禀札知事》。

华仁安载米二万余石，赏给八品职衔。慈溪县船商葛维戊、胡绍中、盛荣等载米一万数千石赏给九品职衔①。

从以上对宁波船商的奖励来看，我们应该也能感觉出宁波船帮对这次海运漕粮的贡献了。

---

① 《江苏海运全案》卷四《江苏巡抚陶澍海运案内急公领运倡募招徕船只之商埠人等量加鼓励折》。

"乡人保姆"

——近代宁波旅沪同乡团体慈善事业研究

宋珍珍 *

摘　要：宁波旅沪同乡团体是以商人为主的多元自治组织，民国时期在上海社会局登记取得合法身份后，采取现代党团组织的选举和任期法，代表宁波旅沪同乡的共同利益。同乡团体自筹资金开展各项社会保障事业，保障同乡的利益。虽然，他们实行的社会保障有一定的局限，但是在当时政府社会保障功能不健全的情况下，其社会保障事业覆盖了相当多的旅沪宁波人，为他们的生存和发展提供一定的保障，对旅沪宁波同乡凝聚力的形成与发展具有重要的作用，宁波旅沪同乡团体的社会保障事业研究具有重要的现实意义。

关键词：四明公所　宁波旅沪同乡会　慈善

宁波旅沪同乡组织是上海市民公共社会的一个缩影，它是以商人为主体的同乡自治组织。随着时代的变化，宁波旅沪同乡组织也跟随时代的步伐，不断地发展与完善，对外代表着宁波同乡的共同利益。传统的四明公所与宁波旅沪同乡会，各有分工，从不同的方面给予宁波同乡以救助。民国时期，宁波旅沪同乡会成立以后，为了更好的服务同乡，还成立了奉化、鄞县、宁海、镇海等旅沪同乡会，地方性同乡会的建立与宁波旅沪同乡会并无抵触。宁波旅沪同乡组织，自筹资金，开展各种慈善活动。虽然宁波旅沪同乡组织的慈善活动有着浓厚的地域特点，但是在上海这样一个多元的移民社会里，同乡组织所形成的保障圈，却覆盖了上海社会的相当大的空间，弥补了政府社会保障的不足。

---

*　宋珍珍，宁波大学历史系研究生。

一 常态救助

（一）丧葬事业

宁波流动人口中，有许许多多的人在颠沛流离的生活中，或穷困潦倒一生，或惨死异地他乡。出于对贫困同乡的同情与怜悯、早期宁波旅沪同乡组织—四明公所承担起设义冢、建殡舍、为同乡赊材、寄枢，最终帮助他们运棺回籍的事业。《上海四明公所章程》明确指出"本公所以建丙舍、置义冢、归旅榇、设医院等善举"为宗旨。对于停棺寄枢、赊材售材，公所都做了明确规定。对于贫困同乡，公所会格外照顾。道光十六年（1836）公所设了赊材局，贫困同乡可以先领取棺木，随时量力纳资，永不向索；对于欲扶棺归葬而无经济能力者，则酌情给以自费，以遂其愿。四明公所还规定，寄停之枢，其家属实系贫苦无力领运回籍者，得觅保至本公所报明住址，代为运送，惟运送到埠时无人接受，须由保人负其责任①。所以"安旅魄、恤孤贫，可谓委曲周挚矣"②。公所运枢回甬，每年分清明、冬至二期，或用轮船，或用帆船，由经理人随时察看情形，酌量妥办。1924 年存放在公所内的棺枢达 5209 具，1933 年达 3435 具③。

表一　上海四明公所售材数量比较表（1934~1937）

年份	售出数量（具）	内计赊材
1934 年	3476	541
1935 年	3047	577
1936 年	3816	874
1937 年	4764	1147

资料来源：李瑊《上海的宁波人》，第 236 页。

四明公所除了从事宁波旅沪同乡的停枢、运棺、赊材等事业，还接受外埠

---

① 《上海四明公所档案选（一）》，《档案与史学》1996 年第 6 期。

② 同上。

③ 上海通社《上海研究资料》（续集），上海书店 1984 年，第 304 页。

宁波同乡组织的委托，从上海运棺到宁波。1906 年昆新四明公所提出，愿捐若干经费，由上海四明公所接收棺柩，再转运到甬公所，然后宁波府属的各县相应处理。以后，天津、南京、汉口等地的四明公所也援引此例，上海四明公所因此也成为外埠至宁波运棺的转运站。每年春冬各一次，每年运回宁波的棺柩达一千二三百具。据资料记载，1933 年，公所运柩回乡 3824 具①。四明公所将棺木运载回籍不仅要耗费相当一笔运输费用，还要花费人力处理这些事宜，尤其对于旅沪贫困同乡来说，这是很难办到的事。所以可以说四明公所从事的这项善举是一项了不起的事业，对于联络乡谊也不无作用。

(二) 遣返同乡

帮助遣返同乡主要是针对无法在沪谋生又无资回籍的贫困同乡。无论他们是否是会员，只要向同乡会提出申请由同乡会出具证明，即可免费搭轮回甬。1918 年，同乡会与宁绍轮船公司商定，由同乡会补贴宁绍公司，专设免费票，用于遣返。同乡会于 1922 年设立的畲心社每年资遣同乡回籍约 1754 人②。这项工作看似简单、微薄，但是对于帮助贫困同乡，维护地方安宁是大有裨益的。1934 年 1 月，宁波旅沪同乡会，以沪上流落贫苦同乡极多，除函请新宁绍、宁兴两轮随时遣送回籍外，还函致达兴公司，商请于鸿兴轮驶往宁波时附载同乡回籍。

尤其是在战乱时期，其意义就更加突出了。抗战时期，宁波旅沪同乡会的救济工作发挥了很大的作用，这在下文中会有介绍。另外，据《宁波旅沪同乡会月刊》记载："抗战军兴，我同乡赴义之民，纷纷随军西去，当时以交通阻塞，盘诘重重，本会曾发给旅行证明书，以资便利，计先后发出据五千余纸，胜利以还，乃不意赴义之民，意成流离之人，随江流滚滚而来者，率皆缺衣少食，颠沛流离不堪，经渝、昆、湘、鄂、京各地我同乡会，沿途予以接待，济以川资，而集中于沪，由本会资遣回籍者，先后达四百余人，近仍络绎有至者。"③

遣返同乡这项工作对当时沪地社会秩序的稳定大有裨益。这就避免一部分

---

① 同上。

② 李瑊《上海的宁波人》，上海人民出版社 2000 年，第 252 页。

③ 《资遣同乡义民回籍》，《宁波旅沪同乡会月刊》1946 年 9 月 30 日复刊第 3 期。

人留在沪地因为谋生而成为社会流浪者，增加沪地的不安定因素。同乡会的这一举措大大减轻了这种可能性，对于上海社会的稳定做出了一份贡献。

（三）职业介绍

为了使同乡尽快在上海立足，自食其力，同乡会还为同乡提供职业介绍及无息小本贷款。职业介绍即由同乡会出面为无业同乡作担保，介绍到土商行号，特别是甬人经营的行号中工作。无息贷款最早源于1911年同乡会开设的免利借钱局，专门用来救助失业同乡，无业营生和流离上海者。此项工作直到抗战后还在持续进行。1942年同乡会设立职业贷金，并设置专门机构管理，此事一度停顿。1946年，为了实现救助同乡失业者自谋生活起见，经过宁波旅沪同乡会理监会决议，实行拨款办理小本贷金，由福利委员会主持这项工作。《宁波旅沪同乡会福利委员会职业贷金组小本贷金章程》规定，宁属各县确在本埠经营小本营业经会员介绍者，失业后无法谋生者，或为小商贩小工业短少资本无力继续营业者，都可以向该会申请小本贷金，而且贷金概不收取利息①。单1946年，职业贷金总额就达4千万元，受助的同乡有382人之多②。职业贷金的开展，为解决宁波旅沪下层同乡的基本生活问题起到了很大的作用，它不仅解决了一部分人的就业问题，也避免了一些人因为资金短缺而破产。所以，宁波旅沪同乡会开展的这项工作，为宁波旅沪同乡在上海的自主发展创造了有利的条件。

（四）调解纠纷

宁波旅沪同乡会是一个同乡自治团体，它在近代上海政府管理混乱，法制建设不健全的特殊环境下，自觉地承担了不少半官方的中介事务。同乡会承担起的中介事务，主要是在同乡间发挥调解职能，对外代表同乡的利益，因此，这项事业也纳入了同乡会的章程。宁波旅沪同乡会的调节职能主要分为仲裁和申诉。前者是同乡间有纷难需要调解，委托同乡会出面调解仲裁，同乡会即派人前去调查情况，然后作出裁决，而同乡大多也会遵照执行。从下表可以看出，

---

① 《宁波旅沪同乡会会刊》1946年11月30日复刊第9期。
② 《宁波旅沪同乡会会员常年大会记录》，引自郭绪印《上海的同乡团体》，文汇出版社2003年，第545页。

仅 1934 年 11 月同乡会经办的此类事件就达 10 多件。而申诉是宁波同乡在与政府机关或外国势力发生争执，受了冤屈，单凭个人力量无法抗争，往往请求同乡会代为申诉。宁波旅沪同乡会接到委托，或加以转函附上意见，或直接出面代为抗争。1930 年 10 月旅沪宁波人忻丁昌被法水手击落浦中，身亡一案，宁波旅沪同乡会接到通知，即派员调查属实，当即就召开了紧急会议，讨论援助方法。决议函请法公廨秉公彻查，严惩凶手，并要求赔偿。之后宁波旅沪同乡会还联合六区党部、商务书馆工会等为忻丁昌案宣言，向法帝国主义者提出最低限度的要求，一是向我政府正式道歉，并担保永远不得有类似的事件发生。二是从严惩办元凶及私纵凶手的巡捕。三是除赔偿给死者治丧费外，并照我国赔偿外人的先例给予死者家属的赡养费①。为了争取问题的解决，宁波旅沪同乡会还联合其他团体成立忻案后援会，并请来律师，商讨解决的方法，最后经过多番努力，忻案终于有了结果，法领事回复此案已交法海军当局彻查，二法兵也已禁拘惩办，还给了家属抚恤金，并保证此类事件以后不会再发生。这种涉外案件，虽然牵涉面比较广，处理比较复杂，但是为了维护同乡的利益，面对外国势力，同乡会从没退缩，而是团结同乡中有影响力的团体，积极地为之奔走寻找解决途径。

　　宁波旅沪同乡会处理的纠纷案件多样、繁复，只要同乡有事，无论事小事大，大多向同乡会求助，表明人们对同乡会的信任与依赖，而同乡会也都会尽力帮助同乡解决问题，其形象地被人们成为"乡人保姆"确实是当之无愧的。

二　灾变救助

（一）自然灾害

1. 水灾、风灾、旱灾

　　宁波地区依山傍水，地狭人稠，夏秋季雨水频多，由于地理环境的原因，每发大水往往会导致其他地质灾害的发生，灾象惨不忍睹。宁波旅沪同乡会虽处沪上，但是心系家乡，每当家乡发生天灾人祸，宁波旅沪同乡会都积极组织救护。1921 年 8 月宁属各县发生水灾，宁波旅沪同乡会接到消息立即成立了急

---

① 《申报》1930 年 10 月 25 日。

赈会，一方面致电其他各地的旅外同乡会请他们积极支援家乡赈灾事务。另一方面，宁波旅沪同乡会派第二科主任胡咏琪亲自前往灾区调查灾情。宁波旅沪同乡会特派赈务主任和慈善委员分赴受灾地区，相度地方情形办理。宁波旅沪同乡会自发起水灾急赈会以来，迭开会议，认捐者颇为踊跃，同乡会都将捐款者姓名及捐数每日揭示门外，以供众览。每过五日，将认捐数目及已收之款分别印送各捐款人，以征实在。可见，宁波旅沪同乡会慈善事业管理的公开，透明性。

另外，为了更好地完成救灾工作，宁波旅沪同乡会也会联合其他慈善组织。1921年年宁波各县发生水灾后，同乡会除了成立急赈会，派员专司赈灾事宜外，还致函其他慈善团体助一臂之力。宁波旅沪同乡会在救灾时注意动员社会团体的力量，壮大了救助的力量，同时也带动了社会的慈善风气，有助于形成良好的互帮互助的社会风气。

宁波旅沪同乡会的慈善救灾活动不仅仅局限于沪甬两地，其他地方发生灾害，同乡会也积极参与救助。如1931年8月汉口发大水，宁波旅沪同乡会闻讯成立汉灾会，商讨急救汉灾案。同时，宁波旅沪同乡联合绍兴同乡会、四明公所合组宁绍急救旱灾会，1931年8月23日托招商局江顺轮，运汉面粉1500包，饼干120箱，大头菜20件，大饼30箱，又函三北公司鸿贞轮，运汉食米1000石，并电注汉主任殷惠承君接洽①。这是暂时的救济，之后继续讨论募款及收容办法。可以看出，每次遇到灾害需要救助宁波旅沪同乡会都组织有序，分工明确，确保了救助的时效性，同时注意动员社会的力量，联合救助，赢得了救助的时间，挽救了更多的生命。

1922年9月宁属各县遭遇风灾，宁波旅沪同乡会发起急赈会，成立以来分部办事，积极进行，即日派专员赴宁属各县实地调查，将所查灾况呈报到会。面对严重的风灾，宁波旅沪同乡会积极商讨赈济办法，同时积极动员社会力量，一方面将灾情报告给政府，希望得到政府拨款，另一方面，发动其他旅外同乡组织同心协力帮助家乡人民共渡难关。自宁波旅沪同乡会组织急赈会后，认募捐款非常踊跃。除此之外宁波旅沪同乡会还商讨了其他办法：一、举行游艺会，请南北新旧名伶会串戏剧集各团体表演游艺，将收入充作赈款。二、派代表分

---

① 《宁绍救灾会粮食运汉》，《申报》1931年8月24日。

赴各埠同乡会，劝募赈款。三、仿铁路加收赈款办法，行驶宁沪轮船暂加收赈款数成。四、恳请官厅议会设法增收附加税。上列各项由募捐主任李征五会同各职员分头进行①。在宁波旅沪同乡的积极奔走下，旅京同乡也热心捐助，募得赈款共万金。而宁波旅沪同乡会会自发起急赈以来，也募到赈款 63000 余元。除了募集善款帮助灾民解决燃眉之急外，宁波旅沪同乡会为了从根本上帮助灾民，以达治本之效，还推行了以工代赈，遂有创鄞慈镇长途汽车雇灾民筑路之策，以工代赈是一举两得之策。这样才能保证救助的效果，帮助灾民尽快从灾害中走出来。

1934 年，鄞慈地区发生旱灾，宁波旅沪同乡会派勘灾委员前去灾区勘察灾情。勘灾委员在向宁波旅沪同乡会报告灾情后，宁波旅沪同乡会准予拨银，以资救济。此外，宁波旅沪同乡会"就灾区内择最要之水利或道路工程，招集灾民壮丁，从事兴筑，以工代赈，藉资救济"②。从同乡会的救助办法中，我们可以看出，同乡会的救助办法具有近现代慈善救济的特点，不仅仅注重即时的救助，更从长远利益出发，帮助灾民解决问题，这是同乡会慈善事业可贵之处，其救助不再停留在表面层次，而是真正从灾民的利益出发，寻求长久的解决之策。

2. 地震

1923 年 9 月日本东京、横滨等地发生地震，宁波旅沪同乡会自接得日本地震大火消息及中华会馆来电，报告侨胞死亡经过后，即开理事会慈善委员会联席会议，讨论协济办法。所以该会每逢接到日轮抵沪消息，或张口云律师正式报名，即派员至中外各轮埠招待。计先后接待到会者 600 余人，资遣回籍者 200 余人，其由戚友领回未经到会者 200 余人。该会向泰昌木器公司、鄞孚木器公司、南洋兄弟烟草公司、商务印刷馆、五洲大药房、董杏生所办之长途汽车、先施公司及广东汽车公司等借汽车，接送难民。难民到会后，款以茶点，该会基金监楼恂如同办事员，以上海银元向难民十足兑换日币，并每人发给川资。急欲回籍者，同乡会给予船票，备车送至码头，并每日由该会理事陈良玉，事务监陈蓉馆、孙梅堂到会处理各事。当"麦肯雷总统"号抵埠掉头时，因司机

① 《宁波急赈会之昨讯》，《申报》1922 年 9 月 12 日。
② 《勘灾委员李平为鄞县灾民请赈》，《宁波旅沪同乡会月刊》1934 年 11 月第 136 期。

速度太快，遂至搁浅，须涨潮，才能行动。难民迫不及待，同乡会向益利轮船公司借得益利轮船，前往驳载难民。

（二）社会灾害救助

1932 年"一·二八"事变爆发后，旅沪宁波人士不遗余力地投入到支援抗战的活动中去。面对日军的大举进攻，十九路军孤军奋战，而国民党政府妥协退让，拒绝援助。宁波旅沪同乡会的领导人物如虞洽卿、秦润卿、刘鸿生等在上海的银行业和实业界发起成立"上海地方维持会"，自发地从事维持上海经济秩序、救济难民、支援前线等活动。沪战爆发以后，战区人民的生命财产在炮火下遭受巨大的损失，宁波旅沪同乡会为救济难民、支援前线发起多次募捐活动。1932 年 2 月 1 日，宁波旅沪同乡会在《申报》上刊登《征集犒劳将士物品启事》。2 月 4 日又募集救济金，呼吁同乡慷慨捐助。2 月 24 日，再次募集慰劳将士、救济同乡捐款，"务使国家土地、被难同乡能在此炮火下，得恢复安全也，以救国尽责，时在今日，毁家纾难，勿落人后"[①]。经过宁波旅沪同乡会的动员，旅沪宁波工商业者及同乡多积极响应，捐献大量钱款、药品、衣物、及生活用品，同时宁波旅沪同乡会也出资购办不少。

由于战争日紧，伤兵难民日剧增多，宁波旅沪同乡会在康脑脱路五十五号设中国红十字会第三十四号伤兵医院。筹备就绪之后，宁波旅沪同乡会派出专车至战争区域接收伤兵，总计接收伤兵 180 余人。同时，宁波旅沪人士开办的药房也给予伤兵医院很大的支持。伤兵医院自组设后，各界热心人士或来院认捐或直接赏给受伤兵亦有多少，远如陕西各界慰劳抗敌将士，同乡会会亦携慰劳金来院赏给，慰劳品统由该院一一检点后，发给士兵享用。自组设至结束历时二月所费颇巨除各略有捐助外均由同乡会支出，统计约用 14680 余元[②]。与此同时，四明医院为了支援抗战，特将院内一部让出来，用作收容伤兵的治疗所。各方闻讯纷纷送来慰劳品，极为踊跃。

出于同乡情谊，宁波旅沪同乡会联合四明公所合组被难同乡收容所。自开办日起至 4 月 8 日止，71 日共收容被难同乡 9008 人，均于收容后，陆续发给船

① 《申报》1932 年 2 月 24 日。
② 《本会组设红十字会第三十四伤兵医院之过报告》，《宁波旅沪同乡会月刊》1932 年 6 月第 107 期。

票资送回籍，有未入收容所仅给船票遣送回籍者计 6048 人，总数为 15156 人，所中每日供给早晚二膳，未携衣被者且发给被褥，产妇送医院就产，病人则送四明医院诊治，病之轻者及须种痘者，则由王伯元医师常住服务，遣送时以老幼艰于步行雇汽车护送，益恐码头人多拥挤，每日派人至码头照料，如遣送人数在百人以上则令派二人随船护送，发给干粮到达宁波后再欲转往各乡，而无资斧者酌量给以川资，最后有 300 余人以居处被毁欲归无所乃审查其生活状况给予善后费，自数元至二三十元不等，至是始得全部结束完竣，总计用款除船资每名五角由宁波旅沪同乡会直接解付外，所内共支出洋 7584.54 元①。

　　1937 年卢沟桥事变后，全面抗战爆发，宁波旅沪同乡会又义无反顾地投入到抗日救国的活动中去。1937 年 7 月，由于时局紧张，宁波旅沪同乡会即建立了特种委员会，训练了 100 余名救护人员，做好了战时救难准备②。"八一三"抗战爆发的当天，宁波旅沪同乡会就派 10 支救护队，每队卡车 1 辆，救护员 20 名，前往战区营救难民③。13、14 日就营救了 10000 余人。之后，同乡会全面开展营救难民的工作，先后在四明公所、定海会馆等处建立 14 处难民收容所，援助涌入租界的大量难民，总数达 8 万人；由于战争恶化，难民激增，同乡会又出资租用轮船四艘，免费遣送同乡 20 余万人，大约占了上海甬籍居民的40%，这些工作都是在危险复杂的环境下进行的，有时，驶甬轮船也会遭到日舰或日机骚扰，难民收容所也有断水断电的情况，在这种情况下，政府自顾不暇哪里还能管得了这些，所以宁波旅沪同乡会能在战时完成如此大规模的救助工作，在当时是不多见的。

　　"八一三"抗战打响后，宁波旅沪同乡会即展开犒军劝募的活动，甬同乡多积极响应，如竺梅先捐献了足够买一架飞机的巨款；泰康食品厂的乐汝成速建了一座工厂，生产饼干供应前线，盛丕华捐献了家中所有的金银器物，可谓毁家纾难，宁绍公司新北轮将五次沪甬航班 13000 余元利润全部捐出④。宁波

---

① 《本会与四明公所合组被难同乡收容所之经过报告》，《宁波旅沪同乡会月刊》1932 年 6 月第 107 期。
② 《宁波旅沪同乡会会务报告 1945 年》，引自郭绪印《老上海的同乡团体》，文汇出版社 2003 年，第 555 页。
③ 《申报》1937 年 8 月 14 日。
④ 《申报》1937 年 10 月 13 日。

旅沪同乡会亲自将大量钱物送往前线。在上海两次抗战中，宁波旅沪同乡会本着人道主义精神，自觉承担起救护难民支援前线的工作，真是可歌可泣。

三 社会公益事业

近现代由于社会环境的改变，受多种因素的影响，宁波旅沪同乡会的慈善事业也发生了转变，在继续一般救助的同时，同乡会将慈善事业向社会公益事业倾斜，如社会教育文化事业、医疗事业以及援助家乡建设方面。

（一）教育文化事业

宁波旅沪同乡会不仅以救助安置同乡为主要事业，还特别关心同乡子弟的教育问题，早在同乡会创办初期，其就积极办学，努力提高同乡子弟的文化素质，这项工作对于甬帮的长远发展及社会的进步都具有重要的意义。为此，同乡会大力发展教育事业，通过各种方式增进同乡科学文化知识，提高同乡的素质。早在 1914 年，宁波旅沪同乡会就创办了宁波旅沪第一小学。宁波旅沪公学以培植旅沪同乡子弟，灌输国民常识养成自立基础为宗旨[1]。至 1927 年，同乡会所办小学已达 10 所，学生最多时达 3460 名，经费全部由同乡会在同乡间征集，再在同乡会会费名下拨充。据统计教育费长期占同乡会会务费的 50% 以上[2]。同乡会小学聘请专门的校务主任或校董会对其进行管理，对所收学生采取单式或复式的教授方法，学生所修科目包括修身、国文、算术、体操、图画、唱歌，三四年级的学生还增加了英文。

对于贫困的学生，宁波旅沪同乡会给予学费减免（具体见表二）。为了使贫困的同乡子弟能接受更高的教育，同乡会还拨款设立助学金。1921 年，宁波旅沪同乡会为援助留法勤工俭学的同乡学生杨雨田等 10 人，迭经集会议决。该项补助总数年计 4 万法郎，约合上海规银四千两之谱，由好义乐育之会董 20 人共任筹集，按期汇法[3]。1934 年，同乡会拟办四明大学未果，于是改设四明大学奖学金，以资助贫困而有志读大学的年轻人。四明大学奖学金定额 125 名，

① 《公学报告》，《宁波旅沪同乡会月报》1921 年 11 月第 2 期。
② 郭绪印《老上海的同乡团体》，文汇出版社 2003 年，第 545 页。
③ 《宁波同乡资助留法学生》，《申报》1921 年 12 月 6 日。

每人每年得奖学金 400 元，凡是属于甬籍的青年，无力升入大学或继续肄业者，均可具书申请。抗战期间，宁波旅沪同乡会鉴于因贫失学子弟日多，而自办之小学 10 所，因战祸被毁 6 所，为不忍使同乡子弟二代国民再罹文盲之痛，宁波旅沪同乡会于 1942 年春季起，举办教育贷金，使优秀会员子弟皆有求学之机会，教育贷金分为大、中、小学三组，学生经考核后，由同乡会付其学杂费，待工作后按本金归还。到 1946 年，前后申请教育贷金者达 727 人（具体情况见表三）。从 1942～1947 年，宁波旅沪同乡会共举办了十期教育贷金，受惠学生达 886 人[1]。

表二 宁波旅沪同乡会各小学免费生人数

各小学	1933 年第二学期	1937 年第一学期
第一小学	61 人	45 人
第二小学	75 人	108 人
第三小学	21 人	28 人
第四小学	90 人	65 人
第五小学	16 人	20 人
第六小学	15 人	18 人
第七小学	20 人	20 人
第八小学	44 人	28 人
第九小学	0 人	27 人
第十小学	38 人	31 人
总计	380 人	390 人

资料来源：《宁波旅沪同乡会月刊》1934 年 9 月第 134 期、1937 年 3 月第 164 期。

表三 宁波旅沪同乡会历期甄录贷金学生人数比较表

	第一届	第二届	第三届	第四届	第五届	第六届	第七届	第八届	第九届	第十届	总计
小学	14 人	43 人	35 人	50 人	78 人	60 人	67 人	39 人	81 人	101	568
中学	28 人	28 人	35 人	30 人	71 人	45 人	50 人	29 人	46 人	53	416

[1] 郭绪印《老上海的同乡团体》，文汇出版社 2003 年，第 546 页。

续表

	第一届	第二届	第三届	第四届	第五届	第六届	第七届	第八届	第九届	第十届	总计
大学	4人	2人	1人	1人	5人	4人	5人	2人	5人	5	32
总计	46	73	71	82	154	109	120	70	132	159	1016

资料来源：《宁波旅沪同乡会月刊》1946 年 9 月复刊第 2 期、《宁波旅沪同乡会会刊》1947 年 7 月 10 日复刊第 16 期。

另外，宁波旅沪同乡会还创办了安心中学、夜校及宁波职业学校以满足同乡子弟进一步升学及职业培训的需要。如 1931 年，旅沪同乡会通过民众夜校办法，教授年长失学者简易知识技能，使其适应社会生活。除学校教育外，宁波旅沪同乡会还重视改良同乡中传统的陋习，传播科学文化知识。1921 年同乡会在新会所的三楼开设图书馆及阅览室，以便同乡吸收新知识，并且对读者籍贯并无限制。至 1946 年，同乡会的图书馆已具相当规模，藏有文学、社会科学、自然科学等各类图书 13600 册，年接待读者 25000 余人①。虽然，同乡会设立的图书馆规模有限，但在一定程度上满足了同乡学习求知的愿望，受到同乡人士的欢迎。抗战胜利后，宁波旅沪同乡会重建图书馆，阅报室，近一年半的时间里，来馆阅读者达 4 万多人。

1921 年 6 月起，宁波旅沪同乡会开始编辑《宁波旅沪同乡会会刊》，一方面向同乡汇报会务工作情况，另一方面以此作为宣传文化知识的平台。另外，为了扩大同乡眼界，提高同乡素质，增进同乡道德，宁波旅沪同乡会从 1921 年起在会所内为同乡举办通俗讲座，聘请社会各界名流来会演讲，抗战时期停办，1944 年后又以道德讲座的形式开讲。从 1921 年 6 月到 1923 年 1 月期间共举办 50 场演讲，内容涉及科普知识、卫生常识、社会常识、教育知识、商业知识、国际形势等，前来听讲的人也颇为可观。为了提倡俭约婚娶，1937 年 7 月 27 日，宁波旅沪同乡会开会决议举办同乡集体婚礼，每年分春夏秋冬举行四届。宁波旅沪同乡会在同乡中普及文化知识，改良传统风俗方面，确实花了不少心思，展现了近代宁波人积极进取，与时俱进的一面。

① 《本会业务统计报告》，《宁波旅沪同乡会月刊》1946 年 11 月复刊第 7 期。

（二）医疗事业

为了解决同乡施医给药的问题，早在 1905 年，上海四明公所就在大殿两旁设立施医局，为同乡延医施诊，贫病者可以免去药费。1906 年，公所改造西厂房，设病院，凡贫病同乡，都可以保送病院医治，药费饮食全部免费①。不过当时病房比较简陋，只能容纳 30 人左右。后来随着上海近代化医院的发展，同乡对公所在公益事业方面的不满，加之公所原有施诊所的简陋不能满足各方的需求。1922 年，四明公所发起募捐，在原址上建造四明医院。

由于旅沪甬人多畏西喜中，四明医院早期以中医为主。后来随着社会发展及受到西医医院的影响，原有的中医逐渐裁减，物色并聘请各科专门的西医。而且医院不断充实设备，凡现代医院所必须具备的药物及诊疗器械，如西药室、大小手术室、X 光室，病理化验室等等均先后设置，并改造门诊室，扩建院舍。为了更好地服务同乡，四明医院还设置社会服务科，四明护士学校，历时三年，医院的形式与内容为之一新，其名声隆起，成为上海名医院之一。四明医院的病房，分特等、头等、二、三、四五等，三等病房专为贫病者而设，四等则完全免费，共有病床 200 张，三四等病床占 60% 多，这也是为了贯彻救济贫病的宗旨。

医院的经费是维持医院运作的重要问题，四明医院的经费主要有四个来源：一是病人的缴费，二是少数的房产租金及基金的存息，三是热心人士的捐助，四是四明公所的拨款。虽然经费问题一直困扰着医院，但是四明医院还是用有限的资金做出了不俗的成绩。对于门诊，贫民不论是否是宁波人均不收医药费用，同乡贫病者还可以免费入院医治。1933 年入院病人计 1951 人，而门诊达 60343 人之多②。从 1922 年四明医院建立到 1937 年6 月底，病人住院诊治者达 31487 人，午前门诊达 678123 人，支付病人饭食113057.25 元，支付贫病免费 26008.9 元，支付住院药资（1934 年止）203830.84 元，支付门诊给药 6711.86 元，支西药品 14874.42 元，总计开支达

---

① 刘惠新《近代上海会馆公所慈善医疗事业的发展》，《新乡学院学报》（社会科学版）
　　2009 年第 4 期。

② 上海通社《上海研究资料》，上海书店 1984 年，第 304 页。

364483.27 元①。

宁波旅沪同乡会是旅沪甬人的集团，平日对于慈善公益事业，热心创办，鉴于旅沪同乡之众，贫苦者实居多数，一旦发生疾病，以经济关系，延医不易，于是同乡会决议在会内举办施诊所，以资救济，对于无力就医之贫病同乡，免费治疗。施诊所从 1930 年 7 月 16 日开诊，聘请在卫生局注册的医师主持诊务，应诊时间从每日上午 10 时至下午 3 时，只收号金 1 角，诊费免收。据《宁波旅沪同乡会月刊》记载，1931 年 2~9 月，同乡来施诊所就诊的就有 1086 人②。从月刊的记载中可知，从 1935 年 9 月起，施诊所的分科有了细化，分内科、外科、伤科，就诊的人数较以前也有所增加，1935 年 9~12 月伤科人数 548 人，外科人数 238 人，内科人数 112 人③。宁波旅沪同乡创办的施诊所给贫病同乡带来很大的便利和福利。

（三）家乡建设

宁波旅沪同乡会虽身处异地，却心系家乡，时刻关心家乡的发展，积极参与宁波各项建设事务，因此"促进本乡建设"也成为宁波旅沪同乡会主要宗旨之一。一方面，同乡会积极帮助宁波的经济、文化、社会建设。另一方面对于不利于家乡发展的不合理法令措施，同乡会也会利用自己的影响力加以抵制。

对于家乡的基础设施建设，宁波旅沪同乡会积极支持。1926 年筹款建造灵桥，1929 年参加"协浚曹娥江委员会"，1930 年参与鄞慈镇公路建设。宁波老江桥为交通要道，因年久失修，危险堪虞，沪甬两地绅商发起改建新式桥梁，以垂久远，推定职员分股办理，并在宁波旅沪同乡会三楼设筹备处，开会决议筹建问题，议决之后，各职员各司其事，准备工作有序进行，经费方面，宁波方面认 3/10，上海方面认 7/10。1933 年宁波旅沪绅商徐圣禅、郑赞臣等，鉴于现在地方日趋进化，对于交通应力谋改善，于是发起创办鄞穿长途汽车公司，其路线自宁波江东起，迄镇海穿山止，旅沪绅商加入者还有傅筱庵、王心贯、朱守梅等，准备工作就绪，就开始测量及工程等一切事宜。1934 年 6 月，宁波

① 刘惠新《近代上海会馆公所慈善医疗事业的发展》，《新乡学院学报》（社会科学版）2009 年第 4 期。
② 《施诊所》，《宁波旅沪同乡会月刊》1931 年第 91~98 期。
③ 《施诊所》，《宁波旅沪同乡会月刊》1936 年 1 月第 150 期。

旅沪同乡虞洽卿、方椒伯、陈莘庄、虞善卿、陈文华、杨维友、黄锦篆等联合慈溪北乡认识集资 10 万元组设镇胜长途汽车股份有限公司，承租镇慈两县镇骆路等各县道，行驶汽车，以便利民众交通，发展农村经济，以为地方谋福利。

　　宁波旅沪同乡会不仅支持家乡的基础设施建设，还帮助家乡人民解决纠纷排忧解难，尤其是当家乡人民与官方存在矛盾时，宁波旅沪同乡会会积极地从中调解，以维护人民的利益。如 1932 年，鄞县各地公安分局派警向各村抽丁编练保卫团后备团，农民纷纷逃避，妨碍春耕，宁波旅沪同乡会致电鄞县公安局长，希望其妥善办理，以维农作。1934 年，宁波旅沪同乡会为慈溪县减免租税案致电浙江省政府，请县政府遵照核减附税办法，不得巧设名目，增加民众负担。1937 年，国民政府要提高渔盐征收税率，严重影响宁属渔民利益，宁波旅沪同乡会积极电呈南京财政部，要求维持原有税率。诸如此类的案件还很多，这里不再一一列举，从这些案例可以看出，宁波旅沪同乡会热心慈善，积极帮助同乡，关心家乡百姓的赤诚之心。

　　综上所述，宁波旅沪同乡组织对旅沪同乡给予的社会保障是多方面的，它从不同的维度保障了同乡的生存与发展。民国时期，各地旅沪同乡会及行业的商会所推行的社会保障事业，覆盖了当时上海相当大的空间，弥补了政府社会保障的不足。它与政府的社会保障相互交错，形成了一个多元化的社会保障网络，成为上海社会保障事业的一大特色。同时民间社会保障与政府社会保障相结合的模式展现了近代上海独立、自治的自由发展空间，也为现代社会公益事业提供了很好的借鉴经验。

近代宁波的航运与金融业

——兼论与福建的历史联系

陈铨亚[*]

摘　要：航运业与金融是近代宁波的二大支柱性产业。宁波钱庄为航运贸易的发展提供了充足的金融营养，同时，航运与贸易的繁荣反哺了钱庄。宁波的航运业又与福建密切联系。研究宁波帮的历史只有从航运与金融出发，才能窥其真谛。同时过账制度与航运贸易也有密切关系。

关键词：宁波钱庄　航运贸易　过账制度

到了唐代，宁波才从越州分析，说明此前它的经济总量很长一段时期维持在较低水平。行政层级的提升，毫无疑问的是中央发现了宁波港口贸易的独特位置。大规模的有系统记载的海外贸易正是从唐代开始。从此，航运贸易成为宁波繁荣昌盛的维他命。到了晚近，宁波钱庄业声誉鹊起，领袖全国。分析宁波帮的构成要素，航运与金融显然是二个最为突出最为乐道的事证。考察宁波航运业的发展，毫无疑问福建因素的相关性最大。换句话说，宁波航运贸易的福建基因占比很大。庆安会馆作为福建航运业同乡同业组织的物质载体，投射出福建航海家与商人的历史身影。对于福建与宁波的关系，尚无引起学术界的关注，本文乃有抛砖之意。

一

古代宁波港的贸易功能，据史书记载，在汉代就已经是沿海远距离贸易的母港。班固《汉书》提到"中国往（南越）商贾者多取富焉"①。虽然没有提

*　陈铨亚，宁波大学商学院教授。
① （东汉）班固《汉书·地理志》第八下。

到从宁波出发的航程，但是我们可以进行历史分析。中原商人往南越，陆上湘赣二路，既有五岭险阻，又要进过一段很长的原住民地区。贸易活动，必有大宗货物懋迁，航海是最有效的方法。环视当时，宁波港是首选。与此同时，汉武帝令韩说由句章横海平闽越，可以例证彼时宁波与福建沿海远距离航线已经被掌握。从历史地理了解，汉代的鄞县行政区域曾包括现在温州，与福建直接接壤，为古代福建与宁波之间的相互了解与信息储存提供了条件。唐中叶开始，随着中国经济中心南移，宁波也即取代了扬州的地位。

　　港口、造船、贸易是三位一体的。宁波是古代中国的船舶制造中心之一。1158 年，南宋在"明州上下浅海处"即今战船街建立造船工场。在航运史上，曾有一种被称为宁波船的大海船出没于往高丽、日本、琉球的波涛之中。日本保存的《异国船绘图》中，留下了二种有关宁波船的图影及内构尺寸，其规模达到总长度 16～17 丈，宽度 3 丈。康熙五十八年，徐葆光出使琉球，两封舟"取自浙江宁波府属，皆民间商船"①。除了大批熟练的匠作外，宁波附近的四明山为船舶制造提供了源源不断的优良材质。清李邺嗣的竹枝词就描述道："战舰江边岁岁修，千家冢木几家留。进来樟树随山尽，出海编拏客家舟。"②

　　在自然动力时代，宁波港是中国沿海最优越的港口，这是由它的地理特质决定的。许多研究地方文化经济史的人，都不了解了这一点。在中国的海岸线上，宁波正处于中心点上，南到闽广，北上天津、牛庄。上海超越宁波，是因为不仅长江使得它把经济腹地延伸到了四川盆地，更主要的原因还在于科学技术进步克服了自然动力的局限性。还有一点，南北海岸线基质的差异是必须考虑的要素。沿海航运分为南北洋二个系统，称南帮、北帮，界点就是宁波港。往闽广方向的是南洋船，往天津方向是北洋船。区别在于船舶的结构性差异。北方海基泥质为主，洋流相对平缓，因而使用平底船，即北洋船，载重量大，速度较慢。而南方海基是以岩质为多，暗礁密布，洋流湍急，采用的是尖底船即南洋船。同时南洋近海岛屿多，海盗出没，航行速度快有利于及时逃脱劫掠。南洋船从闽广出发，最远只能到宁波收泊，不能直接航行天津、登莱。反过来天津、登莱的北洋船也不能直接南下闽广，也需要在宁波换装南洋船，然后前

---

① （清）徐葆光《中山传信录》卷一。
② （清）袁钧《鄞北杂诗》，民国《鄞县通志》，第 2549 页。

行。这样宁波港就成为沿海运输的中转基地。在上海开埠以前，它是独一无二的。

另外一个宗教事迹也可以窥见宁波港的影响力。宋代的时候，妈祖本来是局限于福建的本土航海神祇，它向外传播与扩散的有记载的第一个据点正是选择了宁波。可见福建的航海家与商人们已经将宁波认作了贸易中心与补给基地。唐宋以来，福建人通过航运业登陆宁波，甚至成为宁波航海业的支撑之一。

宁波现在遗留下来的历史陈迹中尚有药行街、木行街、糖行街等。宁波曾一度是药材中心之一，浙江，甚至远至湘赣的药材以宁波作为集散中心，通过海路向沿海港口分销。福建多山，销往宁波的主体产品是木材、糖和桂圆、荔枝。木行街是木材交易中心。值得关注的是当时我国最大的糖批发中心的糖行街。闽广是糖产地。宋代一本记录糖生产工艺的著作《糖霜谱》，作者就是福建人，其工艺模型也来自福建工场。糖的最大消费群体不是宁波，而是环太湖区苏锡嘉地区。宁波只是集散地。这些糖多由福建商人运入宁波，然后通过浙东运河到达最终销售地。浙东运河的开掘，与福建因素有关。同治《鄞县志》记载，江厦锚地闽广船开洋的情景道，闽广南洋船一般选择在午夜开洋，几十艘集体梯行出洋，必先祭祀妈祖，鸣锣打鼓，声彻全城，壮观非常。清咸丰鄞县令段光清在它的回忆录《镜湖自撰年谱》里说到，当时宁波有北洋商帮三百余号，南洋商帮七八百号。光是依靠码头资食的就有三千人，可见贸易与运输规模。

国际贸易上，宁波主要是对日、高丽的贸易。泉州、广州经营南洋、西洋贸易。在泉州还曾形成了一个很大规模的阿拉伯人社区。泉州港所依托的福建省经济资源有限，其所输出的货品主要来自内地，如瓷器、丝绸等。宁波是与泉州港之间转口贸易的中转基地（因此，宁波成为海上丝绸之路的支线）。

宋代，福建的商人团体在宁波有了很大的规模。根据日人斯波义信的研究，早在1181，一位叫宋法珣的福建船长，在宁波建立了天后宫，把妈祖信仰从福建引入宁波。这也是最早的商人会馆。福建会馆有鲜明的宗教特色，基本以天后宫命名。江西会馆大多是有道教色彩的万寿宫。山西会馆与关帝信仰连接。徽州会馆是糅合儒道的紫阳书院。1854年，住在宁波的福建人有几千人，大多数搞海运。聚集在天妃宫周围的福建同乡会实际上是一个联合组织，在它下面又按地域分成九个分帮，如泉帮、厦帮、兴化帮。那时候，宁波航海商人分成三股主要势力，宁波本地商人的北号帮、庆安会馆的福建帮及本地与其他籍商人的南号帮。福建帮综合了南北洋二个系统，势力最强。这三个帮别共同信奉妈祖。

在明清时期以宁波为基地的对日贸易中，福建商人也占很大比重，尤其是明代。明朝实行贸易行可制度，所有对日贸易均从宁波出海。由于不能直接出海，很多福建先碇宁波再开洋，实际上明后期的中日贸易主角是在甬福建商人。有证据表明，宁波本地航海商人在 18 世纪开始转向上海发展，是因为在与广州的贸易（与西方贸易）中受到福建人的挤压，因而专注开发北方市场与长江贸易。有证据表明，清初荷兰红毛馆不能发挥积极作用，也是福建商人阻抗原因，因为直接贸易使他们失去很大的中间利益。

二

钱庄业，又是宁波的历史性品牌。钱庄从兑换商向信贷机构，再发展到商业银行阶段，与航运业有非常重要的关系。1838 年，浙江巡抚乌尔恭额在回复道光皇帝要求调查各地钱庄过度开发庄票活动的奏折里说："杭州居民稠密，钱铺稍多"，"宁波逼近海关，商贾辐辏，钱铺稍大"①。从中我们可以解读出，杭州钱庄数量多是因为服务人口多，但其单一规模不如宁波。宁波钱庄规模大的原因是海洋因素，可见与航运业有关的国内外贸易活动之活跃。

钱庄取代传统金融典当业而成为信贷主体，是与商品经济的强烈发展需求相适应。典当以生活消费信贷为主，而消费的结果是借款人财富减少，那么还贷能力也减弱，不得不采用典押模式来控制风险。钱庄是满足商品经济要求为目标，它以生产、流通信贷为主，生产流通的结果，使借款人的财富增加，因而还贷能力增加，风险降低，因此钱庄可以采用信用贷款的模式。无论如何，航运业是与商品经济密切关联的产业，钱庄为之提供授信，促进了航运与贸易的扩张，反过来，航运、贸易产业的发展也有助于钱庄业的繁荣，二者形成一种互利双赢的格局。

沿海运输模式，大约有四种。一是自置船舶，自做老大，贩运生利。如道

---

① （清）乌尔恭额《浙省钱票情形折》，道光十八年十月二十三日折《军机处录副折》。

光四年镇海张翘"自置商船一只……欲往温州置买杉木"①。二是船东以运输为主，作为承运人，而非贸易商。三是贸易商与船东一体，但运输另觅人手。这种情况在宁波航运界早期为主要方式。如小港李也亭在上海经营沙船业，基本是以此模式经营发家。四是船主将船舶出租予人经营运输。"造小船一只，只需数十金。鄞镇沿海之民，稍有本力者，一家置数只，数十只不等，出赁受赁税，穷民便之"②。这类船只应该是短途近海运输。

航运业是一个高风险行业。除市场风险外，还要增加运输险与海盗风险。宁波航运贸易的形成二个体系，南帮与北帮。北帮以宁波本地船东为主，南帮以闽广船东为主。咸丰年间，"甬江北号商，净海舶由沪往来营口、锦州者，曰宁船，资本最为雄厚"③。宁波的有北帮宁船600号之多，有名的航运资本家有镇海小港李家，慈溪盛家、费市费家。由于海舶船体庞大，载重量多，货物价值不赀，对资金的需求孔殷，融资服务是一个客观性的现实需求。宁波钱庄正是承担了航运贸易商人的融资职任。既促进了航运贸易的兴盛，也使钱庄业发展获得了可靠的产业基础，相得益彰。航运业高风险，高收益。有人记载，"上海之有钱庄业，必与沙船业即豆米业有密切之关系"④。上海之沙船业百分之八十由宁波商人经营。并在沪南荷花池建立了公所。推及宁波，这种关系仍然存在。

镇海方家，既是有名望的钱业资本家，也是航运业者。他们以上海为基地，进口洋行的洋布，用自制的长江夹板船运输，运往汉口销售。在汉口也创办同康钱庄。

小港李家，与航运业更是关系密切。李也亭从沙船水手，到业主，再发家称航运大家，再到钱庄业巨子，是航运与金融紧密关系的生动写照。盛时有沙船100多号，并在上海建立自己的码头。

慈溪董家，也是上海钱业大家，与航运业关系密切。董棣林海程从东北上海之间经营人参茸药材起家，其子耿轩和由友梅设立大生沙船号，往来南北，买卖土产，然后转行钱业。

---

① 转引自邓亦兵《清代前期的商品流通问题研究》，天津古籍出版社 2009 年，第 9 页。

② 《康熙定海县志》卷三《形胜·附沿海弭盗末议》。

③ 张美翊著、冯孟颛注《宁波人开风气之先》，《宁波文史资料》第十五辑。

④ 人民银行上海分行《上海钱庄史料》，上海人民出版社 1960 年，第 8、734 页。

叶澄衷，五金大王，钱业巨室，同时也是航运大家，自置长江夹板船近百只，从事沪汉运输与贸易。

宁波钱庄在本埠土外，上海汉口等地也能引领同业，大放异彩。另有一地，出乎意料的，是福州的钱庄业，大部分也是宁波人开设，称北号。宁波人能够在福州设立钱庄，必须有足够多的金融资源。毫无疑问，宁波钱庄设立的基础都是与航运业有关的客户。一部分是在宁波为基地的福州商人，一部分是以福州为基地的宁波商人。能够维持一个产业的运行，可以推断两地贸易的规模。宁波与福建钱业的联系，还有一个证据，就是19世纪中叶，只有宁波与福州二地通行钱庄开发的钱票，代替货币流通。显然是福州钱庄受宁波影响。

余姚潮塘张氏家族，从乾隆年间就开始海运贸易，并在福建厦门与外国人贸易。据传还在福建购置大片的山林，建造庄屋，又在宁波开店。余姚乌山胡氏家族胡诚以海运起家。以走福建为主。至于福建商人在宁波，咸丰年间就已经形成了一个4500人的福建社区，乾隆四十六年同安商人伍叠与陈春林合伙从厦门买糖，赴宁波发卖。然后从宁波买豆390石回闽。"福建省商人，在浙江购豆石，鄞县填给票印，每票不得逾一百石"①。闽商与宁波商人之间很多是合营的，雍正四年，鄞县商人到山东莱阳买青豆，同船的就有福建同安商人，也购买青豆到宁波发售，说明福建商人与宁波商人的商圈已经渐渐重合。"山东奉天二省豆石，商民运到宁波鄞港销售有余，准福建商船购运回闽"②。

对于商人来讲，顺利开展贸易，资金是一个必须满足的前提条件。无论是船舶的制造，还是货物的采办，所需的资金量比较大。大的沙船载重在3000石，约200吨，货物的价值颇高。自有资金不能满足需要，只能进行外源性融资。在当时社会环境下，外源性融资的主体是典当与钱庄。典当采用典押模式，需要相应的抵押品，而商人采购的货品是要运往外地销售的，无法进行典押。钱庄采用信用贷款模式，完全凭借款人的信用发放贷款，正好能满足商人的贸易资金需求。

航运贸易的风险是很大的，在市场风险外，存在着运输风险和劫盗风险。而当时还没有发展出运输保险。海盗在沿海一直横行，而政府以各种借口推托

---

① （清）《钦定大清会典事例》，卷二三《户部·关税》。
② 《乾隆四十三年十一月二十三日福建巡抚杨魁奏折》，《宫中档案乾隆朝奏折》第50辑，第23页。

剿捕职志。如咸丰年间，北洋海盗横行，宁波运输商团提请镇海水师出洋护航，清军以缺少费用为借口，要求提供赞助才出兵，于是商团出资 6 万千钱。即使出兵也只是近洋巡查一番，并不肯真心出力。于是商团不得不自己集资 7 万元，向英国购买宝顺号轮船一只，雇佣英人，自办护航缉盗。在这种情况下，钱庄的贷款风险无疑也是很大的。但是，高风险也与高收益相连。从事航运贸易，如果不出风险，其收益是巨大的。钱庄是从经验出发判断贷款风险的，毕竟只有个别业主，出现风险，作为一个行业，整体风险与收益相比，风险是可控的，因而敢于叙做贷款。

李也亭开始从事沙船运输时，其大部分资金由赵朴斋所在钱庄供给。"这种贩运生意获利很大，但风险也很大，除风浪危险外，还有海盗的危险。一定要平安回到上海，将货销售，还清钱庄钱款，方有厚礼可得。钱庄对沙船业虽经常放款，但因风险很大，对外不声张，以免影响钱庄的信用"[1]。1871 年，宁波三茂糖行南洋糖贸易出现 20 万元巨亏倒闭，累及宁波 13 家钱庄停业。

航运与金融的密切关系还体现在渔业生产模式中。渔业是最早的全行业实行过账制度的产业。渔民出海资金由鱼行提供，鱼行资金则来自钱庄。渔民出海生产，携带的不是现金，而是钱庄的庄票，用于作业补给。这种庄票俗称鸟头票，信用非常好，为市场高度肯定，起到纸币作用。鱼行有自己的专业专门运输船，航行于渔场与宁波之间，将捕获的与产品及时入行销售，方便渔船汛期的连续作业。双方交易全凭钱庄中间结算。钱庄介入生产、运输、贸易完整产业链中，是现代供应链金融的鼻祖。

三

虽然没有大面积的密集的史料记载，航运占金融业的比重。但是有理由相信，两者的关系是非常密切的。商人需要钱庄提供信贷支持，钱业把航运贸易作为自己的基本依托。航运贸易业的兴旺，相反也带动了钱业的发展。形成一个双赢的格局。用今天的话语，航运贸易是宁波钱庄的利基或增长点。

近代以来，宁波以钱庄为代表的金融业一直享誉全国。同时宁波的航运业

---

[1]　人民银行上海分行《上海钱庄史料》，上海人民出版社 1960 年，第 8、第 734 页。

也是长盛不衰。对于这两个产业的相互联系的研究似乎还是空白。由于钱业"因风险很大，对外不声张，以免影响钱庄的信用"的成规，使得后人对航运与钱业的关系知之甚少。遵循历史的轨迹，宁波帮的发展是从航运到金融再到外贸再到近代制造业这样一条线路，航运金融在宁波经济中应该是革命性力量。

第一，近代化开始以前，无论如何，在宁波的产业中，航运及相关的贸易一直占据绝对的优势。由于缺乏当时国民生产总值的历史数据，不能进行实证性分析，推算出航运及贸易的比重，但是我们从相关的资料可以间接的推算出其份额是占第一位的。包括本地市场、转口贸易与国际贸易。同时钱业的勃兴与航运的繁荣在时间点上有一致性，说明二者存在着很大的关联性。宁波是较低层级的政治中心，政治控制来聚集经济资源能力是极其有限的。社会财富是本地人民通过工商业活动所创造，以航运及贸易为生的人群占很大比重。同时从前述乌尔恭额的奏折中已经很清楚的导出宁波钱庄发达的原因在于海关元素，即航运与贸易。

第二，宁波近代金融的飞速发展，得益于它的以过账制度为基础的金融创新。过账制度产生于1810年代。伊懋可认为，过账制度是从日本的大福账的启发。大福账是一种商业上的赊欠帐簿，不涉及转账结算问题。转账结算是一个复杂的金融运行体制，无法看到与大福账有直接的关联性与继承性。如果从钱庄信贷体制考察，脉络就清晰起来。钱业提供贷款，购买货物进行远距离贸易，回程时，带回来的是货物，而不是现金，只是说运输风险消除了。钱庄要以货物的销售才能收回贷款，市场风险仍然存在。在这种状态下，钱庄必须要采用自己可以控制的风险管理手段。就是类似于现代金融中的押汇。货物进入指定仓房，所收取的货款受钱庄控制。这样，钱庄就可以为商人设立一个账户，销售的款项进入该账户。但是销售过程也会发生一定的费用，需要动支一部分。它发现，如果交易对手也在本钱庄开立账户，就不用现金收支，可以直接转账、划拨，效率提高，也能保证支付的真实性。同时本地商人也可能是该钱庄的贷款对象，本来要从钱庄提取现金，然后支付给卖方，卖方再将现金收入交给钱庄，中间有一段脱离了钱庄的控制，对钱庄是不利的。现在让双方进行转账，就处于自己的监督之下，形成内部循环，类似于现在的封闭贷款的雏形。不妨假设是航运金融催生了过账制度。

第三，很值得研究的现象是航运贸易在中国没有发展出保险业。我们知道现代保险来源于古代地中海的航运贸易。从经验中商人们体会到客观的运输风险，为了避免与分担风险，组成一个互助性的团体，将交易金额的一定比例提取出来，作为风险运输补偿基金。但是在我国的航运贸易中没有任何保险或类似于保险方面的记录。李也亭在 60 岁时候，他有几条船遭遇风暴，损失惨重。作为航运业的头面人物，都不能利用运输保险来规避相应风险，推断当时确实不存在运输保险业务。另一则史料，"粮艘飘失米石，有全赔全免之殊，然皆通帮公摊"①。同业分摊是现代保险业的起源，但近代以前的航运业，仍停留在前保险阶段，没有发展出本土保险业。是很值得思考的历史现象。

第四，福建商人在宁波的活动，只有零星的记载，因而也缺乏系统的研究。以会馆文化为载体的福建帮对宁波的发展是毫无疑问的，而且这种影响力持续了一千多年，很值得深究。同时我们观察到，浙东运河与福建有一定程度的关联，另文详述。

①　（清）包世臣《海运南才漕议》，《安吴四种》卷三。

清代宁波会馆对产业的保护意识

刘正刚 *

摘　要：清代广州首县南海因十三行的关系，成为海内外商人的重要集聚地，会馆因此成为商人活动的重要场所。会馆拥有包括馆产在内的一定产业，如何保护这些产业不被侵损，成为当时所有商业会馆所遇到的头等大事。本文拟以清代广州地区遗存的石碑碑文为研究基础，通过对史料的研读分析，梳理宁波商人在清代该地域的商业活动，从中初探清代宁波会馆对产业的保护意识。

关键词：清代　宁波会馆　产业

清代广州首县南海因十三行的关系，成为海内外商人的重要集聚地，会馆因此成为商人活动的重要场所。据乾隆《佛山忠义乡志》记载，在岭南经济重镇的佛山就有浙江会馆。1919 年出版的《广州指南》卷三《公共事业》登录各地在广州的会馆，也有浙江的浙绍会馆（濠畔街）、杭嘉湖会馆（粤秀街）、宁波会馆（浆栏街）①。据史料记载，浙江商人在清初就已经在广州设立专门的义冢，以埋葬客死广州的同行，道光《广东通志》卷一百二十九记载："普济院在东门外黄华寺址，康熙六十一年广州府知府郭志道详议创建房屋七十一间，地藏庵一所。按地藏庵为浙商捐赀建设，以为乡人寄旅榇之所，建后各省客榇亦皆殡此，有庄头经管。乾隆二十年众商捐赀重葺。"浙江商人的义冢位于广州大东门外，道光《两广盐法志》卷三十四《杂记》记载："地藏庵在大东门外，旧为浙绍商人捐资建设，以为乡人停枢之所。迨后各省侨寓棺枢亦皆殡此。有庄头经管，亡者之姓名籍贯皆所掌焉。乾隆二十年（1755）总督杨应琚札饬运使范时纪劝谕商人吴骧周、王贵和等捐资修葺，并择大东门外官山一块地势高

---

* 刘正刚，暨南大学教授。
① 《广州指南》，上海新华书局 1919 年。

敝，作为义冢，将各庙寄停棺柩分别运送葬埋。计现有亲人在粤，原籍并有坟墓，无力运回之柩三十九口。……"最后仍有402口藏于义冢。义冢的具体地点是"大东门外离城五里，土名淘金坑官山一块"①。据此可知，大东门外的地藏庵，不仅是浙绍商人的停柩之所，也成为其他省的停柩之所。

会馆拥有包括馆产在内的一定产业，如何保护这些产业不被侵损，这可能是当时所有商业会馆所遇到的头等大事。从乾隆末年开始，在广州的宁波商人就开始意识到这一问题，他们通过到官府备案，将官府批文勒石示众等措施，对会馆产业给予了积极的保护。宁波会馆碑刻位于原宁波会馆内，现存碑刻两通，收藏于广州荔湾区博物馆内，一方为《奉南海县宪给宁波会馆房屋缴契凭照勒石碑记》，另一方为《宁波会馆房屋契约勒石碑记》，皆为端州石质地，两碑皆高185厘米，宽85厘米，厚6厘米。石碑保存完好，字迹较清晰，碑题篆书，碑文为楷书②。

《奉南海县宪给宁波会馆房屋缴契凭照勒石碑记》记载的时间为道光五年（1825）六月二十七日，而且是以南海县官府的名义将"照给浙江宁波会馆各商民收执"。碑文如下：

　　奉南海县宪给宁波会馆房屋缴契凭照勒石碑记
　　特调南海县正堂加六级纪录十一次徐，为禀呈契据恳恩批销给照勒石，以垂久远事。现据浙江宁波府商人职监冯肇岐、周奉章、冯丹枝、黄震森、周德辉、范素庵、秦启昆、童其瞻、陈锦瑜、李君玉、钱维宁、费成章、郑湘舟、张声闻、叶君琪、童养吾、楼坚玉、冯锦涛等禀称：职监等籍隶浙江，在粤贸易。曾于嘉庆七年间公同置买治下桨栏街房屋以作会馆，并历年买有各铺面房屋一共五契，俱系随买随税，并无遗漏。但思职监等作客生涯，往来无定，而公同置产，一切契据势不能令一人永远专司，倘日后遇有霉烂毁伤，或无心遗失，不特毗连界址，易起争端，且恐世远年湮，被他人占据，均属可虞。为此将已税契共五纸禀呈察核批示，并契面硃笔

---

①　光绪《广州府志》卷七十一《经政略》记载的地藏庵几乎完全抄录盐法志，只是强调乾隆二十年众商捐资重葺。

②　本文引用文字皆来源于陈建华《广州市文物普查汇编·荔湾区卷》，广州出版社2008年。

批销发还，以备稽查。庶日后有毁伤遗失，亦可无碍，并请另行给照刊石存据外，另照契抄明坐落、地界、价值，汇为小册附票呈请发房存案，以垂久远等情。并粘缴印照三纸，印契二纸，并附缴抄白各产照契价，置四至清册一本到县，据此当批准将各契批销并列册存案，另给总照勒石管业以垂久远。已销印契五纸仍发还在词，除将各照契批销给还，并将缴到清册用印存案外，合行给照勒石，为此照给浙江宁波会馆经管商民人等收执。尔等即便查照后开原买各业基址四至勒石，永远管业，将碑记印刊票缴存案，毋许私典私卖，亦不得藉产越占他人物业，倘有毗连界址为人侵占，亦即指名禀赴　本县以凭究追，各宜凛遵，毋违。

从碑文可知，这是一份由在广州的宁波商人向其会馆所在地的南海县呈报，将已经置办的会馆产业契据向官府备案，请求官府将各类契据"汇为小册"，发给官府的管理部门"存案"，同时要求将契据内容刻石存据，目的是使得馆产能够永久有凭据。最后获得南海县官府的认可，并将批文下发给宁波商人收执为凭。

另从宁波会馆坐落在桨栏街来看，该街位于广州西关十三行附近，据说原来是出售划船桨的集中地，位于十三行街的北面。宁波商人购地的时间为嘉庆七年，正处于十三行时期。

仔细阅读碑文可发现，宁波商人在广州置买土地至少在乾隆年间已经开始，而且主要是收购十三行商人石中和的产业，碑记记载如下：

一、乾隆六十年当官承买石中和①变产行屋一所，坐落回澜桥街，南向，深三进。左边一间深二进，右边一间深三进，前至街，后至濠，左至右至。价银四千五百零五两。

一、乾隆六十年当官承买石中和变产铺一间，坐落回栏桥街，南向，深二进。前至官街，后至得业墙，左至得业墙，右至宏茂店。价银陆百五拾柒两壹钱四分。

一、乾隆六十年当官承买石中和变产铺一所，坐落回栏桥街，南向，

---

① 1794 年 1 月，马戛尔尼与最富有的两位行商——同文行潘有度（潘启官）和而益行石中和（石琼官）谈判。

深四大进，另左右两偏间。又左边房一间深四进，右边房深一进，平排三间。又右偏房五间，东至公墙，南至大街，西至濠河，北至得业已墙。共价银陆千四百两。

石中和为十三行而益行的老板，又名石琼官，也有译为鲸官或章官。乾隆末年，石中和欠下债务总数约 200 万两白银，因无法偿还，乾隆六十年石中和兄弟被发配新疆，尚欠近 60 万两白银。其产业的变卖就在此时。除此之外，宁波商人还收买其他商人的地产，如下：

一、嘉庆元年买受潘执中回栏桥，南向铺一间，深一进。前至官街，后至得业墙，左至得业墙，右至墙心为界。价银壹百叁拾两。

一、嘉庆六年买受福建崇安人邹文焱等伯姪桨栏街南向房屋一所，平排五间，正间深四大进，厨房一间，空地一段，左边倒朝厅一进，后连深四进，厨房一间，空地一段，右边倒朝厅一所，厢房一间，后连四进，厨房一间，空地一段，右边第二间官厅一进，后平排两边过共六进，厨房二间，空地二段，右边第三间倒朝厅一进，后连四进，厨房一间，空地一段。前至官街，后至扬仁里南官街，左至永贞店，右至天生店。共价银壹万四千圆。

于此可见，在乾隆末年到嘉庆初年，宁波商人在十三行附近一带收购了不少土地，为建立会馆创造了条件。

我们从道光五年岁在乙酉（1825）六月吉日立的《宁波会馆房屋契约勒石碑记》中可知，乾隆、嘉庆年间，宁波商人购买的产业均获得官府的批准，乾隆六十年南海县给宁波商人所发的官府凭据，分别是：

广州府南海县正堂李，为给照管业事案照而益行革商石中和拖欠饷银夷账一案，详奉兵部尚书两广总督暂留广东巡抚部院朱宪会同□宪恭折奏：闻奉准部咨饬，将估变石中和行铺住屋田地等项，发交洋行众商承领，变价纳饷、抵欠等因，行司到府，仰县奉此。当将原估行铺住屋田地等项，印册发交洋行众商作速领变完饷还欠，去后。随□该洋行众商禀，□奉变产业因无印照，□多□□承买，恳给印照俾人承买等情到县，随经禀奉各宪批行准给在案。兹□浙宁公所承买石中和后开产业，遵照估册酌议时价，具缴价银前来，当经饬今洋行□商照数兑收。纳饷还欠在案，合给印照。为此照给该业户收执，即便遵照久远□□。税粮仍照上手过割归户自行输纳，毋违须照。计开业户浙宁公所承买石中和原买莱德裕迴澜桥街南向行屋一所，深三进，各阔二十一桁，左边二进各阔十七桁，右边三进各阔十七桁，砖墙前至街，后至濠，左至□，右至□。四围墙壁砖□□料在内，该价银肆千五百零五两。右照给业户浙宁公所收执。乾隆六十年（1795）十一月廿四日给，遵照地字十二号。

广州府南海县正堂李，为给照管业事案照而益行革商石中和拖欠饷银夷账一案，详奉兵部尚书两广总督暂留广东巡抚部院朱宪会同□宪恭折奏：闻奉准部咨饬，将估变石中和行铺住屋田地等项，发交洋行众商承领，变价纳饷、抵欠等因，行司到府，仰县奉此。当将原估行铺住屋田地等项，印册发交洋行众商作速领变完饷还欠去后。随□该洋行众商禀称，奉变产业因无印照，人多□…承买，恳给印照，俾人承买等情到县，随经禀奉各宪批行准给在案。兹□浙宁公所，承买石中和后开产业，遵照估册酌议时价，具缴价银前来。当经□令洋行众商以数兑收，纳饷还欠在案，合给印照。为此照给该业户收执，即便遵照久远。□□……税粮仍照上手过割归户自行输纳，毋违须照。计开业户浙宁公所承买石中和原买许元龙回澜桥街南向铺壹间，深二进，前进阔十七桁，后进阔二十一桁，土墙前至官衙，后至得业墙，左至得业墙，右至宏茂店，四围墙壁砖石，九面大□□……银陆百□拾柒两壹钱四分。右照给业户浙宁公所收执。乾隆六十年十一月廿四日给，遵照地字十三号。

广州府南海县正堂李，为给照管业事案照而益行革商石中和拖欠饷银夷账一案，详奉兵部尚书兼署两广总督暂留广东巡抚部院朱宪会同闰宪恭折奏：闻奉准部咨饬，将估变石中和行铺住屋田地等项，发交洋行□众商承领变价纳饷抵欠等。因行司到府仰县奉此，当将原估行铺住屋田地等项印册，发交洋行众商，作速领变完饷还欠去后，随□该洋行众商禀称，奉变产业因无印照，人多□……承买，恳给印照，俾人承买等情到县，随经禀奉各宪批行准给在案。兹□浙宁公所承买石中和后开产业，遵照估册酌议时价，具缴价银前来。当经□令洋行众商以数兑收纳饷还欠在案，合给印照。为此照给该业户收执，即便遵照久远□□……税粮仍照上手过割归户自行输纳，毋违须照。计开业户浙宁公所承买石中和原买回澜桥街丰泰南向栈房一所，深四大进。头进阔廿三桁，四进阔三十一桁。□□边房深一进，平排三间，内一间阔四十五桁，一间阔五十一桁，一间阔三十三桁。又右偏房五间。内一间阔十七桁，二、三、四进正间各阔廿一桁，左右偏间各阔十五桁。又左边房深四进，一进阔十五桁，二进阔十□……壁、砖、石、屋面、木料在内，该价银陆千四百两正，上手印照已付执。以上房屋上连椽下连基地，前后左右，大小天井，四围墙宇及一切门扇壁□□□石砌，楼□步梯俱全。东至公墙，南至大街，西至濠河，北至得业已墙为界，再□□余言明契，现开会隆行，南北各半平分。此外余暂永留通用，皆不得复行架搭填塞。自今承买之后，任□管业别召及改建，会馆毋阻。又跨□西畔水阁一座，存□□一个，俱归浙宁公所营业并照。乾隆六十年十一月廿四日给，遵照地字拾五号，存照给业户浙宁公所收执。

从上述碑文中可知，宁波会馆又有浙宁公所的称谓。

而嘉庆年间，宁波商人从潘家和邬家购买的地产，估计是私相交易，但从契尾"布颁"字号看，这些契据又在官府备了案，如下：

从立永远明卖铺屋契人潘执中，今有自置铺屋一间，坐落迥澜桥，南向，深一进，阔四桁半。前至官街，后至得业墙，左至得业墙，右至墙心为界，上□□□，下□□□，四间墙壁□石木料俱全。因需急用愿将此屋凭中出卖于浙宁公所□□……时值司平花银壹百叁拾两银，契当日交讫。此是明卖明买，业不重叠，典当价非货债准折。如有来历不明诸般□碍等情，俱是得银人自行□，直不□□□人之事，今乃两□□□，各无翻悔。自卖之后，任凭□业别召改□□……执，恐后无凭立，立卖契永远存照。嘉庆元年三月二十六日立，永远明卖铺屋契人潘执中□笔，知见中人冯必成，契尾：嘉庆三年五月日布颁，魄字六□玖号。存照给业□浙宁公所收执。

立明永远卖房屋契人是福建建宁府崇安县人邬文焱，今因需用，伯姪商议，情愿将两房亲手自置房屋一所，坐落广东广州府南海县西关太平门外□□街，南向，一□平排五大进，前后左右俱至自己高墙，南界头门一进，……深四大进，俱阔三十一桁。厨房一个、空地一段，左边倒朝厅，一进后连深四大进，俱阔二十七桁，厨房一个，空地一段。右边旁边倒朝厅一所，厢房一间，后达四进，俱阔二十一桁，厨房一个、空地一段。右边第二大官厅一进阔五十一桁，……六进俱阔三十一桁，厨房二个，空地二段。右边第三倒朝厅，一进后连四进俱阔二十一桁，厨房一个，空地一段。前至管街，后至扬仁南官衙，左至永贞店，右至关生店，□出四至。……今因需用，情愿将此界内房屋尽底立契免中出卖与浙宁帮，……今三面议定时值正价番白银壹万玖千□正。□间平□□七一五兑连，签书□食□契洗业割断一并再内，其银部门收……买主另行改造，居住管业，不敢□□，如有□碍等情，出业人自行理直，不涉买主之事。此系价值已敷授受，欣然两相情愿，再无异说。今欲有凭立此，永远无找□□□□。……嘉庆六年腊月日立明。永远卖房屋契人邬文焱，同卖房屋住□南圃，中见人安天眷、余叔仁，代笔卢舜年。契尾嘉庆七年正月日布颁，短字六拾壹号。右照给业户浙宁公所收执。

　　从宁波会馆的数纸契约以及在官府备案和刻石来看，宁波商人在会馆产业的保护方面，事无巨细地登记在案，显示了商人依据官府和法律保护产业的观念十分强烈。

同乡会馆（公所）与近代宁波帮的崛起

——以上海四明公所为中心的考察

孙善根[*]

摘　要： 以遍布各地的同乡会馆（公所）为组织载体的同乡团结是宁波帮得以经久不衰的重要条件。这在近代宁波人最为集中的上海一地表现得尤为明显。它不仅对近代上海宁波帮的形成起到了核心的作用，而且深刻地影响了近代上海社会经济发展的进程。

关键词： 四明公所　同乡团结　联合

长期以来，享誉中国商界的宁波商帮是一个以家族为核心以地缘为纽带的地域性商人群体，以遍布各地的同乡会馆（公所）为组织载体的同乡团结是宁波帮得以经久不衰的重要条件。这在近代宁波人最为集中的上海一地表现得尤为明显。上海四明公所作为近代各地旅沪最具影响力的同乡组织，在其存在的一个多世纪里，是近代宁波人同乡团结的一面旗帜。它不仅对近代上海宁波帮的形成起到了核心的作用，而且深刻地影响了近代上海社会经济发展的进程。

一

上海四明公所也称宁波会馆，是居留在上海的宁波人的同乡会馆。20 世纪 30 年代出版的《上海研究资料》在一文中指出："该公所不仅是以一府所组织的公馆的典型，其规模的巨大，势力的旺盛，可说是上海各同乡会的翘楚。"[①]

宁波人外出经商谋生，由来已久。特别是明清以来，由于封建王朝厉行海

---

*　孙善根，宁波大学历史系教授。

①　上海通社《上海研究资料》，上海书店 1984 年。

禁，使宁波地区本来已显紧张的人地矛盾更趋严重，于是宁波人纷纷向外寻求发展，"足迹几遍国中"。其中不少宁波人把目光投向与宁波仅一水之隔的上海。他们来到这个日趋繁华的商业重镇，开始了艰苦的创业活动。"当沪埠草莱未辟，吾甬人以冒险之天性，斩荆披棘，经营所业，其间筚路蓝缕，艰苦卓绝"①。宁波人较快地在上海站住脚跟，但当时来自山东、福建、安徽等地的商人人多势众，并按籍贯和行业，分别组成团体，如泉漳会馆、商船会馆、广肇会馆等，基本上控制了上海的市面。基于竞争和发展的需要，旅沪的宁波商人和手工业者相继组成了各种行业小团体。其中商业行会有同善会（渔业）、崇德会（海味）、永兴会（南货）、敦仁堂（猪业）、喻义堂（药业）、济安会（酒业），手工业团体有长寿会（石作业）、年庆会（木业）、同义会（银匠），劳工团体有四明长生会、水手均安会等，还有惜字同仁会、大乘聚心会、关帝会、清明协会等非经济的团体。

为进一步把在沪的宁波人团结起来，嘉庆二年（1797）年，由钱随、费元圭、潘凤占、王忠烈等发起"一文愿捐"，动员旅沪宁波人每日捐一文，以 360 文为一愿，尽力资助，并用这笔钱在北门外二十保四图买了 30 多亩土地。次年建厂寄柩，并设置义冢。嘉庆八年（1803）"建立殿五楹，廊庑毕俱，崇祀关帝"②。建筑规模初具，取名"四明公所"。以钱随、费元圭、潘凤占、王忠烈、王伟等为公所董事。当时在沪的各类甬人团体都加入公所，成为其团体会员。当时上海四明公所是旅沪宁波人带有行业性质的同乡组织，又是安葬宁波人遗体和寄放棺柩的地方。此后公所不断地扩充、修缮。1831 年，由董事方亨宁、方亨黉、谢绍兴、庄绵等发起募捐重修，扩大冢地，增建丙舍；并设赊材处，即贫困的同乡死后其家属可先领棺埋葬，以后量力随时交费，不追索，不取利。1844 年，经上海知县批准，公所土地编入官图，免纳税课。1853 年，公所属屋因战事被毁，得镇海籍富商方仁照兄弟所捐巨款，发起重建，响应者踊跃，不但恢复旧观，又拓建济元堂，为同乡集会之所。

1843 年上海开埠后，随着上海的迅速崛起，吸引了大批宁波人前往创业。"挈子携妻，游申者更难悉数"③。而且"自上海发达，交通日便，外人云集，

① 民国《上海县续志》，甬光初集。
② 上海通社《上海研究资料》，上海书店 1984 年。
③ 《上海碑刻资料选辑》，上海人民出版社 1985 年，第 273 页。

宁波之商业，遂移至上海，故向以宁波为根据地从事外国贸易之宁波商人，亦渐次移至上海"①。这期间，在沪宁波人的行业与地域性团体有了更大发展，如浙宁红帮木业公所、四明内河水轮业永安会、酒业公所、竹业公所、定海会馆、四明木业长兴会、四明肉业诚仁堂等，并先后成为公所的团体会员，使四明公所的势力日渐扩大。随着宁波人在上海工商各业中的崛起，上海四明公所的纠织规模和影响力也趋于鼎盛。到 19 世纪末，四明公所不仅成为当时上海众多地方同乡组织中规模最大的一个，而且影响所及，大大超过了宁波同乡的范围，对上海工商各业乃至近代上海社会政治生活都发挥了重要的影响力，以至时人称"四明公所最驰名，财力兼全莫与争"②。

　　进入 20 世纪以后，由于上海社会经济的迅猛发展和商界竞争的日趋激烈，同乡团体的内外交涉事务日见繁杂，传统的公所组织已难以适应形势的发展。因此，近代的同乡组织顺应时代潮流而出现。1909 年，旅沪慈溪商人洪宝斋邀集旅沪同乡数十人，创议筹备四明旅沪同乡会，次年改名为宁波旅沪同乡会。1911 年 3 月，宁波旅沪同乡会在四明公所召开成立大会。从此，宁波旅沪同乡会取代四明公所，成为联络旅沪宁波人举办公益事业、排解纠纷、普及教育、谋求共同利益为目的的同乡自治社团组织。宁波旅沪同乡会的成立标志着四明公所已完成她的历史使命。此后四明公所的主要职能发生重大变化，专事寄柩、迁柩回籍以及施医给药等传统慈善事业。

　　上海四明公所成立后相当长一个时期，董事会都掌握在甬籍富商大贾手中，特别是镇海方家一直在公所中占有特殊地位。进入本世纪后，这种情况有所改变，1901 年，长生会（洗衣业团体）会长、在"四明公所事件"斗争中享有威望的沈洪赉被推举为公所经理。1912 年，沈建议设立由同乡中小商人和下层劳动者组成的"公义联合会"，以监督公所业务和辅佐董事会处理公所一切事务。公义联合会由每年捐纳会费 10 元的会员组成，会员如属团体，可推派代表 1～10 人，从而使中小商人乃至普通劳动者都能参与公所事务。

　　1915 年，四明公所董事会为扩建旧所，增建新所，发起募捐，并由朱葆三担任募捐团总团长，虞洽卿与王正廷为副团长。在四明公所号召下，募捐活动

① 《商务官报》1906 年 12 月 3 日。
② 颐安主人《沪江商业市景词》卷一，第 15 页。

进行得十分顺利。除富商大贾外，小商贩及职员、工人等下层劳动者也踊跃捐款，积极响应。到 1922 年，共募款 52 万元之巨。该款除扩建旧所外，还新建日晖港、褚家桥等南北东西 4 所和浦东新所。附建的四明医院，除门诊部不论籍贯都施诊给药外，同乡住院完全免费医治。

尽管进入民国以来，四明公所的职能有了很大改变，但四明公所在旅沪宁波同乡中仍具有很大的影响力，四明公所仍是旅沪宁波人凝聚力的象征。据 1933 年统计，当年公所寄枢 3435 具，运枢回甬 3824 具，赊材 513 具，四明医院入院病人 1951 人，门诊就珍达 6 万余人次①。

二

上海四明公所自 1797 年成立后，在其存在活动的一个半世纪特别是在 19 世纪下半叶至 20 世纪初的时间里，不仅成为近代宁波人同乡团结的一面旗帜，有力地推动了以上海为大本营的近代宁波帮的形成，而且深入参与近代上海社会政治经济生活的各个层面，从而在风云激荡的近代上海历史进程中留下重彩浓墨的一页。

首先，上海四明公所有力地推动了近代宁波帮的形成。四明公所把在沪的宁波人在同乡团结的旗帜下聚集起来，在上海形成了一股强大的势力，成为近代宁波帮得以形成的核心力量。四明公所早期以办理同乡义冢、联谊乡情、推行善举为主，具有强烈的慈善公益色彩。上海开埠后，适应上海的发展和竞争的需要，四明公所的经济职能日益突出起来，包括资金融通、商品推销、行情分析、职业介绍，从而有力地促进了旅沪宁波商人各项事业的发展。特别是在职业介绍上，"在一个相当长时期内，四明公所成为宁波人至上海进入商界的一个主要途径"②。由此推动大批宁波人走上工商之路。同时，四明公所把乡谊和同业的联系统一于自己的支配范围之下，从而有力地凝聚起旅沪宁波人的力量。"甬人旅沪者最众，各业各帮大率有会，而皆

① 上海市档案馆所存四明公所有关档案资料。
② ［美］曼《宁波帮和上海的金融势力》，《中国近代经济史论著选译》，上海社会科学院出版社 1998 年。

总汇于公所"①。另一方面，通过这些同乡的行业性团体，四明公所分别控制和影响上海的有关行业，使旅沪宁波人的势力扩张到上海各主要的工商领域。

其次，上海四明公所切实维护旅沪宁波同乡的权益，特别是在抗衡外国入侵者方面发挥了重要的组织领导作用。这突出反映在当年轰动上海滩的两次"四明公所事件"上。1863年四明公所属地被划入法租界后，法租界当局一再企图强占公所属地，相继于1874年和1898年两次派兵占据公所墓地。由于清政府上海地方当局对此不加过问，法国人气焰更加嚣张，打死打伤我同胞多人，但旅沪宁波人毫不畏惧，在公所组织领导下，广大旅沪宁波各阶层人士众起响应，坚决反抗，最后一次还辍市力争，所有受雇于外人的宁波人均罢工、辞职，随后其他浙江同乡和上海各界群众也都予以支持，形成全市性的罢工罢市，终于"民气压倒洋气"，迫使法国侵略者屈服，承认四明公所的所有权。这一被国外学者称为"中国近代史上对抗外国势力的第一次政治罢工"②，充分显示了宁波人团结自治的威力，使上海各界乃至西方列强对宁波人都刮目相看，大大提高了四明公所和宁波人在上海的地位，以至有人惊呼"宁商众志独成城"③。同时，"四明公所事件"也大大强化了宁波人的同乡扶助意识和团结合作精神，使旅沪宁波人的凝聚力进一步增强。

再次，上海四明公所积极参与近代上海社会政治经济事务，推动上海城市和工商各业的发展。由于四明公所在当时上海众多同业和同乡组织中的领袖地位，使它长期以来一直充当上海民间和工商界代言人的角色。进入本世纪以来，四明公所领导人积极参与上海商会组织的筹建与领导工作，并通过银钱业两公会，影响上海的工商各业。20世纪初，四明公所以及随后成立的宁波旅沪同乡会首领几乎同时都是上海商会组织的领导人。如曾任四明公所董事的严信厚、朱葆三、虞洽卿、李云书先后担任上海商业会议公所（后改为上海市商务总会，再改为上海市总商会）总理（后改称为会长）。可以说，在相当一个时期内，四明公所牢牢地控制了上海商业组织。两者的关系如此密切以至法国著名学者

① （民国）《上海县志·建置下（会馆公所）》卷三。
② ［美］曼《宁波帮和上海的金融势力》，《中国近代经济史论著选译》，上海社会科学院出版社1998年。
③ 颐安主人《沪江商业市景词》卷一，第15页。

白吉尔夫人通过研究得出如下结论：上海总商会似乎只能算作四明公所的一个分所①。由于近代中国社会的失控状态，尤其是在中外势力交错、清政府统治基础十分薄弱的近代上海，日渐强大的商人在城市管理方面一直享有较大的自主权。在此情况下，众孚所望的四明公所首领以绅商的地位和民意代表的身份积积极参与上海城市管理事务，排解各种中外纠纷，维护在沪华商的合法权益。特别是在动乱不已、中外反动势力压迫日甚的困难条件下，许多四明公所头面人物以很大的热情投身社会政治活动，通过上海各种商业组织和民间社团，抵制封建专制政府的压迫和外商的倾轧，在一定程度上保障了民族工商业者的合法权益，从而为上海工商各业的发展作出了积极贡献。

还值得一提的是，四明公所为上海辛亥革命成功所作出的历史性功绩。辛亥革命前夕，朱葆三、虞洽卿等四明公所首领对清政府玩弄假宪政行专制之实的行径十分不满，转而同情和支持孙中山领导的革命活动，有的则成为革命党人，如李征五、李云书都参加了同盟会。当时他们与上海同盟会负责人陈其美等人关系密切，并从财政上支持同盟会的革命活动②。为了掩护革命活动的开展，辛亥革命前夕，虞洽卿、朱葆三等宁波帮的头面人物在公共租界内发起组织"宁商总会"，作为革命党人秘密集会、暂避风头的场所③。上海辛亥革命爆发后，四明公所首领大多公开站在革命一边。如李征五曾募兵组织沪军光复军，自任统领④。而虞洽卿组织的上海商团武装更成为光复上海的重要武装力量。上海光复后，虞洽卿又亲自负责江苏巡抚程德全的起义工作，并资助军饷一百万两，促成了江苏省的"独立"，这对上海政局的稳定功不可没⑤。沪军都督府成立后，虞洽卿被推任为顾问官，朱葆三继沈缦云之后任财政总长，为革命政权摆脱财政困境做了大量有效的工作。此前，为解决苏浙联军北伐的军饷，方椒苓、李征五还先后发起组织"中华民军协济会"、"军事募捐团"⑥。显然这

① ［法］白吉尔著、张富强译《中国资产阶级的黄金时代》，上海人民出版社2001年，第161页。
② 丁日初《辛亥革命前上海资本家的政治活动》，《近代史研究》1982年第1期。
③ 王遂今《宁波帮企业家的崛起》，浙江人民出版社1986年，第129页。
④ 同②。
⑤ ［美］曼《宁波帮和上海的金融势力》，《中国近代经济史论著选译》，上海社会科学院出版社1998年。
⑥ 同③。

些四明公所的首领已从同情、倾向革命进而投身革命了。

三

从上可知，近代宁波人重乡谊、讲团结，他们借助和依靠以上海四明公所为代表的各地同乡会组织，由此形成的社会群体网络和强大凝聚力，无疑是近代宁波帮得以形成的重要条件，也是宁波帮企业家能够成功的重要因素。但多年来，人们对同乡组织以及由此衍生的同乡团结颇多微词乃至冠以"封建残余"而大张挞伐。其实，宁波帮强烈的同乡团结和扶助意识，不仅是传统家族同乡关系的反映，更是当时社会历史条件的产物。中国传统社会重农抑商，缺乏发展工商业的正常条件和社会环境。为免受欺压和保护生命财产安全，旅外商人便在同乡或同业之谊下团结起来，互为声援。进入近代以来，中国内忧外患，民族工商业的经营环境十分恶劣。在外经商、无所依凭的宁波商人为了在夹缝中求得生存和发展，不仅需要他们付出双倍的艰辛和智慧，还要从各个方面求得支持，其中一个重要方面就是利用和改造传统的家族同乡关系及其组织，联合起来，借助团体的力量和优势，对付险恶的社会环境和经营风险。这实际上是在中国社会陷入深刻危机的情况下，无所依凭的民族工商业者寻求自我保护和发展的反映。其核心是强调团体和联合的力量。这种传统的家族同乡关系之所以在近代民族工商业经营活动具有顽强的生命力，其根本原因就在于此，同乡会馆（公所）的恒久魅力也在于此。

试析近代上海商船会馆与宁波帮的关系

王昌范 *

摘　要： 中国商会至今已有 100 多年历史，而会馆公所是近代商会的基础。本文拟就会馆公所起始时间、设立背景、社会功能、代表性人物等展开论述，并深入探讨其与上海商会、宁波商帮的内在联系。

关键词： 近代　上海　商船会馆　宁波帮

中国商会至今已有 100 多年历史。近代商会出现之前曾有会馆公所的存在，商会的议董、会董均为各会馆公所推选的代表。这些代表有的是由会馆公所的总董充任、也有的是由会馆公所的会董充任，规模较大的会馆公所有时还推选多名代表。可以这样认为，会馆公所是近代商会的基础，似如现行商会的团体会员。会馆公所起始于何时？它们是在怎样的时代背景下设立，与当时的社会经济发展有何影响，其主要功能是什么，其中有些什么人物？这些人物与上海商会有什么联系？与宁波商帮有何联系？本文试着进行粗浅的探讨，以求方家指正。

一　工商业组织的发轫及会馆公所的出现

早期工商业组织发轫于行会。"行"的名称，最早见于隋代。隋时东京丰都市有"一百二十行，三千余肆"。唐代市肆中已有"行头"、"行首"、"行人"。南宋在临安、汴梁、建康、吴兴、昆山等处，均有"行"的存在，仅在临安一地就有"四百十四行"。元明之际，"行"屡见于曲艺话本。元曲中有"列一百二十行"、"经商财货"的唱词。明人的小说亦有"三百六十行"说法。

---

*　王昌范，上海市工商业联合会副研究馆员。

"行"是社会发展的产物，欧洲中世纪出现的基尔特（guid 或 gild）制度，类似于中国的"行"。所谓"行"，原来是工商业者集合在同一区域，为维护生产经营等共同利益而产生的一种组织。

会馆的名称初见于明代。明刘侗《帝京景物略》"文丞相"条云："……丞相庐陵人，庐陵人祠丞相于学宫外，曰怀忠会馆。"后有谓"会馆系在明嘉（靖）隆（庆）年间，始创于北平，旋次第传播于各地"之说。但最新的学术成果，认为会馆是源于永乐十三年（1415）明政府决定将 3 年一度科举考试的地点，由南京正式迁往新都北京后出现的。当年，各省举子赴京参加"会试"，人数达五六千人之多，政府虽然提供一定的车马费，即"公车"，却不能全部解决考生和随行人员的食宿问题，于是，提供同乡举子及随行人员食宿的会馆便应运而生。首先是安徽芜湖人在北京设立的芜湖会馆。遂各省在京的士商纷纷效仿。这一说法比"嘉靖隆庆（1522～1572）说"提前了 100 多年。

任何事物都是随着社会经济发展而发展的，会馆也不例外。会馆行至清康（熙）乾（隆）年间，商业机能开始显现出来，一方面更多地用于商人议事、存货，另一方面还表现出同业性质的加强，成为工商行业的组织。

公所的起源，约在会馆之后百年。由于商品经济发展，市场扩大，社会分工有了进一步细化，而会馆作为同乡同业的组织，具有浓重的地域观念，严重阻碍了行业的分工和发展。于是，按行业命名的公所应时而生。

会馆和公所，虽就其原义言，一是同乡性质，一是同业性质，但有本系会馆性质而称公所的，也有本系公所性质而称会馆的，还有先称公所后改称会馆，或先称会馆后改称公所的。两者名称虽不相同，实无本质差异。

二 沙船是早期上海航运的主力，沙船主创设商船会馆

上海位于长江三角洲东端，居我国南北海岸线的中心，临江面海，地理位置十分优越。明至清前期，东南沿海的航运集散地为浏河港。著名的郑和下西洋就是从浏河港启程的。后来，由于浏河港积沙淤泥，大小船只进出才选择了黄浦江。

当时，沿海地区大宗物品运输全赖风力行驶的船只，有沙船、蜑船、卫船、三不像船，其中"沙船"就是主要的运输工具。对于沙船有几种说法：第一种

说法其形似鲨鱼，所以称沙船；第二种说法是上海近海的岛屿，过去称为
"沙"，如川沙、横沙、崇明沙等。沙船最早在崇明沙生产，故称"沙船"。第
三种说法长江口以北海域，海水浅、沙滩多，航运的船只一般为平底、多帆，
适宜浅滩行驶，搁浅沙滩，所以叫"沙船"。还有另一种说法：早期上海航运，
货物载至目的地后，返回时空船，如空载，船身露出水面较多，容易翻船，所
以就地在舱底装沙，稳定船体，因而得名"沙船"。

据文献记载：19 世纪初，上海沙船业一个航次的航载能力大致为 30～35
万石，以南粮台斛 50 吨/千石计算约合 1.5 至 1.75 万吨。如果一年航运 4 次，
那么年航载能力为 6～7 万吨。19 世纪 20 年代，年航载能力已达 20 万吨。到
1825 年"闻上海沙船有三千余号。大船可载三千石，小船可载千五百石"。年
航载能力迅速发展到 120 万吨。沙船从关东、山东、直隶南行上海时以运载豆
麦为主，从上海北行关东、山东、直隶时以运载布茶为主。这一时期，商船会
馆堪称鼎盛时期。

商船会馆是上海现存记载最明确，会馆功能最完备、最具规模的会馆。《上
海县续志》记："商船会馆在马家厂，康熙五十四年沙船众商公建，崇奉天
后。"清康熙五十四年即 1715 年，距今近 300 年。马家厂即今南浦大桥浦西引
桥下的中山南路董家渡会馆街一带。在远洋航海技术并不发达的年代里，船工
出航除凭借经验行驶航路外，还有就是祈求天后圣母保佑，设立商船会馆最初
动机就是崇奉天后，希望有个固定的场所举行祭祀仪式；另一个动机就是集众
船商之力，应付突如其来的海上灾难，抚恤并安置船工及家属。这些都是为了
凝聚同业的力量，抵御风险，振兴沙船业。商船会馆最初由崇明籍沙船主集资
创办，后来融入本地和各地的船商，之后被上海本地以及宁波籍的船主轮番
掌控。

三 商船会馆对江南地区经济影响

上海沙船业在长江以南的影响，遍及江、浙、皖、赣、闽、广。对江南经
济社会发展具有举足轻重的作用，不外乎这样两项：首先是沙船商南运的油豆
饼，它们是上海以至江南农村至关重要的肥料、饲料来源，也是粮食资源的重
要补充；其次是每年由沙船北运关东、直隶的商品布，约有 600 万匹，占包括

上海县在内的苏松棉布输出总量的 12% 左右。因此，沙船业对于上海县及整个苏松地区的棉花生产、农家棉纺手工业生产，对于江南小农经济，都已成为不可或缺的重要环节。

沙船业对上海城市经济，更具有举足轻重的影响。开埠前夕，上海县行政区划内的经济结构，由三大板块构成：城郊农业经济；城厢内以城内居民为主体的消费型经济；城厢东门内外商业经济。沙船业集中于城厢东门内外繁忙纷杂的商业经济板块。它既是这一商业区域中的重要成员，也是在这里开设坐庄，从事长途埠际贸易的众多行业，诸如油豆饼业、布业、糖业、洋杂货业等行业的重要合作伙伴，又是在这里经营已久的钱庄业的主要客户。

道光六年（1826），上海的沙船业引起了清政府中央财政决策者的重视，让其参与漕运。漕运是旧时国家从水道运输粮食，供应京城或接济军需的一项举措。仅隔一年，便停运。原因是诸多社会因素，如流民问题、帮会问题以及旗丁的安置问题等等，如果一旦废止河运，各省水手不下十余万人无从安置，"难保不别滋事端"。清政府深感忧虑，在当时还没有受到外部世界强大压力的情况下，清政府采取维系的方针，不得不"废海运，复走运河"。但是商船会馆与清政府之间的密切关系已经形成。19 世纪四五十年代之交，清政府一度以相当强硬的态度拒绝外国船舶介入北洋航运，这与上海沙船商有实力与外商和外轮匹敌有关，当然也有运河淤塞这一原因。清政府对漕运作局部调整，将"苏松太二府一州"的部分漕粮，改归上海沙船业海运。这一期间，由于外国船舶还很少进入北洋航线，上海沙船业仍控制着北洋豆麦南运的业务，处于稳定状态之中。在光绪二十年（1894），商船会馆在漕运中起的积极作用得到清政府的嘉奖，"天后护漕有功，钦颁'泽被东瀛'额"，从中也能看出清政府对商船会馆推动漕运做出贡献的肯定。

四 宁波商帮郁润桂、李也亭家族与商船会馆的关系

开埠之前，上海沙船商资本和利润在各行业中首屈一指。一艘船以当时的造价须银七八千两。规模较大的船主拥有四五十艘船，其资本不下 30～50 万两银。初有"朱、王、沈、郁"四家。其中郁家是指上海本地森盛沙船号的郁润桂家族，有沙船 70 余艘，雇工达 2000 余人。市工商联所藏民国时期编写的

《上海百年史料初稿》称:"当时沙船号商有王信义、沈万裕、郭万丰、严同春、陈丰记等家,唯有李大是宁波帮之后起者,声势独盛。"其中李大是指久大沙船号宁波镇海的李也亭家族。

郁润桂(1773～1826),世居嘉定南翔。郁"年十三弃业至沪为贾",初随人学做生意,后营沙船业,因以起家,于是在上海县城内东乔家浜购地建宅。不久润桂弟弟润梓也来沪"佐兄营沙船业",聚起万千财富。商船会馆创设之初,仅建大殿和戏台,之后屡次重葺,规模初具。嘉道年间,正是郁家在上海沙船业中的兴起之时。郁润桂、郁润梓兄弟积极参与商船会馆的许多事务。道光六年三月,一代富商郁润桂病逝,享年54岁。他有2个儿子,长子彭年,字尧封,号竹泉,时以"郁竹泉"相称。郁竹泉后任商船会馆的总董;次子松年,字万枝,号泰峰,时以"郁泰峰"相称。郁泰峰亦商亦儒,他的"宜稼堂"藏书名扬海内外。

郁彭年(1796～1853)少壮经商,承继父业,创办森盛沙船字号。其识见独高而能知人,有评论:郁家为沪上巨族,虽赖馥山公(即润桂)创其基业,而发扬光大则在公(彭年)。在他主持时,"大船有八十余号,凡沙船出洋猝遇飓风搁浅,抛弃货物至船浮而止,名曰松船,故沙船航海事业非魄力雄伟不足以当之,而公独能胜任愉快无丝毫损失者,真莫大之干才也"。郁彭年因此被承办海漕水运各号商公推为领袖,在商船会馆中被举为总董。

在光绪十八年的《重修商船会馆碑记》里,我们可以清楚地看到郁正卿、郁熙咸等人的名字。郁正卿即郁熙绳,是郁松年次子,"正卿"是号,字亦泉。父亲郁松年去世后,由郁正卿总管家产。他主持过商船会馆事务,曾任江苏海运总董。郁熙咸,号理卿。郁熙咸是郁润梓之孙,郁兆年之子,曾为商船会馆"经账司事",后出任商船会馆总司账兼仁(承)善堂交际科主任。郁正卿之子郁颐培也曾担任商船会馆的议董。

郁氏后代在近现代社会转型时期,分别找到了适应自己的职业。1909年上海商务总会议董名录中唯一姓郁的叫"郁怀智(屏翰)"。上海商务总会当时聚集着上海地方的名门望族,只有像郁氏家族的后裔或许才能充任此职。郁怀智此时57岁,振华洋布号董事,开设的洋布号叫"屏号",地点在抛球场,即今南京路河南路。著名经济学家于光远也曾祖露郁泰峰是自己的祖先。

李也亭(1807～1868),名承久,出生于镇海小港。15岁时,他来到上海,在曹德大糟行当学徒，后经人推荐上沙船做工。船工清苦，按例允许带运私货。几度贩销，渐有余资。数年后，李也亭独资开设了久大沙船号，继之又买进了沿黄浦江的一个码头，称久大码头。久大沙船号最盛时曾拥有沙船10余只，往来南北洋运送货物，主要以沙船为清政府运粮，李也亭因此成为上海滩有名的沙船主。以后其孙李云书创办了天余沙船号，自备大小沙船号数十只。商船会馆后期的代表人是李云书，可以在上海商务总会议董名录中证实。

李厚祐（1867～1935）字云书，是李也亭孙辈的老大，因此当时沪上商界称其为"李家阿大"。他少年时在祖父开办的慎余钱庄学业。后与人创设东方轮船公司，在锦州创办天一垦务公司，在镇海兴办永裕垦牧公司，在上海创办陇西劝业场，与张謇、汤寿潜等人合组大达轮船公司，还投资兴办上海绢丝公司、海州赣丰饼油公司、华通水火保险公司等企业。1906年李云书当选上海商务总会第三任总理。上海商务总会是上海总商会的前身，时称总理，相当于会长的职务。因此，李云书既是商船会馆的代表人，又是上海商务总会的当家人。

"小港李家"与"镇海方家"是姻亲，李云书的妹妹银娥嫁与方家方选青，方选青之子就是因爱国举措惨遭日伪杀害的方液仙。方液仙的中国化学工业社是国产化妆品业之滥觞。在创办之初，舅父李云书投资相当数额。方液仙遇害后，李云书的侄子李祖范接任中国化学工业社的总经理。李祖范少年时有"神童"之誉。毕业于清华大学，继而赴美国麻省理工学院土木工程系学习，归国后曾任汉冶萍钢铁厂工程师、上海中易信托公司经理、上海中华烟草公司经理、上海六合贸易公司经理及上海招商局董事会秘书长等职。李祖范新中国成立后任市工商联执委，加入中国民主建国会。

李家第四代"祖"字辈除李祖范外，还有北洋政府财政部库藏司司长李祖恩，上海县知事李祖夑，中国化学工业社董事长李祖韩，上海文史馆馆员、画家李祖云（李秋君）及李祖永、李祖华、李祖恒、李祖泰……李家第五代"名"字辈中有曾任市工商联执委的李名岳，著名钢琴家李名强、美国杰出舞台美术设计大师李名觉、美国著名建筑师李名仪、美国脑外科专家李名弘……

五　商船会馆组织演变及建筑特色和现状

商船会馆是开埠之前上海最强势的行业组织，也是经济实力最强的行业组织，在上海各会馆公所中处于"龙头老大"的地位。19 世纪 70 年代后，李鸿章创办轮船招商局，逐步将漕运归并于火轮（用煤燃烧产生蒸汽为动力推进的轮船）的运输。火轮载重大，运费低、速度快、风险小，给沙船带来相当大的挑战。起初，对于火轮这个新生事物，沙船业的合作伙伴不适应，处于习惯定势，仍然依托沙船进行业务往来，而且业务量还丰满。清政府颁发匾额给商船会馆可以解释这一点，说明商船会馆仍然在发挥作用，沙船仍然在行进。但是，时代的向前迈进，沙船运输的业务量缩小，沙船主的逐步转行，商船会馆的功能逐步萎缩，沙船的命运可想而知，被淘汰在所难免。民国以后，商船会馆日落西山，民国十八年（1929），国民党中央委员会决定整理上海商人组织，成立了一个上海特别市商人团体整理委员会，将主要显示行业性质的会馆公所改组为同业公会，将主要显现慈善性质的堂、馆予以保留。民国十九年上海市商会成立时，商船会馆已不复存在，作为会员的是沙船号同业公会，上报市商会的地址是董家渡会馆街 34 号，代表人为罗漱石。民国二十四年沙船号同业公会会员数 17 个，从业人数仅 230 人，当时上报的重要职员，叫李谦。民国二十五年沙船号同业公会的代表人朱子谦。之后在上海的商会组织中沙船号同业公会渐渐销声匿迹。

因为商船会馆是上海地方最富有商人聚集的组织，因此，它的历次修葺都十分精细和讲究，这可以从《重修商船会馆碑记》和《上海县续志》中得到证实。康熙五十四年（1715）大殿及戏台落成后，使用了近 50 年，乾隆二十九年（1764）众船商对其大殿、戏台进行重修，添建南北两厅。又过了 50 年，嘉庆十九年（1814）建两面看楼。道光二十四年（1844）建拜厅、钟楼及后厅，南台并铸钟鼎。同治元年（1862），外国军队一度借住商船会馆。军队撤防后，在洋务派一片"自强"、"求富"、"练兵制器"声中筹建上海江南制造局。筹建之初也是借用商船会馆的场地办公，一住就是 5 年。会馆内的建筑遭到一定程度的破坏，殿、厅倒塌毁坏，光绪七年（1881）重修。光绪十六年商船会馆遭飓风损毁戏台，光绪十七、十八两年继续大修重修。

会馆占地约 20 亩。入口的门头由高大的方砖砌成，双叠式出檐橼，砖雕斗拱、砖雕梁枋、砖雕挂落，雕出莲、荷、梅、菊、如意等图案，门匾也用方砖浮雕。正门酷似一座城门，两侧陈列着两只龇牙咧嘴的大石狮子，门头上的大方砖上悬挂着立体的"商船会馆"字样。馆内有一个约 200 平方米的双合式大殿，柱、梁、桁上的雕花和鎏金彩绘，在当年可谓之金碧辉煌。神龛内祀天后，南、北厅分别祀成山骠骑将军滕大神、福山太尉褚大神。殿前有两层戏台，上有八角形漆画藻井，梁枋上有一副鎏金的双龙戏珠浮雕。戏台前还置有大钟、大鼎、可说美轮美奂，气势恢宏。殿后有集会议事的大厅，殿右有两层楼的会务楼。

在行文之前，笔者专程考察了商船会馆遗址，现门牌号为会馆街38号。文字上描述它的"金碧辉煌"、"美轮美奂"、"气势恢宏"，一点滴也找不到踪影。几家电子电器、光学辅料、微型电机以及机械行业的小企业在此忙得不亦乐乎，几户居民仍然居住在会馆旧址的一隅。但是，老建筑的残垣：门坊、大殿的屋檐以及青砖石阶依稀能透视出它昔日的光彩和华丽。据悉：1959年5月26日商船会馆曾公布为上海市级文物保护单位，1987年11月17日重新公布，说明它作为文物保护的重要意义。

商船会馆，是近现代上海商业贸易昌盛的标志，更是上海行业组织的嚆矢。

"宁波帮"商人传承妈祖文化内涵

黄浙苏[*]

摘　要： 宁波是官方首次对妈祖褒扬和倡导的重要之地，也是妈祖由民间区域性的神祇晋升为全国性海神的转折点。近代宁波帮商人的形成发展与浙东妈祖信俗的孕育传播密切相关。从城市信俗文化学的角度，通过对天后妈祖信俗传播与宁波商帮发展历程分阶段的论证剖析，系统阐释妈祖文化内涵对宁波帮文化的深刻影响，探讨两者的依存与繁荣关系。

关键词： 宁波帮　妈祖信俗　传承

妈祖信俗在我国东南沿海形成由来已久，追溯其文化渊源有三点：一是发源于今浙、闽、粤诸地的古越文化中的原始海神崇拜。二是受中原文化（特别是宗教文化）的影响，归入中国神祇系统。三是在其发展过程中，由于中国航海事业开拓与西方海洋文明共融，产生东方海神崇信的文化现象而走向世界。自北宋以来，经过千年的融合厚造，孕育成影响深远的文化现象，成为中华民族传统文化不可分割的组成部分。宁波地处东海之滨，乃海道辐辏之地，妈祖信俗的民间基础十分雄厚，又为官方首次对妈祖褒扬和倡导的重要之地，系妈祖由民间区域性的神祇，晋升为全国性海神的转折点。近代宁波帮商人，作为城市标志性文化现象，其孕育与发展根源，可追溯到源远流长的城市地域信俗文化。近代宁波帮商人遵奉的开拓、包容和慈善的核心文化精神，与妈祖信俗基本理念一脉相承。也可以说近代宁波帮商人的形成与发展，与浙东妈祖信俗的孕育与传播，有着密切相关的相互依存和水乳交融的关系。本文试从城市信俗文化学的角度，试论两者的依存与繁荣的关系。

＊　黄浙苏，浙东海事民俗博物馆馆长、研究员。

一　天后妈祖与早期宁波商帮

在我国长达 2000 余年、有文字记载的历史中，对外交往活动，始起于西北的陆上（西北）和海上（东南沿海）为起点的"丝绸之路"，我国的东南沿海（以宁波、广州、泉州为标志），不仅延续原始东方海洋文明，并且以中原灿烂的华夏文明为主体，创立了有别于西方、包含妈祖信俗为核心内涵的东方海洋文化体系。其源头主要有三点：

第一，古老的百越文化（东方原始海洋文化）孕育东方航海保护神。宗教信仰往往产生于人类的童年期，神明崇拜是原始先民进行生产活动中，对自然界一种不可抗力的恐惧与崇敬。例如西方古代希腊神话中的神祇系统，后来成为"天主教"系列神的范本。聚居于我国东南沿海的原始先民，是世界上最早与海洋打交道的氏族，在其氏族文化的深层意识中，掩埋着呼唤东方海神庇护的精神需求。如其原始图腾"双鸟昇日"一样，深植于氏族后人的精神状态内。随着生产力的发展和海洋捕捞业和航海业的开拓，需要塑造以氏族图腾、带有氏族文化特点的海神，满足人们从事生产开拓的神灵庇护需求。就是没有"妈祖"，他们也会创造出另一个航海保护神出来。

第二，历史上中原华夏文明与古越文化相互渗透同化，催生以道教神祇系统为特色的东方海神。人类在其地域文化交流与碰撞过程中，以自身对神明的理解和理想塑造神明。一方土地孕育一种文化，但其孕育者的原始文化部落，并不一定能拥有氏族神灵的传承，世界在地域文化的交流中确立宗教的信仰。如佛教起源于印度，却发展在中国，乃至流传于日本与其他亚洲国家。中国历史上中原文化的浸润和三次人口大迁移，使北方强有力的带有明显农耕文明特色的道教神祇系统，在东南沿海古越氏族中流转传承，和统治者（朝廷）的肯定，使原先由民间确立的"地方神灵"，由于朝廷敕封，变成整个华夏民族都能接受，有着更加广阔地域层次能够传播的"天妃"与"天后"。

第三，中国海上丝绸之路的开拓和航海业的发展，发展弘扬了妈祖信俗的传播面。众所周知，妈祖的出生地在福建湄洲岛，少好巫术，原为能测海洋风浪的巫女，算是一个地方神灵，经朝廷敕封后，变成华夏民族的海神。如果没有海上丝绸之路的开拓和我国航海业的发展，能经明州（宁波）港，扩展到国内与东南亚，凡有江河海洋港口处，均有庙宇，确立东方海神地位吗？世界上任何一个神明，都以其受众面众寡来衡量其信仰地位。妈祖之所以成为世界性的东方海神，与整个国家海洋贸易和对外交往联系在一起。中国自宋以降，随着华人航海业发展，遂使海外贸易与世界经济文化交往日趋繁荣，特别是内陆运河与海上丝绸之路的不断开拓，拓展了妈祖信俗的受众面，使东方航海保护神真正走向世界……

近代宁波帮商人，亦称宁波商帮，在学术界传统的说法，其形成、发展和繁荣时期，约在明末清初，一直延衍至民国末年，其主要标志为时国内以晋徽商为首的十大地方商帮，在外来洋务资本、国内官僚资本挤压和地方商务资本的"血拼"中，纷纷易帜倒闭，而宁波商帮与晋、粤、闽商却花发并枝，成为地方商帮的"领头羊"，尤其是宁波帮商人在以上海为龙头的资本市场上，形成与洋务资本、官僚资本拼杀的中坚力量。究其思想根源，多得益于妈祖信俗中的基本精神，即有区别于中原黄土文明，含有原始东方海洋文明特质的对外开拓的精神。这是妈祖信俗中的精髓，也是孕育早期宁波商帮带有地域文化印记的文化内涵。

1. 妈祖信俗发源于原始东方海洋文明，宁波作为古代世界舟楫的寄泊点，系原始东方海洋文明的源头城市之一，其得天独厚的地理条件，使这个地方早在唐、宋间就成为世界为之闻名的繁华商埠。有史书记载：当时东亚贸易（文化）圈中，明州（现宁波）就成为"海丝之路"的始发港，唐代商团无论在组织货源、租编船队、筹集资金、改进航海技术方面，均占着绝对优势。明州当地著名的船舶制造家、航海家、唐商团代表人物张友信（一说张支信）分别于唐会昌二年（842）、大中元年（847）、咸通三年（862）、咸通四年（863）多次率船队，集"国内珍稀于贸"，"从明州望海镇（今镇海港）头上帆，得西南风三个日夜，抵达日本值嘉岛那留浦，七日进太宰府"进行两国友好贸易往来①。

同样，明州商人李延孝也先后在唐大中十二年（858）、咸通三年（862）、咸通六年（865）率唐商团至日本。日商神御井、春太郎、神一郎等也在明州

___

① 以上见《续日本后记》和《入唐五家传》。

进行商贸活动①。

这些商务活动，其延衍和拓展的文化理念，为妈祖信俗的孕育与近代宁波帮商人的形成，打下坚实的文化传承的基础。

2. 宋代宁波造船业的发达，拓展航海业致使朝廷敕封妈祖为天妃，从而迎来东方海神从地方神走上官方神坛，与早期宁波商帮崛起并存的繁荣局面。据史料记载，北宋宣和年间，宋廷派徐兢等赴高丽，回国后，根据其本人高丽途中及在高丽的经历，撰成《宣和奉使高丽图经》四十卷，其中曾有一段重要记载："宣和五年（1123），给事中路允迪等奉使高丽，因中流震风，七舟俱溺，独路所乘，神降于樯，安流以济，使还奏闻，朝廷特赐'顺济'庙额。"根据这一史料记载，明州与妈祖信仰这一段鲜为人知的十分密切的关系，演绎成真实的历史事件，致使妈祖信仰得到朝廷的认可，并且借助明州，很快传播到全国，妈祖始成为中华民族的航海保护神。

宁波这个城市与妈祖的渊源关系，究其原因，常规的说法主要有五条。（1）我国进入五代北宋后，由于对日本、高丽等国为主的海事活动日益频繁，使朝廷和广大民众真正认识到海洋的伟大，从而产生出崇尚海洋、敬畏海洋的情愫，于是航海保护神应运而生，妈祖信仰从福建向全国范围传播势在必行。（2）妈祖信仰既是朝廷出于安定民心的需要，同时，又正好符合广大民众寻求精神依托的愿望，从而自然而然地成为一种影响深广的民间信仰，而官府的不断崇祀、册封，又推波助澜地使妈祖信仰日臻完美。（3）明州是我国宋代三大贸易港之一，历史上与高丽交往一直十分频繁。从宋始，朝廷十分重视市舶贸易，并专在明州设立市舶司（用以征收商税，经营海货的专买专卖，以及管理海外诸如高丽等国的朝贡等事务）。明州知州楼异，在宋徽宗政和七年（1117），奏请徽宗准许，在明州特设高丽司（即高丽使馆）。（4）宋时明州造船业十分发达，宋神宗元丰元年（1078）曾派使臣安焘，陈睦往聘高丽，就指令明州打造四艘大船，一曰凌虚致远安济神舟，一曰灵飞顺济神舟，到达高丽，国人（高丽）"欢呼出迎"。到宋徽宗宣和年间派徐兢出访高丽，朝廷又在明州打造了两艘巨型海船，一曰鼎新利涉远康济神舟，一曰遁流安逸通济神舟。"巍如山岳，浮动波上；锦帆在舟首，屈服蛟螭。所以晖赫皇华，震慑海外，超冠

---

① 见《智证大师传》和《三代实录》。

古今。是宜高丽人迎绍之日，倾国耸观而欢呼嘉叹也"。（5）宋徽宗御赐"顺济"庙额是妈祖信仰传播中的重要之事。在宋神宗元丰元年（1078）朝廷曾派使臣出使高丽，并指令在明州定海打造两艘神舟，其一就名为顺济神舟。从海船船名到妈祖庙额均以"顺济"命之，反映了宋廷对想往海洋，敬畏海洋，征服海洋的一种特有的文化心迹。

3. 明、清时期对外实行"海禁"，致使妈祖信俗在民间渔业和商务活动中传播与发展。据考证：近代宁波帮商人群体的形成，可溯源自元代始宁波的漕运业和在清代日益兴起的会馆业。

宁波是我国"海上丝绸之路"的重要港口城市，自唐宋以来，经济繁荣，商贾云集，各地商人依托宁波港优越的地理环境，开设商号、打造船只、经营货物，并逐渐形成了以经营南、北方贸易为主的南北号两大商行船帮。在繁荣的海上贸易同时，促进了妈祖信俗的发展和传播。史载清道光三年（1823）南号舶商在当时航运码头林立的宁波三江口东岸建造会馆，取名"安澜"，意在"仰赖神佑，安定波澜"。清道光三十年（1850），在董秉愚、冯云祥、苏庆和、费纶金、费纶铥、费辅洼、盛炳澄、童祥隆、顾璇、李国相等北号舶商的发起下，共捐资白银十万两，在安澜会馆南侧兴建了北号会馆，取名"安庆"，寓"海不扬波庆兮安澜"之意，后改为"庆安"。其建筑规模、建筑体量、建造工艺均超过安澜会馆。

据《鄞县通志》记载：清咸丰、同治以来，宁波商埠重开，交通频繁，宁波南、北号舶商达到了鼎盛时期。"舟楫所至，北达燕、鲁、南抵闽、粤，而迤西川、鄂、皖、赣诸省之物产，亦由甬埠集散，且仿元人成法，重兴海运，故南、北号盛极一时"。为维护同行利益，南、北号遂联合成立"南北海商公所"。会馆内设航运行业董事会，负责处理日常事务、解决行业纠纷、谋求业务发展。同时又是祭祀神灵的庙宇，供奉航海保护神妈祖，每逢农历三月廿三祖诞辰和九月初九妈祖升天日，舶商、渔民聚集在会馆演戏敬神、祭祀妈祖，庄重的祭祀仪式，热闹的民间庙会和丰富多彩的民俗表演，蔚为甬上之大观。

俗话说："一方水土养一方人。"这种含有城市地域文化印记的开拓精神，为妈祖信俗形成、传播与早期宁波帮商人的孕育、发展，打下坚实的文化基础，提供近代宁波帮商人，与妈祖信俗相互依存的文化联系，与两者并存发展的密切渊源关系。

二　妈祖信俗的传播与近代宁波帮商人的崛起

妈祖即天后，又称天妃，天上圣母，民间俗称妈祖，是我国自北宋以来沿海百姓崇祀的海神。从宋徽宗宣和五年（1123）始到清道光为止，妈祖受历代皇帝褒封十六次，封号由"夫人"、"妃"、"天妃"、"天后"直至"天上圣母"。

自宋以降千年间，妈祖的故事广为流传，妈祖信俗日渐扩大，其存在合理倒内涵，是随着世界商贸活动兴起、城市文化形成、与市民阶层对处世为人的生活态度，采取包容和人心向善的崇敬。妈祖的信奉者们最早企求妈祖救难扶危，保佑海上平安，扩展到期望妈祖济世救难，庇民护国，并籍妈祖信仰倡导同舟共济，救死扶伤、见义勇为、助人为乐和忘我无私的大无畏精神。妈祖信仰根植于民众之中，体现了千百万民众寄予的美好愿望，在妈祖信俗的精神鼓舞下，东南沿海的人民，具有独特的信仰和不断开拓新的生活领域的境界。

妈祖信俗就其内涵来说，虽未留下鸿篇巨著，也说不上有深邃的思想体系，她是一位平凡的民间女子，但她的热爱劳动，见义勇为，济世解困，无私奉献的高尚情操，却集中体现了中华民族的传统美德，并成为巨大的精神力量。妈祖遇难升天后，人们就按自己的愿望和理想，进一步把她塑造成为一位慈悲博爱，护国庇民、可敬可亲的女神，其目的则为教育子孙后代和弘扬民族文化精神，希望这一民间信俗成为促进国家昌盛、民族团结、民生富饶的推动力。

近代宁波帮商人是元代以降的漕运业和明、清会馆业的基础上，形成发展起来的地域性商帮。传统的说法近代"宁波商帮"形成在明末清初。主要标志是宁波商人在北京创设鄞县会馆。鄞县会馆创立在明朝万历到天启时期，创办者是鄞县在京的药业商人。稍晚在清初创立的浙慈会馆，即"浙江省慈溪县成衣行业商人会馆"。两会馆主要活动地域在北京，经营行业是药材业和成衣业。昔日"宁波帮"泛指原宁波府属的鄞县、镇海、慈溪、奉化、象山、定海六个县在外地的商人、企业家及旅居外地的宁波人。鸦片战争后，随着外国商务资本入侵，各地商人都涌向城市形成商帮，形成了十大商帮，即山西商帮（晋帮）、徽州商帮（徽帮）、陕西商帮、洞庭商帮、江右商帮（江西）、山东商帮、广东商帮（粤帮）、福建商帮（闽帮）、宁波商帮、龙游商帮（浙江）。

"宁波商帮"形成后，第一个发展时期在清乾嘉朝。这时期宁波商人海运（漕运）业获得迅速发展，活动区域不仅在长江和南北洋，而且延伸到海外，经营着合法而颇有规模的对日贸易。宁波商帮的活动区域不仅在长江和南北洋，而且延伸到海外，经营着合法而颇有规模的对日贸易。由于这一时期宁波商帮的发展，使得一个普通的中国沿海地域性商帮，一跃成为国内著名商帮。到1840年鸦片战争爆发前后，中国已由十大商帮演变为"晋帮"、"粤帮"、"闽帮"和"宁波帮"四强争雄的新格局。以前的十大商帮，在世界经济共融的残酷竞争中逐步衰落，甚至销声匿迹，直至改革开放后，才又重新发达起来。而宁波商帮却经久不衰，不断发展壮大，尤其在港、台等地区的宁波籍企业家，更是举世闻名。

在中国近代史上，宁波商帮在海外商务中占有重要的地位，蜚声海内外。据统计，有30多万宁波籍人士，旅居在世界50多个国家和地区。海外"宁波帮"，已成为连接宁波与世界各地的重要桥梁和纽带。宁波商人遍及海内外，中国沿江沿海各地，更是早有"无宁波不成市"之说。

历史上妈祖信俗作为东方原始海洋文明的合理内涵，她的发展与传播，始终与我国东南沿海地域文化精神结合在一起。与内地商人不同的是，宁波商帮由于拥有这种城市祖根文化精神，才使她成功发展并走向世界。究其根源，除传承城市开拓精神外，与其奉行妈祖信俗中对世事包容的生活态度相关，也就是说近代宁波帮商人，在经营中渗透和运用对外包容的文化理念，并落实到对时势的判断，乃至具体的商业手段。在"五口通商"后的中国，外来洋务资本充斥市场，封建官僚资本和民间资本节节败退，需要有一种信仰的力量，也就是一面民族文化的旗帜，抵御和抗击外来文化的入侵，地域文化就上升转化为一种重要的力量，在其他商帮采取守旧和退却时，宁波商帮却奉行"包容"的态度，吸收国外先进的经营理念，率先"华丽"转型，融入世界经济转换的大格局中，从而获得生机和发展的良机。

近代"宁波商帮"的崛起，在文化根源上，与浙东妈祖信俗传播联系在一起。即近代宁波商帮的形成与发展，与城市信仰文化休戚相关，妈祖信俗的传播依赖宁波商帮的发展，宁波商帮的发展，由妈祖信俗提供合理内涵，两者依赖并存，形成共同发展传播的一个过程。

（一）历史成因分析

地域性商帮在创建初期，一般都依赖所在区域传统经济与文化的优势与特色，也就是说由城市的经济地位和地域文化精神孕育培植的。宁波在历史上是个以海运业为基础发展起来的城市，她的地域文化是东方原始海洋文化。早在7000年前的河姆渡人就会制"筏"下海捕捞，至周代越人已可驾舟"往若飘风"。历经唐、宋两朝，以张友信商团为代表的"唐船"驰骋在太平洋海面，揭开中国通往世界"海上丝绸之路"帷幕，并孕育了与西方海神波塞冬并存的东方海神妈祖。虽然元末后明清两朝实行"海禁"，致使"海上丝路"变得萧条，但民间海上贸易不绝，一部宁波城市的历史，几乎就是航海商贸史。正是这种地域文化因素，流淌在商人的血液中并植根至骨髓中。

（二）地域经济基础分析

由于元代运河阻塞，朝廷组织"南粮北调"漕运业（特别是海漕）的兴起。史载元统一全国后，每年需从江南运送大批粮食至大都。但运河因战乱年久失修致使漕运不畅。考虑到河运漕粮"劳费不赀，卒无成效"①。朝廷海运科分处南北两大系统承办，南方为"承运"系统，在"鱼米之乡"的浙江分设温州路、台州路、庆元路（今宁波）、绍兴路、杭州路和嘉兴路。六处转运皆以庆元港口集运，并揽江南邻省数路储运为最。由于元代采取比较宽容的政策，民间海上贸易活动渐趋活跃，激发宁波商人原始资本的积累和近代资本主义进步思想的产生。而浙东庆元港又是我国对东洋（日本和高丽）的主要贸易港口，又是西洋贸易集散之地，货品需要海漕转运，致使庆元府船商的迅速发展，并形成地域船帮（类似商团的组织）。明清两朝实行"海禁"，但"南粮北调"的漕运业并无停止，积累资产的船商率先开拓，自祖先"传统海运"的经营中，逐渐转向"河漕"和其他经营模式，形成以近海（河）城市商务会馆为标志的近代宁波商帮的雏形。

（三）地域文化学角度分析

近代宁波帮与晋商、徽商一样，早在元、明时期就已有类似商团的组织。

---

① 《元史》卷九三《食货志一·海运》。

在承继唐、宋"海上丝绸之路"原始海洋文明熏陶的基础上，率先从"官商"（传统朝廷商团和市舶司）中解体出来，开拓组织以自己独特的地域资源和文化理念的商人群体。所不同的只是晋商、徽商以中原黄土文化"固守祖训"和"内蓄"的经营理念，铸造传统商帮精神，而宁波商帮却由原始海洋文化中开拓和扩展精神，在开展与"西夷番邦"的商务活动中，转换观念，与西方洋商"接轨"中，"借鸡生蛋"发展壮大自己的队伍。两者在文化观念上的区分和落差，造成日后在世界经济格局变化中的悬殊成败。

在这值得提及的，在早期宁波帮商人的漕运业与会馆业中，都信仰和供奉妈祖的神像。如宁波的南北商号（即船帮）每年都举办妈祖庙会，祝铸事业的风调雨顺，这在今天看来，也许是落后的，但在当时，却是一种抵御外来洋务资本入侵的号角和手段。咸丰四年（1854）年，太平军革命烈火燃烧到东南各地，清廷着力于镇压，而对沿海巡哨漠然置之，导致海上盗匪横行。因黄河决堤，袭元制转内河漕运为海运，一到春夏之交，联帆运粮北上，却不能震慑海匪，舟楫常被劫索费，损失惨重，使船商忍无可忍，由北号股东费纶铭、盛植琯（慈溪人）和李容倡导，与官府共出白银七万两，向西洋购买机械船"宝顺轮"，开创中国第一艘机械船的历史，并由此孕育了近代世界级船王董浩云和包玉刚（均为宁波人）。

在中国商业史上，宁波帮之所以能后来居上，成为近现代中国经济舞台上的佼佼者，与其包容的经营理念和最先接受外来文化相关。从城市文化精神的角度，我们可以看出驰名中外的宁波商帮，在孕育与发展过程中，有意或无意地承袭了妈祖文化内涵及精粹，并使之转化为商帮核心的文化基础。

三　妈祖文化内涵与"宁波帮"商人的大慈善境界

妈祖文化崇尚的核心理念是劝恶从善，济世救困，之所以历经千年，口耳相传，历朝历代经久不衰，与儒、道、佛三家并存，成为中华优秀传统文化的瑰宝，在全世界拥有两亿信众，究其原因，是因为她的核心文化理念，具有道德教化功能和深得市民阶层和弱势群体的人心。

我们站在地域文化学的角度，研究近代"宁波帮"商人，需要探究一个群体信仰特质，即最能体现一个空间范围内，特质的信俗文化和周围其他区域相比，具有明显的差异性。两千年前司马迁写《史记》时，提到"百里不同风，千里不同俗"。简单地说，一种文化现象，如果它只是"风"，往往走出100里，就是另一种"风"了，但如果它已经成为"俗"，那么它就拥有更大的范围。所谓"风"，就是今天我们讲的流行，或者风尚，它的特点是不断更新多变的。"俗"就是信仰和习惯。如果上升到这程度就相对比较稳定，可以称之为传统。历史上的近代宁波帮商人，作为群体形态分析，它是由市民为主体商人团体，就其信仰目标和价值取向，与城市地域精神联系在一起，他们的处世为人，潜移默化地循奉妈祖信俗文化"扬善扼恶"的核心理念和价值观。在商务活动中奉行"获大实惠必要有大慈善"的信念，相信"善有善报，恶有恶报"的因果报应。

21世纪初笔者接待过新加坡三江会馆馆长水铭璋，这位祖籍鄞州的老先生是信奉妈祖的。他穿着肘间打有补丁的西服，脚踏旧布鞋，行程10万公里走遍中国穷山恶水，把自己在新加坡的资产投入内地。他投资奉行一个原则：越穷的地方越要投。问其原因，他说：祖宗相传经商是为扬善扼恶。妈祖保佑我做大生意，我赚了钱不做善事，就违反赚钱的初衷。在近代宁波商人中，持水先生这种善恶观者众多，认为"发财不行善，无颜见祖宗"。清末宁波商人吴锦堂，在日本做棉纱生意赚了钱，回家乡浚疏杜、白两湖并兴办学校，为子孙后代造福。正是这种渗透在血液中的地域妈祖信仰的"善恶观"，致使宁波商人相别其他地域商人，而成为中国近代商帮中的佼佼者。这就是一种人的信俗精神状态，发展至商业行为，就成为行为准则。

人类文明的发展，离不开社会慈善公益事业，这是因为人们在社会进化中，无法避免和抗拒各种自然灾害和社会诟病而造成"贫困阶层"。对富人而言，社会慈善事业则是人类文明进步的阶梯和衡量文明人"善恶观"的试金石。妈祖信俗作为东方原始海洋文化的合理内涵和历代统治者提倡的民间信仰文化，其弘扬宗教信仰中心主旨是扬善抑恶。近代"宁波帮"商人在商业上成功获得"大实惠"，促使他们弘扬社会公益事业的"大慈善"精神，使商帮美誉度得到很大的提高，从而致使自身得到更大的发展。这是一种深得民心的做法，也是时代进步，文明进化的表现。

我国近代的各级慈善机构，是社会发展的产物，在人类文明的过渡中，发挥了很大的作用。"宁波帮"商人在商界向有"慈商""善商"的美誉。从历史资料看，近代宁波商人于我国的慈善机构创建中，作出过很大的努力。他们参与了上海同仁辅元堂的建立，在中国红十字会创设、华洋义赈会、天津广仁堂、宁波云华堂等慈善机构的建立中均有积极的贡献。据同治《上海县志》卷二《善堂》载：同仁辅元堂是咸丰五年（1855）由同仁与辅元两堂合并，主要的经营项目为育婴、恤嫠、赡老、施药、施棺、消防与赈灾等。仅道光二十九年（1849），合并前的同仁堂就支出各项费用为 7516963 文钱。该堂有关资料显示：该堂由上海有权势的名门望族负责运营，内中不少即宁波商人。不仅捐资且担任过董事和捐司。同治元年（1862）该堂有 28 人为司总，除船商外，4 位钱业商人，清一色为宁波人。这个产生于清代我国早期的慈善机构，对中国慈善事业的推进作出过极大的贡献。

中国红十字会成立于 1904 年 3 月，主张救死扶伤，扶危济困，最早在西方兴起，1894 年在中日甲午战争后，才引起中国人的关注。在国内最早进行红十字会创建的是宁波鄞州梅墟人金雅妹（也作金韵妹），其父为耶稣教长老会牧师。同治八年（1869）随传教士麦嘉绵赴日本留学，光绪七年（1881）至美国，考入纽约女子医科大学学习医学。1885 年以全班第一名的优异成绩毕业，任职纽约当医生。1888 年后回国，在中日甲午海战后在天津创办红十字会。该会成立后，由上海绅士汪炳等人在 1899 年春创设"中国施医局"。接着宁波旅沪巨商严信厚，伙同陆树藩、庞元济、施则敬等人在上海创办"中国救济善会"，赴津沽救助难民。1904 年日俄战争爆发，难民撤离东北，时任上海记名海关道的宁波商人沈敦和（鄞州人）和周金箴、李云书及施则敬等 20 余人在上海英租界六马路仁济善堂集会，发起成立"东三省红十字普济善会"，由发起人"垫银十万两，以应急需"。"延请中西大善董，就近开办，在沪设立总局，专为筹款之所"。并在北京、天津设分局，与英、法、德、美四国及工部局商榷，成立中国红十字会，议定 45 名董事会名单，其中华董 10 人，宁波商人沈敦和与朱葆三入内。2 名办事华董为沈敦和与施则敬。由此拉开中国红十字会的救赈大幕。

宁波商人在 20 世纪初的各地大规模赈灾活动中，均充当组织者和救赈者的角色。如 1920 年在上海正式成立的华洋义赈会，在救济湖北湖南河南水灾和陕西、河南、河北、山东、山西大面积旱灾过程中，宁波商人沈敦和、朱葆三任湖北义赈会会长和副会长。次年，朱葆三任河南义赈会名誉会长。后中外合作的上海华洋义赈会成立，朱葆三任干事长，陕西义赈会成立，他任董事。两次捐款合计 40.6 万元，以傅筱庵为首的宁波商人合计捐赠 16 万元，占总数的39.4%。在 1913 年河北河南山东发生的旱灾中，宁波商人史晋生组织华北义赈会担任副会长，募集 50 万元资金救济留落汉口的灾民。

宁波本地慈善事业也相当发达，成为推动地方社会发展与进步的重要动力。宁波素有"义乡"之称，"甬俗好义，振古称之，地方救济之事仰市井而成"。进入近代以来，由于以商人为代表的地方社会的大力支持和参与，宁波慈善事业不仅兴旺一时，而且成为地方社会的主要活动领域，受到全社会的关注和重视。首先各类慈善机构与团体不仅数量众多，而且十分活跃。特别在民国时期，宁波不仅有应急性或曰临时性的慈善机构，更有大量常态性的慈善团体与组织存在。据不完全统计，民国初年，宁波的慈善团体达到 437 个，居全国领先地位。正如时人所言："吾甬为通商巨埠，善堂林立，如养老、育婴、医病、恤废等诸义举，无不应有尽有。"这些以孤儿院、慈善医院、水龙会为代表的慈善机构大批产生，并发展成为当时慈善事业的主体力量。进入清末民初以来，以虞洽卿、吴锦堂、秦润卿为代表的旅外宁波商人全面参与家乡慈善事业。宁波各地也活跃着一批慈善家群体。如曾任宁波总商会会长的费绍冠、陈兰荪，和丰纱厂董事总经理顾元琛，镇海商会首任会长朱彬绳，钱业巨子严英、俞佐庭等。在改革开放后，宁波的企业家和各界人士，在市委、市政府的号召下，更是踊跃促成各项慈善事业，由市慈善总会筹集的款项，向来占全省之先。

宁波帮为何急公好义，济世救困？除有一颗善良的爱心外，其深层次的原因是这个城市的居民，深受以妈祖信俗为内涵的东方海洋文化的影响，认为商人"做生意，首先是做人品"。近代宁波商人们认识到"盖财之为道，一方务在鸠聚，一方务在散发，此即所谓'春风风人，夏雨雨人'。若垄断求之，局促守之，以积一人之蓄，亦何足称哉"。这是一种优秀的地域文明精神的传承，将激励我们继续发扬光大。

参考文献

[1] （元）宋濂《元史》，中华书局 1986 年。

[2] 陈国强《百越名族史》，中国社会科学出版社 1988 年。

[3] 乐承耀《宁波古代史纲》，宁波出版社 1995 年。

［4］鲍杰《论近代宁波帮》，宁波出版社 1996 年。

［5］黄浙苏等《庆安会馆》，中国文联出版社 2002 年。

［6］乐承耀《近代宁波商人与社会经济》，人民出版社 2007 年。

［7］黄浙苏《信守与包容——浙东妈祖经济研究》，浙江大学出版社 2011 年。

保护开发与传承：宁波帮三大产业会馆建筑遗存探析

方煜东*

摘　要：宁波三大产业会馆建筑遗存——药皇殿、庆安会馆和钱业会馆，分别见证了宁波帮三大支柱产业国药业、航运业和钱庄业的发展历程，且已成为宁波帮的标志性建筑和宁波重要文化地标。本文通过对三大会馆及产业的地位评估与探析，旨在进一步推进会馆及相关产业建筑、名人建筑等的保护开发与传承，为宁波社会经济发展提供新的动力和支撑。

关键词：宁波建筑　会馆文化　保护开发　传承

一　三大会馆建筑遗存简介

在宁波城区，现存有三大产业会馆建筑遗存，分别是药皇殿、庆安会馆及钱业会馆。

（一）药皇殿

药皇殿又称药业会馆，位于药行街北的咸塘街上。宁波药皇殿始建于清康熙四十七年（1708），由宁波知府陈一夔和商士曹天锡、屠孝澄等发起倡建，雍正九年辛亥毁于火，乾隆六年（1741）又有20余位药商发起重建，并成立了药皇殿崇庆会，每年四月下旬药皇圣诞前一日演戏祭祀。乾隆二十年、乾隆三十六年、乾隆五十年又多次增建，清嘉庆十二年（1807）再次进行重修。药皇殿的创建主体是宁波本邑的药材商人，并且得到了官府大力支持，此后一直作宁波药材商人之会馆。这在嘉庆十二年所立的药皇殿祀碑中载："甬江航海通

---

* 方煜东，北京交通大学博士。

衢，货殖都会。商皆设有会馆，以扼其宗，则纲举而目张。兹药皇圣帝吾药材众商之会馆也。"

药皇殿坐北朝南，气势恢弘、规模庞大，总占地达 4000 多平方米，共分前后殿及相关厢房，前殿为硬山式三间二层楼房，是药商们的待客议事之所。中进为道地，中有戏台，左右两厢为看戏的厢楼，后殿是正殿，为供奉药皇的神殿，殿堂中心的四条立柱由长 12 米，胸围 158 厘米的巨木构筑，下置硕大的石础和复盆。石柱上还篆刻有"百卉正名，道宏太始天元策；三坟稽古，治焕人皇政典书"的楹联。旧时为管理药商，防止欺行霸市，还要举行规模盛大的祭典"药皇会"，祭祀仪式前后三天，鼓乐不绝，百姓围观，前呼后拥，争相朝拜，既看热闹，又求药皇保佑，是宁波当年最有影响的节庆活动之一。

药皇殿现被开辟为宁波药史陈列馆。2001 年被海曙区人民政府公布为区级文物保护单位。

（二）庆安会馆

庆安会馆是航业会馆，位于江东区江东北路，得名于"海不扬波庆兮安澜"，是晚清时期宁波北号船帮的航业会馆。庆安会馆始建于道光三十年（1850），由慈溪、鄞县、镇海等九个具有影响力的北号海运业者共同倡建，当时，由于实施漕粮海运，宁波经营北方航运的北号船帮实力日渐扩大，因而迫切需要一个独立的经营总部。庆安会馆精工细作，规模宏大，费资达白银 10 万两，历时三年落成。

庆安会馆坐东朝西，规模宏大，占地面积约为 5000 平方米。沿中轴线有宫门、仪门、前戏台、大殿、后戏台、后殿、前后厢房等建筑。会馆的宫门为砖墙门楼，屋顶形式为抬梁式硬山顶，设有三马头山墙。建筑装饰采用砖雕、石雕和朱金木雕等宁波传统工艺，堪称宁波近代地方工艺之杰作。天后宫内建有前后分别为祭祀妈祖和行业聚会时演戏用的两戏台，为国内罕见。

庆安会馆是江南现存少数兼具天后宫与会馆功能的古建筑群，规模处全国七大行业会馆之最。现辟为浙东海事民俗博物馆。2001 年 6 月，被国务院公布为第五批全国重点文物保护单位。

（三）钱业会馆

钱业会馆位于市区东门口不远处的战船街 10 号。清同治三年（1864）钱业同业组织形式称钱业会商处，在江厦一带滨江庙设有公所，曾毁于兵火，后于光绪年间由钱庄业筹资重建。至民国十二年（1923）因原有公所"湫隘不足治事"乃购地兴建新会馆，至 1926 年竣工。

钱业会馆坐北朝南，占地面积 1521.5 平方米，建筑面积约 1150 平方米。前后三进楼房，包括戏台、亭阁等组成中西合璧的砖木结构建筑。前进廊舍环绕；两旁石刻、碑记；中有戏台；后进议事厅，是旧时宁波金融业最高决策机构，厅前亭园花草，清静幽雅。是全国唯一保存完整的钱庄业的历史文化建筑。

钱业会馆是旧时宁波金融业办公、集会、议事和祭拜财神的场所，也是全国唯一保存完整的钱庄业历史文化建筑。现被开辟为宁波钱币博物馆。2006 年 5 月，被国务院公布为第六批全国重点文物保护单位。

二　三大会馆产业地位的评估

药皇殿、庆安会馆及钱业会馆三大会馆所代表的药业（包括药材业和国药业）、航业（俗称航运业）、钱业（俗称钱庄业）也正是近代宁波本帮及外埠的三大支柱产业。

（一）本帮产业地位

宁波是近代中国国药业的主要集散地：元代宁波的南北号船只就已运输药材，使宁波成为国内重要的药业中心，明初宁波国药业开始大举向外拓展，北京同仁堂就是宁波人在外创建的，清代咸丰年间，太平天国定都南京，战争在长江两岸一直不断，阻断了长江航运，使得全国药材都通过陆路通道至宁波转海运集散，宁波由此而成为国内最大的药材交易转运市场，当时宁波市场药材年营业额在 2000 万两银元以上。

宁波是近代中国航运业的主要发祥地：宁波地处南北洋要冲，旧有南号、北号船专业分航运输，特别是清代海禁废弛后，宁波港海运更为发达，贸易兴盛"舟楫所至，北达燕、鲁，南低闽、粤而延西、川、鄂、皖、赣诸省之产物，亦由甬埠集散，且仿元人成法，重兴海运，故南北号盛极一时"。咸丰四年（1854），为平定海域海盗抢阻，宁波船商还集资购买引进西方先进技术的轮船"宝顺轮"（配备大炮、弹药），"中国之用轮舟自宁波宝顺轮始也"，这也是我国近代自办的第一艘火力轮船，成为创办中国近代洋务的先声。

宁波是近代中国钱庄业的主要发源地：旧时在江厦街钱庄林立，繁华冠甲东南，故民间有"走遍天下、不如宁波江厦"之称。据《鄞县通志》记载，甬上金融向以钱庄为枢纽，其盛时，资金在6万元以上的大同行有36家，1万以上的小同行有30余家，最多时仅在市区多达160多家。清道光年间（1821～1850），宁波钱庄首创"过账制"，即各行各业的资金收支，从使用现金改为借助钱庄进行汇转，实行统一清算，这意味着现代金融业的票据交换办法最早是在宁波开创的。

（二）外埠产业地位

宁波帮药业处于全国优势地位：清末至民国时期，由宁波籍商人创办经营的国药业完全垄断国内市场，北京规模最大的国药店同仁堂、鹤年堂，天津规模最大的国药店达仁堂，上海规模最大的国药店徐重道和胡庆余堂，杭州规模最大的国药店胡庆余堂和叶种德堂等等，都是宁波帮（籍）人士产业，在全国各主要经济城市（包括江南大多数县城）也都有宁波商人创办经营的著名国药号，北京、上海、杭州、武汉等国内主要城市的药业同业公会理事长也长期由宁波人担任。由唐廷猷所著的《中国药业史》一书收录的明清及民国时期全国著名国药老药铺28家，其中由宁波人创设经营的达10家，远远超过排第二的江西樟树和江苏苏州（各2家）。其中北京同仁堂分号遍布各大城市，是全国国药业的领军企业。

宁波帮航业处于全国领军地位：清末至民国时期，由宁波商人郑良裕和虞洽卿分别创办的通裕航业集团和三北轮埠股份公司是国内最早创办及规模最大的两大民营航运集团，此外宁波帮创办的宁绍商轮公司也是国内主要民族航运企业。3家航运企业中尤以三北轮埠股份公司为民营航运业之冠，是当时中国最大民营航运集团。由此虞洽卿也长期担任上海航业同业公会（主席）理事长，成为全国航业领袖。郑良裕之子郑锡棠和虞洽卿之子虞顺懋也长期出任同业公会的执委或常务理事。此外宁波帮航运业著名人士尚有董浩云，曾创办中国航运公司，后成为世界级的航运家，而另一位宁波人士包玉刚则成为了世界船王。

宁波帮钱业处于全国翘楚地位：清末至民国时期，由宁波帮创办和经营的钱庄业在全国拥有绝对垄断地位，当时上海的九大钱业集团，由 5 家是宁波帮家族，分别是镇海方家、镇海李家（9 家）、慈溪董家（11 家）、镇海叶家（11家）、宁波秦家（8 家），其中镇海方家创办钱庄达 53 家，远远领先于排名第二的湖州许家（13 家），为全国钱庄业领军家族，"执上海商界之牛耳"。在钱业同业公会方面，慈溪人秦润卿长期担任上海钱业同业公会会长，1947 年任全国钱业同业公会创立时出任首任理事长，为全国钱业领袖。杭州钱业同业公会也是由宁波帮发起创建，慈溪人宓廷芳出任首任会长并长期担任。

三　会馆文化的保护开发与传承

国药业、航运业、钱庄业作为宁波帮的三大支柱产业，对宁波经济的发展产生过重大的影响，而药皇殿与庆安会馆、钱业会馆作为宁波本地商帮的三大会馆建筑遗存，也是宁波帮发展的重要见证。三大会馆建筑与天一阁一道均为宁波城市文化的标志性建筑，值得保护开发与传承。

（一）建筑遗存的保护

目前宁波已对三大会馆建筑作了很好的保护，其中庆安会馆和钱业会馆相继申报成为全国文保单位，建议下步对药皇殿再作保护性扩展，使之逐步提升至省级及国家级文保单位。同时，建议以三大会馆建筑为中心，挖掘和培育形成国药业、航运业、钱庄业三大宁波帮故居建筑群。比如国药业，以宁波药皇殿为中心，挖掘保护老药店、药行等相关产业建筑及同仁堂乐氏、种德堂叶氏、徐重道徐氏及同泰堂张氏、涵春堂童氏等国药家族故居建筑；航运业，以庆安会馆为中心，挖掘保护老码头、老海关等相关产业建筑及虞洽卿故居、郑良裕故居、包玉刚故居及其他著名航运商人住宅建筑；钱庄业，以钱业会馆为中心，挖掘保护钱庄旧址等相关产业建筑及宁波帮五大钱业家族及秦润卿、宓廷芳等故居建筑，形成会馆遗存、产业遗存、商人故居等为主要内容的建筑群落。然后以"旅游开发为最好保护方式之一"的理念来推进这些古建筑遗存的保护和旅游开发，培育形成宁波国药文化旅游、航业文化旅游、钱业文化旅游等品牌，为宁波旅游业发展提供新的内容和支撑。

（二）会馆文化的开发

三大会馆建筑遗存作为在宁波市区与天一阁齐名的城市主要标志性建筑，应像天一阁一样，充分发挥其文化价值。2003 年 12 月，宁波市创办了第一届天一阁中国藏书文化节，至今已举办数届，取得了很好效果，扩大了宁波藏书文化在国内外的影响力。建议以宁波药皇殿与宁波国药业古建筑主要集聚地"鸣鹤古镇"为主要平台，发起创办中国国药业文化节，把国药文化提升为宁波主流地域文化之一，以带动医药保健养生及旅游等产业的发展。建议以庆安会馆与宁波港为主要平台，发起创办中国航运文化节，同时可以结合徐福东渡、句章港、明州市舶司、海上丝绸之路、浙海关等内容举办一些学术研讨会，以文化来提升宁波港的发展支撑，促进宁波港更好更快发展。而在钱业文化方面，则可以依托钱业会馆，创办中国钱庄文化博物馆，并定期组织一些钱庄文化与金融业发展方面的论坛及学术活动。

（三）产业经济的传承

文化的一个主要功能就是为社会经济建设发展服务。相比于历史上领先的三大产业优势，新世纪宁波更要在国药业、航运业、金融业等方面进一步传承和创新发展。在国药业方面，建议设立宁波国药产业园，邀请从宁波走出去的著名国药企业北京同仁堂、天津达仁堂、济南宏济堂、绍兴震元堂等企业来回故里投资创业，把宁波打造成为国内国药产业的主要基地。航运业方面，依托宁波港的优势，要把扶持和培育民营航运业作为主要抓手，在政策上和资金上予以扶持，使宁波成为国内民营航运业领先区域。金融业方面，宁波要打造长三角南翼金融业中心，必须要不断推进民营金融业的领先发展及港口离岸金融业发展，并要积极争取，纳入国家金融改革创新试验区范围。

参考文献

［1］金普森、孙善根《宁波帮大辞典》，宁波出版社 2001 年。

［2］唐廷猷《中国药业史》，中国医药科技出版社 2003 年。

［3］安冠英、韩淑芳、潘惜晨《中华百年老药铺》，中国文史出版社 1993 年。

［4］龚烈沸《宁波中医药文化志》，中国中医药出版社 2012 年。

［5］张守广《宁波帮志·历史卷》，中国社会科学出版社 2009 年。

［6］上海通志编纂委员会《上海通志》，上海人民出版社 2005 年。

［7］俞福海《宁波市志》，中华书局 1995 年。

［8］宁波政协文史委《宁波帮研究》，中国文史出版社 2004 年。

［9］宁波政协文史委《宁波帮与中国近代金融业》，中国文史出版社 2008 年。

［10］宁波金融志编纂委员会《宁波金融志》第一卷，方志出版社 1996 年。

［11］中国人民银行上海市分行《上海钱庄史料》，上海人民出版社 1960 年。

［12］宁波政协文史委和慈溪市政协《三北虞洽卿》，中国文史出版社 2008 年。

［13］上海沿海运输志编纂委员会《上海市沿海运输志》，上海社会科学院出版社 1999 年。

［14］林士民《再现昔日的文明》，上海三联书店 2005 年。

宁波庆安会馆蝙蝠纹饰初探

丁洁雯 *

摘 要： 通过对吉祥纹饰中蝙蝠纹饰文化内涵、图案演变与数量涵义的简要梳理，结合宁波庆安会馆蝙蝠纹饰的主要分布与具体造型，从会馆文化和妈祖文化两个层面初步探讨庆安会馆内蝙蝠纹饰的内在寓意。

关键词： 庆安会馆 蝙蝠纹饰

庆安会馆，位于浙江省宁波市江东北路 156 号，地处奉化江、余姚江、甬江的三江口东岸，建筑面积 8000 平方米。始建于清道光三十年（1850），落成于清咸丰三年（1853）。为甬埠北洋船商捐资创建，既是祭祀天后妈祖的殿堂，又是行业聚会的场所，为宫馆合一、前后双戏台的建筑形制。1997 年，由宁波市文化局接管并进行维修，根据庆安会馆建筑原貌和天后宫以展示妈祖文化为主的功能定位，辟为浙东海事民俗博物馆。2001 年 6 月，被公布为第五批全国重点文物保护单位，并于同年 12 月正式对外开放，现为国家三级博物馆、浙江省爱国主义教育基地。

会馆建筑上有 1000 多件朱金木雕和 200 多件砖、石雕建筑装饰，其造型涵盖祥禽瑞兽、历史人物、传说故事、花草植物、吉祥器物、文字符号等多种类型，但有一种图案纹饰在砖雕、石雕和木雕中普遍存在，这便是蝙蝠纹饰。

一 吉祥纹饰中的蝙蝠纹饰

蝙蝠属翼手目哺乳动物。古人也以鼠称呼蝙蝠，叫做"天鼠"、"飞鼠"或"仙鼠"。由于蝙蝠会飞，多在夜间行动，也有"夜燕"别名，但较正式的名称

---

* 丁洁雯，宁波市文物保护管理所文博馆员。

为"伏翼"。在历代文献中有不少对蝙蝠的描述和记载。《本草纲目》引唐人苏恭之语："伏翼者，以其昼伏有翼也。"晋代崔豹《古今注》中曰："蝙蝠，一名仙鼠，一名飞鼠。五百岁则色白脑重，集则头垂，故谓之倒折，食之神仙。"东晋葛洪道家理论著作《抱朴子》中说："千岁蝙蝠，色如白雪。集则倒悬，脑重故也。此物得而阴干末服之，令人寿万岁。"《灵枝图说》曰："蝙蝠，服之寿万岁。"北宋《太平御览》引《水经》云："交州丹水亭下有石穴，甚深，未尝测其远近。穴中蝙蝠大者如鸟，多倒悬，得而服之使人神仙。"

　　可见，古人对蝙蝠的描写与评价，见仁见智。在道家思想的影响下，蝙蝠与长寿的关系被不断强化，对后世蝙蝠纹饰的寓意也产生了较大影响，尤其影响了其在传统吉祥纹饰范畴中的解读。《说文解字》云："吉者，善也"；"祥者，福也"。吉祥一词作为同义复词，原意是善与福的意思，是古人趋吉避凶，祈求幸福的民俗文化心理现象。而吉祥纹饰是中国人特有的借助自然物象来表达理想、追求、情感的一种艺术手法，广泛用于建筑、书画、雕塑、陶瓷等艺术形式中，其基本特征是用表征祥瑞的仙禽神兽、日月星辰、琪花瑶草、名人高士等以暗喻、象征、谐音、借代等手法展现我国民众对吉祥的需求与渴望。

　　在中国吉祥文化下，蝙蝠在传统吉祥物中走红，沾的是"福"字之光，其最大原因是蝙蝠的"蝠"字与"福"谐音。清孟超然在《亦园亭全集·瓜棚避暑录》中说："虫之属最可厌莫若蝙蝠，而今之织绣图画皆用之，以与福同音也。"蝙蝠纹饰在我国民间普遍存在，具有文化的象征意义和社会功能，它存在于建筑、服装、陶瓷、饰品等之中，传递着人们祈福求祥的心愿。作为象征"福"的吉祥物，蝙蝠在明代已经普遍流行，清代带有蝙蝠形象的各种吉祥图案中更是屡见不鲜。

二　蝙蝠纹饰的图案演变与数量涵义

（一）蝙蝠图案的演变历程

　　据研究资料表明，蝙蝠图案自新石器时代便已出现在原始先民的生活中，红山文化已发现蝙蝠造型的图案。从商代一直到战国，这一时期的蝙蝠造型大都与当时的青铜器风格相适应，粗犷、装饰性强，蝙蝠形纹饰造型呈现出明显的青铜纹饰的特征，纹饰的几何形比较明显。两汉时期的蝙蝠形纹饰造型力求把握对象的基本特征，具有直观性的特点，用剪影式、单纯化的形象来表现生命的姿态。魏晋南北朝时期的蝙蝠纹饰造型在汉代的基础上更具有了装饰性，比如对头部的刻画，对躯干、双翼的花纹装饰，都展现了一种趋"繁"的倾向。至明清时期蝙蝠纹饰造型极为丰富，无论是抽象造型还是具象造型都表现出华丽而生动的特点，蝙蝠两翼的"钩"形是这一时期蝙蝠造型的特点之一，一直影响至今。

（二）蝙蝠与数量组合的寓意

根据目前所掌握的资料，一个完整的蝙蝠图案中，蝙蝠形象最少的是一只，最多的是八只。一只蝙蝠，寓意福在眼前。两只蝙蝠，在吉祥图案中以成双成对的出现，寓意双福捧寿。三只蝙蝠，寓意福运。四只蝙蝠，寓意赐福，"四"，为双二，对、偶之义更浓。"二"符合了中国人对称的审美情趣，暗喻成双成对的吉利之义。五只蝙蝠，寓意五福捧寿。《尚书·洪范》有"五福"之说："五福：一曰寿，二曰富，三曰康宁，四曰修好德，五曰考终命。"因此，在吉祥图案中以五只蝙蝠出现是最常见的。六只蝙蝠，寓意百福并臻。"六"在《易经》中是顺利的象征，在方言里与"禄"字音同，而"禄"字是中国传统吉祥语"富禄寿喜"，因此"六"也有包含着吉祥的寓意。八只蝙蝠，寓意八福捧寿。吉祥数字"八"，在古代主要是象征丰收，佛教中有"八吉祥"（法螺、法轮、宝伞、白盖、莲花、金鱼、宝瓶、盘长）之说。从上述对蝙蝠图案中蝙蝠数量的分析来看，表现一只、二只、四只、五只的较为常见，表现三只、六只、八只的比较少见，七只蝙蝠的构图基本没有。《易经》把数字"七"当做冬夏的分界，而民间，人们把"七"寓为切断之意和不吉祥的事联系起来，加上古代丧葬礼仪与数字"七"密切关联，七被人们认为是阴气最重的月份，于是又被附会为鬼节。从这一点来看，数字"七"背离了蝙蝠作为"福"的本意，因而暂未发现以七只蝙蝠为单元构成的传统图案。综上可见，蝙蝠吉祥纹饰在历史演变中，在文化积淀下，已在数量上形成固有的模式。

三　庆安会馆内的蝙蝠纹饰

（一）庆安会馆内蝙蝠纹饰分布及寓意简析

庆安会馆的蝙蝠纹饰主要分布在前后戏台、大殿的龙凤柱、墀头、随梁枋等处，初步统计有 294 处蝙蝠纹饰。会馆内的蝙蝠纹饰以单只出现的最多，主要分布在随梁枋、龙柱等处，多为垂直倒挂式的蝙蝠，寓意福到，造型繁复。两只蝙蝠的图案多分布于前后戏台的护栏上，为对称环抱式的蝙蝠纹饰，寓意为双福捧寿。此外还有三只蝙蝠的图案，多分布于墀头，呈中心汇聚式，围绕中间位置的蝙蝠向内集中，形成聚焦，焦点向中心位置的蝙蝠汇集，其脖套铜钱，象征福来财到。这些蝙蝠纹饰都表情和善，脸膛像娃娃，圆眼睛，看上去天真可爱，表达出人们祈福纳祥的心理需求。时至清代，蝙蝠已成为普遍流行的纹饰。蝙蝠纹饰常与人物（如钟馗、寿星、天官），动物（如鱼、狮子、仙鹤），植物（如牡丹、石榴、葫芦），器物（钱币、宝瓶、如意），图符（八卦、祥云、寿）等象征符号组合，表达出丰富多样的吉祥寓意。庆安会馆作为清代中晚期建筑，生动呈现了此阶段蝙蝠纹饰的流行与繁盛。

（二）蝙蝠纹饰与庆安会馆文化内涵的关联探析

经过对庆安会馆蝙蝠纹饰的初步整理，可发现会馆内蝙蝠纹饰以单个出现的垂直倒挂式为主，与铜钱、祥云等组合为主。在有众多组合可选的情况下，缘何会馆建筑装饰中的蝙蝠纹饰会呈现出此种特征呢？建筑装饰图案承载着"图必有意，意必吉祥"的传统观念和丰富内涵。作为表现建筑文化内涵的重要手段，在众多吉祥纹饰的选择过程中，建筑装饰深刻体现出地域文化以及建筑本体功能需求等深层内涵。庆安会馆建筑装饰中吉祥纹饰的运用，是地域文化的一种载体，也是为呈现会馆精神和信仰服务的。

蝙蝠纹饰昭示着宁波商人牟利济世的美好心愿。近代宁波帮商人是元代以来的漕运业和明、清会馆业的基础上，形成发展起来的地域性商帮。有着 1100 多年建城史的宁波，地处中国沿海南北航路的中段，自古就是著名的港口城市。随着元朝统一全国，北路航线得到恢复，山东、江苏等地商人也陆续来宁波。南北商人依托宁波港优越的地理环境，在宁波定居，并与当地商人合作，开设商号，打造船只，运输兼营销售，逐渐形成地域观念很强的商业船帮。这就是饮誉海内、持续时间长达 700 余年之久的宁波南号和北号商帮。庆安会馆是近代宁波帮发展和崛起过程中的一个重要见证，由宁波北号商帮捐资创建。所谓北号商帮，主要经营北方贸易，比如采购山东特产的红枣、花生、黄豆等，经过宁波销往南方各地；并将宁波所产的棉花、茶叶、黄酒以及淡菜、黄鱼、海蜇等海产品，运往营口、青岛等地出售。会馆是一个对内协调，对外一致，为维护同业利益而建立的紧密的联合体，其建立的基本职能是为更好地谋利，也即为"富"。在商务活动中，宁波帮奉行"获大实惠必要有大慈善"的信念，相信"善有善报，恶有恶报"的因果报应。因此在谋利的过程中也非常注重回报社会，为大众造福。如当时的庆安会馆成立了保安会消防组织，配备了机龙以及铜盔、阔斧等各项设备，倘遇周边遭遇火警，立即出动救援。会馆还曾设立小学，仅取书籍费。可见，庆安会馆在谋"富"的同时也在努力"福"泽地方。蝙蝠纹饰作为一种吉祥纹饰，其谐音能达成人们对"富"和"福"的双重希望，若加以铜钱组合，更能凸显福来财到的寓意。因此在会馆这个特殊的建筑中被广泛地运用。

蝙蝠纹饰是妈祖信俗赐福救难的吉祥表征。天后妈祖为福建莆田湄洲人士，姓林名默，生而灵异，殁而为神，她的活动区域一般在海上，庇护航行，救人出险，为福建沿海民众所信仰。北宋宣和年间，宋廷派徐兢等乘坐明州（宁波）打造的船只自镇海口出海赴高丽，回国后，根据其本人高丽途中及在高丽的经历，撰成《宣和奉使高丽图经》四十卷，其中曾有一段重要记载："宣和五年（1123），给事中路允迪等奉使高丽，因中流震风，七舟俱溺，独路所乘，神降于樯，安流以济，使还奏闻，朝廷特赐'顺济'庙额。"经由此次事件，妈祖神佑的故事传遍朝野并得到朝廷的认可，借助明州传播到全国各地，妈祖由地方性神祇转换为全国性的海神。妈祖文化研究者普遍将此视为妈祖信俗传播过程中的重要转折点，明州（宁波）在我国妈祖信仰传播中的独特作用和重要地位也因此确立。护国庇民、扶贫救苦，概括了天后的主要功德，也是妈祖文化的精髓所在。宁波庆安会馆的创建者是商业船帮，通过水路运输经营贸易。而水运的顺畅与否与自然环境密切相关，在气象预测技术和航海技术有限的当时，人们只能把更多的信念投注在精神信仰上，因此选择航海保护神妈祖也是势之必然。庆安会馆既是行业商帮聚会议事的场所，也是祭祀航海保护神妈祖的殿堂。商帮建天后宫的目的，首先在于他们相信妈祖能保护其航运安全和免予疾病、破产等意外之灾，并且借由这种信仰来调节现实的经商环境对自我所造成的心理紧张。妈祖吉祥图案的主题是祛灾纳吉，因此在建筑装饰上也强调出了人们祈求风调雨顺、丰衣足食、生活幸福的愿望。这也是众多蝙蝠纹饰踏着祥云或垂直倒立出现在会馆建筑装饰的一个重要原因。

综上所述，建筑作为蕴涵了一系列文化信息的文化形式，展现出独特的美和丰富的文化内涵。建筑装饰是建筑华丽的外衣，也是建筑的"文"，它透露着这座建筑物主人的身份、地位，同时也巧妙地表达了他们的内心祝愿和心性品格，它与建筑的实用功能，也就是建筑的"质"和谐完美地统一。庆安会馆蝙蝠纹饰的存在凸显了一种生活审美的思想方式，也即展现着一种物质审美的贴近性。会馆的建造者希望通过各种吉祥纹饰的烘托和气氛营造，让进入会馆的每一个人都能深刻地感受到他们的看法和价值观念体系：在海神妈祖的庇佑下谋富求福。进入会馆的人在感受到建筑庄严肃穆的同时，内心也会受到这些吉祥纹饰的暗示和鼓舞，形成一种在封闭空间内所产生的特定精神活动的知觉反映，感受到神灵的庇佑和幸福的降临。庆安会馆的蝙蝠纹饰作为建筑装饰中的一种吉祥纹样，并非脱离建筑主体单独存在，而是在有限的范围内表达出特定的思想主题，反映宁波商业船帮的文化观念；在承载着时代文化特点的同时，也受到当地经济技术条件、社会文化背景、审美倾向等制约，表现出强烈的地域文化特色和自身的建筑功能特点。

参考文献

[1] 郭廉夫等《中国纹样词典》，天津教育出版社 1998 年。

[2] 黄浙苏等《庆安会馆》，中国文联出版社 2002 年。

[3] 刘秋霖、刘健《中华吉祥物图典》，百花文艺出版社 2000 年。

[4] 王抗生、蓝先琳《中国吉祥图典》，辽宁科学技术出版社 2004 年。

[5] 叶舒宪、田大宪《中国古代神秘数字》，社会科学文献出版社 1996 年。

[6] 张道一、郭廉夫《古代建筑雕刻纹饰　寓意吉祥》，江苏美术出版社 2007 年。

宁波地区会馆遗存

林　浩[*]

摘　要： 本文分为两个部分。第一部分是论述宁波商人主办的会馆。重点叙述宁波庆安会馆、安澜会馆和钱业会馆，分别代表了宁波北号商帮、南号商帮和钱业同行的历史功绩与作用。第二部分是论述外地商人主办的会馆，着重介绍了福建、岭南、连山、新安、仁济等会馆与江苏、奉化、台州、象山、宁海、泉州等同乡会历史特点与作用。

关键词： 甬商会馆　外商会馆

全国各地一些主要的港口城市都有宁波商帮活动的会馆，推动着通商贸易与文化交流。在历史长河中宁波商人对推动"海上丝绸之路"的文明对话活动中起到了领头羊作用，因此也促使了宁波（明州）这座港口城市的繁荣兴盛，在历史上也成为我国对外开放历史最久，港口建设繁荣的一座兴旺发达的口岸，所以全国各地的商人纷纷聚集宁波港城，进行国内外通商贸易与文化交流，这些商人往往把它们的自治组织会馆也在甬城落户，推动了甬城全方位的建设与发展。

城区由于通商贸易繁荣兴盛，除了甬商外，来自全国各地的舶商聚集于甬城，形成了各个商帮，这些商帮都有自己的会馆作依托，成为他们自律、自卫、自治的组织。

一　宁波商人主办的会馆

在宁波市区由宁波帮商人主办的会馆，从目前保存下来的主要是庆安会馆、

---

*　林浩，宁波市文物保护管理所研究员。

安澜会馆和钱业会馆。这些会馆成为我们研究宁波会馆史的主要载体，不仅提供了一批历史资料，而且保存的建筑、碑刻等都是十分珍贵的文物。如庆安会馆、钱业会馆在全国来看也是独一无二的，所以它们被公布为全国重点文物保护单位。受到国家文物保护法的保护，成为研究会馆历史的实物例证。

（一）宁波庆安会馆

1. 会馆的历史地位

宁波会馆最为出名的当推由宁波北号的海（漕）运业商人创办的庆安会馆。会址在宁波市江东北路156号①。在清道光三十年（1850），在董秉遇、冯云祥、苏庆和、费纶金、费纶铽、费辅洼、盛炳澄、童祥隆、顾璇、李国相等北号舶商的发起下，共捐资白银10万两，在安澜会馆南侧兴建了北号会馆，取名"安庆"，寓"海不扬波庆兮安澜"之意，后改为"庆安"，其建筑规模、建筑体量、建造工艺可谓集宁波木结构建筑技术之大成。庆安会馆建筑是全国七大会馆（全国重点文物保护单位）中唯独是宫馆合一的典范。会馆内部设航运行业董事会办公室，负责处理日常事务、解决行业纠纷、谋求业务发展。北号会馆经营的货物主要有：齐鲁的大枣、大豆、马铃薯、小麦、玉米、地瓜、谷子、高粱、棉花等。

2. 北号会馆的功绩

庆安会馆首创购买西方轮船。引起了清廷以李鸿章为首的洋务派官僚的关注。宝顺轮是对宁波港在近代化的道路迈出的具有重要历史意义的一步，意味着宁波港作为古代单纯木帆船港时代的结束，开始了轮船港的新时代，奏响中国近代采用西方先进技术和创办洋务的先声②。

3. 会馆建筑的维修

1997年初，根据市政府的工作部署，市文物保护管理所成立了庆安会馆维修工程办公室，于1997年2月1日正式接管庆安会馆。

庆安会馆，又名"甬东天后宫"，位于江东北路南段，建于清道光三十年（1850），由当时北号船帮中九家舶商捐资创建，是船商、船工祭祀航海保护

---

① 林士民《庆安会馆与会馆文化》，《庆安会馆》，中国文联出版社2002年，第32页。

② （清）董沛《宝顺轮始末》碑记。碑记在庆安会馆。

神——天后妈祖和船工舶商同业聚会的场所。

庆安会馆建筑规模宏大,总占地面积为 3900 平方米,是我省规模最大、保存最完整的会馆(天后宫)。现存的建筑沿中轴线主要有宫门、仪门、大殿、戏台、后殿及左右厢房等。大殿为会馆的主体建筑,面宽进深均为 5 开间,殿高 12 米。殿内使用 32 根粗大的木柱承托顶梁檩架,颇为壮观。整座木架梁柱均施以朱红漆绘,再配以传统朱金木雕,更增添了大殿庄穆凝重的气氛,大殿南北两侧的马头山墙展示了大殿高耸的建筑规格。

会馆的建筑装饰极富特色。门楼、马头墙上装桢有内容丰富、雕刻精美的各式砖雕。主要建筑中的梁、枋、雀替上都雕刻有极富地方特色的朱金木雕,纹饰丰富多彩。大殿明、次间的石雕龙凤檐柱是庆安会馆石刻作品中的代表作,技艺高超的古代工匠采用了镂空雕法,在整块石料上一气呵成,龙腾云海,凤鸣苍穹,形象生动,雕工精湛,纹理走势自然流畅,为石刻艺术的极品。

据史料记载,庆安会馆每年都要举办各类祭祀活动①。每年农历正月初一至十五,会馆要组织庙会活动,其他如风神、吴帝、龙王生日都需举行供祭活动,但以农历三月廿三天后诞辰日的祀祭大典最为隆重。是日,会馆内外整洁一新,庭中纛旗飘舞,殿内珠灯齐明,祭台上供奉着各商号提供的丰盛的祭品。祭祀典礼由地方官员或绅士主持,从祭人员依次参拜。渔民信徒扶老携幼前来祭祀叩拜以祈求航海平安。会馆还在状元楼大摆筵宴,使舶商船工同业聚集而资联络。最吸引人的要算是祭祀活动中的民间文艺表演了,秧歌、舞狮、戏剧等节目奉于戏台、人神共娱,热闹非凡,如此盛况要连续数日。据传,有一年前来看戏的人实在太多,会馆宽敞的明堂人满为患,几无立锥之地。许多人只得附壁攀高而观,以至于大殿蟠龙石柱上的龙角被攀拉折断。

会馆建立以后,专职联络官府及有关方面,搞好关系,谋求北号舶商业务的扩展,为当时宁波航运事业的发展作出了很大的贡献。1854 年,随着航运的发展,北号舶商斥巨资引进了我国历史上第一艘机动船——"宝顺轮"。"宝顺轮"在宁波港启航的滚滚浓烟成为我国航海史上由帆船时代向机动船时代过渡的标志。

鉴于会馆的历史地位、文物价值,宁波市历史文化名城保护委员会、宁波

---

① 黄浙苏《庆安会馆与会馆文化》,《庆安会馆》,中国文联出版社 2002 年,第 16 页。

市文化局筹备修复庆安会馆。接受维修任务后，立即着手维修前的准备工作。首先会同施工单位天一阁古建公司的技术人员对庆安会馆的建筑状况进行详细调查。经过勘查，庆安会馆的残损情况十分严重：

（1）会馆原有的照壁、接水亭、仪门、前戏台、前厢房和花厅等建筑在"文革"时期被陆续拆毁；

（2）因年久失修，现存建筑屋顶普遍漏雨，柱、枋、椽等木构件糟朽十分严重；

（3）大殿、后殿因长期被学校、工厂使用，两侧承重山墙被肆意穿墙开窗，破损严重；

（4）砖雕、朱金木雕普遍遭受人为的破坏，残缺不全。后戏台藻井俗称鸡笼顶上的盘花拼板几乎脱落殆尽。

1997年2月18日，根据查勘结果，在庆安会馆召开了维修方案技术论证会。经过与会领导和古建筑专家探讨研究，确立了"维持现状，局部恢复原貌"的维修原则，制订了针对性的修缮方案①。

8月11日，天一阁古建公司施工人员进入庆安会馆现场，庆安会馆首期工程南首偏房维修工程正式开始。南首偏房坐落在会馆后殿左首，是七间二弄的重檐楼房。由于在我们接管以前，这里一直是校办工厂的生产车间，长期的重物积压使偏房西山墙地面下沉，致使西边拼柱梁倾斜，经维修后加以校正。西边次间和梢间的两根栋柱因劈裂糟朽已失去承载能力，只得用相应的材料更换。厢房东西两侧的配间和重檐已被拆除，在维修过程中按原建筑规制重建。维修东西山墙及马头墙顶，南面围墙修复后增砌至原有高度。屋面瓦片全部翻修，更换残破望砖，重砌元宝屋脊。南首厢房整体维修于当年年底全部完成，在竣工验收会上得到了有关专家的肯定。

宫门维修作为二期工程于1998年2月15日开始施工，主要内容有砖雕修复、卷棚修复、重砌磨砖墙、整修四线屋脊及部分雀替花板等。宫门门楣原装桢有14幅砖雕，很多已面目全非，其中2幅全部脱落。我们采取了对图案中的主要人物用同样的砖料进行修补，而对损伤较轻的其他部位进行加固维持原貌的办法。2幅脱落砖雕应重刻什么内容，是我们在这次砖雕维修中遇到的难题

---

① 详见《宁波庆安会馆维修方案》。

之一，由于没有资料，只能从周围破损的砖雕中寻求有关线索，经过仔细的辨别和研究，确认了脱落的砖雕与两边 2 块的内容是反映古代百姓日常生活的渔、樵、耕、读。维修后 4 块砖雕浑然一体，取得了良好的效果。在剔除门面石灰过程中，我们意外地发现了庆安会馆原来的直立匾额保存完好，在增补了周围的二龙戏珠砖雕后，"天后宫"三个贴金大字格外醒目。

会馆仪门、前厢房及前戏台的重建工程是开工以来工程量最大的项目。重建方案的制订是以 1960 年南京工学院绘制的庆安会馆纵剖图和现存的屋基基础为依据，仪门原六根檐柱改为蟠龙石柱，以增加会馆建筑艺术氛围。重建工程于 1999 年 11 月 1 日动工，到 2000 年 12 月底，全部的重建项目完工。

在开展维修工作的同时，我们十分注重安澜会馆、庆安会馆附属建筑等及庆安会馆周围有价值的文物建筑的保护。安澜会馆始建于清道光初期，位于庆安会馆北侧，占地面积约 1300 平方米，系宁波传统航运商帮南号舶商创建，在海外交通史上有着与庆安会馆类似的地位和作用。1992 年公布为市级文物保护点。庆安会馆附属建筑位于庆安会馆东侧，北面部分为二个相邻的四合院建筑。据实地调查，这里为历史上庆安会馆董事会聚会场所，许多关于会馆及航运的重大事宜在此决策；为庆安会馆撰写碑记的清代学者董沛亦曾居住在这里。这二处文物建筑均因年久失修破损严重，尤其是安澜会馆，部分建筑已面临倒塌的危险。在 2000 年 6 月开始的宁波滨江核心区旧城改造中，对这二处文物的保护有较大的争议。我们在进一步发掘文物价值和历史内涵的基础上，多次向有关职能部门提出了庆安会馆、安澜会馆和庆安会馆附属建筑保护利用的综合方案，得到了市规划局等有关部门的大力支持。2000 年 9 月，在市城乡建委重大建设项目管理办公室的主持下。确定了安澜会馆迁移至庆安会馆南侧异地保护、庆安会馆完整保护的基本方案。

（二）宁波安澜会馆

1. 南号会馆历史地位

宁波商帮经营的南号会馆，以安澜会馆为代表。会址在宁波市江东北路156 号①。在道光三年（1823），南号舶商在当时航运码头林立的宁波三江口东

---

① 2000 年 9 月在市城乡建委重大项目管理办主持下，确定迁移于庆安会馆南侧进行保护。

岸建造会馆，取名"安澜"，意在"仰赖神佑，安定波澜"。会馆设航运行业董事会办公室，负责处理日常事务。

2. 南号会馆经营活动

南号宁波商帮经营的货物主要有：泉（州）帮和厦（门）帮从事砂糖、谷物、木材、藤材、杂货、干果等。兴化帮从事生鲜、干龙眼等。安澜会馆又是祀神的庙宇，供奉航海保护神妈祖，每逢农历三月廿三妈祖诞辰和九月初九妈祖升天日，航商、渔民聚集在会馆，演戏敬神、祭祀妈祖，庄重的崇拜祭祀仪式，热闹的民间庙会和丰富多彩的民俗表演，蔚为甬上之大观。

（三）宁波钱业会馆

1. 金融交易临驾于上海

宁波钱业会馆①由楼阁和园林组成，是一中西合璧的砖木结构建筑，内有记述宁波金融业发展概况和建馆始末的碑。

钱业会馆是昔日宁波金融业聚会、交易的场所，据《鄞县通志·食货志》的记载。甬上金融素以钱庄为枢纽，其最鼎盛之时，势力竟凌驾于上海、武汉各埠，掌款达二三千万元。当时资金在6万元以上的大同行有36家，1万元以上的小同行有30余家，几百元以上的兑换庄有4000余家。

2. "过账制"等全国首创

甬上金融与他处相比有其自己的独创性。首先，其他地方的交易均以现金作为通用的货币，而宁波则不用现金，采用"过账制"；其次，内地和上海通用银两时，宁波早在嘉庆年间就流行银元，比其他各埠要早百年；再次，内地的利率皆按岁月来计算，而宁波因为钱庄遍遍皆是，故独自奉行"日折"。

钱业会馆是昔日宁波金融业发展的缩影，它从一个侧面反映了宁波金融的概貌，对研究我国尤其是宁波的金融发展和贸易史有重要的作用。

二　外地商人主办的会馆

在宁波市区由外地商帮主办的会馆，主要有闽商会馆、岭南会馆、连山会

① （民国）张传保、赵家苏《鄞县通志》有关钱业会馆条。

馆、新安会馆、仁济公所、泉州会馆、三山会馆和各种同乡会。这些会馆为研究外地商人在宁波城内建立的会馆历史，包括经商历史、建筑历史、各商帮活动历史和宁波与全国各地会馆（同乡会）的关系史等，都是生动有力的佐证。

（一）福建（闽商）会馆

1. 兴旺的福建商帮

清咸丰四年（1854），数千福建籍人移居宁波，他们大多从事海运业。其中泉（州）帮和厦（门）帮从事砂糖、谷物、木材、藤材、杂货、干果的交易，兴化帮从事生鲜、干龙眼交易①。这期间，福建商人在江厦地区建立了新的会馆②。

2. 壮观的会馆建筑

著名的福建商帮组织的福建（闽商）会馆。这座会馆在1950年前被毁，其建筑也相当的壮观。在中轴线上有宫门、头大殿，后接戏台，甬道，直通大殿前大平台，大殿根据考古发掘证明是五开间的宽敞殿宇，前有卷篷轩，大殿内外都雕栋画梁，十分辉煌在中轴线两旁，配有重楼的厢房。

（二）宁波老福建会馆

福建商帮（海漕运业）于清道光年间，在宁波三江口的江东原木行路建会馆（天后宫），称老福建会馆，这里的规模没有像江厦街福建会馆宽敞壮观。有宫门、戏台、二旁配有重楼的厢房（供观看戏活动），主体建筑大殿及后殿，均为五开间。昔在拓江东北路时拆掉。

（三）宁波岭南会馆

广东商帮组织的岭南会馆，坐落在宁波市区原木行路庆安会馆北边，是清代粤人（广东）众盐商在宁波议事聚集、联络乡谊的场所。同时兼做交易、情报、住宿、娱乐之用。始有粤人在此地购买民房建立盐商会馆，称之岭南会馆。岭南会馆在苏州、扬州的岭南会馆都有互相联络。

---

① （民国）张传保、赵家荪《鄞县通志·食货志》。
② （民国）张传保、赵家荪《鄞县通志·舆地志》卯编《庙社》。

（四）宁波连山会馆

山东连山商帮在宁波组织的连山会馆，成立年代在清晚期。会馆以团结同乡团体，共谋同乡利益为宗旨。办公地点原在战船十几号，原甬江印刷厂旧址①。

（五）宁波新安会馆

1. 徽商入甬的佐证

徽州商人早在明清时代定居宁波。徽商一般是指徽州地区（徽南）的商人，他们大都居住于安徽南部新安江流域的山区。姜堰徽州商人所建会馆冠以"新安会馆"源出于此。宁波的新安会馆，在清咸丰年间（1851～1861）泰州徽商所重建，以从事茶叶、油漆、颜料、锅席、鞭炮等生意为业。其实，深居于徽南山区的人，自古就不甘于蜗居深山，他们有着外出"闯市场"的传统。浙江宁波一带粉墙黛瓦的徽派建筑，就是宋、清间"徽商东进"的最好佐证。

2. 徽商建筑的特色

宁波新安会馆在原战船街一号，会馆在20世纪70年代尚在。其规模由台门、仪门、戏台和大殿、戏台，其两旁为重楼厢房，后还有配房。台门上用磨砖雕刻，"新安会馆"四个大字，周边嵌有砖雕饰。题材主要有出行的贵族，砍柴的樵夫，耕作的农夫和骑在牛背上的牧童。四周用花卉虫鸟衬托，画面十分生动，具有徽州砖雕的特色。昔在扩建和义路时被拆，现在只留下了遗址。

（六）宁波仁济公所

1. 公所规模与任务

仁济公所光绪二十二年（1896），奉化孙德昭等人购置宁波城外扒沙巷长春堂地方滨江涂地3亩余，平屋2间半，埠头1所；又购置江北岸浮石亭（义庄巷）② 童家边涂地3亩余，大小房屋40余间，设立仁济公所，作为奉化县籍外出谋生病故、灵柩回乡暂殡之所。

---

① 甬江印刷厂前几年尚存，后因和义路改造被迁移，目前已是一批绿化带。
② 经过实地调查旧址尚在，目前改称义庄巷。

2. 公所的具体职责

宁波仁济公所孙德昭任公所董事。规定外地客柩运回，由公所接留、殡寄，按柩造册，签派司事到当地核查。如确因客柩家属无力领回的，酌给川资；如一时无力领葬的，殡满一年将该柩运至大桥、大埠头、西坞三处义山埋葬。立石标记，以备日后亲属认领、迁葬。

（七）江苏旅甬同乡会

江苏旅甬同乡会 1924 年成立。会址位于宁波市江北岸车站路昇平坊①。以团结同乡，救济同乡为宗旨。会长由会员大会选举一人，副会长二人，董事 9 人，理事 7 人。

（八）奉化旅甬同乡会

清宣统二年创设奉化会馆，1923 年改今名。会址设于宁波市城内碶石街口。以团结同乡团体，共谋同乡利益为宗旨。全体会员大会选举委员，执行会内一切事务，设委员 18 人，其中主席 1 人，常务 3 人，名誉董事无定额。会费由会员捐纳。

（九）台州旅甬同乡会

台州旅甬同乡会 1933 年 12 月成立。会址设在宁波市万寿寺。该会以团结同乡，联络感情，发扬自治精神为宗旨。由会员大会选举执行会员 13 人，候补执行委员 5 人，监察委员 5 人，候补监察委员 3 人。经费由会员捐献。

（十）绍属七县旅甬同乡会

1. 会馆设立与宗旨

绍属七县旅甬同乡会，1931 年绍属同乡会重组定名为今名。会址在宁波市江北岸浮石亭义庄巷，市内法院巷设立办事处。同乡会以联络乡谊，救济同乡，举办公益，力谋团结为宗旨。

---

① 经过调查旧址尚在，目前统称车站路。

2. 机构组织与会费

绍属七县旅甬同乡会会员大会选举董事 41 人，执行委员 9 人，候补执行委员 3 人，分别设董事会及执行委员委员会。会费分为普通会费，特别会费、永久会费三种；临时捐费由会员自由认捐；其他特种收入等。

（十一）象山旅甬同乡会

据《象山县志·风俗考》第 886 页记载，象山会馆在宁波府城英烈汶济庙旁①。民国二年（1913），合县公议，以六邑财产分款为本，并捐募 11573 元，购民房置。象山旅甬同乡会 1933 年 6 月成立，会馆地址在宁波市英烈街中段。该会以联络同乡感情，发挥自治精神为宗旨。会员大会直接选举组织执行委员会及监察委员会。会费由会员捐助。

（十二）金属旅甬同乡会

金属旅甬同乡会 1933 年 12 月成立。会址在宁波市车桥街。会以团结旅甬同乡意志，发扬民族精神，举办公益，相互救济为宗旨。会员大会直接选举执行委员 9 人，监察委员 5 人。经费分入会费、常年费，缴纳 20 元以上者为永久会员。

（十三）宁海旅甬同乡会

宁海旅甬同乡会 1931 年 1 月成立。会址在宁波市大梁街尽头。同乡会以团结同乡团体，共谋同乡利益为宗旨。会员大会选举执监委员，由委员会推选常务委员主持会内日常事务。经费由各委员每月指定捐助，后由各委员入会费项下支持。

（十四）晋江旅甬同乡会

晋江旅甬同乡会 1935 年 8 月成立。同乡会在宁波市战船街成立。以旅甬的福建晋江地区商人为主。该会以团结同乡，发扬自治精神为宗旨。会址作为聚

---

① 英烈街在开明街与碶石街之间，由于城市改造此街已取消。

集议事之所①。

（十五）象山福建会馆

1. 会馆（妈祖庙）历史

象山县石浦福建会馆②又称"东门妈祖庙"。会馆是象山东门岛上的一座"天后宫"。由台门、戏台和大殿及左右重楼厢房组成。重建于庚辰年（1880）仲夏，"东门妈祖庙"由乡人赵云龙书。大门左右琢有雕刻，题词为"祷海汛大发奉妈祖，祈乡人平安荫子孙"。

2. 会馆（妈祖庙）建筑

象山县石浦福建会馆。门殿5开间，进深3开间，后连戏台。戏台为一九脊顶设有藻井斗拱，构筑讲究。大殿为5开间硬山顶建筑。该会馆俗称福建会馆，为福建商所建，供奉天后妈祖，以确保航运安全。闽商通过海运进行南北货物交流，大大促进了明州地区的繁荣。

（十六）象山泉州会馆

1. 重建泉州会馆

象山县石浦泉州会馆，重建于清光绪六年（1880），即现石浦镇东关路72号，目前尚保存了大门后厅堂。

2. 泉货转运港埠

石浦是宁波港中的一个重要港埠，在明清时代许多泉州的船舶经常停泊象山石浦港，把他们运来的砂糖、谷物、药材、杂货、干果及兴化生鲜、干龙等产品，通过石浦转运到宁波沿海各个商埠，所以旅居石浦的泉商组织了泉州会馆。

（十七）象山三山会馆

1. 象山三山会馆

象山县石浦三山会馆建于清晚期。会馆仍保留了阴壁，在阴壁上保存了

---

① （民国）张传保、赵家荪《鄞县通志·食货志》。
② 详见《象山会馆调查资料》石浦镇，2012年5月。

"三山会馆"四个大字。目前三山会馆殿宇正在修理，台门上刻有"天后宫"碑，殿宇内陈列了妈祖（天后）鼎炉。

2. 闽商聚集之所

此馆取"三山"即福建九仙山、闽山和越王山得名。属闽商会馆旅象山石浦之聚集之所。把闽南的砂糖、木材、生鲜、干果贩运到浙江沿海各个商埠，再把浙江土杂产带回闽南。会馆旧址目前有关方面正在维修。

上述众多的会馆反映了来自祖国四面八方经商的商帮，他们为了维护各自商团的利益，组建了各种会馆。宁波帮商人，在祖国各地成为发展会馆，开拓经营的先导者。

清代海禁废弛后，宁波港海运发达，贸易兴盛。"舟楫所至，北达燕、鲁，南抵闽、粤，而西延川、鄂、皖、赣，诸省之产物，亦由甬（宁波）埠集散，且仿元人成法，重兴海运，古南北号盛极一时"。

宁波会馆史略

林士民*

摘　要：宁波会馆是宁波商帮在全国各地自发组织的商贸文化的载体。它的产生就有强大的生命力，对推动发展国内外的商贸活动起到了一定的作用。会馆的产生、发展到向外拓展，都有着一段光辉的历程。初创期，不但在宁波为第一个会馆，而且外地创建也是第一个，成为中国会馆发展的发祥地。发展期，叙述了北京、天津、上海、南京等10多个城市地区，宁波会馆发展特点与经历。海外开拓期，反映了宁波商帮在亚、澳、欧、美四大洲中宁波会馆的创立与运作，成为推动商贸活动与促进交流的纽带与平台。

关键词：会馆创立　发展　开拓

会馆，从一开始就有强大的生命力，因为它是保护商家利益为目的的乡里社团组织。

从目前所了解的史料表明，由宁波人主持、参与组织的会馆（同乡会、公所）。有一定规模的分布在北京、天津、上海、南京、苏州、湖北、广州、四川、山东、辽宁、山东、浙江、福建、安徽、湖南、江西、河南和香港、澳门、台湾等。在国外宁波商人所组织的会馆，最兴盛的是日本、泰国、新加坡、澳大利亚、美国、德国等。这些国内外的宁波商人组织的会馆，在古代（历史上）直至今天，仍起着促进贸易交流的积极作用。

今天研究宁波会馆的历史，目的是为了弘扬宁波商人所创办的会馆精神，会馆精神聚集到一点，就是宁波人有敢闯的精神，走出家门、走出国门，闯出一条发展社会经济，推动社会进步的历史，以进一步弘扬宁波人勇往直前的精神。目前国内外还遗留了宁波人创办的会馆遗址、旧址和相当丰富的史料，包

---

* 林士民，宁波市文物保护管理所研究员。

括各类章程、碑刻等，这些遗存就是历史见证。今天我们研讨总结会馆（同乡会、公所）等历史上所有的举措与经验，目的是为继承前辈创业精神与奋斗的历史，以史为鉴，这就是撰写宁波会馆史略的目的。

会馆（公所、同乡会）性质和作用，随着商人或商团经济能力的增强，其功能有所加强。"不仅叙同乡之谊，联同业之情，恤嫠赡老济贫，还作为同业集会议事场所，研讨商情，联络商务，团结同乡，维护共同利益"。以求"有利则均沾，有害则共御"成为会馆的宗旨①，这是宁波商人会馆迅速发展和凝聚力日益增强的标志。

会馆（公所、同乡会）它是商贸文化的组成部分，因此，会馆一出现，就成了商贸文化的载体之一。会馆的组织者、参与者都系商业领域中代表人物，他们以会馆为基地，以"研讨商情、联络商务"，因此会馆是行业或商帮群体的利益代表者。宁波商人足迹遍及全国，他们是商贸活动的开拓者，各地由宁波人组建的会馆即是标志，宁波则是会馆的起源和发祥地。

宁波人外出经商古已有之，从历史上看不仅在北京、天津、上海、南京等大都邑创办会馆，而且为团结海外宁波商帮，在亚、澳、欧、美四大洲中创立会馆。国内外会馆的迅速扩展，以会馆为联络场所，结伙经商。会馆中一类与海漕运有关的，往往供奉妈祖娘娘，另一类属于手艺类则奉祀其他神灵。宁波的"南号"与"北号"会馆，其特点往往是宫（天妃宫）馆合一，庆安会馆就是中国宫馆合一的典范。由于庆安会馆其建筑历史、艺术价值独特，2001年被国务院公布为全国重点文物保护单位，跻身我国七大会馆行列。其建筑之辉煌，反映了宁波北号海运业财气与文气之兴旺。

会馆文化是商业文化的载体之一，它在推动"海上丝绸之路"发展中，曾起到桥梁作用。这些会馆文化成为我国文化遗产的重要组成部分。

一　宁波会馆的初创时期

明州在北宋时代，已是我国著名的对外开放的三个口岸之一（广州、杭州与明州），南宋明州直属户部管辖，舶商聚集明州港，与各国各地通商贸易兴

---

① （民国）张传保、赵家荪《鄞县通志》第二《政教志》丑编，会馆宗旨。

旺。尤其是福建商帮在与各国各地区交往十分活跃，人数亦众多，为了团结乡里，信奉航海保护神妈祖，福建商帮首先在甬城内发起舍宅为宫（天妃宫）开展活动。通过对宫殿遗址的发掘，为重新书写会馆史提供了第一手的实物史料。会馆初创期主要特点：

宁波创建第一个会馆。据《宝庆四明志》记载，宋绍熙二年（1191），住明州的福建籍海运业船头沈法询（发旬）舍宅为馆（宫）。在宁波江厦街建造了闽商的保护神天后宫（庙）①，即后来的闽商会馆，信徒都是海运业行会成员。自1191年始明州（宁波）有了明确而初具雏形的宫馆合一的记载。据考，宋代沈宅在江厦街，经过考古发掘证实元代的闽商（福建）会馆遗址在江厦街（现华联商厦址），在元代后延续到清代，直至解放福建会馆被炸成为遗址②。

外地创建第一个会馆。宁波药业明时首先在北京落户，设立"鄞县会馆"，其地址在北京右安门内郭家井二号，是旅京的宁波同乡会所建，后为四明会馆。四明会馆碑中云："鄞县会馆为明时吾郡同乡之操药材业者集资建造……春秋祭祀之所。"这是宁波商帮在外地组织成立的第一个会馆。

馆向外开拓发祥地。宁波慈溪制衣手工业发达，不但在宁波发展成衣业的会馆组织，而且在清初首批外出落户北京，并以会馆为依托，保护、发展成衣行业。浙慈会馆碑中云："浙江慈溪县成衣行商人会馆，又名浙慈会馆，在清初成立。"北京前门外晓市大街129号浙慈会馆旧址。这是旅京宁波成衣行商人的主要活动场所，成为宁波帮裁缝业祖师向外开拓的发祥地。

二　宁波会馆的发展时期

宁波商人善于开拓市场，占领市场。他们活动地域不限于北京以及沿海港口城市和长江中下游繁华城市，而是扩展到全国各地。所以《鄞县通志》商业篇中云，邑人"民性通脱，务向外发展。其上者出而为商，足迹几遍国中"。宁波的商人，随着贸易的发展，不仅在大都邑创办会馆，而且在全国各地迅速扩展，以会馆为联络场所，结伙经商。"至五口通商后；邑人足迹遍履"。

---

① （同治）戴枚修《鄞县志》卷十二《祠庙》。
② 林士民《宁波城市考古亲历记》，《宁波文史资料》第20辑，宁波出版社2000年，第60页。

　　李哲溶、景学铃的《中国商业地理》指出："宁波商人,自其人数之多,历史之远,势力之大观之,实可谓各商领袖。"陈映梅在谈到上海的近代商帮时也指出:著名的乡帮,有山东帮、顺天帮、天津帮、徽宁帮、江西帮、四川帮、苏帮、无锡帮、金华帮、钱江帮、绍兴帮、宁波帮、福建帮、广东帮等,其中尤以宁波、广东帮势力更大,浙江、江苏各帮亦很有优势。从历史上考察,以前最大的是广东、福建两帮,后来宁波帮的势力超出此两帮。宁波帮商人发起的同乡会、会馆波及全国19个省市,影响极大。

　　北京地区的宁波会馆。天启、崇祯年间,宁波药材商人首先在我国的首都北京落户,设立鄞县会馆,这可以看作宁波会馆在外地初期开始出现的标志。稍晚于鄞县会馆的,还有坐落在北京前门外晓市大街129号的浙慈会馆。清初就建有镇海试馆、鄞县新馆和嘉庆时的慈溪试馆①。1917年建旅平同乡会以及1935年的四明精舍等。同时宁绍商人在北京西河沿创建银号会馆,旧址尚在。这说明在300多年中,会馆始终成为同乡经商集体利益的保护载体。

　　天津地区的宁波会馆。清廷在天津设有漕运局,专司运河及海运的漕运事务。清朝最后一任漕运局总办为张友堂,是宁波人,给了同乡很多方便。慈溪三斛童大地主,亦是北号的股东。以其善于经营,在市场上很为活跃,便成了会馆的领导人物。当时南北货运是由北号会馆综合经营的。

　　光绪年间(1875~1908),在天津,宁波著名的商人发起组织会馆,成为宁波商人在天津联络同乡的重要场所。此后,天津的宁波商人声势益壮,商业中心劝业场有不少名店,都是宁波巨商所经营。天津的进出口贸易、南北货运业、银行保险业、绸缎呢绒业、钟表眼镜业、金银首饰业、木器家具业等行业中,都是会馆中的主要人物与商业巨子,因此,会馆作为商贸活动的载体,有相当大的势力。

　　上海地区的宁波会馆。据《上海的宁波人》统计,从"开埠"至1937年,沪地仅宁波商人先后开设或出任经理的重要钱庄、银行、保险公司、交易所就有105家,创办各业重要工业企业101家,参与投资创办的驰名商号28家,可以说是激活了上海的近现代经济。与此同时,涌现出严信厚、叶澄衷、虞洽卿、朱葆三、周宗良、刘鸿生、孙衡甫、俞佐庭、黄延芳、方液仙、项松茂等一大

---

① 　金普森、孙善根《宁波帮大辞典》,宁波出版社2001年,第203、237页。

批著名企业家。李城在《宁波人在上海经济领域开拓企业的历程》中说：20 世纪二三十年代是旅沪宁波人势力极盛之时，他们以宁波旅沪同乡会组织（会馆）为基础，充分发挥其擅长经商的能力和优势，逐渐渗透到上海经济的各个领域，在上海金融、航运等行业中，宁波人更是占据了举足轻重的地位。20 世纪 30 年代有人统计的上海工商界名人 1836 人中，宁波籍人士就有 453 人，占1/4，宁波人在上海的"王者地位"，大多为会馆（同乡会）的主要人物。此时，以贸易为先导，金融为依托，航运为纽带，工业为基础的商人集团——"宁波帮"发展成熟，并驰誉海内外。随着宁波帮的成长、成熟，依靠会馆载体日益完善，大大促进了上海经济、文化的发展。

在上海，宁波商人不仅人多势众，而且扶助的观念也日益强烈。嘉庆二年（1797），创设四明公所①。嘉庆十四年（1809）扩建成沪上规模最大的宁波旅沪同乡会馆。

上海四明公所和宁波旅沪同乡会都是旅沪宁波人在上海建立的同乡组织，也是上海各同乡团体中的佼佼者，所不同的是，四明公所是传统意义上的同乡组织，而宁波旅沪同乡会则更富现代意味。

应时而创的旅沪同乡会。宁波人的新型同乡组织——宁波旅沪同乡会②是在 20 世纪初年上海城市化进程加速，及中国社会"合群结社"思潮的影响下应运而生的。

1909 年，慈溪人洪宝斋集同乡数十人，在汉口路创建"四明旅沪同乡会"，不久洪离沪，会务也因此中断。甬人施蜩青深感惋惜，决意重振此组织，奔走于旅沪甬人之间，最终联合钱达之、谢蘅牕、朱葆三、孙梅堂、陈韵泉、陈蓉馆等人捐资复兴，于 1910 年 4 月正式改名为宁波旅沪同乡会，设事务所（即会址）于福州路 22 号。

1911 年 2 月，宁波旅沪同乡会在四明公所召开成立大会，公推沈仲礼为会长，虞洽卿、朱葆三为副会长；同年四月，迁事务所于九江路 7 号。1918 年 12月，又迁会所于河南路抛球场 364 号。1921 年，复迁入位于西藏路（今西藏中路 480 号）的新会所。宁波旅沪同乡会的创立，标志着旅沪宁波人的发展进入

①　吴馨等《上海县续志》卷三，建置沿革条。
②　李瑊《上海的宁波人》上海人民出版社 2000 年，第 246 页。

了一个新的历史时期。

总之，宁波旅沪同乡会的社会事业对不同阶层的旅沪同乡都有很大的凝聚、团结作用。宁波旅沪同乡会推行的社会救济、中介服务与文化教育事业不仅为同乡在沪立足、发展提供了精神、物质上的帮助，也使同乡会拥有广泛的群众基础，成为旅沪宁波移民利益的当然代表，对于维护上海社会安定、促进上海经济发展有着显著的功效。

南京地区的宁波会馆。清光绪二十三年（1897）宁波藉商人首创了南京四明公所，成为南京地区会馆性质的第一个组织。南京的金融业中，不少是宁波商人。镇海方家、李家，慈溪董家在南京经营钱庄。1926 年，由宁波商人童今吾、俞佐庭等人于天津发起创办中国垦业银行，在南京设立分行。宁波商人竺梅先、金润庠等发起组织的大来商业银行在南京设有分行。四明银行在南京也有分行设立。鄞县人黄次伦，1924 年后在南京创办福华木行，曾任宁波旅京（南京）同乡会常务理事，镇海人虞愚在南京创办宏业公司。在南京高淳的浙江商人也主要是宁波帮，并都建立有同乡会馆。当时在南京由甬商开设的绸缎布匹、百货、钟表眼镜、木器家具等商店共 233 家，这类行业，根据不同特点，以实业为基地，各地纷纷成立同乡会与会馆。

苏州地区的宁波会馆。早在明代就有宁波商人孙春阳经营的南北货名扬苏州。在清康熙三十九年（1700）宁波商人在苏州建宁波会馆①。宁波的丝绸业商人在苏州创立宁绍会馆。

苏州所属的吴县、常熟等县都有宁波商人。镇海人郑惠舜②，慈溪的董宏明、董宏德在吴县、常熟经商③。定海人王启宇在常熟开设泰安工业社（纱厂）等，表明宁波商人在常熟已有经营活动。正因为如此，常熟在乾隆年间就建有宁波会馆。

湖北地区的宁波会馆。清乾隆四十五年（1780），宁波商人在汉口建立起浙宁公所（会馆），宣统元年（1909）改宁波会馆④。此外还有四明公所和1927 年成立的旅汉同乡会。这说明在一个半世纪中，宁波商人以会馆组织为保

---

① 金普森、孙善根《宁波帮大辞典》宁波出版社 2001 年。
② （清）董云书《慈溪董氏宗谱》卷二十《宏德公传》，光绪三十三年（1907）。
③ （清）董云书《慈溪董氏宗谱》卷二十《宏德公传》，光绪三十三年（1907）。
④ （民国）王汗吾《夏口县志》卷五《建置志》。

护伞,在湖北地区经商生根开花。

广州地区的宁波会馆。1760 年在广州成立垄断对外贸易的"公行"。正是由于乾隆二十二年（1757）后的一口通商,更突显了广州的口岸地位,为此大批的宁波商人纷纷去广州做生意,从事转口贸易。当时的宁波商人主要与"公行"打交道。慈溪商人冯泽夫在《英话注解》序中说:"窃维中外通商,始于乾隆年间,广东之香港斯时皆用粤人为通事,以通其言语,即我帮业广号者,均与十三行交易。"这里明确表明,鸦片战争以前已经有宁波商人在广州从事对外贸易。在清嘉庆年间（1796～1820）宁波商人在广州创建宁波（定海）会馆。在同治元年（1862）,宁波商人已经购买轮船,经营广州至澳门的航线。光绪三十三年（1907）陈志寅等以 7 万两资本购置"德裕"轮,其航线也延长到广州。虞洽卿等宁波商人创办的三北轮埠公司的"升安"、"升利"、"伏龙"轮,在往南航线中也到广州。以维护宁波同乡的利益有识之士在广州建宁波同乡会馆组织。1935 年宁波商人成立旅蓉同乡会。

四川地区的宁波会馆。乾隆、嘉庆年间,慈溪人陈坤元"壮游楚蜀"。道光年间的慈溪商人董承宽,"法计然策,游历四方,上瞿塘,溯巴,既望蜀道之难,复出山海关之辽阳、塞外"。宁波商人的足迹已经遍及四川。同治八年（1869）,宁波商人进口川贝 38 担,计值 4600 银两。同治九年（1870）从四川贩运宁波的川芎为 550 担,计值 4600 银两。由宁波人经营的上海著名的药铺童涵春堂,是沪上国药号。该药铺从四川贩运药材到沪进行批发。宁波冯存仁中药店的创业者也是慈溪人冯映斋。旅渝同乡会到 1920 年始终起着团结同业的纽带。

山东地区的宁波会馆。山东地区在 1915 年前已有宁波商人活动,并且是集中在山东省城的济南城内,组织起第一个宁波旅鲁同乡会馆,制定章程。此后在青岛、烟台等地宁波帮都成立了同乡会馆。

辽宁地区的宁波会馆。在辽宁地区宁波商人早已有活动,主要在沈阳、大连二地。宁波商人活动在该地很有特色。例如在大连奉化人成为大连西服业的开拓者。沈阳宁波商人以金融业而出名,左右了当地的经济。

福建地区的宁波会馆。福建地区宁波商人主要活动在厦门。1920 年旅居厦门甬商建立同乡会,地址在厦门市中山路 237 号。1935 年 1 月重组,正式成立宁波会馆。其宗旨为团结同乡,发挥自治精神。该会采委员制,公选执行、监察等委员。经济赖会费开支。会员人数为 700 人。

安徽地区的宁波会馆。安徽地区宁波商人在清代时已有活动，大多在芜湖、怀宁等地，为了维护商人利益，先后组织了工商联合会和同乡会。

湖南地区的宁波会馆。湖南地区宁波商人活动主要在湖南长沙市内，早期就有浙江会馆，在 20 世纪 40 年代，在沅陵宁波商人又参与成立浙江同乡会组织。

江西地区的宁波会馆。江西地区宁波同乡会，主要是省城南昌市为代表的旅赣同乡会，由甬籍人士余象青等，于 1929 年创建。会址在江西省南昌市，赞成者约 500 余人。宁波帮商人以宁波与南昌为对口通商，物资交流，促进与沟通。

河南地区的宁波会馆。河南地区宁波会馆最早始建于道光年间，地点在郑州和开封二地。新中国成立后仍在活动。

香港地区的宁波会馆。宁波商人在该地经营历史悠久。在 20 世纪 30 年代，就成立了商人协会，拥有会员 4000 人。宁波旅港同乡会 1967 年 4 月，李达三、刘培康、水启宁等发起成立。李达三、王统元、曹伯中、包从兴、王惟翰、金如新等先后当选会长，许多旅港著名宁波籍人士被推聘为名誉会长。现任会长周亦卿。该会以联络乡情、造福桑梓、为香港的繁荣和祖国的富强作出贡献为宗旨。

香港甬港联谊会 1980 年 8 月由王宽诚发起在香港成立。包兆龙、包玉刚、安子介、陈廷骅、曹光彪、包从兴等 220 位甬籍旅港人士成为创会会员，宗旨是：本着互尊互助的精神，加强宁波和香港两地甬籍人士的联谊和交往，充分发扬港胞爱国爱乡的优良传统，为促进宁波的经济发展和香港的繁荣稳定，振兴中华作出应有的贡献。

澳门地区的宁波会馆。澳门地区宁波会馆，主要是澳门苏浙沪同乡会。

台北地区的宁波会馆。1947 年 8 月，旅台宁波籍人士叶启发、应昌期等 20 余人发起成立台北市宁波旅台同乡会，1949 年底改称台北市宁波同乡会。会员均为设籍在台北市的旧宁波六邑，鄞，慈，镇，奉，象，定（含翁洲、四明、三门）及配合宁波行政区域变动而增加的余姚、宁海等地旅台宁波人。现有会员近 4000 人。其机构设置，由会员大会选举产生理事 25 人，组成理事会并推选常务理事 7 人，正副理事长各 1 人；监事 7 人组成监事会并推选常务监事 1

人；下设 10 个委员会负责出版、教育、福利等工作。

浙江地区的宁波会馆。浙江地区是中国江南经济发达地区，浙江地区的宁波会馆，最早可以追溯到清嘉庆年间。宁波帮商人不但在杭城、严州的建德、兰溪，温州的永嘉，台州的临海，嘉兴的长兴、湖州等地，为了商团的利益各地都兴建同乡会馆。

在宁波市区由宁波帮商人主办的会馆，主要是庆安会馆、安澜会馆和钱业会馆。

北号会馆的功绩，最为出名的当推由宁波北号的海（漕）运业商人创办的庆安会馆。会址在宁波市江东北路 156 号。在清道光三十年（1850），在董秉遇、冯云祥、苏庆和、费纶金、费纶铦、费辅洼、盛炳澄、童祥隆、顾璇、李国相等北号舶商的发起下，共捐资白银 10 万两，在安澜会馆南侧兴建了北号会馆，取名"安庆"，寓"海不扬波庆兮安澜"之意，后改为"庆安"，其建筑规模、建筑体量、建造工艺可谓集宁波木结构建筑技术之大成。庆安会馆建筑是全国七大会馆（全国重点文物保护单位）中唯独是宫馆合一的典范。会馆内部设航运行业董事会办公室，负责处理日常事务、解决行业纠纷、谋求业务发展。北号会馆经营的货物主要有：齐鲁的大枣、大豆、马铃薯、小麦、玉米、地瓜、谷子、高粱、棉花等。

庆安会馆首创购买西方轮船，引起了清廷以李鸿章为首的洋务派官僚的关注。宝顺轮是对宁波港在近代化的道路迈出的具有重要历史意义的一步，意味着宁波港作为古代单纯木帆船港时代的结束。开始了轮船港的新时代，奏响中国近代采用西方先进技术和创办洋务的先声。

南号会馆历史地位，宁波商帮经营的南号会馆，以安澜会馆为代表。会址在宁波市江东北路 156 号。在道光三年（1823），南号舶商在当时航运码头林立的宁波三江口东岸建造会馆，取名"安澜"，意在"仰赖神佑，安定波澜"。会馆设航运行业董事会办公室，负责处理日常事务。

南号宁波商帮经营的货物主要有：泉（州）帮和厦（门）帮从事砂糖、谷物、木材、藤材、杂货、干果等。兴化帮从事生鲜、干龙眼等。安澜会馆又是祀神的庙宇，供奉航海保护神妈祖，每逢农历三月廿三妈祖诞辰和九月初九妈祖升天日，航商、渔民聚集在会馆，演戏敬神、祭祀妈祖，庄重的崇拜祭祀仪式，热闹的民间庙会和丰富多彩的民俗表演，蔚为甬上之大观。

钱业会馆在战船街口，钱业会馆由楼阁和园林组成，是中西合璧的砖木结构建筑，内有记述宁波金融业发展概况和建馆始末的碑。

钱业会馆是昔日宁波金融业聚会、交易的场所，据《鄞县通志·食货志》的记载。甬上金融素以钱庄为枢纽，其最鼎盛之时，势力竟凌驾于上海、武汉各埠。

在宁波市区由外地商帮主办的会馆，主要有闽商会馆、岭南会馆、连山会馆、新安会馆、仁济公所、泉州会馆、三山会馆和各种同乡会。

上述众多的会馆反映了来自祖国四面八方经商的商帮，他们为了维护各自商团的利益，组建了各种会馆。宁波帮商人，在祖国各地成为发展会馆，开拓经营的先导者。

清代海禁废弛后，宁波港海运发达，贸易兴盛。"舟楫所至，北达燕、鲁，南抵闽、粤，而西延川、鄂、皖、赣，诸省之产物，亦由甬（宁波）埠集散，且仿元人成法，重兴海运，古南北号盛极一时"。

三　海外宁波会馆开拓时期

宁波商人不但在国内拓展商贸活动，而且径直海外经商者，亦蔚然成风。《鄞县通志》称："邑人足迹遍履南洋、欧美各地，财富日增。"《慈溪县志》亦云，邑人"四出营生，商旅遍于天下"，"甚至东西南洋诸国也措资结队而往开设廛肆"。《定海县志》也说，"国外日本、南洋，以及欧美，几无不有邑商足迹"。旧属宁波地区各县统称宁波，商人亦以宁波人为荣，出洋过海当以日本和南洋为主。被人所称"三把刀子闯天下"。他们含辛茹苦，依靠宁波人传统的美德勤劳奋斗的双手，创造了不凡的业绩。为了团结海外宁波商人，根据不同的情况，海外亦成立了会馆。这些会馆主要指有宁波人为主体或参加的会馆。宁波会馆拓展到亚、澳、欧、美四大洲，典型的叙述如下。

日本国会馆的发展。日本国地处东亚，与中国一衣带水，特别与宁波商人活动的历史相当悠久。明清时代同乡会馆在日本不少，典型的就有10处。中华会馆、三山公所、三江公所（长崎、神户、大阪均有），同乡会在兵库、东京等地分布较多。

泰国江浙会馆成立。泰国江浙会馆1923年7月26日在曼谷成立。原是以江苏和浙江两省旅泰侨胞组织而成，沪甬籍又占多数。后为团结广大华侨力量，谋取社会福利慈善事业，联络彼此之间友谊，不分省份、派别均可参加该会馆，使之成为"江浙"界限的侨团会馆。

新加坡会馆的发展。新加坡会馆由宁波人傅竺贤等发起建于光绪三十二年（1906）。新加坡三江会馆原名三江会所，1927 年改名为会馆。后来范围逐步扩大至除广东、广西、福建三省之外的内地其他地区。该会馆实际上是个总会馆，内含宁波同乡会、上海公会、温州会馆、两湖会馆、江西会馆、天门会馆及华北同乡会等 7 个组织，自会馆成立之日起，宁波籍人士一直在其中发挥重要作用，胡嘉烈等长期担任会馆领导人，现任理事长是宁波籍人士水铭璋。会馆以促进乡谊精神，团结为国家和社会谋福利为宗旨，开展各项社会公益活动。

1934 年胡嘉烈在新加坡发起成立宁波同乡会，并任首届会长，后又连任会长多年。在旅新同乡中享有崇高威望。

澳大利亚会馆的发展。澳洲宁波同乡会 1996 年在澳大利亚悉尼市成立，约有会员百余人，郑建平任理事长，姚亦仕、骆进之、蔡海忠、水波、张莉、张韵萍为理事。其宗旨是为同乡排忧解难，建设家乡，促进澳大利亚于宁波之间的交流，该会还发行《唐人商报》。

澳大利亚浙江同乡会 1996 年 12 月在悉尼成立。主要由来自宁波、杭州等地的新移民组成。成立时有会员 195 人，联系会员 235 人。首届会长胡蓬，祖籍宁波。副会长孙小力、陈伟、姚亦仕。秘书长岳伟民，监事长娄伟。其宗旨：倾诉乡情，增进感情，为侨胞解决一些实际问题，加强与其他社团及大使馆的联系，特别要加强与家乡浙江的联系，以促进浙江与澳大利亚在各个领域的交流和合作，寻求共同的发展。

美国会馆的发展。在美国经商的宁波人于 1929 年创办美东纽约三江公所。1998 年初由来自宁波、杭州等地的旅美同乡在美国纽约成立美国浙江总会。三江公所活动的宗旨是：团结同乡，共谋福利，积极参加美国主流社会和华人社区的活动，积极促进与祖国浙江家乡的交流和联系。首届主席团由林凯、林德宪、刘虎生等 23 人组成。

德国会馆的发展。西德汉堡中华会馆，又称旅汉堡中华公会。1929 年鄞县人陈纪林发起成立。会员开始以海员为主，后扩展到在汉堡的各行各业华侨及年满 18 岁的其他国籍友好人士均可参加。

四 结论

从上述会馆（同乡会），证明由宁波商人为主体的会馆，从全国拓展到全世界。宁波商人主持创办的会馆，从建筑到祭祀都具有相当浓厚的乡土气息，这些会馆成为商业文化重要载体之一。它始于明晚期，兴盛于清代。以海内外会馆为纽带，结伙经商，推动了文明对话与地区的文明进程。遗留下来的史迹与文物，是"海上丝绸之路"兴旺发达的历史见证。

上海四明公所史事述要

何　品[*]

摘　要： 本文以上海市档案馆馆藏档案资料为主要依据，结合其他档案文献、地方史志、文史资料等多种史料，分别从历史沿革、组织人事、分支机构与附属团体、主要活动、两次四明公所事件、与宁波同乡会的关系、档案资料等七个方面切入，对上海近现代史上最著名的同乡组织四明公所的历史变迁进行较为全面的论述，以揭示其在上海城市发展进程中的重要影响。

关键词： 四明公所　会馆公所　宁波帮　上海史

近现代史上所指称的宁波人，系指清朝时期宁波府管辖下的鄞县、镇海、慈溪、奉化、定海、象山、石浦（后并入象山）等七县的境内人士。宁波地区山多地少，人口稠密，故而宁波人历来有外出谋生的传统，而上海因为与宁波相距不远，所以就成为宁波人聚居的主要城市，在上海经商务工的宁波籍人士多达数十万。近现代上海是一个移民城市，在其城市发展过程中，宁波人可以说是影响最深、贡献最大的外来人员群体，特别是当时上海的工商业，几乎是旅沪宁波人的天下。客居外地的宁波人由于非常注重乡谊，较为团结互助，因此有"宁波帮"之称。旅沪宁波人创立的四明公所（又称宁波会馆），是近现代上海宁波帮的活动中心，也是近现代上海各会馆公所中的佼佼者。以下分几个方面对上海四明公所作简要论述。

一　历史沿革

所谓叶落归根，客居上海的宁波人过世后，其尸棺一般都要尽可能将运回

---

* 何品，上海市档案馆副研究员。

原籍安葬，而在运走之前就需要在上海暂时停放尸棺。随着在上海的宁波人日益增多，殡葬问题也逐渐变得突出而紧迫。

清嘉庆二年（1797），钱随（字舒亭）、费元圭（字秀章）、潘凤占、王忠烈（字秉刚）等人在旅沪宁波同乡中发起捐款倡议，号召每人每日捐一文钱，以360文为一愿，积少成多之后，便在当时的上海县城外西北郊二十五保四图买下一块地皮，面积超过30亩。第二年（嘉庆三年，1798），在该地建成寄柩用的殡舍和祭祀用的祀事所，并将旁边一片空地作为义冢，用于埋葬不能归葬原籍的同乡尸体。嘉庆八年（1803），又在该地建造祭奉关帝的殿堂。因宁波地区有四明山，宁波别称四明，故在殿堂的正门挂上四明公所的匾额，于是四明公所正式成立，并已初具规模。嘉庆十四年（1809），四明公所土地面积有所拓展，又建造祭奉土地神的祠堂。

在四明公所创设以后的三十五年间，由于缺乏常规经费，公所房屋年久失修，殡葬用地也日益紧张。至道光十一年（1831），谢绍心（字筠庄）、方亨宁（字建康）、方亨黉（字建伦）、庄锦（字采五）等人又发起募捐，用于整修房屋并扩大公所规模。整修工程从道光十四年（1834）至道光十六年（1836），历时两年零一个月方才完成。整修完成之后，添建殡舍，增辟冢地，并设立赊材局，让贫穷缺钱的同乡可以先领取棺木，以后随时量力交费。至道光二十四年（1844），经时任上海县知县的定海人蓝蔚雯（字子青，号蔗生）批准，四明公所被豁免征收常规赋税。免税之外，公所还利用多余资金建房或购房用于租赁，因此公所经费逐渐充实。道光二十五年（1845），四明公所又建造后殿，用于祭奉幽冥教主（即地藏王）。

咸丰三年（1853），上海县城爆发了刘丽川领导的小刀会起义，县城内外都受到战火的严重摧残，四明公所也未能幸免，房屋被毁。咸丰五年（1855）小刀会失败后，在方仁照（字浩然）、方椿（字梦香）、邵炳（字恺先）等人的带动下，旅沪宁波同乡再次捐款，资助四明公所重建。公所重建工程历时两年，至咸丰八年（1858）完成。此时的四明公所建筑，前为关帝殿，后为地藏殿，旁为土地祠、祀事所，祠的两翼设龛，祠旁设立殡舍，并建济元堂作为同乡集会的场所，还有办事室、赊材局和职工宿舍。至此，四明公所的内部建筑格局基本确定。

咸丰十年（1860），为了抵御太平军的进攻，清朝上海地方政府招募洋人

组建军队，有一支英国部队长期驻扎在四明公所，经过多次交涉直到同治三年
（1864）方才撤走。由于屋宇被军队严重损坏，公所不得不再次进行整修，恢
复旧貌。

晚清时期四明公所拥有的土地面积，在咸丰五年（1854）时丈量为 44.827
亩，而在咸丰六年至光绪五年（1856～1879）时则为 38.217 亩。

在民国时期，四明公所大门有两个：东面的是正门，设于民国路（现在的
门牌为人民路 830 号），该马路是上海地方政府在辛亥革命后不久拆去县城城
墙、填平护城河而修筑的；北面的是后门，设于宁波路（现在的门牌为淮海东
路 45 号），该马路是四明公所在光绪二十六年（1900）时撤除北边的部分房屋
后由法租界公董局开辟的。

中华人民共和国成立以后，四明公所于 1954 年结束，由中国人民救济总会
上海市分会接收。

二　组织人事

四明公所成立后，没有一套严密规范的组织人事制度，议事办事都按惯例
进行，直到 1916 年制订、通过并实施了《上海四明公所章程》后，这种松散的
状况才得到有效改善。1919 年公所章程又作了一次较大的修改，此后章程条文
基本沿用，改动不大。

四明公所的决策管理层采用董事制，但早期对公所董事的资格、名额、职
权、会议等都没有作出规定。公所董事都是非富即贵的绅商，他们只是有事才
聚在一起商议。直至民国四年（1915），四明公所方才正式设立董事会。1916
年公所章程规定：董事会由公所创办人后裔及原有董事组合而成，人员名额确
定为 9 人；每年以一名董事为司年董事（1919 年改称值年董事），每月以一名
董事为司月董事，均轮流更替，司年董事（值年董事）和司月董事担负任职期
间公所内外一切事务的责任。1919 年公所修订章程撤废司月董事，并增补规
定：董事会作为公所全体的代表，有议定各事及执行的权力；董事会及值年董
事担负公所内外一切事务的责任。但是，公所章程并未改变公所董事或是世袭
担任或是由其他董事推荐担任的惯例，因此四明公所董事始终不是经由选举产
生的，而且任期不限。

四明公所历任董事中，著名者除了前述各人外，还有杨坊（字启堂）、葛绳孝（字蕃甫）、方基（字性斋）、庄兼仁（字尔芗）、方继善（字子谦，号黼臣）、李容（字也亭）、严信厚（字筱舫）、叶成忠（字澄衷）、袁鎏（字联清）、朱佩珍（字葆三）、周晋镳（字金箴）、沈敦和（字仲礼）、虞和德（字洽卿）、严义彬（字子均）、方舜年（字樵苓）、葛恩元（字虞臣）、方积钰（字式如）、周鸿孙（字湘云）、严廷桢（字渔三）、方积蕃（字椒伯）、秦祖泽（字润卿）、王怀忠（字伯元）、谢天锡（字蘅牖）、刘克定（字鸿生）、沈鸿逵（字日新）等人。其中尤以镇海方氏家族的势力为大。

鉴于公所董事职位长期被一些绅商家族所控制，为限制公所董事的权力，改变公所董事对公所事务的传统垄断局面，四明公所于 1912 年设立公义联合会。公义联合会由同乡各团体、社会各业行号及热心捐助经费者组合而成，以保存物产、监察事务为职志。其会员资格的规定比较宽泛：凡是每年捐助常年经费在 10 元以上的同乡都可以成为会员；捐助常年经费的团体、商号也可以推定代表为会员，每一团体以 10 人为限，每一商号以 1 人为限；特别捐助在 100 元以上、募捐在 300 元以上者也均可以成为会员。会员均有选举权及被选举权。公义联合会董事由会员投票选举产生，起初设 6 人，不久增为 9 人，董事中互选会长 1 人，任期均为一年。公义联合会中的各会各业并可推定查账员（司月董事撤废后，查账员改称司月董事），每月 1 人至 10 人不等，与司月董事共同稽查四明公所账目。

公义联合会历任会长为沈洪赍（字鸿来）、应孝裕（字其北）、唐盛嫌（字菊生）、陈徵献（字文鉴）、陈仁琅（字良玉）、周林庆、石运乾、孙鹏（字梅堂）、丁骏照（字钦斋）、乐俊宝（字振葆）、陈圣佐（字蓉馆）、方积蕃（字椒伯）、洪贤钫（字菡芳）、叶承钦（字雨庵）、张延锺（字涵衷）等人。

四明公所拥有的资产分为产业（不动产）与银钱（动产）两大部分，每一部分均由董事会中选一人及公义联合会董事中选一人，共同掌管，任期一年，因此有产业董事和银钱董事的称谓。

在四明公所从事日常工作的员工，除经理 1 人、司账 2 人外，司事、工匠、仆役并没有固定数额，司账以下员工均由经理任用。经理起初听司年董事和司月董事的指挥，1919 年改为听董事会及公义联合会董事的指挥，司账以下员工均听经理的指挥。四明公所经理先后为沈洪赍、陶宗耀、章显庭等人。下设捐务、庶务、会计、材务、经租、运枢等 6 个科。

四明公所章程还规定：公所一切事务均由董事会及公义联合会董事协商决定；董事会与公义联合会共同召集，每年（阴历四月）开一次公所常年大会，举行选举，报告账目，提议事件，如有紧要事情，还可以召集临时大会；董事会及公义联合会董事，每季开常会一次，协议决定公所一切事务，如遇特别事情，还可召集临时会议；公所遇有涉及资产出入的事务，均由董事会与公义联合会全体公决施行；经理、司账人选须经董事会和公义联合会董事共同认可；公所章程的施行与修改，也须由董事会与公义联合会共同议决。1919 年修订章程又补充规定，公义联合会协助董事会担负公所内外一切事务的责任。由此可见，公义联合会与董事会的并存，使四明公所内部形成了一套类似于议会上院（贵族院）和议会下院（平民院）的二元决策管理体制。

三　分支机构与附属团体

四明公所于光绪八年（1882）在鄞县开设分所，称"甬公所"。光绪十一年（1885），沪北江湾敬梓堂义所并入四明公所。光绪十四年（1888），在公所以西不远的褚家桥（《上海县续志》称朱家桥）西南建立殡舍，称"西厂"。光绪十六年（1890），在慈溪购地作为义山。光绪二十五年（1899），又在上海褚家桥以东添建"东厂"。光绪二十九年（1903），在沪南日晖港购地建"南厂"。光绪三十一年（1905），在公所内设立医局。光绪三十二年（1906），因法租界范围扩张，褚家桥地区被划入法租界，为避免再次与法租界当局发生纠纷，四明公所主动撤除东厂、西厂，并在八仙桥宁寿里创设病院。宣统三年（1911），在宁波增建"甬厂"。1918 年重建日晖港"南厂"，1920 年建成，厂址为南市新桥路（今蒙自路）430 号。1921 年，位于虹口横滨路 723 号的"北厂"落成。1922 年，四明公所将病院扩建为四明医院（今曙光医院之前身），院址迁至法租界爱来格路（今桃源路）125 号。同年，又在浦东洋泾小吴家桥设立四明分所暨"东厂"（厂址后改为陈家桥 6 号，也有资料称是三家楼 6 号）。

由于在上海的宁波人数量众多，遍布各行各业，因此在四明公所名下还附有许多以旅沪甬人为主的经济团体及非经济团体，数量多达近百个，它们大体可分为五类：（1）同业团体，如同善会（鱼业）、崇德会（海味行业）、济安会

（酒业）、永兴会（南货业）、永济社（洋货业）、敦仁堂（猪业）、喻义堂（药业）、诚仁堂（肉庄业）、头摆渡码头百官船户兰盆会（船业）、永安会（内河小轮业）、永生会（铜铁机器业）等。（2）手工业团体，如长寿会（石作业）、年庆会（木作业）、同义会（银楼业）等。（3）新式同业团体，如钱业公会、五金公会、泰西食物公会等。（4）劳工团体，如四明长生会、水手均安会、烧炉工焱盈社、马夫集全会等。（5）非经济团体，如惜字同仁会、大乘聚心会、清明协议会、善济万灵会、关帝会、焰口会、冬至会等。这么多的大小团体因为与四明公所属于同乡同根，所以在四明公所内共同祭祀，不少团体还将钱款、房产等资产助入四明公所，遇到在本团体内不能处理的或有关全体同乡的事务，则提交四明公所处理，从而加强了四明公所的凝聚力、号召力、影响力和经济实力，同时也使四明公所除了具有同乡团体的本质以外，又具有同业组织的色彩。

四　主要活动

四明公所章程规定，公所以建丙（殡）舍、置义冢、归旅榇、设医院（1919 年增订）等善举为宗旨。前三项均与殡葬事业有关，因此四明公所实际上是主要从事殡葬事业的同乡团体。

四明公所历史悠久，经济实力雄厚，分支机构和附属团体也不少，因此曾在上海拥有 160 余亩土地，面积之大在沪上各公所、会馆、山庄中首屈一指。其土地最初仅用于为在上海的宁波人提供殡葬服务。四明公所为同乡建殡舍寄放棺柩，置义冢埋葬尸体，并负责代为将棺柩运回原籍安葬（即归旅榇）。此后随着在沪甬人的增多，公所规模日趋扩大，不仅扩建殡舍义冢，又增办医疗、教育、救济等其他慈善公益事业。

四明公所自创办以来，先后举办了寄柩、义葬、运柩回籍、施材、让材、经济殡殓、医药卫生、义务教育及各种临时救济事业，除购地作为殡舍义冢外，还创办了四明医院、四明义务小学、公济义务小学等附属事业。四明公所的经费来源为进堂入厂捐、礼堂厅租费、捐款、寿材寄费、房地租金及其他收入，但由于从事的慈善公益事业开支较大，财务方面经常出现入不敷出的困难状况。

根据资料，四明公所在 1950 年时举办的事业概括如下：

1. 四明医院，以西医为主，中医为辅，除各科住院及门诊外，并另设产妇科、肺病科及化验科等，又附设护士学校，对贫病酌减住院医药费外，特设完全免费部分救济贫病。1950 年份住院病人计 3462 人，门诊及施种牛痘计 72608 人，全年收支不敷计 285640000 元（旧人民币，下同）。

2. 四明义务小学、公济义务小学，二校学生共计 2424 人，除酌收书杂费外，尚有 160 人请求减免。

3. 施材，如贫苦死亡无力购买棺材入殓者，完全免费施给，其扛力（棺柩搬运费）、灰席、成殓等费用亦完全不收。1950 年份共施出 199 具棺材。

4. 义葬，贫苦死者家属无力将棺柩茔葬的，除由四明公所运回原籍代葬义山外，1950 年份并在本市义地代葬 239 具。

5. 义运，1950 年份完全由四明公所出费运柩回籍的共计 228 具。

6. 寄柩，南、北、东三厂殡舍 1950 年份所寄放的棺柩共计 18500 具。

7. 运柩，代死者家属办理运柩回籍并代办运柩手续，其中有无力负担运费者，由四明公所酌情减免，其减免部分由公所代为负担。1950 年运回棺柩共计 859 具（公所贴出费用共计 1937400 元，并入运柩费项内）。

8. 经济殡殓，系 1950 年 12 月 1 日开办，至年底共计成殓 115 具，其中有因贫苦要求免者约为 20%，所定礼堂费每具约 3 万元（包括成殓、茶水服务等）。

9. 各种临时救济，1950 年捐助同仁辅元堂板木料 80 块，劝募寒衣 6187 件，又寒衣代金 4506000 元，助学金 200 个折实单位，认捐施材 156 具。

综合统计当年各项业务受益人数当在 10 万人以上。

五　两次四明公所事件（血案）

在四明公所历史上，最为引人瞩目的应该要算是两次四明公所事件（也称四明公所血案），这也是近代中国外交史上的重要事件。

道光二十三年（1843）上海开埠，四明公所所在地于道光二十九年（1849）被划入法租界。因土地产权引发的纳税问题、因棺柩寄存引发的卫生问题以及因市政建设引发的占用公所土地问题等，四明公所与上海法租界的行政管理机构——公董局（Le Conseil Municipal de Française，简称 C. M. F.）长期存在矛盾分歧。四明公所方面认为，公所的存在早于法租界的形成，公所地产早经清朝上海地方政府许可而免征税收，棺柩存放因此法方应尊重历史，接受现状，承认公所产权独立。法方则认为，公所既然在法租界境内就应该接受法方管理并纳税；在公所内停放棺柩容易造成卫生状况糟糕，并可能成为传染病之源，危及租界居民的健康；公所义冢的存在对法租界的市政建设造成障碍，不利于都市的发展，因而要求公所迁出坟地，不再停放棺柩，必要时应让出公所土地以满足租界需求。由于四明公所态度坚决一直不让，法方为达到目的不惜动用武力，以致两次造成死伤多人、震惊中外的四明公所血案。

同治十三年三月十八日（1874 年 5 月 3 日），因法租界公董局计划修筑西贡路（Rue de Saigon，今广西南路）和宁波路（Rue de Ningpo，今淮海东路），其中宁波路正好穿越四明公所北边的部分义冢，为此四明公所曾多次要求公董局停止筑路或改道，但都遭到拒绝，旅沪宁波人对此愤愤不平，当天在四明公所集会，聚集的中国民众与附近的法国居民发生流血冲突，法租界不少房屋被中国民众焚毁，法方则出动巡捕和水兵开枪镇压，造成 7 名中国人死亡。事后清政府与法国驻华公使、驻沪总领事等进行了长达数年的交涉，最终在光绪四年（1878）达成协议，中方赔偿法国及他国侨民财产损失关平银三万七千两（合规元银三万七千六百五十两），法方仅赔偿中国死亡人员抚恤银七千两（每人一千两），四明公所土地上则不得筑路。当时法国驻沪总领事葛笃（Ernest Gaudeaux）与法租界公董局关系不佳，在第一次四明公所事件中，总领事主张妥协，公董局要求强硬，双方意见不一，公董局虽然迫于压力而不得不暂时放弃筑路计划，但毕竟不甘心让步，总想再次挑起事端以夺取四明公所土地。

光绪二十四年五月二十八日（1898 年 7 月 16 日），因法国驻沪总领事白藻泰（Georges Gaston Servan de Bezaure）与法租界公董局经共同策划，以建造学校、医院、宰牲场为由，要求四明公所迁让土地未果，法方再次悍然动用巡捕和水兵，拆毁四明公所围墙，并强占公所，当天和第二天又连续对抗议的中国民众进行屠杀，造成 17 名中国人死亡。此后在中法交涉过程中，法方又将法租界扩张的要求强加于中方，迫使清政府为了保全四明公所而作出巨大让步。清政府最终以允许上海法租界面积扩大一倍多的条件，方才与法方达成协议，四明公所土地产权得到了法方的承认，法方并赔偿中方死者抚恤银一千七百两（每人仅一百两），四明公所则让出部分土地以修筑宁波路，并且不再在公所内停放棺柩和埋葬尸体，而是逐步将棺柩和墓地迁出法租界，改设于华界。在第二次四明公所事件中，中国方面蒙受的损失更加惨痛，除了人员伤亡更大、所获赔偿更少之外，还被迫同意法租界大范围扩张，而四明公所虽然保全了地产，但是为减少与法租界当局的纠纷，从此在法租界内不得不减少殡葬服务。

从近现代中国人民爱国反帝斗争运动层面来看，两次四明公所事件具有高度的政治意义，上海四明公所因为成功地抵御了法国殖民者的屡次侵夺，所以在四明公所结束后，其旧址作为"上海人民反对帝国主义扩张租界的斗争——四明公所血案地点"，而于1959年被上海市人民委员会列为第一批上海市文物保护单位之一，1977年又被上海市政府重新列为第一批上海市文物保护单位之一。但由于长期保护不善，四明公所旧址建筑目前仅剩正门门楼一座及部分砖墙，公所收藏的大量碑刻文物也已流散。1998年，为建设中国人寿保险公司大厦，根据规划要求，四明公所旧址门楼被整体向南平移了23米，因此门牌改为了人民路852号。

六　与宁波同乡会的关系

近现代在上海居留的宁波人，先后成立了两个同乡组织，即四明公所和宁波旅沪同乡会。宁波旅沪同乡会原名"四明旅沪同乡会"，始创于1909年，至1910年4月正式改名为"宁波旅沪同乡会"，其宗旨初为"固结同乡团体，发挥自治精神"，后改为"集合同乡力量，推进社会建设，发挥自治精神，并谋同乡之福利"。两者相对而言，四明公所的组织比较传统，结构比较松散，开展的活动内容不多；宁波旅沪同乡会的组织更为规范，决策更为民主，开展的活动范围更广泛。

四明公所和宁波旅沪同乡会这两个同乡组织之间并不是前后继承关系，而是并存共生关系。在宁波旅沪同乡会成立之后，四明公所虽然对于宁波在沪同乡的影响力有所减弱，但并未因此停止运作，而是继续开展殡葬事业，并与宁波旅沪同乡会共同从事教育、医疗、慈善等公益事业，从而形成职能分工，互相支持。笼统而言，四明公所是"救死"（以殡葬事业为主），宁波旅沪同乡会是"救生"（以扶助事业为主）。宁波旅沪同乡会在1911年3月召开的成立大会，以及在新会所建成之前历年的会员大会，都是在四明公所举行的。四明公所的董事也可以兼任宁波旅沪同乡会的董事（后改称委员），如朱葆三、沈仲礼、虞洽卿、方椒伯、王伯元、刘鸿生等人。

宁波旅沪同乡会至 1954 年结束后，也由中国人民救济总会上海市分会接收。

七　档案资料

四明公所 1954 年结束以后，其档案文件由中国人民救济总会上海市分会接收，后由上海市民政局档案室整理立卷，最终移交给上海市档案馆。上海市档案馆收藏的四明公所档案文件，被编入上海市各公所会馆山庄全宗群内，全宗号为 Q117 - 2，数量共有 48 卷，起止年代为 1863 ~ 1954 年。四明公所档案文件根据内容，可以大致分为以下三类：（1）综合类，包括公所缘起、公所及其附属机构章程、调查登记表、建筑碑文、工作总结、董事与员工名册、主要人物纪念名录、四明残老院送病所名单、四明医院收支表等。（2）书信类，即公所与同乡及外界的中外文来往书信。（3）会议记录类，包括全体大会、董事会、职工会、财务会等议事录。公所初创时期由于年代久远，没有档案文件留存，晚清时期的档案文件也不多，主要集中于民国初期至新中国成立初期这段时间，尤以上海解放后为多。

除了上述案卷以外，上海市档案馆收藏的其他档案全宗（如晚清和民国时期的法租界公董局，民国时期的沪南工巡捐局、上海市卫生局、上海市救济委员会，新中国时期的上海市劳动局、上海市民政局等）中也有一些与四明公所有关的档案文件。此外，上海市档案馆还收藏了一些四明公所出版物，如《上海四明公所大事记》（1920）、《上海四明公所四大建筑征信全录》（1925）、《上海四明公所廿八年征信录》（1939）、《上海四明公所选举公义联合会董事选举人及被选举人芳名录》（1944 年）、《上海四明公济同益会三十七年征信录》（1948）等。

参考文献

[1] 上海市档案馆藏四明公所档案。
[2] 上海市档案馆藏宁波旅沪同乡会档案。

［3］上海市档案馆《上海市档案馆指南》，中国档案出版社 2009 年。

［4］徐蔚南《上海四明公所研究》，上海通社《上海研究资料续集》，上海书店 1984 年，第 289～304 页。

［5］葛恩元（虞臣）《上海四明公所大事记》，上海聚珍仿宋印书局 1920 年。

［6］《上海四明公所四大建筑征信全录》，1925 年。

［7］上海博物馆图书资料室《上海碑刻资料选辑》，上海人民出版社 1980 年。

［8］李琳《上海的宁波人》第七章《"乡人保姆"：旅沪宁波人的同乡组织》，上海人民出版社 2000 年，第 226～271 页。

［9］郭绪印《老上海的同乡团体》第七章《宁波商帮及同乡团体》，文汇出版社 2003 年，第 515～523 页。

［10］上海市地方志办公室上海通网站上海地情资料库。

会馆的保护利用与博物馆建设

王　进*

摘　要：会馆是一个行业的历史遗产，但又可能是一座城市最具代表性的文化遗产。如何合理、有效地加强保护利用，传承会馆文化、重塑城市人文精神是一个时代命题。本文结合宁波会馆遗产的保护利用现实情况，提出一些思考和建设性的设想。

关键词：会馆　保护　利用　博物馆

宁波现有两座会馆，均为全国重点文物保护单位。它们是钱业会馆和庆安会馆。钱业会馆代表着金融界的宁波商帮行会。庆安会馆代表着航运界的宁波商帮行会。它们负载着这座城市人文精神的骄傲——诚信、团结、敢为天下先。多年来的有效完整地保护，让它们屹立于三江口，成为宁波的标志性历史建筑，展示着甬上建筑文化之精华，同时又通过合理利用，展示城市最具代表性的文化神韵。这方面的实践经验是值得总结与思考的。笔者在此粗略地谈一些观点，以求方家指正。

一　钱业会馆与宁波钱币博物馆：宁波 行业博物馆中的一枝独秀

2000 年，中共宁波市委、宁波市政府在做出建设文化大市决定时提出发展10 个行业博物馆的规划目标。宁波钱币博物馆是其中之一。10 多年过去了，虽然宁波已经有了六七家行业博物馆，但是依托钱业会馆开辟的宁波钱币博物馆可谓一枝独秀。

---

* 王进，宁波市文物保护管理所馆员。

宁波钱币博物馆是宁波市第一家行业博物馆。该馆正式对外开放于1994年9月28日，也是当时全国第一家由金融系统自办且对外开放的钱币博物馆。宁波在申报"历史文化名城"过程中，曾将钱业会馆定位在金融博物馆，央行也想把钱币博物馆办成金融博物馆，再现宁波金融业的发展脉络，但因博物馆的实物史料不足而搁浅。

2000年提出发展10个行业博物馆时，曾再度提出将钱业会馆开辟为宁波金融博物馆，并制订出钱业会馆保护利用规划设想。后因诸多原因也未付诸实施。2006年5月，钱业会馆被国务院公布为第六批全国重点文物保护单位，在国内金融行业文化遗产中独领风骚。于是，在人民银行宁波市中心支行党委领导的重视和关心下，钱业会馆进行了整体修缮和陈列改造提升工程，馆内开辟了钱庄实景陈列（"宁波金融史迹陈列"），中华历史货币展和红色货币展，受到金融系统专业人士和社会各界的欢迎和好评。其中港城通用的古代邻国货币、"浙东抗币"则是最有宁波地方特色的重要货币，堪称馆内双绝。

现步入宁波钱币博物馆，浏览钱庄实景陈列，你会觉得钱业会馆是宁波钱庄业的缩影。清末民国时，宁波的钱庄业曾迎来了它的黄金时代，据不完全统计，经营资本在6万两银元以上的大同行钱庄就有36家，小同行钱庄及兑换庄更是不计其数，至今还有牌号记载下来的也有400余家之多。

竣工落成于民国十五年（1926）的钱业会馆，中西合璧的建筑风格，见证了宁波商帮在金融界的成功原因：就是从传统的钱庄业向近代的银行业成功转型。清光绪二十三年（1897），我国第一家民族资本银行——中国通商银行创立，发起人即为宁波籍人士叶澄衷、严信厚、朱葆三，并担任总董。嗣后，历届董事和经理人亦多为甬人所据有。1908年，宁波籍人士虞洽卿创办了四明商业储蓄银行。至1935年，全国已先后设立了数百家民族资本商业银行。至20世纪40年代前后，除中央、中国、交通、农民4家特许银行和43家由地方当局开设的银行外，在其余的102家商业银行中，由宁波籍人士独资经营的11家，为主经营的13家，参与经营的28家，即半数以上的银行与宁波人有关。因此，钱业会馆作为宁波钱庄同业聚会、议事的中心场所，在规避空盘、抬升等诸多金融风险，自律解决同业不良交易竞争等方面发挥了重要作用，直至宁波钱庄业被洋行逼出历史舞台。它不仅是宁波的文化遗产，也是中国金融行业重要的遗产。

20 世纪 80 年代初，中国人民银行对钱业会馆的保护高度重视，拨出专项资金 120 万元，腾清原被宁波市商业幼儿园使用的建筑，对会馆进行了较大规模的修缮。30 多年来，这一国家级重点文物单位在得到很好维护和展示的同时，也成为了宁波金融历史、钱币收藏的学术研究主阵地。中国人民银行宁波市中心支行金融研究所以及宁波金融学会、钱币学会的办公场所均设在钱业会馆。工作人员的配备，有效地满足了博物馆日常维护与开放管理需求。近年来，在新任馆长任力刚的精心筹措下，宁波钱币博物馆不仅在行业系统有所作为，举办了宁波市金融系统企业文化建设图片展、《红色货币："浙东地区三北敌后抗日根据地货币"专题展》等，送至 40 余家市级金融企业巡回展。而且与国有博物馆合作，在宁波美术馆举办"中国民生记录：票证文化展"，配合中国人民银行总行钱币博物馆与银行博物馆委员会红色货币专题展览，赴中国钱币博物馆参展。此外，还走进学校、社区，举办古代货币历史文化知识流动展与讲座，安排接待社区组织开展"相约钱业会馆、欢度金秋重阳"为主题的敬老活动，被评为宁波市爱国主义教育基地。钱币学会还主办《宁波钱币》刊物，承担社科课题合作研究项目，成为社科界、文博界一个非常活跃的社会组织，多次荣获先进单位称号。

明年即将迎来宁波钱币博物馆开馆成立 20 周年。回眸和总结中国人民银行宁波市中心支行对钱业会馆的保护、利用与管理实践，笔者认为，宁波钱币博物馆之所以在宁波行业博物馆中一枝独秀，其原因在于：一是行业主管部门高度重视行业文化遗产的保护利用。虽然 2001 年 4 月因资金短缺和编制限制等原因该馆曾被迫关闭一段时间，但是行业主管部门充分认识了这一经验教训。行业遗产对一个行业的发展与创新具有不可替代的镜鉴和启迪作用。二是行业博物馆是目前尝试或推进中国博物馆理事会制度建设的一个重要突破口，而目前民办博物馆尚不具有这样的条件。以宁波钱币博物馆为例，今后应以宁波金融学会或宁波钱币学会作为博物馆法人单位，来取代中国人民银行宁波市中心支行内设机构，管理和决策博物馆事务，促进理事会制度的建设和执行。这是深化文化体制改革的一个崭新视角。三是要使宁波钱币博物馆更上一层楼，应该继续发掘、收集"内容"、加强研究和整理，争取使宁波金融博物馆早日"面世"。四是钱业会馆作为三江口重要的标志性文化遗产，应在规划、文化部门的支持下，继续争取央行和地方政府的重视，制定保护规划，控制和完善周边环境。

二 庆安会馆与宁波船史陈列：宁波
民办博物馆的一种探索模式

众所周知，近年来宁波民办博物馆发展方兴未艾，形式多样，类型丰富，已在全国产生广泛的文化影响力。2008 年，当一些企业家、收藏家着眼于以择地建馆舍办博物馆时，宁海县一位企业家、古船研究爱好者尤飞君先生却把自己的古船博物馆搬进了庆安会馆，开启了民办博物馆的一种新模式。

2001 年 12 月 10 日，依托庆安会馆开辟的浙东海事民俗博物馆正式对外开放。当时的基本陈列有：《宁波与"海上丝绸之路"图片展》、妈祖祭祀实景、《妈祖与中国红》等陈列。临展有：《千年海外寻珍图片展》、《发现宁波——考古二十年成果展》等。此外，庆安会馆以及相邻的、迁移复建的安澜会馆所展示的建筑文化是博物馆参观的重要内容。尤其是庆安会馆前后双戏台，金碧辉煌。建筑上饰有 1000 多件朱金漆木雕和 200 多件砖、石雕艺术品，人物、花卉、飞禽、走兽等，栩栩如生，精美绝伦。正殿使用 32 根粗大木柱承托顶梁樽架，气派非常。配以四根龙凤牡丹的石檐柱，堪称石雕艺术珍品。作为浙东地区民间会馆建筑的范例，庆安会馆对公众的开放，是具有很强的文化震撼力和视觉冲击感的。浙东地区优秀的建筑工艺，名闻天下的朱金木雕、灰塑、砖石雕刻等令人叹为观止。

但是随着宁波博物馆的建成，作为宁波博物馆基本陈列内容雏形的《宁波与"海上丝绸之路"图片展》被撤走，浙东海事民俗博物馆的基本陈列难以有好的主题、好的藏品加以展示。观众人数日趋下降。于是，70 件由宁海民营企业家尤飞君提供的古船模型，驶进了庆安会馆。古船博物馆（中国宁波船史陈列）于 2008 年 6 月 9 日正式开放。同日，由尤飞君发起并完全出资的中国古船研究所也正式"开张"，邀请了国内 20 多位顶级古船研究专家进行探讨，促进中国古船文化学术研究与交流。中国宁波船史陈列至今已有五年之多，参观者非常认同船模的价值。陈列与庆安会馆所要诠释的文化内涵相得益彰。2009 年浙东海事民俗博物馆被国家文物局授予国家三级博物馆。2013 年被公布为第八批省级爱国主义教育基地。中国古船研究所在此作为研究阵地，还出版了《中国古船图鉴》，中国古船专家席龙飞教授为之作序。应该说，庆安会馆与尤飞君之间的合作是共赢的。这种由民营企业家提供展品、拥有展品产权，国有博物馆提供场地和管理的合作方式，是对我市民办博物馆探索其创办意义和存在价值的先期实验和有效观察评估。尤飞君自己也已经成为国内"非著名"古船研究的草根专家。

笔者在此就宁波民办博物馆的发展提出如下观点：一是创办民办博物馆是具有风险的。建馆的投入、运行的资金保障首先是坚持自愿办馆、自筹资金、自负责任、自主管理的原则，尽管现阶段有政府的大力扶持和奖励，但是民办博物馆的中国式生存，其决定性因素是展（藏）品展示的社会文化传播价值。尤飞君的选择是正确的，他的展品首先得到了社会认可，为其日后正式开办自己的博物馆增强了自信。二是利用像庆安会馆之类的文物建筑开展基本陈列，缺乏实物印证，确实需要一些民间收藏力量的参与和提供。民办博物馆依托文物建筑而设，依托国办馆专业力量维护和开放，是明智的托管思维。反过来，国办馆也可以搬进民办博物馆中去，或由民办馆托管、经营。从这一点说，我们需进一步解放思想，大胆把文物建筑的使用权交给民营者，这将积极促进文物建筑的多元利用和管理创新，提高社会效益。三是当前庆安会馆的遗产价值得到了新的确认，那就是见证中国大运河终点、"海上丝绸之路"起点的航运遗产。制定并实施《庆安会馆保护规划》和规划建设"河海博物馆"的目标，尚需进一步与社会力量（海内外收藏家）开展合作项目。浙东海事民俗博物馆要进一步坚持开门办馆、联合办馆的思维，创新办馆的理念，走出一条国家三级博物馆的独特的新路来。

三　会馆的保护利用与社区文化建设：
非遗传承的大众化平台

庆安会馆地处的社区因"庆安"而得名。庆安社区位于三江口东岸闹市区，商业贸易金融集中地，辖区内大小企事业单位共146家，社区有居民2759户6754人。传统节日怎么过？理论是可以探讨的。笔者认为，这些年来庆安会馆在这方面工作是富有成效的，切实做到了会馆的保护利用与社区文化建设的紧密结合。每逢元宵、端午、七夕、中秋以及五一劳动节、十一国庆节等传统节日，博物馆与社区管委会共同举办包粽子、煮汤圆、赏月、观看非遗演出、居民自娱演出等各类参与性、互动性强且文化内涵深厚的活动，让社区居民在热闹祥和的氛围中感受幸福与温暖，在内容丰富的活动中学习知识传承文化，在相互的沟通与交流中增进邻里间的了解和友谊，同时让宁波的传统习俗、信俗"活着"，甚至逐步有些更新和改变，形成新的习俗和信俗。对庆安社区居民来说，庆安会馆是他们心中不可替代的精神家园，对东胜街道乃至整个江东区也是区域身份文化认同和向心力的重要载体。

庆安会馆是国家级文化遗产资源，依托它开辟的浙东海事民俗博物馆理应可以发挥影响国家乃至世界的文化影响力。但是，每一个博物馆首先应立足社区，以此出发，才能逐步走向城市文化核心角色，走出全省、全国乃至世界。笔者的观点是，一个博物馆的作用，首先是做好社区服务工作，其次做好城市文化建设工作，再次做好区域文化辐射工作，顺之，做好国家代表性文化遗产传承工作，最后，做好人类文明贡献的保护与发展工作。博物馆12年的努力工作，庆安会馆已经从社区文化服务走向为城市文化品质提供支撑。馆内的航运研究、船史研究、商帮研究、会馆研究、妈祖信俗研究等均取得了不俗的成绩。这些研究极大地促进和指导了非遗项目的传承。但是，庆安会馆为城市建设所发挥的作用和贡献仍需任重道远。结合宁波"城市阳台"规划目标和大运河申遗工作，浙东海事民俗博物馆需要调整思路。

四　结语

一是改革。在文保单位的管理和经营上，政府习惯于大包大揽，不少文保单位开辟为博物馆对外开放，政府往往投入不少，然而收效却不理想，甚至门可罗雀。正是基于此，我们决心创新文保单位的经营和管理，公开在民间遴选合适的办馆方或是选择探索新的模式。无论钱业会馆还是庆安会馆，尚需再向前迈进改革创新的步伐。

二是交流。2012年国际航海博物馆协会主席、荷兰鹿特丹航海博物馆馆长卢梅杰等一行参观访问了浙东海事民俗博物馆，就博物馆与青少年教育、博物馆与城市文化形象塑造等问题进行了深入的交流和探讨，双方一致认为，加强两馆之间的互动与合作，搭建中西方航海文化交流往来的桥梁。今年10月甬台两地妈祖亲缘会在庆安会馆举行，也促进了浙东海事民俗博物馆对外文化交流。

这种对外、对台交流是庆安会馆文化影响力积累的保证。

　　三是地标。钱业会馆、庆安会馆同为宁波三江口的文化地标，但缺乏两者的互动和联系。因此，作为宁波商帮文化的代表性遗产，两者应着力于充分挖掘宁波"江厦"文化内涵、积累成果，重现特色。钱业会馆应着眼于沪甬两地金融文化研究和藏品征集。庆安会馆应着眼于"海难"文化研究、实物征集和后裔走访采写，才能更好地把会馆文化、妈祖文化、古船文化、商帮文化整合起来，形成办馆的特色。

参考文献

［1］王日根《地域性会馆的会馆的地域差异》，《中国历史地理论丛》1996 年第 1 期。

［2］虞逸仲《从钱业会馆研究宁波金融业的风雨历程》，《宁波通讯》2001 年第 1 期。

［3］黄浙苏、丁洁雯《论庆安会馆的当代利用》，《中国名城》2011 年第 6 期。

宁波钱业会馆的特色及保护利用初探

任力刚 *

摘　要：宁波钱业会馆建筑中西结合，亭台楼阁，园林布局，砖木结构，水泥嵌抹，别具一格，十分雅致，水陆交通十分方便，是目前全国唯一保存完整的钱庄业的历史文化建筑。本文通过会馆的历史和建筑特色分析研究，对会馆的保护利用做了一些探讨。

关键词：钱业会馆　特色　保护　利用

一　宁波钱业会馆的历史

宁波，地处我国东部沿海，居南北洋之中心，向以渔盐之利、舟楫之便、物产丰饶而著称。秦代，始建鄞县；至隋，贸易渐兴，海外诸国，贾舶沓至。唐开元廿六年（738），朝廷置明州，辖鄞、鄮、句章等地。其时，在今市中心开明街一带，设有三个舶货市场。至宋代，明州已经成为国内外丝绸、茶叶、陶瓷等土特产品的集散地和"海上丝绸之路"的东方始发港口之一。

宁波钱庄业历史悠久，"钱庄"是宁波的代名词，"过账簿"起源于宁波，故宁波钱庄有"过账码头"之雅称。自"五口"通商，大批甬籍商人聚积起巨额资本，投资海内外工商、金融各业。"行商坐贾，遍于各地"，发达的商品贸易促进了宁波钱庄业的产生与快速发展。清乾隆三十五年（1770），宁波钱庄业集中开设在江厦一带，在市中心滨江一侧已出现一条命名为"钱行街"的街道。经营的钱庄有几十家之多，其功能已从银钱兑换和买卖，发展成为主要从事资金划拨和清算。据《鄞县通志》载：甬上金融向以钱庄为枢纽，其最盛时，资金在6万元以上的大同行有36家，一万元以上的小同行有30余家，几

---

* 任力刚，宁波钱业会馆馆长。

百元以上的兑换庄有 40 余家。其势力直凌驾于沪汉各埠。旧中国上海九大钱业资本集团中，有 5 家属于宁波籍人士开设，时有"走遍天下，不如宁波江厦"之称。

二　钱业会馆的建筑特色

宁波钱币博物馆坐落在市中心战船街 10 号的宁波钱业会馆内。清同治三年（1864），宁波钱业同业组织形式称钱业会商处，在江厦一带滨江庙设有公所，曾毁于兵火，鉴于当时宁波钱业在全国的地位和影响，时于民国十三年（1924），由敦余、衍源等 62 家钱庄发起并筹集银元 91910.36 元，兴建新会馆，即现在的宁波钱业会馆，至 1926 年竣工落成，有碑记为证。会馆分前后二进，前进廊舍环绕，两旁石刻、碑记，中有戏台；后进议事厅，是旧时宁波金融业最高决策地。会馆现占地面积 1521.2 平方米，坐北朝南，中西结合，亭台楼阁，园林布局，砖木结构，水泥嵌抹，别具一格，十分雅致，水陆交通十分方便，是目前全国唯一保存完整的钱庄业的历史文化建筑。新中国成立以后，宁波钱业会馆虽几易其主，但保存完好。会馆内现存三块石碑，记载了宁波金融业发展的概况及建馆始末，仍清晰可辨。宁波钱业会馆自 1988 年由中国人民银行接管后，进行了全面整修，恢复了昔日面貌。1989 年，浙江省人民政府批准宁波钱业会馆为省级文物保护单位，2006 年 5 月 25 日，被国务院批准升格为国家级文物保护单位。

三　钱业会馆的保护利用

宁波钱币博物馆自 2012 年底重新设计布展以来，历时半年，于 2013 年 5 月 22 日正式对公众开放。宁波钱币博物馆分"宁波钱庄实景展示"、"中华历代货币展"、"红色货币展"等几大部分展出内容。在原有的宁波钱庄金融史迹成列展的基础上增设了中华历代货币展、钱币常识与分级展、货币书法艺术展、红色货币展，形成了多元化的钱币知识普及方式。

"宁波钱庄实景展示"分为两部分内容：第一部分为"钱庄模型陈列室"，该陈列室是按一定比例制作大同行钱庄模型，让人们对旧宁波钱庄有一个感性认识。第二部分为"宁波钱庄史料陈列室",该部分重点展出宁波钱庄业的产生及发展历史和钱庄文化,特别是宁波钱庄的"过账制"对当时钱庄业的影响等,展示钱庄如何进行日常运作及其内部管理、控制风险、支持商品交易发展等内容。

中华历代货币展厅共陈列三个展览分别是"中华历代货币展"、"货币常识与分级展"与"货币书法艺术展"。其中,"中华历代货币展"以历史为据点,基本按历史年代的顺序陈列了我国从商代至抗战时期的历代货币3000余枚。此外,还展示全国唯一发行过的金属抗币——浙东抗日根据地货币。突出每个时期的货币历史文化特点,以普及大众钱币知识为前提,按照历史的轨迹向大众展示我国独特的货币文化。

（一）先秦货币

早在7000多年前,勤劳勇敢的先民就在这里创造了世界著名的河姆渡文化。在河姆渡遗址出土的圆形陶纺轮、石纺轮,是战国时期我国环形钱币的雏形。

宁波在春秋时为越国疆土,战国中期以后为楚国辖地。近年来,在余姚等地发现过春秋战国时期越国的戈币,在宁波市区发现过楚国钱币。公元前221年秦始皇统一六国后,置会稽郡,今宁波境域设有鄞、鄮、句章、余姚四县。1986年6月,象山县发掘古墓时出土古钱7.5公斤,多为秦半两钱。

（二）秦汉半两钱币

半两钱出现于战国中后期的秦国,它是方孔圆钱的鼻祖。半两的铸行,约始于战国秦惠文王二年（前336）。秦始皇统一中国后,全国统一使用半两钱,并沿用至汉武帝元狩四年（前119）。这标志着中国古代钱币的初步成熟,是中国货币发展过程中的一个里程碑,并影响到相邻国家和地区,具有非凡的历史意义。

（三）汉代五铢钱制度的建立和发展

汉武帝元狩五年（前118）开始铸行郡国五铢,以后又铸赤仄五铢、上林三官五铢,五铢钱制逐步建立。五铢钱历经西汉、新朝、东汉、魏晋六朝、隋朝，直至唐武德四年（621）更行开元通宝至，流通了739年，是中国历史上使用时间最长的钱币。因此五铢钱具有"长寿钱"的美称。

（四）王莽新朝币制

王莽是中国历史上最早进行货币体制改革的皇帝。他托古改制，自居摄二年至天凤元年（8～14）进行了四次币制改革。由于他的改革不得民心，最终失败。但王莽货币一向以文字隽秀、制造精美而著称于世。

（五）三国、两晋、南北朝十六国、隋朝钱币

曹魏立国，一度使用布帛，公元227年起，恢复铸行五铢钱。吴、蜀两国实行大钱政策，促使货币进一步贬值。

（六）唐朝钱制

唐初一度沿用五铢钱。武德四年（621）始铸开元通宝钱，标志着铢两货币体系的终结。唐代还铸造了"泉宝"、"重宝"、和"元宝"为名的钱币，宝文钱制建立。

（七）五代十国钱币

五代十国时期货币铸造和流通混乱。各政权铸钱量不多，但铅、锡等劣钱充斥市场。南唐创造的"对钱"钱制，为后世宋代广泛使用。

（八）北宋钱币

北宋的钱币文化有五个方面十分突出：（1）钱文上多铸有年号，流行年号钱。（2）宋代钱文上多有各种"宝文"，流行通宝、元宝、重宝。（3）北宋流行对钱，书法丰富多彩。（4）北宋钱的背文众多，性质复杂。（5）宋钱的币值多样，流行套子钱。

（九）南宋钱币

南宋时，铜钱铸量锐减，钱币以铁钱为主，币值多为折二，与北宋时以小平铜钱为主的情况有所不同。南宋初年铸钱仍沿袭北宋遗风，钱文有几种书体，

而且成对。

（十）辽、西夏、金钱币

辽、西夏、金是少数民族建立的政权，各自实行不同的货币制度，并铸行深受汉文化影响的方孔圆钱。

（十一）明朝钱币

明朝的法定货币是宝钞。白银成为了社会经济生活中的主要货币，形成了以白银为主，以铜钱为铺的货币流通制度构成了封建时代后期货币流通的新特点。

（十二）清朝钱币

清朝称本朝官铸小平钱为制钱。顺治年间允许各省设局铸造以年号为名、钱背以满文纪局名的钱币，一直行用至清末。咸丰年间，为筹措军饷推行大钱制度，并大量发行纸币。乾隆二十四年（1759）新疆开始用红铜铸钱。清初，吴三桂、耿精忠等反清政权亦铸铜钱。

明末清初宁波学者提出了"儒者可以谋利以为身，国家不可病商以滋弱"的重商思想，浙东学派代表人物黄宗羲"工商皆本"的思想，影响更为广泛。这样，浙东学术就从深层文化结构方面，为"宁波帮"的形成和发展，奠定了必要的精神和伦理基础。

（十三）清代机制钱币

清光绪十三年（1887），两广总督张之洞在广东开设造币厂，购买英国机器造币，于1889年开制银元。第一批银元是广东省造光绪元宝，以后各省纷纷铸造，清代银元多数在钱背有龙纹图案，俗称"龙洋"。张之洞是清末"洋务运动"代表人物之一，曾经题写宁波中学校名。

（十四）民国钱币与机制币

民国时期，方孔钱已经走向穷途末路，只有在民国初期的云南省和天津两地有少量铸造，另外福建省铸造了圆孔圆钱的福建通宝铜币。民国早期的本位货币是银元，铜元、镍币、铝币是辅币。民国中后期，纸币大量发行，并造成严重的通货膨胀。

（十五）浙东抗币专题

1941～1945 年，新四军在浙东敌后积极展开抗日活动，创建与发展浙东抗日根据地。它地处东海之滨、杭州湾两岸，包括四明，会稽，三北，浦江四个地区，面积 2 万余平方公里，人口 400 余万，是抗日战争时期我党领导的全国19 块抗日根据地之一。新四军在浙东开展政治、军事斗争的同时，在经济方面也与敌伪针锋相对。发行抗币即为经济斗争的手段之一。"抗币"泛指抗日民主政权发行的货币。在浙东，属于抗币范畴的，有浙东银行币、浙东军政单位金库兑换券，浙东地方抗币三大门类，纸质与金属抗币两种。

（十六）"海上丝绸之路"上流通的外国钱币

从北宋开始，历经南宋、元、明、清，宁波长期充当了"海上钱币之路"始发港的角色，这在全国可能是独一无二的。"宁波为我国著名的海上丝绸之路、陶瓷之路和货币文化输出的始发港之一"。林士民、沈建国在所著《万里丝路宁波与海上丝绸之路》中指出，"以这条友好之路为纽带，从明州（宁波）港出运大量货币，货币（钱币）流通同世界各国地区通商贸易同时展开，这为建立东方独立的货币体系作了准备"。

（十七）中国纸币的诞生与发展

中国是世界上最早使用纸币的国家。从整个中国古代货币史来看，纸币虽不是最主要的币种，但由于它在社会经济生活中发挥过独特的作用，创造过灿烂的历史，因而为世人所瞩目，在中国货币史乃至世界货币史上，放射出独特的光彩。

（十八）人民政权货币

在土地革命时期（1921～1937）和抗日战争时期（1937～1945）、解放战争时期（1945～1949），在中国共产党领导下的革命组织，如农民协会、信用合作社、苏维埃政府、抗日根据地八路军、新四军金融组织、解放战争时期的解放区等在未设立中央银行的情况下，贯彻发展生产，保证供给，为冲破敌人经济封锁，防止敌钞的侵入和流通而发行的银、铜、纸、布等地方性货币。

（十九）宁波钱庄与"宁波商帮"钱币

宁波钱庄业：发轫于明朝万历年间（1573 年前后），兴盛于清朝咸丰、道光年间（1796～1821）。据至今还残留在钱业会馆里的那块石碑记载："吾闻之故老，距今百余年前，拥巨资者，率起家于商人，运营遍诸路，钱重不可赍，有钱肆以为周转。"那时，城内的三江口处就有人设置钱肆，替中外客商兑换货币，以赚取差价，生意非常兴隆，后来开办的钱庄也就越来越多，到了清末民国时，宁波的钱庄业迎来了它的黄金时代，据不完全统计，经营资本在 6 万两银元以上的大同行钱庄就有 36 家，小同行钱庄及兑换庄更是不计其数，至今还有牌号记载下来的也有 400 余家之多。

宁波不仅是我国钱庄业的发祥地之一，它的最大贡献是发明与实施"过账制度"，有"过账码头"的美誉。这"过账制度"是宁波钱庄商人的一大创举，在金融史上占有光辉的一页，是中国最早的金融结算制度。所谓"过账"即是在贸易结算、信用往来活动中，不必都要付现金交易，而是双方通过自己开户钱庄去划账。这是一种以信用作为基础，十分独特的金融结算制度。

宁波商帮是中国近代最大的商帮，中国传统"十大商帮"之一，为中国民族工商业的发展做出了贡献，推动了中国工商业的近代化，如第一家近代意义的中资银行（中国通商银行），第一家中资轮船航运公司，第一家中资机器厂等等，都是宁波商人所创办。宁波商帮对清末上海的崛起和二战后香港的繁荣都做出了贡献。宁波商人遍布世界各地，其中不乏世界级的工商巨子。宁波商帮最著名的是宁波商人成立于上海的"四明公所"和"宁波旅沪同乡会"。1916 年孙中山先生曾对宁波商帮作过高度评价："凡吾国各埠，莫不有甬人事业，即欧洲各国，亦多甬商足迹，其影响与能力之大，固可首屈一指者也。"

馆藏中港城通用的邻国货币和浙东抗币最具代表性。宁波对外交往历史悠久，是"海上丝绸之路"始发港，南宋建都临安（今杭州）时，宁波已是当时主要的通商口岸。各国钱币流入宁波时间早、种类多，博物馆有最早的日本钱币"和同开珍"（708），最早的越南钱币"太平兴宝"（970～978），最早的朝鲜钱币"海东通宝"、"东国通宝"（1097）等代表了东方货币体系的珍稀钱币。

馆内藏有浙东革命根据地"镴质抗币"等珍品及历代货币3000余枚。展示既蕴含通史文化性质，又突出宁波港城地方特色，对于宣传宁波的历史、弘扬祖国的货币文化，普及钱币知识，具有重要的意义。

宁波钱币博物馆每月组织市区小组进行一次文章宣读。小组成员共发表文章28篇，分别是《介绍洪武一钱、二钱中的珍稀品》、《铁质原始铲布》、《"中国古代钱币"邮票赏析》、《浅谈直边饼"货泉"与饼型钱文钱》、《宁波市钱币学会市区小组例会活动（2007.3—2012.2）五年记》、《回顾学会工作廿五年》、《想想碑碣中的宁波货币——洋银》、《漫谈钱币例会活动坚持廿五周年的感受》、《让钱币收藏之路走得更远——纪念宁波市钱币学会市区小组例会活动廿五周年》、《耶稣来历与纪念银币》、《罗丰年先生逝世周年祭》、《忘年相交罗先生——纪念罗丰年老师逝世一周年》、《怀念罗丰年先生》、《银行练功券的收藏和研究》、《北宋神龙戏珠花钱赏析》、《汉陶"明器"中的仿造钱币现象》、《话说对钱》、《17世纪前日本国内的汉字方孔钱》、《加强钱币博物馆建设大力弘扬货币文化》、《漫谈道教咒语钱》、《越南阮朝前朝的银锭探讨》、《浙东抗币江南一绝——纪念浙东抗币发行七十周年》、《历代古钱伴宁波·下》、《金章宗泰和钱铸造始末》、《读陈炳华老师（钱币论文集）谈我之感想》、《中国龙与古钱》、《从永丰路出土的古城砖来看宁波的古城墙》、《琉球国、（日本铸）琉球通宝、中国的钓鱼岛》。

今年，在认真设计、精心编排、更加注重读者视觉效果的基础上，对《宁波钱币》杂志进行了出刊及改版工作。分发全国各地，进行学术交流和互通信息，满足不同层面爱好者的阅读需求，收到明显效果，取得了很好的社会效果。

宁波会馆石刻碑记研究

林　瑛[*]

摘　要：本文前部分，叙述了现存的会馆刻石碑记各个方面的历史；后部分，根据各会馆刻石，对各个主题内容进行了研究，然后对会馆创办历史、闽帮在甬建会馆历史、同乡会之源流历史等八个方面，作了科学的解读、归纳。

关键词：刻石汇集　刻石解读

石刻碑记是属于文物类中珍贵文物之一，它们都真实地记录了当时当地的历史，在写史、修史、补史中，是极为重要的不可多得的史料。宁波会馆史料中，石刻碑记从我们调查到的就有 20 多处。

通过这些碑刻实物的研究，从中可以看出宁波会馆产生、发展和开拓的历史进程中，曾有过光辉的一页，今天我们研究会馆史，就是要继承、发扬宁波商帮敢于开拓的经商理念。在商贸活动中团结友爱、敢想敢闯、活跃市场、繁荣经济、促进文明对话、推动历史前进。

一　石刻碑记搜集汇聚

通过搜集与探访，对现存在上海、北京、苏州和宁波等地的会馆资料有了初步了解。目前已搜集到 20 余块（方），就内容而言主要有关会馆、天后宫、各行业（包括行业社团）同乡会等（表一）。

表一　现存会馆石刻碑记简表

序号	会馆碑刻名称	碑刻年代		保存地点
1	鄞县会馆碑	道光十五年	1835 年	北京右安门

---

* 林瑛，宁波市文物考古研究所研究员。

序号	会馆碑刻名称	碑刻年代		保存地点
2	甬东天后宫碑铭	光绪十年	1884 年	宁波江东
3	宝顺轮船始末碑记	光绪十四年	1888 年	宁波江东
4	四明会馆碑记	民国十三年	1924 年	北京右安门
5	财神庙成衣行碑	光绪三十一年	1905 年	北京前门外晓市大街
6	四明公所冬至会碑	同治三年	1864 年	上海市福佑路
7	四明公所甬北支所碑记	光绪八年	1882 年	宁波甬北
8	甬江四明公所由申运柩回籍规约	光绪三十一年	1905 年	宁波海曙区天封塔院
9	青岛四明公所附入宁波碑志	民国十年	1921 年	宁波海曙区天封塔院
10	肉业诚仁堂助款入四明会馆碑	光绪三十年	1904 年	上海南市区
11	煤炭业创建坤震公所整顿行规碑	宣统元年	1909 年	苏州市内
12	坤震公所续议章程碑	宣统二年	1910 年	江苏长、元、吴三县
13	四明公所年庆会会规碑	宣统二年	1910 年	上海南市区
14	宁波钱业会馆碑记	民国十四年	1925 年	宁波海曙区战船街
15	宁波钱业会馆建筑捐款碑记	民国十五年	1926 年	宁波海曙区战船街
16	宁波商会碑记	民国二十一年	1932 年	宁波海曙区中山公园
17	宁波同乡会之源流碑	公元1840 年后	1980 年后	上海市市区
18	重建敕赐宁波府灵慈宫碑记	同治七年	1868 年	宁波海曙区白云庄
19	杭州四明公所附入碑志	民国十九年	1930 年	宁波海曙区天封塔院
20	闽商在甬建设会馆碑	乾隆六十年	1795 年	宁波海曙区秦氏支祠
21	重修福建老会馆碑	同治九年	1870 年	宁波海曙区秦氏支祠

从遗留下来的碑刻，刻石时间最早为清乾隆六十年（1795），最迟的为民国二十一年（1932）。其中碑刻的年代依次排列为乾隆六十年（1795），道光十五年（1835），同治三年、七年、九年，光绪十年到三十一年，宣统元年到二年，民国十年到二十几年。同治、光绪、宣统到民国，这一段历史时期碑刻为较多。这部分碑刻所显示的历代会馆的建设情况是十分详尽，为我们进一步研究宁波会馆的历史演变，提供了不可多得的第一手史料。

二　石刻碑记资料解读

（一）记录了宁波会馆创办活动历史

根据石刻碑记，都记叙了宁波会馆的创建年代。有的较具体说在明代永乐、有的说明代晚期，有的说在明代末，有的说明代，比较确切的是在明代永乐（同乡会、会馆）时期①。

创办会馆初时的动机。外地会馆往往是有一定的宁波商帮聚集地区才会有创办会馆的可能，因为会馆本身是一种群众性自治、自律的自治组织。开始时大多为了同乡、同仁外出，作为同乡联谊、集会、交流的平台。主要解决在外地受到天灾人祸时，会馆就是依靠、支持者，为患者提供各种方便，包括"魂归故里"。例如北京鄞县会馆建于明代，历史悠久，影响深远。上海的四明公所是一个有一定名望的会馆，因此青岛的四明公所也加入到上海宁波的四明公所，杭州四明公所也附入宁波会馆目的是为了更好的一条龙为在外宁波商帮服务，其内容是为已故人员的归故里。如"甬江四明公所由申运柩回籍规约"，详尽地规定了可操作的条例。包括运柩的时间（年限）、地点、经费、交接手续以及墓地相关的事项，可以说是考虑都十分周到。四明公所为了办好此事，专门还建立了甬北支所。支所主要为甬人在上海与宁波联络，承办二地丧葬之事，为此特在上海公所集资不下五六十万，乡人集资 11 万，创建了东、南、北三厂与四明医院。在厂的周边建 20 间房屋，分别为先董祠、祀室、治事室以及门垣廊庑等建筑，这些均为活动办事的基地②。上海四明公所每年冬至时举行集会，并立"冬至会碑"，记叙四明公所成员聚集参议诸事，"魂归故里"等事宜，也可以说会馆的主要活动内容。

（二）记录了闽籍商帮在甬建馆历史

"闽商在甬建设会馆碑"是目前在宁波地区唯一的年代最早的一块记录闽商会馆的碑刻。碑文记载，闽之商于宁（宁波）者，有八闽会馆，兴（兴化）、泉

---

① 详见《宁波同乡会之源流碑》，碑文录于林士民《宁波会馆史》第五章会馆相关文献。
② 详见《四明公所甬北支所碑记》，碑文录于《宁波会馆史》，第 129 页。

（泉州）、漳（漳州）、台（台湾）之人有多。故又自建会馆二，其一曰"大会馆"康熙三十四年建……其一曰"老会馆"。据考证"老会馆"应先于"大会馆"。由于福建"吾乡滨海，贾航到处皆盛，惟商于宁者，好义最多。……"闽商在江浙的杭、苏、台诸会馆皆烬，独宁三馆得全，岂非善气所惠召耶？因此，同治重修老福建会馆告竣。告成后的会馆一直保存到 20 世纪 90 年代，即江东（江东北路）地的福建老会馆。"闽商在甬建设会馆碑"是闽商在"康熙三十五年，在甬东买地，鸠工建设会馆，供奉天后圣母，奉宪立碑"。碑文叙述了会馆的地理环境、会馆建筑、内部陈设以及重修、演变的历史经过，以供后人知道宁波建立闽商会馆的情况①。

（三）记录了宁波同乡会之源流历史

清宣统二年，鄞人施嵋青捐私有全部财产办旅沪同乡会，复经热心同乡赞助，会始成立。初设事务所于四马路，继迁二马路，复迁河南路。彼时绝无基金，会费所人仅敷开支。然任事者皆勉力维持，历办公益、排解等事不胜缕指。虽会务屡经挫折，几致中断而迄不少懈。民国五年五月经同乡会议，以会所出于租借，规模狭小，终非永久之图。欲期会务发达，非确立基础，自建会所不可，几经迭次劝募集有成数，乃于九月间在西藏路购基地二亩八分有奇，计费银五万千两，始行建筑。以西首一部分为会所，东首一部分为市房，以其租入充常费。复以建筑之费不敷尚巨，乃续行劝募，并发行公债，以房租收入为基金。总计集款二十余万金，公债三万金。于八年八月招工承造。会所为五层西式楼房，凡费十余万金。至十年五月落成，于十五日行开幕典礼，更修订章程，重组职员。于会内设办公、宴会、娱乐、憩息等处所；于会外设教育同乡子弟之各小学。逐日所办会务及收支经费，皆公开发表于月刊中，又每岁于落成纪念日开全体会员纪念大会一次，报告一年中会务经过。并于春秋二季公祭创办人施氏自清末迄今，凡三十年，会务仍趋发荣滋长之势②。

宁波六邑（鄞、慈、镇、奉、象、定），滨海居浙东，山川瑰奇，鱼盐饶足；但地狭民稠，食量不敷，幸赖舟楫，商贸四方。自唐宋迄于明清，北达辽

①　详见《重修福建老会馆碑》碑文录于《宁波会馆史》，第 251 页。
②　录自《鄞县通志·政教志》。

东，南下闽广，西上川藏，东指扶桑，凡大江南北，黄河两岸，靡靡踪迹！故昔有"无宁不成市"之誉。

宁波同乡会组织之源流，应上溯会馆、试馆、善堂、公所之沿革。自明永乐以来，旧北京即有宁波会馆之设，相传创始者为袁柳庄。其后商旅所至，自成集会，遍各省市。同乡会之名称，则始自上海，其后各地乡人，风起云涌，纷纷组织，而他省人士，亦效尤焉。五口通商以后，上海成为全国商业中心，吾乡人旅沪达百万人，其中不乏英明杰出之士，造福同乡，故特简述宁波旅沪同乡会之源流①。

（四）记录了宁波钱业会馆活动历史

今宁波钱肆通行之法，殆庶几焉。这说明凡有"市易"必有"剂"（调剂），追溯到货币之流通称为"钱币"，被公认为"市易之券"。从货币演变，圜钱到唐代费钱（飞钱），宋代使用交子、会子到今天的纸币，广泛流通于海内外，这里因为调剂是建立在人们"信"上，这就所谓"市道"，完全决定于当时的经济与国策。

宁波是一处港口城市，所以工业进出口的各国的货物，通过宁波运销到全国各地，宁波虽不是都会，但"市道"兴盛凌驾于各港埠之上。市中通行用钱币，不用银两，后来墨西哥银币流入，内地始变其习惯。

宁波钱业兴盛。日有市，市有赢缩，通行省内外诸路以为常。钱重不可赍，有钱肆以为周转，达于诸路。宁波郡中称是者，可一二数。

钱肆业务活动。钱肆互通声气，掌银钱出入之成。群商各以计簿书所出入，出界某肆，入由某肆，就肆中汇记之。明日诸肆出一纸，互为简稽，数符即准以行，应输应纳，如亲授受。都一日中所输纳之数为日成，彼此赢绌相通转而计息焉。次日复如之，或用券制取，曰：界某肆。司计者以墨围之，则为承诺。如所期不爽，无运输之劳，无要约之烦。行之百余年，未闻有用此为欺绐者②。

钱荒影响。清咸丰之季，滇铜道阻，东南患钱荒，宁波郡尤甚。市中流转之钱直大减，当见（现）钱之半，乡民病之，汹汹谋为乱，数月乃平。

---

① 详见《宁波同乡会之源流碑》，碑文录于《宁波会馆史》第五章会馆相关文献。

② 详见《宁波钱业会馆碑记》，碑文录于《宁波会馆史》，第199页。

纸币流通。钱币之为用，载信而行，虚实必相辅，直必相准，如权之在衡，如契之同而别之，使民不疑。循是则理，不则乱。今纸币充斥帑藏，盖寡罔利者，或外输不已，虚车无实，后将有受其敝者。夫患每中於所习，而法必期于相维。

创建会馆。钱肆旧有公所，湫隘不足治事。比年期会益繁，乃度地江湄，别为会馆，鸠工于甲子二月，期而藏事既成。因著其事之有系于风俗者，且揭其利病所在，冀后之议市政者有省焉。至是馆之成，捐输之姓氏及在事有劳之人，凡金石例得书者，别具于碑阴。

（五）记录了宁波信仰妈祖天后历史

吾郡回图之利，以北洋商舶为最巨，其往也，转浙西之粟，达之于津门；其来也，运辽、燕、齐、莒之产，贸之于甬东。航天万里，上下交资，鲸鲵不波，蜃鼍无警，系惟天后之神是赖。后姓林氏，宋初莆田人也，生具灵异，里党神之。既辞世，庙于湄洲。宣和中，赐额"顺济"，高宗绍兴二十五年，锡为"夫人"，光宗绍熙元年晋为"妃"。元初尊为"天妃"，明季改为"元君"。祠宇之广，殆遍海甸。圣祖仁皇帝平定台湾，俞靖海侯施琅之请，特封天后，春秋祀典，岁支帑金等。

吾郡旧有天后庙在东门之外，肇建于宋，实今有司行礼之所。分祠在江东者三，一为闽人所建，一为南洋商舶所建，基址俱狭。惟此宫为北洋商舶所建，规模宏敞，视东门旧庙有其过之。经始于道光三十年之春，落成于咸丰三年之冬①，费缗钱十万有奇，户捐者什一，船捐者什九，众力朋举，焕焉作新，牲牢楮帛，崩角恐后，盖非独吾郡然也。后之灵昭昭，元人程端学之记叙述綦备。

宫之制，临江西响，前殿三，后殿三，前西为宫门，又西为大门，南北为翼楼，北之北为庖厨。宫之基，前广六丈，后广十丈，左延三十二丈八尺，右延二十九丈。光绪十年岁在甲申正月。

（六）记录了宁波商会创建发展历史

清末，朝廷厉行新政，奖励农商，各行省诸大都会以次设商务会，蕲上下

---

① 详见《重修敕赐宁波灵慈宫碑记》，碑文录于《宁波会馆史》，第 209 页。

相更始。首起者上海，而吾甬继之。上海始曰：商务公所，寻改今名。吾甬则称商务总会，己曰：总商会而冠以郡名。郡道制废，它郡率易称，独吾宁波犹袭旧名者。以其地通海夙禀，中外人士熟于口也。

宁波之有商会，事在清光绪三十一季①。于是卫君月亭（澄）、汤君仲盘（嗣新）及吴君葭臕（传基），以吾甬故以商著称，非设会无以资梾通，于郡城东旧茶场庙侧，赁民房若干楹为会所。方事之朔，规制草创，诸所设施，未遑云备。及世会嬗移，人事益繁赜，隶会籍者日加，旧所设会所，地小不足以容，又偏局不适中，金弗之便，谋所以辟新之。陈君南琴贤凯持尤力顾，迄不果行。先是东南诸省，拥重兵者，互为长雄，一旦据其地，则檄下商会，供军乏，名曰：军事借款，实无所取偿。十六季春，国军莅吾浙，主省帑者有所属。陈君曰：此其时矣。即持券诣省争之，亟得白金三万余版以归，继又疏募诸会众，得三万版。资用既集，众议更新，度地庀工，次第具举。会郡士有事于中山公园，乃与主者谋，割园地余羡，得六亩有奇，用营缮为会所。会中设议事厅二，会员休憩室二，会客室一，膳室一，自会长以下诸执事于会者，乃至缴巡及诸夫役，皆各有室；厅之外，辟为园，长廊曲槛，邃如洞如，园卉蓊翳，四时而有。

吾浙七十有五县，县各置商会，论其规制，未有若斯之完饬者也，张原炜曰：凡事之成有机，机至矣，无人以持之，无当也。吾甬号殷庶，列肆千万，顾自军兴以来，先之以供亿，重之以征敛，商力亦殚矣。赖总理之灵，诸丑殄除，党国底定。响所遹于民者，积十余季之久，一旦乃还诸吾民，斯机不易遭者也。

顾非有陈君之奔走尽瘁，乃诸会众之乐输其后，安望能底于成耶？会制主者，先曰：总理。继曰：会长。委员制行，乃称主席。自设会讫今二十有八年，自吴君葭牌首立会务，其后若郑君锷笙、余君芷津、费君冕卿、屠君鸿规、袁君端甫、俞君佐庭、陈君南琴、孔君馥初，先后得若干人。是役也，经始于十六年十二月，越明季六月讫工，为时凡七阅月，用白金六万版有奇。旧所集不足，则由钱肆及诸商肆凑其成。监工者自主席陈君外，陈君如（馨兰）、林君琴香、润芬皆有劳，例得附书。共和纪元廿有一年一月。

---

① 详见《宁波商会碑记》，碑文录于《宁波会馆史》，第 207 页。

（七）记录了宁波购买宝顺轮船历史

中国之用轮舟，自宁波宝顺始也①。咸丰初，赭寇乱东南，行省大吏注重于腹地，征调络绎，亟亟以防剿为重，而于缘海岁时之巡哨，膜外置之。于是，海盗充斥，肆掠无忌惮，狙截商船，勒赎至千百金不止。

时则黄河溃泆，户部仿元人成法，以漕粮归海运，沙船、卫船咸出应命，而以事宁波船为大宗。春夏之交，联帆北上，虽有兵船护行，盗不之畏也。每劫一舟，索费尤甚，至遣其党入关，公然登上座，争论价目。诸商人咸慎之。

慈溪费纶铦、盛植琯，镇海李容倡于众议，购夷船为平盗计。顾船值颇巨，未易集事。宿松段光清方兼道府之任，莅事宁波，为请于大府，令官商各塾其半，岁抽船货之入，陆续归还，以乙卯五月十二日始计数捐厘，并充历年薪水、储资、衣粮、弹药诸经费。

鄞县杨坊、慈溪张斯臧、镇海俞斌，久客上海，与洋人习，遂向粤东夷商购贸大轮船一艘，定价银七万饼，名曰"宝顺"设庆成局，延鄞县庐以瑛主之，慈溪张斯桂督船勇，镇海贝锦泉司炮舵，一船七十九人。陈牒督抚，咨会海疆文武官，列诸档册，此甲寅冬季事。

（明年）粤盗三十余艘肆掠闽浙，窜至北洋，与它盗合。运船皆被阻，张斯桂急驶轮船于六月出洋，七月七日在复州洋轰击盗艇，沉五艘，毁十艘。十四日，在黄县洋、蓬莱县洋复沉四艘，获一艘，焚六艘，余盗上岸逃窜，船勇奋力追击，毙四十余人，俘三十余人。十八日，在石岛洋沉盗艇一艘，救出江浙回空运船三百余艘。北洋肃清，轮船回上海。二十九日，巡石浦洋，盗船二十三艘在港停泊，轮船率水勇船进扼洞下门，两相攻击，自卯至未，盗船无一存者。余盗窜黄婆岭，追斩三百余级。九月十三日，在岑港洋沉盗船四艘。十四日，在烈港洋沉盗船八艘。十八日，复在石浦洋沉盗船二艘。十月十八日，复在烈港洋沉盗船四艘，南界亦肃清。

三四月间，沉获盗船六十八艘，生擒党及杀溺死者二千余人，宝顺船之名，震于海外。然是时中西猜阻，距五口通商之和约仅十余年，北洋无夷踪，创见

---

① 详见《宝顺轮船始末碑记》，碑文录于《宁波会馆史》，第 183 页。

轮船，颇为疑惧。山东巡抚崇恩言于朝，诏下浙抚诘问，将治给照者之罪，毋许欺隐。段光清召诸绅士筹所以复旨者。余曰："此无难也，商出已赀购轮船以护商，且以护运，官之所不能禁也。船造于夷，则为夷船；而售于商，即为商船。官给商船之照例，不计其何自来。但令毋雇夷人，毋驶北洋。以此入告而已。"光清然之，如吾说奏记巡抚。巡抚何桂清以闻，遂置不问。又明年丙辰，沪商亦购轮船，与宁波约，一船泊南樋山，杜洋盗北犯之路，一船巡浙海，以备非常，盗益敛迹。未几，西人入天津，重定和议，北海口亦许通商，夷船驶中国洋无间南北，盗遂绝迹。

中外臣工成知轮船之利有裨于军国，曾文正首购夷船，左文襄首开船厂，二十年来，缘江缘海增多百余艘，皆宝顺轮为之倡也。宝顺船虽仅护运，地方有事亦供调遣。洪秀全踞金陵，调之以守江；法兰西窥镇海，调之以守关。在事诸人，叠受勋赏，而张斯桂、贝锦泉久于船中，以是精洋务；斯桂起书生充日本副使；锦泉起徒步，至定海总兵官，尤异数云。

自中原底平，海道无风鹤之警，宝顺船窳朽，亦复无用。然原其始，则费纶钺、盛植琯、李容三君之功不可忘也。周道遵修鄞志，乃以属之鄞人林鸣皋、粤人郑寿阶，郢书燕说，流为丹青，恐阅者因而致疑，故详书其本末，勒石于天后祠中，俾后之人有考焉。光绪十四年。

（八）记录了宁波异地行业活动历史

肉业"诚仁堂"助款入四明会馆。肉业，肆业沪江，创立"诚仁堂"，始于光绪十六年季夏，捐集资款，择定七月初三日，起建醮坛于四明会馆。当时劝办乐善诸君，今已相继谢世，惟予等几人亦将退守家园，是后接办司事，贤者固可绵绵相继。无如人类不齐，贤愚不等，醮事恐有废弃之虑。今鄙等筹商，得一久远之计，集成英洋一千元，永助储四明会馆，取息以作常年醮事之需，不得起用本资。倘若开销有余，仍助会馆，庶冀绵绵不绝，则不失诸先贤一片苦心[1]。生安死乐，同深幸甚，爰撰数言，刊立于碑。光绪三十年荷月　日诚仁堂同人公启。

---

[1]　详见《肉业诚仁堂助款入四明会馆碑》，碑文录于《宁波会馆史》，第194页。

煤炭业创建坤震公所①。宣统元年（1909）江南苏州府元和、长洲、吴县正堂吴、赵，陈，为给示晓谕事。

据长、吴、元煤炭业各号润丰昌、万昌盛、乾元盛、德兴泰、同和昌、东升恒、广生泰、日升、昌义和、仁振泰、顺和、协元兴、仁万茂、元恒盛、隆公泰、致中和、庆和、协大、洽兴顺、茂义德、生福兴、恒升丰、新记仁等禀称：窃经商营业，首重公平，故各业皆有社会，创立公所，由董事组织，评定甲乙，价目公道，贸易庶几有条不紊，进行发达之端，关乎商业兴旺之一大宗旨。惟吾业煤炭，皆系籍隶宁、绍，在苏开张者多；因同业行规之举未成，致多失败。揆情实由同业参差，因无公定规则，售价不一，甚有巧计营生，或跌价放秤，兜揽生意；或次货混冲，欺谎买客。种种技巧，奸伪百出。贪图目前之小利，不顾永远之大局，信实全失，致买客疑窦丛生。外负重利之虚名，内受亏蚀之实害。况来源货价日增，近时销路日减。似此互相倾轧，受耗无穷。以致亏本倒闭者，年有所见。睹此现象，大有江河日下之势。若不亟为整顿，受害伊于胡底？不得已爰集同人，从长计议。决定公平规则，同业皆愿遵守。立有范围，可绝奸巧，使买客知而见信，吾业方免负累。正当贸易，两有裨益。今集同人，公共一心，决定同行规则，并议各店售煤炭，每担提钱二文，集数建立公所，筹备同业公益善举之用，及公举声望素信之同乡在苏候补巡检司马艺为总董，组织其事。方为妥善，众议佥同，各相允洽。抄呈公议规则，禀乞立案，并会衔给示晓谕等情到县。据此。除批示并准予立案外，合行给示晓谕。为此示，仰煤炭业东伙及居民、地保人等知悉：须知该业润丰昌等整顿行规，创建公所，系为维持商务及筹备同业善举起见。自示之后，务各一体遵守现议规则办理毋违。宣统元年十二月二十六日示。

财神庙成衣行②。幸经前成衣行会首，在于京师城内外，商同各铺掌柜、伙友出资，当时成衣行，皆系浙江慈溪县人氏，来京贸易，教道各省徒弟，故名曰浙慈馆，专归成衣行祀神会馆。历年行中唱戏庆贺。殿宇楼房、三皇殿、

---

① 详见《煤炭业创建坤震公所整顿行规碑》，碑文录于《宁波会馆史》，第197页。

② 详见《财神庙成衣行碑》，碑文录于《宁波会馆史》，第187页。

老爷殿、配房、大门，年久失修，众会首、本馆住持人，目睹情形，坐视不忍。众会首商同本行城内外各铺户伙友，量力捐资重修。

    浙慈馆于光绪十六年六月吉日动工修起，直至十八年陆续工程告竣。众会首诚恐年深日久，后来接办之人无所考查，故此勒碑刻铭，以垂久远。庶后来接办之人，观此碑文，可仿（浙慈馆）照旧章承办矣。光绪三十一年冬月吉日立。

以上碑刻生动记录了会馆的创办、演变、作用和地位，使人们了解当时社会中的某一方面事情的真相，为我们在写史、修史中作参考。

宁波庆安会馆雕刻特色研究

黄浙苏[*]

摘　要：概述宁波庆安会馆雕刻的分布现状及其雕刻"三绝"，重点从雕刻图案形式、深层意蕴、雕刻手法等层面阐析庆安会馆雕刻特色，并初步探讨了这些雕刻与宁波"海上丝绸之路"、妈祖信仰、商帮文化等民俗事象之间的深层关系。

关键词：宁波庆安会馆　雕刻建筑艺术　妈祖信仰

宁波庆安会馆系我国八大庆安会馆、七大会馆之一，既是行业商帮聚会协商的场所，又是祭祀妈祖的神圣殿堂。遍布于会馆庆安会馆建筑内的砖雕、木雕、石雕是研究宁波建筑艺术的珍贵文物实物。它们特色鲜明、内蕴深厚、形象灵动，与会馆建筑相伴相生，是宁波乃至整个浙东地区雕刻艺术和建筑装饰艺术的典范①。

一　宁波庆安会馆雕刻的分布现状

宁波庆安会馆中轴线第一进为宫门，其结构为三开间抬梁式双卷棚（鸳鸯式）三马头假二层（楼式）硬山顶建筑，建筑面积 117.6 平方米。大门采用石框结构，正立面墙体侧石采用本地梅园山红石雕以凸形花板，墙面采用水磨青砖，门额（天盘）用砖雕和仿木雕斗拱进行装饰。装饰的画面充分运用了我国传统的立体布局，层次分明，栩栩如生，其雕刻手法细腻，内容丰富，所选题材大多为八仙、三星、九老等民间传说和戏曲人物及花鸟动物博古等，门楣上

＊　黄浙苏，浙东海事民俗博物馆馆长、研究员。

①　黄浙苏、钱路、林士民《庆安会馆》，中国文联出版社 2002 年，第43～44 页。

方中央嵌有"双龙戏珠"御牌形直匾，上书"庆安会馆"贴金砖刻大字。门内鸳鸯式卷棚，下饰悬空木雕花蓝。民间抬梁均饰雕刻，两侧山墙内壁水磨青砖拼接布设美观、讲究。

第二进仪门（二门）包括前戏台、前厢房（看楼），建筑面积542.6平方米，该建筑曾于20世纪60年代被毁，建筑石作基础仍保留原状。根据1953年南京工学院（东南大学）测绘简图情况分析，仪门建筑应为五开间硬山顶结构，山墙为四马头风火墙，檐侧配有石作八字式墙头，雕刻耕织图案。建筑正面为重檐卷棚，檐口有蟠龙石柱六根，梢间前后统棣拷作、玻璃花窗，内部安装扶梯通看楼；大门三道共六扇，正面前装抱鼓石一对，上设门当和匾额，进门后素面屏风八扇，屏后设前戏台。前戏台为歇山顶造型，双龙吞脊，中饰砖雕"奎"星，戗、垂脊饰人物与瑞兽等，屋顶筒瓦覆面，戏台内顶藻井为穹隆式结构，俗称"鸡笼顶"，由16条斜昂螺旋式盘索至宝镜接顶，三条圈梁下均有立体透雕"双龙戏珠"托枋，梁侧面装饰戏曲人物、花鸟等图案花板，朱金贴面。台板三围摺锦拱形栏杆（吴王靠），俗称"火栏杆"。台上装浮雕贴金屏风八扇，屏边左右各有一门，为演员"出将入相"的进出通道。台下明堂正中甬道直抵大殿台阶。戏台的南、北两侧有前厢房（看楼）各四间，梁架为抬梁式四步架两柱造。二层檐柱摺锦拱形栏杆与戏台同。并设花窗，楼下为敞开式。各间檐口用方形石柱，厢内磨砖墙面，与大殿梢间、过道（楼梯间）相连接，厢房马头山墙前部均饰有砖、石雕人物、花草等图案。

第三进大殿为五开间抬梁式重檐硬山假歇山顶结构，通面阔23米，通进深9.8米，建筑面积841.7平方米（包括后厢房、后戏台），脊梁高12.5米。根据现状结构分析，大殿建成后不久，将明、次三间屋面由单檐改为重檐，形成假歇山顶，其四角翼然，高耸雄伟，其大木作法为典型的宁波地方风格，为甬上所罕见。殿前檐柱为青灰色高浮雕蟠龙、双凤石柱，各2根，高达4米，雕刻龙凤神态逼真，形象生动，寓玲珑于浑厚之中，柱间用透雕龙凤花草等图案的挂落相连。两侧八字墙头，分别嵌有一长方形的本地梅园山红石浅浮雕石刻，内容为"西湖十景"和"玉泉鱼跃"，图案雕刻精致，布局协调合理，把古杭州的山水、楼台，淋漓尽致地展现在人们眼前，其细腻浅刻法与龙凤柱豪放浑厚的风格形成了鲜明的对照，使人们情不自禁地领略到沉重舒长、低细绵密、清浊圆润的韵味。殿内4根金刚柱均为南洋藻木。大殿明间原设天后妈祖暖阁

（神龛），雕刻精致，暖阁两边设门形屏风进行分隔，殿内梁柱挂多方匾额，内容大都为历代帝王褒封、护国庇民、海波安澜等，所以匾额于 20 世纪 60 ~ 70 年代损毁。

殿内左右两侧磨砖隔墙古朴大方，卷棚及朱金雕板都由高手制作。殿后戏台与前戏台作法基本一致，但斗拱出檐、铺作做法稍逊前戏台。戏台左右有后厢房（看楼）三间，栏杆门窗作法与前厢房（看楼）相同，明堂铺设青石板。

四进后殿为五开间抬梁式重檐硬山顶楼房建筑，建筑面积 631 平方米，四线屋脊，泥龙正鸥，脊中正面堆塑"双龙戏珠"，背面堆塑"双凤朝阳"，山墙作四马头。楼上楼下原供神像及闽广先哲牌位。每年春秋二季同业聚会公议，处理相关事宜，多在楼上举行。楼上前檐设走廊，窗户为镂空锦窗，窗下装有通间（明、次三间）靠背椅子，为后戏台看戏的主要座位。楼下后廊设阔檐巡通道，可过往南面耳房和北边附房，檐外为见天小明堂，堂后筑高耸隔墙与附房分隔，用于防火、防盗。

二 宁波庆安会馆雕刻"三绝"

"三绝"指：龙凤石柱、砖雕宫门和戏台木藻井。

（一）龙凤石柱

庆安会馆的石雕艺术集中反映在正殿一对蟠龙石柱和一对凤凰牡丹石柱，柱高 4 米多，采用了高浮雕和镂空相结合的雕刻技术，形态逼真，构思独特，配以精致的柱础，为国内罕见的石雕工艺精品。蟠龙石柱，盘龙须眉怒张，倒挂攀附柱上，张牙舞爪，活力四射，周身云雾翻滚，两只蝙蝠在云雾中上下飞舞；两边两根凤凰牡丹石柱，上截是凤，下截是凰，半露柱外，振翅欲飞，活灵活现。真的就像是龙凤只是暂时憩于柱上。中间为盛开的牡丹。紧靠着凤凰石柱的墙面上各镶两块梅园石浅浮雕条屏，浮雕深度不到 1 厘米，将"西湖十景"图作了精雕细琢，与龙凤石柱形成了粗犷与细腻、展现动与静的韵律之美。从资料得知，传说这两对龙凤石柱石料为福建出产，运往宁波途中船只遭遇风浪，同行船队皆毁，唯独两艘运输船得天妃佑护保全。船工返回，演戏三日酬谢天妃，一时传为佳话。

（二）砖雕宫门

庆安会馆的宫门是一个规模不大的砖制门楼，表现出宁波商帮独有的内敛特性。正立面为砖墙门楼，门楣用 14 幅人物故事砖雕和仿木砖雕斗拱进行装饰，勒脚石雕凸板花结，墙面精工磨砖；门楣上有一个用砖雕成的圣旨型竖状匾额，匾额两周是浮雕双龙戏珠，中间浮雕庆安会馆三字。匾额两侧都是"砖雕八仙"、"渔樵耕读"等人物故事和凤凰、狮子滚绣球等动物造型。砖制门楼甚至连同斗拱、椽子、垂花都一同用砖烧制，这是清末民间建筑砖雕门楼的常见形式，但那些雕刻完全称得上是精品。

（三）戏台藻井

庆安会馆前戏台的藻井是一个鸡笼顶①，这个藻井也用了数百花板榫接而成，朱金俯面靓丽炫目。藻井四角是四个代表福祉的变形蝙蝠，蝙蝠的头被刻画成龙状，还顶着一枚铜钱，是否含有财富的寓意呢？戏台四周木栏上雕有若干个龙吐珠的形象。最令人惊叹的是戏台顶部四周的斗拱、挂落和花板，它们将宁波朱金木雕的精美工艺表现得淋漓尽致。花板使用浮雕手法，主要刻画了"三英战吕布"②等三国故事；三条挂落则使用了透雕手法，雕刻出了三组双龙戏珠和凤凰牡丹图案；而斗拱则都化成了龙头和一只展翅的凤凰；"出将"、"入相"之处也做成了龙状，背部的六幅侍女浮雕更是惟妙惟肖。

三　宁波庆安会馆雕刻的特色

雕刻艺术是古今中外建筑中重要装饰门类之一，宁波庆安会馆集中展现了宁波砖雕、石雕、木雕艺术的精粹，对研究宁波乃至浙东雕刻艺术和建筑装饰艺术，具有重要价值。但在古代形式多样的雕刻图案并非可以随心所欲地使用。中国建筑本身与仪仗、车舆、服饰一样，蕴含着社会地位、身份等级等深层寓意，历代对于雕刻图案的采用都有明文规定，不得随意僭越，例如《尚书·大

---

① 许培良、应可军《宁海古戏台》，中华书局 2007 年，第 30 页。
② 黄定福、李本侹《"浙东一绝"宁波庆安会馆戏台》，《中国文化遗产》2008 年第 3 期。

传》："大夫有石材，庶人有石承"，《陈书·肖摩诃传》："三公黄阁听事鸥尾"，《明史·舆服志》："禁官民房屋不许雕刻古帝后圣贤人物及日月龙凤狻猊麒麟犀象之形……"，《大清会典》："亲王府制……绘金云雕龙有禁，凡正门殿寝均覆绿琉璃脊，安吻兽门柱丹护，饰以五彩金云龙纹，禁雕龙首……余各有禁，逾制者罪之"① 等等。建于清咸丰三年（1853）的宁波庆安会馆雕刻图案内容基本按《大清会典》规制雕饰，从龙凤石柱、宫门门楣的"双龙戏珠"御牌匾匾、14 幅人物故事和仿木砖雕斗拱、大殿八字墙头的两块浅浮雕石刻等图案，都昭示着妈祖的地位和庆安会馆的威严，让人心生敬畏，满怀虔诚。在中国特有的文化历史大背景和建筑艺术影响下，宁波庆安会馆建筑雕刻结合地域习俗形成了自己独有的一些艺术特征。其特色主要表现在以下四个方面：

（一）图案形式多样

庆安会馆雕刻图案千变万化，种类多达上百种，取材源自自然万物、几何图形、神话传说，历史故事、社会生活、文字装饰等等，其浪漫的想象、多样的图案堪称宁波地区乃至江浙地区的艺术奇葩。比如以龙、凤、麒麟、狮、马、鹿为代表的动物纹，以岁寒三友（松、竹、梅），四君子（梅、兰、竹、菊），灵芝，海棠为代表的植物纹，以日、月、山川、风、云、石、水为代表的自然纹，以回纹、八角纹、圆为代表的几何纹，以福、禄、寿、人、亚为代表的文字图案，以八仙、寿星、人文戏剧、神话等故事中人物为代表的人物图案，以暗八仙中道教八宝（芭蕉扇、阴阳板、玉笛、葫芦、宝剑、荷花、篮、渔鼓），琴棋书画，钱币，元宝等为代表的器物图案等等。这些图案中绝大部分又与汉字关系紧密，其根源在于汉字本身便源于象形图案，从日月山川雷雨云气之类的自然现象，到凤鱼牛羊之类的动物形象，再到宫廊、席、窗等建筑形象，都是经由古人的写实和提炼而概括生成的图案化文字，这类图案化的文字直接运用于雕刻，便成为了云纹、雷纹、渊纹、山纹、凤纹等图案。此外，"福"、"寿"等代表吉祥的汉字也成了建筑雕刻图案，汉字的书法艺术与联匾等相结合也成为了建筑雕刻的内容之一。

---

① 黄定福《宁波近代建筑研究》，宁波出版社 2010 年，第 186 页。

（二）丰富多彩

庆安会馆里的雕刻图案大多以象征手法，寄托着幸福、高贵、和平、富裕、长寿等良好寓意，比如以鹿（禄）、蝙蝠（福）、金鱼（金玉）、花瓶（平安）、蝴蝶（福）为代表的图案采取了谐音的寓意；以牡丹纹（富贵）、仙鹤、桃子（长寿）为代表的图案以移情的手法寄托美好祝愿；同时还有龙、凤、和合二仙、八仙、劈山救母等广泛取材于神话传说的图案，极大拓展了人们的想象空间。此外，有些图案是取避祸防灾之意，如石狮、铺首、套兽是镇邪之意；还有一些常用物事图案，也隐含了象征意义。如"琴、棋、书、画"代表儒雅，"暗八仙"代表万事亨通；另有一些几何形图案，通过联想和命名得到象征的意义。如回文盘长、寓意连续不断，锦葵表示前程似锦，井口、套方表示富有……这些内涵丰富多彩的雕刻图案饱含着幸福吉祥，伴随庆安会馆一起庇佑着这片土地上的人们。

（三）图案通用性强

庆安会馆各建筑部位的雕刻图案有着较强的通用性，比如套方、方胜、回文、万字、冰裂、海棠、扭长等图案，可广泛应用于木栏杆、石栏杆、砖瓦花格窗、砖石铺地等。又如如意纹，则可用于裙板、斗拱、悬鱼惹草、砖刻、石刻、柱础等。与此同时，某些雕刻图案还源自于其他装饰艺术，比如铺首纹源于青铜器纹样，宋织锦纹彩画源于丝绸织物图案等。庆安会馆雕刻图案在与传统艺术相互渗透和结合的基础上，彰显出自身别样的魅力与风采。

（四）雕刻手法融会贯通

庆安会馆的砖雕、石雕木雕灵活采用平面雕、浅雕、深雕、透雕等等手法，融会贯通、相得益彰。灵透的图案挂边和挺括各式阴阳线脚，巧夺天工，山水、人物、花鸟、鱼虫等图案巧妙组合成合组画面，人物喜、笑、怒、骂神情生动、栩栩如生，与戏剧、神话、传说等故事情节水乳交融，有"鬼斧神工"之妙。在这些雕刻手法下，庆安会馆雕刻图案艺术成为了宁波历史文化遗产中一颗璀璨的明珠。

四 宁波庆安会馆雕刻的文化意蕴

由商帮投资兴建的宁波庆安会馆既是天后宫，也是行业聚会的场所，从建立之初便具有了行业会馆、祭祀妈祖的双重功能。庆安会馆里建筑雕刻的合理布局和利用，有效渲染了民间吉祥艺术对信仰和民俗事象的体现与传承，富有深厚的文化意蕴。

（一）见证了"海上丝绸之路"的开拓

宁波东临大海，自古擅鱼盐之利，唐宋以来，以其天然的地理优势和经济优势成为我国"海上丝绸之路"的重要港口。各地商人依托宁波港的优越地理环境，开设商号，打造船只，经营货物，繁荣了海上贸易。作为我国对外贸易的主要口岸和"海上丝绸之路"的始发港之一，闽、粤商人在此经商，他们以福建木材、桂圆、两广食糖等为大宗货物，每年二次由宁波、慈溪、镇海商贾共同出资建造，耗资七万饼，并每岁春秋二季集庆安会馆进行祭祀活动，求告"海运平安"、"生意兴隆"①。庆安会馆建造的时候，当地的工匠会根据会馆主人的意愿和要求来进行创作，充分展示出本土的创作手法，但同时，他们也受到异地工匠的技术和艺术风格的影响，比如大殿的龙凤柱同福建的庆安会馆龙柱有相同之处，许多雕刻图案也有相同之处。这便意味着民间雕刻艺术随着"海上丝绸之路"的贸易拓展也传播开来，庆安会馆的雕刻便是一个鲜明例证。

（二）渲染了妈祖信仰的氛围

天后女神莆田湄洲岛林氏女护国庇护、扶贫救苦，概括了天后的主要功德，也是妈祖文化的精髓所在，妈祖吉祥图案的主题多是禳灾纳吉。商帮会馆是传播妈祖民间信仰的主要媒介。商帮建庆安会馆的目的，首先是他们相信妈祖能保护他们航运安全和保佑他们免予疾病、破产等意外之灾，借以调节和平慰现实的经商环境对自我所造成的心理紧张。屋脊上的"和合二仙"，墀头上的葫芦、松鼠葡萄，美人靠上的"鸳鸯戏水"，墙基上的大象及花瓶等图案正是人

---

① 刘云《宁波的妈祖信仰和天妃宫的兴废》，《中华妈祖》2008年第3期。

们祈求风调雨顺、丰衣足食、儿孙满堂、家庭和睦、生活幸福心理体现①。

（三）寄托了商帮文化的期待

人们的信仰根植于人类的生存环境，通过图案能折射出人们的民俗生活。商人是民众中最有经济实力的迷信的群体，经营和投资中存在的风险使他们在谨慎谋划的同时不忘遵循趋吉避凶的民间风俗，这些求财祈福的心理表现在宁波庆安会馆建筑装饰图案的各个方面。如大量出现的"葡萄和松鼠"，鼠：财富和财神的象征，又称藏钱，鼠多子，象征多子多孙。葡萄：它的枝既为棵又为本，葡萄粒多又得以万字才能概括，葡萄"粒"与利谐音，为一本万利，寓意生意兴隆，财源滚滚。"刘海戏金蟾"、"刘海撒钱"等图案也充分体现了商人的心理思维和价值取向。清代受"兴商、兴学"影响，商人阶层已摆脱社会底层的身份而活跃于民间，会馆建筑装饰图案中的算盘、铜钱等商业器具是商业活动的体现，也是商业文化和商人阶层审美观的体现。

---

① 金皓《甬东庆安会馆建筑雕刻图案的浅析》，《海峡两岸妈祖研讨会论文集》，中国文史出版社 2010 年，第 318 页。

会馆二题

俞信芳*

一题

摘 要： 顾炎武《日知录》卷二十七有曰①：“《朱买臣传》：‘买臣入{家}[室]中’，即会稽邸中也。邸，如今京师之会馆。”对于“会稽邸”，即“郡邸”，（宋）王应麟《玉海》卷一百七十二有《汉郡国邸》一题，虽未引《朱买臣传》，却集中了不少郡邸之史料，意犹未尽。在汉代，邑，郡邑，与国是同义的。《说文》卷六《邑部》：“邑，国也。”《深宁集》中的是汉代资料，所以没有与会馆联系起来，因为当时“会馆”一词还未形成。明末清初顾先生生当其时，“会馆”一词产生，并已经完善，得以与“郡邸”系连起来。顾说，点到了会馆源头之一。然而二贤所论限于汉代，未尝涉及此后之发展。本文试就古代郡邸应用范围之扩大，进行探索。

会馆起自同乡，与郡邸相若，但会馆置办者为民间及另一条主流源自“行会”，就与官办郡邸留下了不可弥合之异同。这些，有待于另文研究。

关键词： 郡邸 国邸 官店 邸 会馆

顾先生曰：会稽邸，即如今之会馆。所引简要，结论又高度概括，如我一般读者而言，往往难以理解。经检《汉书》卷六十四上《朱买臣传》，曰：

> 初，买臣免，待诏，常从会稽守邸者寄居、饭食。拜为太守，买臣衣故衣，怀其印绶，步归郡邸。直上计时，会稽吏方相与群饮，不视买臣。

---

* 俞信芳，宁波大学副教授。
① 本文所引除注明外，均引自《四库全书》本。“{ }”表示删改；“[ ]”表示增改。

买臣入室中，守邸与共食。食且饱，少见其绶。守邸怪之，前引其绶，视其印，"会稽太守"章也。守邸惊出语，上计掾吏皆醉。大呼曰："妄诞耳。"守邸曰："试来视之。"其故人素轻买臣者，入视之，还走疾呼曰："实然。"坐中惊骇，白守丞，相推排陈列中庭，拜谒。买臣徐出户有顷，长安厩吏乘驷马车来迎，买臣遂乘传去。会稽闻太守且至，发民除道，县吏并送迎车百余乘入吴界。

　　阅读《汉书》，得知顾先生解释的是从"｛家｝［室］中"开始。由于"室"、"家"二字，其义虽有相通之处，毕竟是两个词，顾文作"家"字，原文作"室"字。当是过录《日知录》者所误。其实顾先生要解释的并不是"室"、"家"，而是"邸"字。他说："'邸'，如今京师之会馆。"从《汉书》看，汉代京师，确实存在类似"会馆"的机构，郡邸。"郡邸"是设立在京师的地方机构，接待郡国官吏上京办事者。朱买臣未获任命，能否入居，不敢聚定。因为《汉书》所云是"常从会稽守邸者寄居、饭食"，强调了"守邸者"，而非郡邸。可能与守邸者有私交。当他还不是会稽官吏时，住于邸，食于邸时，"会稽吏方相与群饮，不视买臣"，没有当他一回事。当守邸者知道他是会稽太守时，始"惊骇"。于是耸动众人，以致"发民除道"；"县吏并送迎车百余乘入吴界"迎候，可见买臣所居的"会稽邸"是在京师的。此文也说到：会稽"上计"吏至京师，也住在"邸"的。所谓"计"，就是今天的统计数据，上计，就是送上一郡的统计数据。上计者是郡邸主要居住者，因为上计事务，是经常性的。于是曾经关押过皇室成员之"郡邸狱"名，也是因为关押上计犯罪者而得的。

　　"邸"，《说文解字》卷六下《邑部》："属国舍，从邑，氐声。"宁海胡三省《通鉴释文辨误》卷三："汉郡国朝宿之舍，皆曰：'邸'。叔重但以为属国舍，亦已拘矣。"认为"邸"，还拥有"郡国邸"之意。再往上推，《史记》卷十二《孝武本纪》："黄帝乃治明庭。明庭，甘泉也。方士多言古帝王有都甘泉者。其后天子又朝诸侯甘泉，甘泉作诸侯邸。"说的是：汉武帝在甘泉宫接见诸侯，后以甘泉为诸侯邸。此邸，是中央政府置办的。汉代"郡邸"，在当时，由哪一个部门主管，其后又有哪些变化，发生过哪些大事呢？

　　《汉书》卷十九上《百官公卿表》：

典客，秦官。掌诸归义蛮夷，有丞。景帝中六年（前144），更名大行令。武帝太初元年（前104），更名大鸿胪（应劭曰："郊庙行礼赞，九宾鸿声胪传之也"）。属官有行人、译官、别火、三令丞及郡邸长丞（师古曰："主诸郡之邸，在京师者也"）。武帝太初元年更名行人，为大行令。初置别火。王莽改大鸿胪曰："典乐。"初置郡国邸，属少府，中属中尉，后属大鸿胪。

由大鸿胪属吏"郡邸长丞"掌管。郡邸在汉代的京师有多少呢？《后汉书》卷九十九《何进传》：

（中平）六年（189），帝疾笃，属协于蹇硕（按：选协继承，由蹇硕办理）。硕既受遗诏，且素轻忌于进兄弟。及帝崩，硕时在内，欲先诛进而立协。及进从外入，硕司马潘隐与进早旧迎而目之。进惊驰从儳道归营，引兵入屯百郡邸。因称疾不入，硕谋不行，皇子辩乃即位。

《资治通鉴》卷五十九："引兵入屯百郡邸"注曰：

天下郡国百余，皆置邸京师。谓之百郡邸者，百郡总为一邸也。

《太平御览》卷一百八十一《邸》："陆机《洛阳记》曰：'百郡邸，在洛城中，东城下，步广里中'。"洛阳，为东汉都城。何进屯兵百郡邸，镇慑一次政权之争夺。百郡邸，"步广里中"，可以屯驻相当数量之兵。故其所屯之兵，能满足这次镇慑之作用。在百郡邸之下，还有百余郡邸。《晋书》卷二十六《食货》记载了大国、次国、小国国邸之占地面积，曰：

及平吴之后，有司又奏。诏书："王公以国为家，京城不宜复有田宅。今未暇作诸国邸，当使城中有往来处，近郊有刍藁之田，今可限之。国王、公侯京城得有一宅之处近郊田。大国田十五顷，次国十顷，小国七顷。城内无宅，城外有者，皆听留之。"

《南齐书》卷二十二《豫章文献王》：

豫章文献王嶷，字宣俨，太祖第二子。（有曰）"府州郡邸舍，非臣私有……"

据以上文献所述，郡国邸，是由中央政府置办的。

至明代，有地方执政者办理郡邸之记载，亦知明代之官店，有郡邸之意（详后），《明史》卷八十一《食货志》曰：

> 又听福府承奉谢文铨设立官店于崇文门外，以供福邸。

《汉书》卷八《宣帝纪》尝记录一起，汉宣帝出生不久，因涉"巫蛊"诏狱，而被囚禁在郡邸狱中，险些丧命。曰：

> 孝宣皇帝，武帝曾孙，戾太子孙也。太子纳史良娣，生史皇孙。皇孙纳王夫人，生宣帝，号曰：皇曾孙。生数月，遭巫蛊事，太子、良娣、皇孙、王夫人皆遇害。曾孙虽在襁褓，犹坐收系郡邸狱（如淳曰："谓诸郡邸置狱也。"师古曰："据《汉旧仪》：'郡邸狱，治天下郡国上计者，属大鸿胪。'此盖巫蛊狱繁，收系者众，故曾孙寄在郡邸狱"）。而丙吉为廷尉监（师古曰："监者，廷尉之官属"）治巫蛊于郡邸，怜曾孙之亡辜，使女徒（犯）复作淮阳赵征卿、渭城胡组更乳养。私给衣食，视遇甚有恩。巫蛊事连岁不决，至后元二年（前87），武帝疾往来长杨、五柞宫。望气者言："长安狱中有天子气。"上遣使者分条中都官狱，系者轻重皆杀之。内谒者令郭穰夜至郡邸狱，吉拒闭。使者不得入，曾孙赖吉得全。因遭大赦，吉乃载曾孙送祖母史良娣家。后有诏："掖庭养视，上属籍宗正。"

郡邸狱，是为"治天下郡国上计者"而设置的。它是设在郡邸之内，还是在郡邸以外另设"郡邸狱"呢？据如淳注曰："谓诸郡邸置狱也"并上文提到丙吉，是隶属廷尉之监，管理"郡邸狱"并救助在"郡邸狱"关押的皇曾孙，即后来的汉宣帝。《丙吉传》记载，丙吉是在郡邸成长的。因而，狱是郡邸改置的。《汉书》卷七十四《丙吉传》：

> 吉前使居郡邸时，见其幼少，至今十八九矣，通经术有美材，行安而节和。愿将军详大议，参以蓍龟，岂宜褒显先使入侍。

后汉，大行令省并入大鸿胪，属下"驿官、别火二令丞及郡邸长丞"省称为郎，管辖郡邸。《后汉书》卷三十五《百官志》有曰：

大行令，一人，六百石。右属大鸿胪，本注日：承秦有典属国，别主四方夷狄朝贡侍子。成帝时，省并大鸿胪。中兴省驿官、别火二令丞及郡邸长丞。但令郎治郡邸。

其后，记载有长史（副郡守职）居住在郡邸，并卒于郡邸的，《文苑英华》卷九百二十五（唐）李回秀《唐齐州长史裴府君神道碑》：

己申考功之名，奉计京师，遽有永明之拜。既留郡邸，遘疾弥留，上药难逢莫触。

也有居住在郡邸并产子的，《湖广通志》卷四十四《名宦志》：

冯若愚，字大咸。慈溪进士，知襄阳府。子元扬（《黄宗羲全集》第十册第230页《留仙冯公神道碑》："生于万历丙戌十二月九日"）、元飚，一都御史，一兵部尚书，皆生于郡邸者。

也有在郡邸中治理丧事的，《后汉书》卷六十一《杜诗传》：

校尉鲍永上书言："诗贫困无田宅，丧无所归。"诏："使治丧郡邸，赙绢千匹。"

有殡于郡邸三十年的，（宋）苏颂撰《苏魏公文集》卷五十七《太常少卿致仕王公墓志铭》：

故中书舍人胡旦，旅殡在郡邸。其子孙孱不能举葬，且三十年矣。公为作奏日：旦有大名，尝为先帝近臣。朝廷宜厚恤之。诏：以库钱二十万畀其家具葬。

闻之心酸。则是会馆置放棺木之滥觞。（唐）张九龄撰《曲江集》卷二十《大唐赠使持节泾州诸军事泾州刺史牛公碑铭并序》：

逸人之墓，今同郡邸。

（唐）姚合撰《姚少监诗集》卷一《送崔玄亮赴果州冬夜宴韩卿宅》：

华省思仙侣，疲民爱使君。泠泠唯自适，郡邸有谁闻？

慨叹郡邸之作用不少，地位不高。郡邸又有被变卖，茸为居第的。《后汉书》卷九十四《史弼传》曰：

及下廷尉诏狱。平原吏人奔走，诣阙讼之。又前孝廉魏劭毁变形服，诈为家僮，瞻护于弼。弼遂受诬事，当弃市。劭与同郡人卖郡邸（郡邸，若今之寺邸也）行赂于侯，览得减死罪一等，论输左校。

《宋会要辑稿·方域》四《第宅》：

八月，赐右千牛卫上将军周保权朗州邸务，茸为居第。

这些应属非法行为。有学者称：后汉仲长统之"馆舍布于州郡"，中"馆舍"，或许亦与"郡邸"① 同。检《后汉书》卷七十九《仲长统传》，曰：

《损益篇》："井田之变，豪人货殖，馆舍布于州郡，田亩连于方国。身无半通青纶之命，而窃三辰龙章之服；不为编户一伍之长，而有千室名邑之役。"

笔者以为，此馆舍与郡邸关系不大。这一馆舍，纯粹是富豪个人之财富，而郡邸属于政府之财产。由于郡邸接待地方官吏，经过上访、请示、汇报，政府指令，多由郡邸转达，这就沟通了中央与地方之讯息，《隋书》卷七十三《柳俭（郭绚敬肃）》：

大业五年，入朝郡国毕集。帝谓纳言苏威、吏部尚书牛弘曰："其中清名天下第一者为谁？"威等以俭对。帝又问其次，威以涿郡丞郭绚，颍川郡丞敬肃等二人对。帝赐俭帛二百匹，绚、肃各一百匹。令天下朝集使，送至郡邸，以旌异焉。

（宋）胡宿撰《文恭集》卷三十八《宋故朝散大夫尚书工部郎中充天章阁

---

① 有关陈宝良《会馆、公所的崛起及其发展》，《中国的社与会》（增订本），中国人民大学出版社 2011 年，第 241 页。

待制张公墓志铭》：

> 以己亥七月丙辰卒于州廨之寝，郡邸奏公讣。

下文记载一位王妃入宫之前，暂住郡邸。《宋史》卷二百四十三《后妃列传·宁宗恭淑韩皇后》：

> 宁宗恭淑韩皇后，相州人，其六世祖为忠献王琦。初，后与姊俱被选入宫，后能顺适两宫意，遂归平阳郡邸，封新安郡夫人，进崇国夫人。王受禅，册夫人为皇后。

由于郡邸有沟通上下讯息之特点，这就成为猎取情报之所，（宋）魏了翁撰《鹤山集》卷四十四《普州贡院记》记载郡邸作为搜集备问资料三个来源之一，曰：

> 当岁大比，往往窃取朝廷余论，荐绅奏疏，与郡国邸吏所传，旷分条别，纂缀以备问。使朝廷清明，君仁臣直，则上无阙政，下无谤词。

反之，未经郡邸之着，就是知之者不多之秘籍了。《鹤山集》卷五十三《周元公程纯公正公谥告序》：

> 臣自嘉定八年司臬剑东，兼摄漕事厥……百年间鸿儒硕士偶未及言，今乃白发于一介外小臣，而圣断高明，不以人废，亶谓盛典。然而郡国邸吏不得而传也，臣虑四方学者未能徧睹，则无以仰称圣上崇儒重道之指，乃摹勒乐石龛置。潼川教官复锓板以广其传，俾凡承学之士有观焉。

郡邸对于上面则是民间，故中央从郡邸选拔人才，就代表从民间选拔了。（唐）白居易撰《白氏长庆集》卷五十《韦绶从右丞授礼部尚书薛放从工部侍郎授刑部侍郎丁公着从给事中授工部侍郎三人同制》：

> 故朕嗣位未逾时月，或自郡邸，或自省署，征擢宠用为丞郎、给事。

《文苑英华》卷四百五十五（唐）封敖撰《授史宪忠泾原节度使制》：

> 是以擢自郡邸，陟于斋坛。戋尚书之履声，举将军之戎律。

郡邸又有截抑地方转达之讯息，则犹是驿站之终点。下文之"公喻郡邸吏，屏其奏而藏其私书"就是，（宋）苏辙撰《栾城集》卷二十五《伯父墓表》：

> 蒙正为凤州，以章献太后姻家，怙势骄横。知公之贤，屈意礼之，以郡委公。公虽以职事之，而鄙其为人。蒙正尝荐公朝，复以书抵要官，论公可用。公喻郡邸吏，屏其奏而藏其私书。未几，蒙正败，士以此多公，罢为永康录事参军。

《玉海》卷一百七十二《汉郡国邸》提到："季布为河东守，至留邸一月"之"邸"，作为"郡有邸也"之证。考《史记》卷一百《季布列传》："季布为河东守，孝文时人有言其贤者，孝文召欲以为御史大夫；复有言其勇使酒难近，至留邸一月见罢。季布因进曰：'臣无功窃宠，待罪河东。陛下无故召臣，此人必有以臣欺陛下者；今臣至无所受事罢去，此人必有以毁臣者。夫陛下以一人之誉而召臣，一人之毁而去臣。臣恐天下有识闻之，有以窥陛下也。'"此"留邸"之邸，不一定是郡有邸之实。有可能是郡官邸。倒是（明）曹学佺撰《蜀中广记》卷六十二有曰：

> 彭守朱公绰，与宋景文公唱酬《牡丹诗》，按："天彭牡丹今已寥寥，成都惟汶川郡邸好，植牡丹已累世矣。"

这一汶川郡邸，是设在成都之邸。（明）王慎中撰《遵岩集》卷十一《送叶生士直还吴序》：

> 公始仕为泉州节推，而生来省于郡邸。

"生来省于郡邸"之郡邸，是设在省城之郡邸。

有摹写汉高祖形象于邸中。或是后世在会馆塑造、雕刻关帝菩萨、天妃等形象之滥觞。文虽出于明人，事或生于先代。（明）（李贽撰）张萱撰《疑耀》卷一《高皇帝像》：

> 先大夫令滇（时从黔）国邸中，模高皇御容。

"官店"一词，在明代有与郡邸相同之义，如上引《明史》"福邸"一例提到：明代郡邸，有称作"官店"的。在明代官店，又发生过：征税、私占、私

置的事项,《明史》卷七十五《职官志》:

> 税课司（府曰司,县曰局）,明初改在京官店为宣课司,武州县官店
> 为通课司,后改通课司为税课司局。

是县也有官店之证。《明史》卷八十一《食货志》:

> 太祖初征酒醋之税,收官店钱。即吴王位,减收官店钱,改在京官店
> 为宣课司,府县官店为通课司。
>
> 永乐初,准南京例置京城官店塌房。

《明实录·明太祖高皇帝实录》（红格钞本）卷十四:

> 改在京官店为宣课司,府州县官店为通课司。

《明会典》卷三十二:

> 永乐七年,又令京城官店塌房照三山门外塌房例税钱一分,宣课司收
> 免牙塌房钱二分,看守人收用。

《明史》卷一百八十七《马中锡传》:

> 劾镇守太监朱秀置官店,擅马市诸罪。

《明实录·明英宗睿皇帝实录》（梁鸿志复印件）卷二百三《废帝郕戾王附
录》第二十一:

> 辛巳,京城官店塌房多为贵近勋戚所有,兵科都给事中叶盛等言:"贵
> 近勋戚,高爵厚禄,而又侵利于国,贻害于人。乞将在京官店塌房尽数勘
> 实籍记在官,按季收钞,以资军饷。"从之。

有的是由皇帝赐给的,《明实录·明宪宗纯皇帝实录》（梁鸿志复印件）卷
之一百:

> 丙午,户部议覆都给事中白昂等陈言修省内二事,欲"将京城官店赐
> 给勋戚近臣者,一一还官,仍税贷以资国课。"

《清史稿》卷五百一《遗逸·傅山传》：

> 提学袁继咸为巡按张孙振所诬，孙振，阉党也。山约同学曹良直等诣通政使，三上书讼之，巡抚吴甡亦直袁，遂得雪。山以此名闻天下，甲申后，继咸自九江执归燕邸，以难中诗遗山，且曰："不敢愧友生也！"山省书，恸哭，曰："呜呼！吾亦安敢负公哉！"

《清史稿》卷五百五《列传》二百九十二《艺术·甘凤池传》：

> 甘凤池，江南江宁人。少以勇闻。康熙中，客京师贵邸。

有的迳称作京邸的，《清实录·世祖章皇帝实录》（顺治）卷之一百八①：

> （顺治十三年三月壬申）革工部右侍郎程正揆职。以御史张自德。劾其典试山西。及在京邸时。纵酒挟妓。行止不检也。

《清史稿》卷五百六《畴人·陈际新传》：

> 乌程陈杰时为台官博士，阳湖董祐诚亦客京邸，皆日从讲数，各出所得相质问。

《清史稿》卷二百九十《蔡世远传》：

> 雍正八年，福建总督高其倬劾世远长子长汉违例私给船照，上以疏示世远。世远奏言："臣子长汉现在京邸。此所给照，不知何人所为。但有臣官衔图书，非臣族姓，即臣戚属，请敕鞫治。"

《清史稿》卷三百六十三《潘世恩传》：

> 字芝轩，江苏吴县人，道光三十年，文宗即位，复三疏，始得予告，食全俸，留其子京邸。

《清史稿》卷三百四十《王杰传》、卷四百八十二《儒林·金鹗传》、《清

---

① 《清实录》，中华书局影印本 2008 年。

史稿》卷四百八十六《文苑·方琦传》等：

> 卒于京邸。

二题：光绪赐扁考略

摘　要： 光绪钦赐会馆的关帝庙（祠）、妈祖庙（祠）之扁额，是特定历史时期之产物，光绪以前罕见此举。这一举措，说明了两个方面问题：其一，民间工商业之发展壮大，已经具备了协助赈济之能耐；其二，清政府日趋没落，不得不向民间团体示好。赐赠对象托以关帝、妈祖等，其实是赐给供奉这些偶像之工商团体、同乡、善堂组织。有文章称，赐扁题词为光绪御制（书），本文所引之《光绪宣统两朝上谕档》记录光绪首次赐赠匾额，有曰："着南书房翰林恭书"，则未必为御书。此赐对于会馆、善堂而言，是一章大事。应该写入所得会馆、善堂之史册中。

关键词： 会馆　光绪赐匾额

《清实录·德宗景皇帝实录（光绪）》卷之七十七：

> （光绪四年八月丙申，十九，1878年9月15日）前福建巡抚丁日昌奏："此次办理晋豫赈捐，数巨解速。请将闽粤劝捐出力员绅优保，暨道员林维源捐款优奖。"得旨："所有劝捐出力各员绅及道员林维源捐款，着丁日昌分别知照李鸿章、何璟、吴赞诚等，奏请奖叙。"

可见这是一次较重之灾难，《清实录·德宗景皇帝实录（光绪）》卷之八十一：

> 以绅商捐集巨款，有禆荒政。寅感灵贶，俯顺舆情，颁上海果育善堂关帝庙扁额曰："昭德扬仁"；广东东华善堂关帝庙扁额曰："神威普祐"；浙江湖州仁济善堂关帝庙扁额曰："惠周泽洽"；上海丝业会馆关帝庙扁额曰："仁敷地纪"。

《光绪宣统两朝上谕档》有较为详细之请、赐记录，是为光绪首次赐扁，也是《清实录》编纂之底本，开以赐扁易赈捐之先河①。曰：

> 光绪四年十一月初八日（1878 年 12 月 1 日），内间奉上谕李鸿章奏："绅商捐银助赈，请颁发善堂神灵扁额"等语，"上海果育善堂、广东东华善堂、浙江湖州仁济堂、上海丝业会馆于上年，江苏海州、山东、青州等处，今年直隶河间及山西、河南等处被灾，均各捐集巨款，分投济赈。总计不下银五十万两，实属急公，有裨荒政。该善堂向具崇奉关帝神灵祐助，寅感实深。着南书房翰林恭书扁额四方，交李鸿章祗领，分交各该地方官，饬发各善堂会馆悬挂关帝神前，以答灵贶而顺舆情。钦此。"

上海丝业会馆，《南浔现象》、《浙商与晋商的比较研究》有曰："浔商集团形成的标志性事件，应当是 19 世纪 60 年代上海丝业会馆和南浔丝业公所的成立。——上海丝业会馆。1860 年，由沪上'丝业领袖'浔商陈煦元（竹坪）在上海发起成立，浔商刘镛、周昌炽等均位列董事。说明浔商在上海丝业界地位举足轻重。"咸丰十年，南浔八象之一陈裕昌，参加与发起成立上海丝业会馆，并且是早期历届董事②。

《清实录·德宗景皇帝实录（光绪）》卷九十四：

> （光绪五年五月）戊子（十五，1879 年 7 月 4 日），以南洋华商筹办晋豫赈捐，事由神祐。颁潮州会馆关帝庙扁额曰："祐福兆祥。"天后庙扁额曰："德星昭衍。"

所赐对象为潮州会馆。考潮州会馆在海内外，有好几处。能符合这个时间段并设有关帝庙、天后庙条件的，就颇难确认。检阅对潮州会馆研究比较全面的周昭京著《潮州会馆史话》③，结果没有查到。只有在该书《苏州潮州会馆》章节中看到："吴县潮州会馆内设有'关帝君'、'天后圣母'、'观音大士'神位，但大厅正中却历来悬挂昌黎韩夫子像。"神位，神的牌位，相当于神主，颇

---

① 中国第一历史档案馆《光绪宣统两朝上谕档》（光绪四年）第 4 册，广西师范大学出版社 1996 年，第 336 页。
② 李学功《南浔现象：晚清民国江南市镇变迁研究·浔商集团的形成》，中国社会科学出版社 2010 年，第 144 页；杜正贞《浙商与晋商的比较研究》，中国社会科学出版社 2008 年。
③ 周昭京《潮州会馆史话》上海古籍出版社 1995 年。

难与光绪所赐予的"庙"挂钩。经检《明清苏州工商业碑刻集》① 看到有：

> 我潮州会馆，前代创于金陵，国初始建于苏郡北濠，基址未广。康熙四十七年，乃徒上塘（周昭京行文写作：吴县）之通衢，列层五楹，为殿者一，为阁为台者一。闳阆高敞，丹艧翚飞。敬祀灵祐关圣帝君、天后圣母、观音大士。已复买东西旁屋，别祀昌黎韩夫子，兼设客厅厨舍。

是为周昭京所用之底本，没有说是神位，且所祀昌黎的情况也有异同，关于关帝、妈祖仅云："敬祀灵祐关圣帝君、天后圣母。"所祀，应该是塑像。所以，光绪所赐匾额对象，当是：苏州潮州会馆。

《清实录·德宗景皇帝实录（光绪）》卷一百九十二：

> （光绪十年八月）丙申（二十五，1884 年 10 月 13 日），颁古巴华商会馆关帝庙扁额曰："德义流行。"

《清实录·德宗景皇帝实录（光绪）》卷四百四十三：

> （光绪二十五年四月）甲辰（二十七，1899 年 6 月 5 日），以古巴华民捐赈，颁古巴中华会馆关帝庙扁额曰："福荫沧州。"

后一次颁匾，同卷尝有记载伍廷芳禀报，曰：

> 出使美日秘国大臣伍廷芳奏：古巴华民赈抚情形，下所司知之。

关于古巴中华会馆，是在古巴的华侨团体。华侨在古巴辛勤劳动、经营，至 1870 年，古巴西部四省各城镇中，几乎处处都有华人开办的商店。到 20 世纪初，古巴的华商已有近 2000 家，营业额达千万金；有些华人商号，如古巴的"荣安"、"友彰"、"万宝华"，"东成泰"，"均和隆"、"新升隆"、"德昌源"等等，都是当时有名的大商号；1877 年，古巴第一家华人银行在古巴开业，1879 年，古巴马坦萨斯有三名华人合资买下一家糖厂，大力改善经营，使这家

---

① 苏州历史博物馆、江苏师范学院历史系、南京大学明清史研究室《明清苏州工商业碑刻集》，江苏人民出版社 1981 年。

糖厂的产量在 4 年之内差不多翻了一番①。于是古巴华侨，建立起各类地方性同乡、同业组织。又在这些组织基础上，建立全国性的组织："中华总会馆。"中华会馆一般以个人为会员，凡中国人都可以加入②。当得知故乡遭受灾害，立即发起募捐赈济。光绪在感激之余，御赐在古巴的中华会馆关帝庙赐匾，也是在情理之中的。光绪的二次赐匾，理应补入《美洲华侨华人史》的古巴章节之中。

《清实录·德宗景皇帝实录（光绪）》卷一百二十三：

> （光绪六年十一月）己卯（十五日，1880 年 12 月 14 日），颁金山中华会馆关帝庙扁额曰："咸宣海澨。"

《清实录·德宗景皇帝实录（光绪）》卷二百四十一：

> （光绪十三年四月）丁卯（初十，1887 年 5 月 2 日），以神灵显应，颁美国金山华商会馆关帝庙扁额曰："海宇澄清。"

基层组织之关帝祠，也获得赐匾。卷三百六十

> （光绪二十一年正月）丁酉（1895 年 2 月 19 日），以海外华商捐助顺赈，颁金山宁阳会馆关帝祠扁额曰："声灵广被。"

据《肇庆文史》第 6 辑载③：

> 美国金山中华会馆（该会馆于二十世纪初由冈州，肇庆、合和、阳地、三邑、宁阳六大会馆组成）、美国肇庆同乡会、澳华公会等。这些组合对同乡的侨胞，起到了解困扶危，守望相助的作用。

《番禺统战史·海外各地番禺华侨社团组织统计表》载④："金山中华会馆，1879 成立。其前身为 1862 年三大会馆公所。"《申报》（1893 年 5 月 20 日）

---

① 李春辉、杨生茂《华商阶层的形成促进了商晶流通和市场繁荣》，《美洲华侨华人史》，东方出版社 1990 年，第 603 页。

② 李春辉、杨生茂《各种职业团体》，《美洲华侨华人史》，第 619 页。

③ 《肇庆文史》第 6 辑，1992 年。

④ 中共番禺市委统战部《番禺统战史》，1999 年，第 244 页。

《旧金山华人仇杀之风屡禁》，"外贻洋人之口实，内为大局之隐忧。"于"光绪十九年正月廿九日"订立《旧金山中华会馆卫良章程》；《申报》（1906年10月12日）《金山中华会馆致各埠函》（为巴拿马河招用华工事）；《申报》1908年8月9日第4张："金山筹建中华学堂兹经中华会馆各绅商绘图估价投票：'二万五百美元揭晓。'"为推翻清朝政府，抗日战争，金山中华会馆功不可没。据《粤籍华侨华人与粤地对外关系史》记载①：

> 旧金山中华会馆3次电汇给广东都督胡汉民，共13万美元。
>
> 1937年7月7日卢沟桥事变发生后，旧金山中华会馆召开紧急会议，讨论如何应对；8月16日，决定成立中华抗日救国后援总会；8月21日，旧金山中华会馆召开全侨大会，通过成立旅美华侨统一义捐救国总会，由台山籍广府华侨邝炳舜领导，下辖47个分会，遍布全美大、中、小城市。

《清实录·德宗景皇帝实录（光绪）》卷二百三十一：

> （光绪十二年八月）丙寅（初六，1886年9月4日），以素著灵显，颁｛卧｝［南］洋啤叻埠中华会馆关帝扁额曰："如日中天"。
>
> 以海防捐馈，予啤叻埠华商广东增城县道员职衔郑嗣文奖叙，并为其母赖氏于本籍建坊。

《清实录·德宗景皇帝实录（光绪）》卷三百四十又曰：

> （光绪二十年五月）辛巳（1894年6月8日），以神灵显应。颁南洋槟榔屿华商公所关帝庙扁额曰："威震南溟"；以募助赈捐，南洋槟榔屿等处华商郑嗣文等传旨嘉奖。

啤叻，也译作霹雳。马来西亚的一个州，在西北部。华侨华人约占一半。槟榔屿，岛名，也在马来西亚西北部，华人约占七成。二次赐扁并嘉奖，均与华商郑嗣文有关。关于郑嗣文，徐珂著，李云编《仲可随笔·人物·郑嗣文好

---

① 高伟浓等《粤籍华侨华人与粤地对外关系史》，中国华侨出版社2005年，第127、132页。

义轻财》曰①：

> 邝衮宸贻书，以增城郑嗣文事见告，可见南洋华侨之好义轻财也。其言曰：嗣文，字慎之。父兴发，以贫谋食于南洋小霹雳岛，书问久绝。嗣文力耕养母而困甚。母命往寻父，遇之，乃从父为商，得资以赡母。岛之华侨好械斗，十余载不息，岛酋不能弭。嗣文患之，乃赴新加坡告英督。督发师定乱，罪岛酋，别设官吏治之。岛日以兴盛，英督嘉之，使为甲必丹（马来语：Kapitan Cina 音译，犹首领。[清] 薛福成《出使四国日记·光绪十六年六月三十日》："荷择其贤能者为马腰甲必丹等官，专理华人事务，而审断权仍操自荷人"），以抚华侨。侨爱戴之，其商业亦日盛。久之，成巨富。富冠诸岛，而性慷慨，好施与。李鸿章督直隶，淫潦为灾，作书告，嗣文助巨款，鸿章以"急公好义"表其间。法越之役，张之洞方督两广，输财赡军。事闻，赏二品衔，赠三代，赏其二子以郎中员外郎。（《松阴暇笔》）

《清实录·德宗景皇帝实录（光绪）》卷四百九十五：

> （光绪二十八年十月乙未，初九，1902 年 11 月 8 日）颁四川绵竹县江西会馆周史官李老聃扁额曰："柱史垂芳。"

绵竹县江西会馆，1992 年本《绵竹县志》第 28 篇《社会风土·会馆》第 753 页："绵竹县大多数会馆建于清代，一般会馆内还供有神像，有的不以馆命名，而称某某宫，像一座庙宇。民国 19 年（1930 年）会馆的田产被政府卖尽，仅存房屋，后来房屋也普遍改作他用，名存实亡。据考查，当时绵竹会馆分布如下：绵竹城区有江西会馆（万寿宫）……"没有更多的数据。光绪赐扁的主要因素是获得了经济上之资助，之赈灾，或得到借款，有时说某神"显灵"，也是托词。《清实录·德宗景皇帝实录（光绪）》卷四百四十三道出了原委：

> （光绪二十年八月丁卯 [二十三，1894 年 9 月 22 日]）又谕："户部奏

---

① 徐珂著、李云《仲可随笔·人物》，中共中央党校出版社 1998 年，第 214～215 页。

息借华款，推行各省及海外各埠。酌拟章程一折，所拟戒抑勒，去壅蔽立限期。定平色准扣抵各条，即着该部知照各直省督抚，实力奉行毋滋流弊。"另片奏："如集款至一百万两以上者，其善堂、会馆，请给扁额，并将绅董首事，酌奖一二人以示鼓励。"着照所请行将此谕令知之。

后 记

　　中国历史上的会馆是缘于乡谊而建的群体性自卫自律自治组织，自明永乐年间在北京已首见雏形，至今已有六百多年的历史，其数量之多、分布之广、影响之大、延续时间之长，历史上罕见。会馆主要分为政治型、工商型、移民型、海外华人型等类别，它们为促进社会政治经济发展、推动各地区文化和生产技术交流、扩大商品流通、传播中华文明等发挥了不可忽略的积极作用，为世人所瞩目。在经济社会高速发展的当下，会馆以其悠久的历史渊源、丰厚的文化内涵和永不衰竭的团结奋进精神，对地域文化的传承和发展发挥着持续而深厚的影响。

　　历经 160 年风雨的宁波庆安会馆是地域会馆的杰出代表之一。作为我国沿海规模较大的航运行业会馆，庆安会馆见证了历史上浙东地区航运文化的发展；作为宁波港口城市的代表性建筑，庆安会馆见证了宁波古代、近现代繁荣的海外交通和对外文化交流，本身即属于"海上丝路文化"的重要遗存；同时庆安会馆（包括其南侧的安澜会馆）还是浙江清代漕粮及南北贸易河海联运的主要管理和服务设施，见证了大运河（宁波段）河海联运的独特的运输方式，是大运河（宁波段）文化的核心遗产。可以说，庆安会馆在其产生和发展的历程中，已深刻融入于宁波地域文化的发展建设之中，作为宁波妈祖文化传播的重要载体、商帮文化的历史见证、雕刻文化的生动记录，已成为地域文化表征和传承的重要实物载体。

　　2013 年 12 月，正值宁波庆安会馆建馆 160 周年，由中国文物学会、宁波市文化广电新闻出版局主办，宁波市文物保护管理所（宁波庆安会馆）承办的庆安会馆建馆 160 周年暨 2013' 中国会馆保护与发展研讨会在宁波隆重举行。来自全国各地会馆的 70 余位专家学者围绕着"会馆与地域文化"这一研讨主题进行了深入交流与研讨。与会专家一致认为：在社会全面快速发展的当下，我们应当如何深入发掘会馆深厚的历史文化资源，全面展开会馆文化的相关研究并将其成果融入到我国社会可持续发展的进程中去,让会馆所蕴藏的资源在新时代仍影响并促进地域文化的发展。这或许是我们每一个会馆工作者所需深入思考的问题。

此次研讨会选择在宁波召开,不仅有助于推进全国会馆文化多层次、多元化、多方位的学术交流,同时对于促进会馆保护与发展,开创新思路、新内涵、新实践,乃至于对于宁波城市的繁荣发展和会馆文化的传承也都具有十分重要的历史与现实意义。本论文集是此次学术盛会的研讨成果。与会专家学者以会馆文化为立足点,研讨的领域涉及会馆的产生及历史发展流变,会馆文化资源的再利用、文化功能的转型与开发,会馆与地域文化的融会与可持续发展等问题,为今后会馆文化研究累积了丰厚的基础,开拓了广泛的视野,指明了前行的方向。专家学者为研讨会提供了丰富的第一手资料,发表了许多真知灼见的观点,值此书稿出版之际,我们再次对参加研讨会的各位领导、学者表示诚挚谢忱。

此论文集在汇编过程中,得到了中国文物学会会长单霁翔,中国文物学会副会长、秘书长黄元,中国文物学会副学会、中国文物学会会馆专业委员会会长吴加安,宁波市文化广电新闻出版局局长陈佳强,副局长舒月明,中国文物学会会馆专业委员会副会长张德安,宁波市文物保护管理所所长徐炯明的莅会指导和大力支持,宁波市文物保护管理所(宁波庆安会馆)黄定福先生、丁洁雯女士对文稿前期汇集校对付出了大量劳动。文物出版社也对本书的编辑出版予以支持。在此书问世之时,借此向上述单位和个人表示衷心的感谢。

由于编者水平有限,编辑过程中出现的疏漏和错误在所难免,恳请专家、同行及各位读者不吝赐教。

编　者

2014 年 4 月